인공지능의 진화와 미래의 실직 위협

로봇의 부상

Rise of the Robots: Technology and the Threat of a Jobless Future

Copyright ⓒ 2015 by Martin Ford

Korean Translation Copyright ⓒ 2016 by Sejong Books, Inc.

First published in the United States by Basic Books, a member of The Perseus Books Group.

Korean edition is published by arrangement with The Perseus Books Group through Duran Kim Agency.

로봇의 부상

지은이	마틴 포드
옮긴이	이창희
펴낸이	오세인
펴낸곳	세종서적(주)
주간	정소연
기획·편집	이진아 김하얀
디자인	전성연 전아름
마케팅	임종호
경영지원	홍성우
출판등록	1992년 3월 4일 제4-172호
주소	서울시 광진구 천호대로132길 15 3층
전화	마케팅 (02)778-4179, 편집 (02)775-7011
팩스	(02)776-4013
홈페이지	www.sejongbooks.co.kr
블로그	sejongbook.blog.me
페이스북	www.facebook.com/sejongbooks
원고 모집	sejong.edit@gmail.com

초판 1쇄 발행 2016년 3월 23일
　　　22쇄 발행 2021년 6월 10일

ISBN 978-89-8407-550-4 03320

이 도서의 국립중앙도서관 출판시도서목록(CIP)은 서지정보유통지원시스템
홈페이지(http://seoji.nl.go.kr)와 국가자료공동목록시스템(http://www.nl.go.kr/kolisnet)에서
이용하실 수 있습니다.(CIP제어번호: CIP2016006376)

- 잘못 만들어진 책은 바꾸어드립니다.
- 값은 뒤표지에 있습니다.

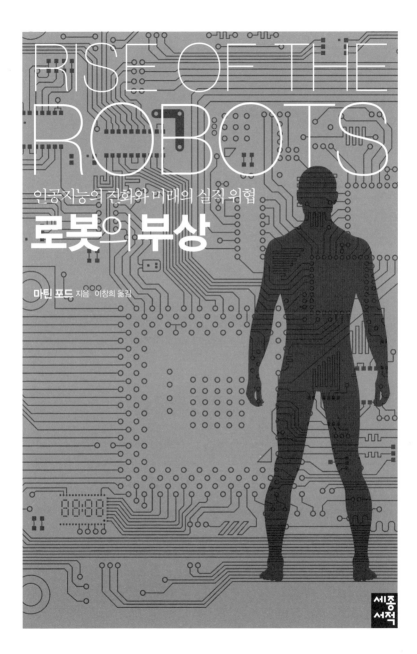

RISE OF THE
ROBOTS

인공지능의 진화와 미래의 실직 위협

로봇의 부상

마틴 포드 지음 이창희 옮김

세종
서적

트리스탄, 콜린, 일레인, 샤오샤오에게

차례

들어가는 말 9

1장   자동화의 물결   23

쓰임새가 다양한 로봇 근로자 31 | 예견되는 로봇의 폭발적인 성장 32 | 제조업의 유턴과
고용 36 | 서비스 산업: 일자리가 남아 있는 곳 41 | 클라우드 로봇 53 | 농업용 로봇 56

2장   이번에는 다를까?   63

일곱 가지의 파괴적 동향 72 | 기술 이야기 93 | 미래를 바라보며 104

3장   정보 기술: 유례없는 파괴적 힘   109

가속 대 정체 113 | 정보 기술은 왜 다른가? 119 | 비교우위와 스마트한 컴퓨터 125 | 롱테
일의 횡포 128 | 윤리적 의문 133

4장   화이트칼라의 충격   137

빅데이터와 기계 학습 143 | 인지 컴퓨팅과 IBM의 왓슨 158 | 클라우드 속의 소프트웨
어 168 | 최첨단 알고리즘 173 | 해외 이전과 고숙련 직종 184 | 인간-기계 협력과 교육 192

5장   대학가의 지각변동   203

MOOC의 등장, 그리고 험난한 길 209 | 대학의 학점과 능력 기준 평가 214 | 지각변동
전야 220

6장 **의료 시장의 변화** 227

의료 분야의 인공지능 231 | 병원과 약국의 로봇 240 | 노인을 돌보는 로봇 243 | 데이터의 힘 활용하기 249 | 기능을 상실한 시장과 건강 관련 비용 250 | 업계 통합으로 의료보험을 하나의 단위로 258 | 균등 요율 설정 261

7장 **미래의 기술과 산업** 271

3D 프린팅 275 | 무인자동차 282

8장 **부와 경제성장의 위기** 299

상상 속의 사건 302 | 기계는 소비하지 않는다 305 | 소득 불균형과 소비에 관해 이제까지 나타난 증거 308 | 경제학자들의 지혜 314 | 복잡성, 피드백 효과, 소비자 행동 319 | 불평등 심화의 와중에 경제성장은 가능한가? 327 | 장기 리스크 331 | 근로 인구의 노화와 기술 337 | 중국을 비롯한 신흥국에서의 소비 수요 341

9장 **초지능과 싱귤래리티** 349

싱귤래리티 357 | 어두운 측면 364 | 첨단 나노 기술 368

10장 **새로운 경제 패러다임을 향하여** 381

교육에 적용되는 수확 체감의 법칙 385 | 자동화에 반대하는 입장 389 | 기본소득 보장제도 395 | 인센티브가 중요하다 401 | 재생 가능한 자원으로서의 시장 405 | 펠츠먼 효과와 경제적 과감성 409 | 난관, 단점 불확실성 410 | 기본소득을 위한 재원 확보 415 | 모든 사람이 자본가 418 | 단기 정책 422

나가는 말 429
주 434
감사의 말 475
옮긴이의 말 477

들어가는 말

1960년대에 노벨 경제학상을 받은 밀턴 프리드먼은 아시아의 한 개발 도상국 정부에 경제정책 자문을 제공한 적이 있다. 당시 사람들은 프리드먼을 대형 토목공사 현장으로 데리고 갔는데, 그는 수많은 근로자들이 삽으로 땅을 파고 있는 그곳에 불도저나 기타 굴착용 대형 장비가 거의 눈에 띄지 않는다는 사실을 알아채고는 놀랐다. 프리드먼이 이유를 물으니 담당 관리는 "고용 창출 계획 때문"이라고 대답했다. 이때 프리드먼이 내뱉은 신랄한 한마디는 유명하다. "그렇다면, 왜 삽을 주었죠? 숟가락을 주면 될걸."

프리드먼의 이 대답은 기계가 일자리를 빼앗고 결국 장기적인 실업의 원인이 된다는 두려움에 대해 경제학자들이 보이는 회의주의로부터 멸시에 이르기까지의 반응을 잘 대변하고 있다. 이제까지는 이들의 회의론이 충분한 근거가 있는 것으로 보였다. 미국의 경우, 특히 20세기의 기술 발전으로 인해 사회는 지속적으로 풍요를 향해 나아갔다.

물론 이 과정에서 어려움도 있었고 큰 혼란이 발생하기도 했다. 농업이 기계화되자 수백만 개의 농업 일자리가 사라졌고, 일터를 잃은 농민들은 공장에 취업할 목적으로 도시를 향해 몰려들었다. 나중에는 자동화가 세계적으로 진행됨에 따라 제조업에서 일하던 사람들은 서비스 산업으로 옮겨가야 했다. 이런 시기에 단기적 실업이 문제가 된 적은 많지만, 실업이라는 것이 광범위하고 장기적이었던 적은 없었다. 새로운 직종이 생겨나 원래 갖고 있던 직업이 사라져버린 근로자들에게 새로운 기회를 제공했기 때문이다.

게다가 새로운 일자리는 과거의 직장보다 더 나은 일자리로 수준 높은 기술을 요구했고, 임금도 더 높았다. 제2차 세계대전 직후의 사반세기만큼 이러한 경향이 뚜렷했던 시기는 없다. 미국 경제의 '황금기'였던 이 시기의 특징은 급속한 기술 발전과 미국 근로자의 복지가 완벽한 조화를 이루었다는 것이다. 생산에 투입되는 기계의 성능이 향상되면서 이러한 기계를 다루는 근로자들의 생산성도 향상되어 노동의 가치가 높아졌고, 따라서 더 높은 임금을 요구할 수 있었다. 제2차 세계대전 이후 줄곧 기술 발전으로 인해 생산성이 치솟았고, 이에 따라 임금이 오른 보통 근로자의 주머니는 두둑해져갔다. 또한 근로자들은 계속 올라가는 임금을 소비에 사용해서 자신들이 만드는 제품과 서비스에 대한 수요를 더욱 늘렸다.

이러한 선순환 과정 속에서 발전하는 미국 경제와 발맞추어 경제학이라는 학문도 황금기를 보냈다. 폴 새뮤얼슨 같은 대학자가 경제학을 강력한 수학적 바탕에 입각한 과학으로 탈바꿈시킨 때도 바로 이 시기였다. 정교한 계량적·통계적 기법이 경제학을 거의 완전히 지배하기에 이르렀다. 경제학자들은 오늘날에도 여전히 경제학의 지적 바탕을 이루는 복잡한 수학적 모델을 만들어낸다. 전후의 경제학자들이 연구를 진행해가면서 발전하는 경제가 정상적이라는 생각을 갖게 된 것도 당연하다. 경제는 당연히 그래야 하며, '앞으로도 계속 그럴 것'이라는 생각 말이다.

2005년에 출간된 『문명의 붕괴』에서 저자인 재러드 다이아몬드는 호주의 농업에 관한 어떤 이야기를 들려준다. 19세기에 호주에 식민지를 건설한 유럽인들은 호주가 푸른 초목이 우거진 곳이라고 생각했다. 1950년대 미국 경제학자들처럼 이 유럽인들은 자신이 본 것이 정상이며 이러한 자연조건이 끝없이 계속되리라고 믿었다. 그래서 이들은 풍요로워 보이는 이 땅에 거액을 투자하여 농지와 목장을 개발했다.

그러나 10~20년쯤 지나자 진실이 드러났다. 농민들은 이곳의 전반적인 기후가 처음 생각했던 것보다 훨씬 더 건조함을 깨달았다. 이들은 그저 기후의 '황금기', 그러니까 모든 조건이 농업에 딱 알맞은 상태였던 시기에 호주에 도착하는 행운(아니면 불운)을 겪었을 뿐이다. 호주에는 오늘날까지 이 운 나쁜 초기 투자자들의 흔적이 남아 있다. 이제는 완전히 사막이 되어버린 땅 한가운데 폐농가들이 여기저기 흩어져 있는 것이다.

미국 경제의 황금기도 이런 식으로 종말에 도달했다고 생각할 만한 이유가 몇 가지 있다. 생산성 향상과 임금 상승의 공생 관계는 1970년대부터 허물어지기 시작했다. 2013년 현재 미국에서 보통의 생산직이나 비관리직 근로자는 1973년과 비교하여 인플레이션 조정 후 소득이 13퍼센트 줄었다. 같은 기간 동안 생산성은 107퍼센트 향상되었다. 주택, 교육, 의료 서비스 등 주요 소비 항목의 가격이 대폭 상승한 와중에 이런 일이 벌어진 것이다.[1]

2010년 1월 2일에 「워싱턴포스트」는 21세기의 최초 10년간 새로운 일자리가 전혀 창출되지 않았다고 보도했다. 제로였다는 것이다.[2] 대공황 이후 어떤 10년도 이런 모습은 아니었다. 실제로 제2차 세계대전 이후 일자리의 증가율이 20퍼센트에 미치지 못했던 10년은 단 한 번도 없었다. 스태그플레이션과 에너지 위기로 얼룩졌던 10년인 1970년대조차도 일자리 수는 27퍼센트나 늘어났다.[3] 미국 경제는 계속 늘어나는 노동력을 소화하는 데에만도 1년에 100만 개의 추가 일자리가 필요하다. 이러한 사실을 감안하면 잃어버린 10년으로 불리는 2000년대 초의 10년은 특히 놀랍다. 달리 말하면 2000년대 초 10년 동안 1,000만 개의 일자리가 창출되었어야 했음에도 그렇지 못했다는 뜻이다.

소득 불평등도 1929년 이래 유례를 찾아볼 수 없을 정도로 심화되었으며, 1950년대에는 근로자의 주머니로 들어갔을 생산성 향상의 결과물이 오늘날은 거의 모두 사업주나 투자가의 수중으로 들어간다는 사실이 분명해졌다. 국민소득 중 근로자에게 가는 부분은 자본가의 손으로 들어가는 것과 비교할 때 급속히 줄어들었으며, 이런 상황은 지속되고 있는 것으로 보인다. 황금기는 종말을 고했고, 미국 경제는 새로운 시대를 향해 가고 있다.

이 시대는 인간과 기계 사이의 관계에 근본적인 변화가 일어나는 시대로 정의될 것이다. 그 변화로 인해 인간은 기술에 대한 기본적 가정을 궁극적으로 수정할 수밖에 없다. 이는 바로 '기계=도구'로, 기계는 근로자의 생산성을 높여줄 뿐이라는 가정이다. 그러나 오히려 새로운 시대에는 기계 자체가 근로자로 변해가고 있고, 노동의 역할과 자본의 역할 사이의 경계는 과거 어느 때보다도 더 희미해지고 있다.

물론 이 모든 변화의 배후에는 컴퓨터 기술의 가속적인 발전이 버티고 있다. 컴퓨터의 능력이 18개월에서 24개월 사이에 대략 두 배가 된다는 유명한 무어의 법칙은 잘 알려져 있지만, 이 엄청난 발전 속도 속에 숨어 있는 의미를 제대로 파악한 사람은 별로 없다.

독자 여러분이 차에 올라 시속 10킬로미터로 달리기 시작했다고 하자. 그리고 1분 후에 속도를 시속 20킬로미터로 올리고, 또 1분 후에 속도를 배로 올리는 식으로 이를 계속해간다고 하자. 이렇게 하면 속도가 빨라지는 것도 놀랍지만, 한동안 이런 식으로 달린 뒤의 총 주행거리를 보면 더욱 놀랍다. 처음 1분 동안 여러분의 차는 167미터를 이동한다. 3분이 지나면 속도는 시속 30킬로미터가 되고, 그때까지 달린 거리는 1,166미터에 이른다. 5분이 지나면 속도는 시속 160킬로미터가 되고, 이때쯤이면 2.5킬로미터 이상을 주행했을 것이다. 6분째로 접어들면 경주용 자동차와 경주 트랙이 필요해질 것이다.

27분 후에는 어떤 속도로 달리고 있을지, 그때까지 어느 정도의 거리를 달려왔을지 상상해보라. 1958년에 집적회로가 발명된 이래 컴퓨터의 처리 능력이 두 배로 늘어나는 일은 27번이나 반복되었다. 오늘날 컴퓨터 혁명이 진행 중인 이유는 속도 자체 때문만이 아니라 속도가 두 배로 늘어나는 과정이 아주 오래 지속되어서 앞으로 1년 후에 어떤 진보가 이루어질지를 상상하기조차 어려워졌다는 데에 있다.

앞서 말한 차의 속도 이야기로 돌아가면, 27분이 지난 후 차의 속도는 시속 13억 4,200만 킬로미터가 된다. 그 속도로 1분을 달리면 2,200만 킬로미터를 주행할 수 있다. 이 정도 속도면 화성이 지구에 가장 가까이 접근할 때 3분 이내에 화성까지 갈 수 있다. 간단히 말해 1950년대 후반에 원시적인 집적회로가 더듬더듬 계산을 시작한 후 오늘날에 이르기까지 정보 기술은 이만큼을 달려왔다는 이야기이다.

소프트웨어 개발에 25년 이상 종사해온 사람으로서 나는 컴퓨터 연산 능력의 눈부신 발전 과정을 코앞에서 지켜보았다. 소프트웨어 설계와 프로그래머의 생산성을 향상시켜주는 툴 분야의 눈부신 발전 역시 마찬가지이다. 동시에 소기업의 소유자로서 기술 발달로 인해 사업 경영 방식이 어떻게 변천해왔는가를 목격하기도 했다. 특히 사업을 영위하는 데에 필수적인 반복 작업을 수행하기 위해 종업원을 고용하는 수요가 대폭 줄어드는 과정도 지켜보았다. 2008년에 세계 금융 위기가 진행되는 과정에서 나는 컴퓨터의 연산 능력이 지속적으로 두 배가 된다는 사실 속에 숨은 의미, 특히 이로 인해 앞으로 수년 혹은 수십 년에 걸쳐 고용 시장과 경제 전반에 걸쳐 엄청난 변화가 일어날 가능성 등에 대해 깊이 생각하기 시작했다. 그 결과물이 2009년에 나온 첫 번째 책인 『터널 속의 빛(The Lights in the Tunnel)』이다.

그 책에서 나는 기술의 급속한 발전이 갖는 중요성에 대해 쓰면서도 세상이 얼마나 빨리 변화해갈지를 과소평가했다. 예를 들어, 나는 자동차 회사들이 사고 방지를 목적으로 충돌회피 시스템을 개발 중임을 지적하면서 "언젠가 이러한 시스템은 무인자동차를 제조하는 기술로 발전할 것"이라고 썼다. 그런데 그 '언젠가'가 너무 빨리 다가왔다! 책이 나온 지 1년도 되지 않아 구글은 다른 차들이 다니는 일반 도로에서 스스로 주행할 수 있을 정도로 완전 자동화된 차를 선보였다. 그 이후 네바다, 캘리포니아, 플로리다 등 3개 주는 제한된 범위 안에서나마 이러한 무인자동차가 도로를 주행하는 것을 허가하는 법을 통과시켰다.

그 책에서 나는 또한 인공지능의 발달에 대해서도 썼다. 그때까지만 해도 인공지능 분야에서 가장 뛰어난 성과는 1997년에 체스 챔피언 가리 카스파로프를 물리친 IBM의 '딥 블루'였다. 그런데 거기에 대해서도 나는 IBM에게 기습당했다. IBM은 딥 블루의 후계자로 체스보다 훨씬 더 어려운 과제인 TV 게임쇼 〈제퍼디!〉에서 승리한 왓슨을 내놓은 것이다. 체스는 엄격하게 정해진 규칙 안에서 이루어지는 게임이다. 컴퓨터가 여기에 강하리라는 것은 예측할 수 있다. 그러나 〈제퍼디!〉는 완전히 다르다. 〈제퍼디!〉에서 이기려면 거의 무한한 지식을 갖추는 것과 더불어 농담과 말장난을 비롯한 언어를 분석할 정교한 역량을 갖추어야 한다. 〈제퍼디!〉에서 왓슨이 승리했다는 사실은 단순히 놀라운 일이 아니라 매우 현실적인 일이기도 하며, 실제로 IBM은 의료 및 고객 서비스 분야에서 왓슨을 적극 활용할 방법을 제시하고 있다.

앞으로 몇 년 혹은 수십 년에 걸쳐 이루어지는 진보로 인해 거의 모든 인류가 놀라게 될 것임은 분명하다. 그리고 경탄의 대상은 기술적 진보의 본질 자체에 국한되지 않을 것이다. 기술의 발전이 고용 시장과 경제 전반에 가할 충격은 기술과 경제의 상호 관계에 대한 우리의 통념을 기쁜히 뛰어넘을 것이다.

이러한 통념 중 심각한 도전에 직면할 것 중 하나는 자동화가 그저 교육 수준이 낮은 저숙련 노동자들에게 위협이 된다는 생각이다. 이러한 생각의 밑바닥에는 저숙련 노동이 보통 반복적이라는 전제가 깔려 있다. 그러나 이제 이러한 생각에 안주할 수 없다. 기술과 직업의 관계가 얼마나 빨리 변하는가를 보라. 과거에 '반복적' 직업은 아마 조립 라인에 서 있는 상태를 의미했을 것이다. 오늘날 현실은 이와는 판이하다. 저숙련 노동자는 물론 계속 위협을 받겠지만, 소프트웨어 자동화와 예측 알고리즘이 급속도로 발전하고 있는 오늘날, 대학 교육을 받은 화이트칼라 근로자도 사정거리 안에 들어온 것이 분명해졌음을 깨달을 날이 곧 올 것이다.

현실은 '반복적'이라는 단어가 기술의 위협에 직면한 직업을 설명하는 데에 가장 적합하지는 않다는 것이다. 좀 더 정확한 단어는 '예측 가능한'일 것이다. 어떤 사람이 과거에 수행한 작업에 대한 상세한 기록을 분석한 뒤 이 작업을 수행할 방법을 그대로 배울 수 있지 않을까? 아니면, 학생이 시험에 대비하려고 연습 문제를 풀듯 누군가가 이미 완성해 놓은 작업을 다른 사람이 반복함으로써 능숙해질 수 있지 않을까? 그렇다면 어떤 알고리즘이 등장해서 누군가가 지금 하고 있는 일의 대부분, 아니면 전부를 학습해버릴 가능성은 매우 높다. '빅데이터' 현상이 진행되는 과정을 보면 실현 가능성은 더욱 높아진다. 기업을 비롯한 많은 조직은 자신이 수행하는 사업의 거의 모든 측면에서 무지막지한 양의 데이터를 축적하고 있으며, 이 속에는 사업 수행에 필요한 무수한 활동과 과제가 숨어 있다. 똑똑한 알고리즘 학습 기계가 등장해 인간 선배들이 남긴 기록을 파헤치며 학습을 시작할 날을 기다리면서 말이다.

이 모든 과정이 진행되고 나면 더 많은 교육을 받고 더 수준 높은 기술을 습득하는 일이 미래의 직무 자동화로부터 사람을 보호하리라는 보장은 없다. 방사능 전문의를 예로 들어보자. 이들은 의학 영상의 해석을 전문으로 하는 의사들이다. 이 분야의 전문의가 되려면 엄청난 양의 훈련을 받아야 하는데, 보통 고등학교를 졸업하고 나서도 13년이 걸린다. 그런데 컴퓨터의 영상 분석 능력은 눈부시게 발전하고 있다. 언젠가, 그것도 멀지 않은 미래에 영상 의학이 거의 전부 기계의 차지가 될 날을 상상하기는 어렵지 않다.

일반적으로 컴퓨터는 대량의 훈련 데이터가 존재할 경우 기술을 습득하는 데에 매우 뛰어나다. 그렇기 때문에 입문 수준이 특히 취약할 것으로 보이며, 이러한 증거는 이미 드러나고 있다. 대학을 갓 졸업한 사람의 임금은 지난 10년간 실질적으로 하락해왔으며, 이들 중 50퍼센트는 학사 학위가 필요 없는 직장으로 들어갈 수밖에 없었다. 이 책에서 다루겠지만 법률가, 언론인, 과학자, 약사 등 고급 기술직도 정보 기술의 발달과 함께 이미 잠식되기 시작했다. 이들뿐만이 아니다. 사실 사람의 직업은 대부분 정도의 차이는 있지만 근본적으로 반복적이고 예측 가능하며, 진정으로 창의적인 업무는 별로 많지 않다.

기계가 반복적이고 예측 가능한 작업을 담당함에 따라 근로자들은 과거 어느 때보다도 더 적응에 어려움을 겪을 것이다. 이제까지는 자동화 기술이 보통 특정한 부분에 한정되어 있어서 한 번에 한 분야씩만 영향을 미쳤기 때문에 근로자들은 일터를 잃어도 새롭게 부상하는 타 업종으로 전직할 수 있었다. 오늘날의 상황은 매우 다르다. 정보 기술은 범용성을 갖고 있으며, 따라서 영향이 매우 광범위하다. 새로운 기술이 사업 수행 과정에 접목됨에 따라 사실상 모든 산업의 노동집약도가 줄어들 것이며, 이러한 변화는 상당히 빨리 일어날 것이다. 또한 새롭게 등장하는 산업도 그 구상 단계부터 거의 예외 없이 강력한 노동 절감 기술을 장착하고 등장할 것이다. 예를 들어, 구글이나 페이스북 같은 회사들은 전 세계적으로 유명하며 엄청난 시장가치를 갖고 있지만 사업 규모나 영향력에 비해 고용 인원은 매우 적다. 앞으로 탄생하는 신규 산업은 거의 모두 이와 같은 시나리오대로 움직일 것이다.

모든 상황을 종합해볼 때 인류는 경제뿐만 아니라 사회에도 엄청난 스트레스를 줄 수밖에 없는 변화 과정을 향해 나아가는 것으로 보인다. 오늘날 근로자들이나 노동인구에 편입될 준비를 하고 있는 학생에게 기존의 충고는 대부분 쓸모없어질 것이다. 수많은 사람들이 더 높은 교육을 받고 새로운 기술을 습득하는 등 올바른 일을 하는데도 불구하고, 새로운 세상에서 자신의 굳건한 토대를 만들지 못하는 일이 안타까운 현실이 되리라는 이야기이다. 이는 개인의 생활 및 사회구조 차원에서 장기적인 실업과 준실업 상태라는 결과를 낳을 뿐만 아니라, 이로 인해 인류는 상당한 경제적 대가도 치러야 할 것이다. 생산성, 상승하는 임금, 계속 증가하는 소비 사이의 선순환 고리가 무너질 것이다. 이러한 선순환 고리는 이미 심각하게 약화되어 있다. 오늘날 세계는 소득 불평등뿐만 아니라 소비 불평등까지도 심화되는 상황을 겪고 있다. 소득 최상위 5퍼센트의 가정이 거의 40퍼센트를 소비하고 있으며, 이런 식으로 소비가 상층부로 집중되는 현상은 계속 이어질 것이다. 구매력이 실제로 소비자의 수중으로 들어가는 일차적 메커니즘은 여전히 직업이다. 이 메커니즘이 계속해서 무너져가면 오늘날의 시장경제에서 경제성장을 지속적으로 지탱해줄 소비자의 수가 너무 적어지는 상황에 직면할 것이다.

이 책에서 분명히 드러나겠지만, 정보 기술의 발전에 따라 인류는 결국 경제 전체를 덜 노동집약적인 상태로 탈바꿈시킬 전환점을 향해 가고 있다. 그러나 이러한 변화가 꼭 균일하거나 예측 가능한 방식으로 전개되지는 않을 것이다. 고등교육과 의료 등 두 가지 분야는 이제까지 경제 전반에 걸쳐 분명히 드러나고 있는 이런 식의 파괴적 변화에 잘 저항해왔다. 그런데 여기에는 아이러니가 숨어 있다. 기술이 이 두 분야를 탈바꿈시키지 못한다면 그 부정적인 결과가 다른 산업 분야에서 증폭될 것이다. 왜냐하면 그때가 되면 교육과 의료비가 더 큰 부담으로 디가올 것이기 때문이다.

물론 기술이 단독으로 미래를 만들어가는 것은 아니다. 기술은 인구 고령화, 기후변화, 자원 고갈 등의 대규모 사회문제 및 환경문제와 뒤얽혀 돌아갈 것이다. 베이비붐 세대가 은퇴함에 따라 인력 부족이 발생할 것이고, 이에 따라 자동화의 충격이 상쇄되거나 오히려 역전될 수 있다고 예측하는 사람들도 있다. 급속한 혁신은 인간이 환경에 가하는 압박을 최소화하거나 심지어 역전시킬 균형추로 작용하리라고 보는 사람들도 많다. 그러나 앞으로 살펴보겠지만 이런 시각의 대부분은 확고한 기반이 있는 것이 아니다. 현실은 훨씬 더 복잡하다. 발전하는 기술 속에 감춰진 힘을 알아보고 여기에 적응하지 못하면 인간은 '퍼펙트 스톰(perfect storm)' 속으로 빠져들리라는 것이 우리 앞에 가로놓인 으스스한 현실이다. 여기서 퍼펙트 스톰은 급속도로 악화하는 불평등, 기술 발전으로 인한 실업, 기후변화 등이 한꺼번에, 그리고 어떤 측면에서는 서로를 강화하며 진행되는 태풍이다.

실리콘밸리에서는 사람들이 '와해성 기술(disruptive technology)'이라는 말을 아무렇지도 않게 주고받는다. 몇몇 산업을 완전히 파괴하거나 특정 분야를 교란할 능력이 기술 속에 숨어 있음을 의심하는 사람은 없다. 그러나 내가 이 책에서 제기하려는 의문은 이것보다 더 크다. '기술 발전이 사회 시스템 전체를 와해시킨 뒤에도 인류가 지속적으로 번영을 누리려면 근본적으로 모든 것을 재편성하는 상황까지 가야 하는가?' 이다.

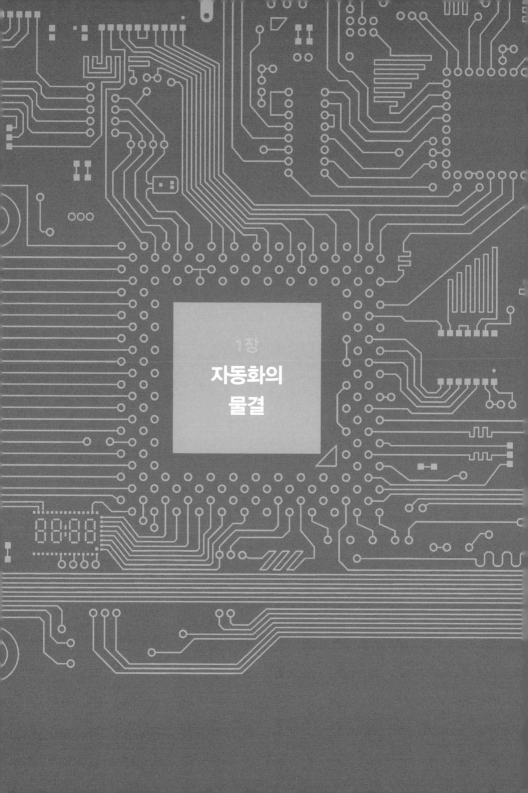

1장

자동화의
물결

창고 작업자가 상자들이 쌓여 있는 쪽으로 간다. 이 상자들은 모양, 크기, 색이 저마다 다른 데다가 아무렇게나 쌓여 있다.

상자를 옮겨야 할 과제 앞에 선 이 작업자의 머릿속을 들여다볼 수 있다고 상상하고, 이 문제가 어느 정도의 복잡성을 갖는가도 생각해보자.

다양하기는 하지만 상자들은 대부분 균일한 밤색이며 빼곡하게 들어차 있어서 상자 사이의 경계를 파악하기가 어렵다. 어디까지가 위에 있는 상자이고 어디부터 아래에 있는 것인가? 틈이 벌어진 곳도 있고, 삐뚤삐뚤한 부분도 있다. 어떤 상자는 약간 돌려져 있어서 한쪽 모서리가 튀어나와 있다. 상자 더미 꼭대기에는 두 개의 큰 상자 사이의 틈에 작은 상자 하나가 삐딱하게 올려져 있기도 하다. 대부분의 상자는 그냥 밤색이거나 흰색이지만 어떤 상자에는 울긋불긋한 회사 로고가 그려져 있기도 하고, 어떤 상자는 매장 전시용으로 다채로운 색깔로 칠해져 있기도 하다.

물론 인간의 뇌는 이 복잡한 시각 정보를 거의 한순간에 읽어낼 수 있다. 작업자는 각 상자의 크기와 방향을 한눈에 알아본 뒤, 맨 위에 있는 상자부터 옮겨야 한다는 것, 그리고 어떤 순서로 옮겨야 상자 더미가 무너지지 않으리라는 것 등을 본능적으로 알아낸다.

진화의 과정을 통해 인간의 뇌는 시각적 인식의 문제를 극복해왔다. 그러므로 이 작업자가 상자를 잘 옮긴다고 해도 전혀 놀랄 일은 아니지만 작업자가 로봇이라면 이야기는 달라진다. 좀 더 정확히 말하면 뱀처럼 긴 로봇 팔이 달리고 머리 부분에는 진공 그리퍼가 달려 있는 기계 말이다. 로봇은 물론 사람보다 인지 속도가 느리다. 로봇은 일단 상자를 한동안 바라본 뒤 시지각 장치를 잠시 조정하고 나서 한동안 더 생각한 뒤 몸을 앞으로 쭉 뻗어 맨 위에 있는 상자를 잡는다.＊

로봇이 이렇게 느린 이유는 인간의 눈에는 단순해 보이는 이 과제를 수행하기 위해 상상을 초월할 정도로 복잡한 계산을 해야 하기 때문이다. 정보 기술의 역사를 통해 한 가지 추측 가능한 일이 있다면 그것은

＊인더스트리얼 퍼셉션(Industrial Perception) 사의 '상자 옮기는 로봇' 비디오는 이 회사의 다음 웹사이트에서 볼 수 있다. http://industrial-perception.com/technology.html

얼마 안 가 이 로봇의 속도가 크게 업그레이드되리라는 사실이다.

이 로봇을 설계하고 제작한 실리콘밸리의 스타트업인 인더스트리얼 퍼셉션 사의 엔지니어들은 나중에 가서는 로봇이 1초에 하나씩 상자를 옮길 수 있으리라고 생각한다. 사람은 아무리 빨라야 6초에 한 상자 정도를 옮길 수 있다.[1] 말할 필요도 없이 로봇은 쉴 새 없이 일할 수 있다. 피로해지지도 않고 허리를 다치지도 않을 것이다. 그리고 물론 산재보상 신청도 하지 않을 것이다.

이 회사의 로봇이 놀라운 이유는 시지각 능력, 공간 계산 능력, 능숙함 등이 결합되어 있기 때문이다. 달리 말해 이 로봇은 기계에 의한 자동화의 최종 경계선을 돌파하여 인간이 수행하는, 반복적인 작업으로는 얼마 남지 않은 육체노동의 영역에서 인간과 경쟁하려 하고 있다는 이야기이다.

공장에서 일하는 로봇은 물론 전혀 새로운 것이 아니다. 로봇은 자동차 산업에서부터 반도체 산업에 이르기까지 거의 모든 제조업 분야에서 필수적인 존재가 되었다. 전기 자동차를 만드는 테슬라(Tesla) 사가 캘리포니아의 프리몬트에 최근 건립한 공장에서는 고도로 탄력적인 160대의 산업용 로봇이 매주 400대의 차를 조립한다. 다음 차의 섀시가 조립 라인의 한 지점에서 다른 지점으로 이동하면 여러 대의 로봇이 달려들어 서로 협동해서 작업을 진행한다. 이들은 저마다의 로봇 팔이 쓰고 있는 공구를 알아서 서로 바꿔가며 사용해서 다양한 작업을 수행할 수 있다. 예를 들어, 시트를 설치한 뒤 공구를 바꿔서 앞 유리에 접착제를 칠해 필요한 위치에 부착하는 작업을 같은 로봇이 수행하는 것이다.[2] 국제로봇연맹(International Federation of Robotics)에 따르면, 2000년에서 2012년 사이에 세계 산업용 로봇 판매액은 60퍼센트가 증가하여 280억 달러에 달했다. 타의 추종을 불허하며 급성장하는 시장은 중국으로, 중국에서는 2005년에서 2012년 사이에 로봇 도입량이 매년 약 25퍼센트씩 증가했다.[3]

산업용 로봇들은 인간과는 비교할 수 없을 정도의 작업 속도, 정밀성, 힘을 갖추고 있기는 하지만 이들은 대부분 정교하게 설계된 전체 공연에서 눈 먼 배우에 불과하다. 이들은 주로 정확한 타이밍과 위치에 의존한다. 가끔 기계적 시지각 능력을 갖춘 로봇도 있지만, 이들은 미리 맞춰놓은 조명 조건하에서 2차원으로만 물체를 파악할 수 있을 뿐이다. 예를 들어, 이들은 평평한 표면에서 부품을 골라 집어 올릴 수는 있지만 가로세로는 파악해도 깊이를 파악할 능력이 없기 때문에 정도를 막론하고 예측 불가능한 성질의 요소가 들어 있는 작업에는 투입하기가 어렵다. 그 결과 공장의 반복적 작업 중 상당수가 여전히 인간의 손에 맡겨져 있다.

대부분의 경우 이런 직종에 종사하는 사람은 기계 상호 간의 갭을 메우는 역할을 하거나 생산 공정의 마지막 단계 작업을 수행한다. 예를 들어, 통 안에 들어 있는 부품 중 적합한 것을 찾아내어 그다음 공정을 수행하는 기계에게 건네주거나, 부품을 공장에 가져다주고, 제품을 싣는 트럭에 짐을 올리거나 내리는 작업 등을 하는 것이다.

　서로 다른 기술을 접목하여 예기치 않은 분야에서 혁신을 일궈내는 경우가 있는데, 인더스트리얼 퍼셉션 사의 로봇에게 3차원 시지각을 부여하는 기술이 바로 그런 사례에 해당한다. 이 로봇에 장착된 눈의 시발점은 닌텐도가 위(Wii) 비디오 게임 콘솔을 선보인 2006년으로 거슬러 올라간다. 이 콘솔은 과거와는 전혀 다른 방식의 게임 컨트롤러로 작동되었다. 우선, 가속 감지기라는 저렴한 장비를 탑재한 무선 장치를 보자. 가속 감지기는 3차원으로 움직임을 감지해서 얻은 데이터를 게임 콘솔로 보내고, 콘솔은 이 정보를 해석한다. 이제 비디오 게임을 몸짓과 손짓으로 제어할 수 있게 된 것이다. 그 결과 사람들은 게임에서 완전히 새로운 경험을 즐기기 시작했다. 과거에는 '게임'이라고 하면 조이스틱을 잡고 모니터 앞에 꼼짝 않고 앉아 있는 덕후의 모습이 떠올랐다면, 닌텐도가 이러한 혁신을 이룩함에 따라 게임을 적극적인 운동의 형태로 즐기는 새로운 가능성이 열렸다.

　이렇게 되자 다른 대형 비디오 게임 업체들도 경쟁적으로 새로운 시스템을 개발하기 시작했다. 플레이스테이션의 제조사인 소니는 닌텐도의 디자인을 플레이스테이션의 운동 감지 장치에 도입했다. 그러나 닌텐도를 뛰어넘기로 마음먹은 마이크로소프트는 완전히 새로운 방식을 제시했다. 마이크로소프트는 엑스박스 360 게임 콘솔에 키넥트

(Kinect)라는 장치를 연결하여 컨트롤러를 아예 불필요하게 만들었다. 키넥트는 마이크로소프트가 개발한 웹캠 비슷한 장치로 3차원 시지각 기능이 장착되어 있는데, 여기에는 프라임센스(PrimeSense)라는 이스라엘 업체가 개발한 영상 기술도 일부 들어가 있다. 키넥트가 물체를 3차원으로 인식하는 방식은 기본적으로 소나(sonar)와 비슷하다. 다만 이때 사용되는 파동이 소리가 아니고 빛일 뿐이다. 키넥트는 공간 안에 있는 사람이나 물체에 적외선 빔을 발사한 후 그것이 반사되어 센서로 돌아오는 데에 걸리는 시간을 바탕으로 대상물까지의 거리를 측정한다. 그러니까 게임 플레이어는 키넥트 카메라의 범위 내에서 이런저런 동작을 보여주는 것만으로도 엑스박스 게임 콘솔과 소통한다.

키넥트에서 가장 혁신적인 측면은 가격이다. 예전 같으면 수만 혹은 수십만 달러의 가격에 덩치 큰 장비를 동원해야만 했을 첨단 시지각 기능을 탑재한 소형 경량 제품을 150달러에 구입할 수 있게 되었다. 로봇을 연구하는 사람들은 키넥트 기술이 자신들의 분야에서 어떤 가능성을 열어줄 수 있는가를 즉각 알아보았다. 키넥트가 출시되고 나서 몇 주지나지 않아 대학 연구팀 및 개인 발명가들은 키넥트를 해킹하여 3차원으로 볼 수 있는 로봇의 영상을 유튜브에 올렸다.[4] 인더스트리얼 퍼셉션도 마찬가지로 키넥트 기술을 자사 제품의 시지각 시스템 기반으로 사용하기로 했고, 그 결과 저렴하면서도 인간 수준에 근접한 기계 시지각을 선보이기에 이르렀다. 이 회사의 제품은 주변 환경을 인식하고 그에 반응함과 동시에 현실 세계의 특징인 불확실성도 다룰 능력을 갖추고 있다.

쓰임새가 다양한 로봇 근로자

인더스트리얼 퍼셉션의 로봇은 상자를 최대한 효율적으로 옮기는 작업에 고도로 특화된 장비이다. 보스턴에 있는 리싱크 로보틱스(Rethink Robotics) 사는 백스터(Baxter)를 이용해 다른 기술을 시도하기로 했다. 백스터는 다양한 반복 작업을 쉽게 훈련시킬 수 있는 경량 휴머노이드 제조 로봇이다. 리싱크의 창업자인 로드니 브룩스는 세계적으로 손꼽히는 MIT의 로봇 연구가이며 아이로봇(iRobot)의 공동 창업자이기도 하다. 아이로봇은 자동 청소기인 룸바(Roomba)와 더불어 이라크와 아프가니스탄에서 폭탄을 해체하는 군용 로봇을 제조하는 업체이다. 미국 제조업 근로자의 1년치 평균 임금보다 훨씬 더 싼 백스터는 기본적으로 사람 가까이에서 안전하게 작동하도록 설계된 소형 산업용 로봇이다.

산업용 로봇을 움직이려면 복잡한 고가의 프로그램이 필요하지만, 백스터는 필요로 하는 동작의 동선을 따라 팔을 움직여주는 것만으로도 훈련이 가능하다. 백스터를 여러 개 사용해야 한다면 일단 백스터 하나를 훈련시킨 뒤 그 정보를 다른 로봇들에게 USB를 꽂아 넣는 것만으로 전파할 수 있다. 백스터는 경량 조립 작업, 컨베이어 벨트 사이에서 부품 옮기기, 제품을 소매용으로 소분 포장하기, 금속 제조용 기계 관리하기 등 다양한 작업을 수행할 수 있다. 백스터는 완제품을 출시용 상자에 넣어 포장하는 재능이 특히 뛰어나다. 펜실베이니아의 햇필드에 있는 조립식 장난감 제조업체인 케이넥스(K'NEX)는 제품을 빽빽이 채워 넣는 백스터의 탁월한 재능을 이용하면 상자의 수를 20~40퍼센트 줄일 수 있다는 점을 발견했다.[5] 리싱크의 로봇도 양쪽 손목에 달린 카메라를 이용한 2차원 시지각을 갖추고 있어서 부품을 집어 올리기도 하고 심지어 기본적인 품질 관리 검사도 수행할 수 있다.

예견되는 로봇의 폭발적인 성장

인더스트리얼 퍼셉션의 상자를 옮기는 로봇이나 백스터는 완전히 새로운 로봇이지만, 둘 다 똑같은 기본 소프트웨어 플랫폼에 바탕을 두고 있다. 로봇 운영 체제(ROS)는 당초에 스탠퍼드 대학교의 인공지능 실험실이 개발했으며, 윌로우 개라지(Willow Garage) 사가 이를 이어받아 본격적인 로봇 프로그램으로 발전시켰다. 이 회사는 주로 대학 연구소에서 사용하는 프로그램이 가능한 로봇을 설계 제작하는 소기업이다. ROS는 마이크로소프트의 윈도, 매킨토시 OS, 구글 안드로이드 등의

OS와 유사하지만 한 가지 다른 점은 로봇을 쉽게 프로그래밍하고 통제하는 시스템 개발에 특화되어 있다는 사실이다. ROS는 무료인 데다 오픈소스이므로 소프트웨어 개발자들이 쉽게 수정하고 개선할 수가 있어 로봇 개발의 표준 소프트웨어 플랫폼으로 신속히 자리 잡았다.

컴퓨터의 역사를 보면 분명히 드러나는 점이 하나 있는데, 이는 일단 표준 OS가 등장한 뒤 저렴하고도 사용하기 간편한 프로그래밍 툴까지 따라오고 나면 응용 소프트웨어가 폭발적으로 등장한다는 사실이다. PC 소프트웨어가 그랬고, 최근에는 아이폰, 아이패드, 안드로이드 앱도 마찬가지였다. 실제로 이러한 플랫폼은 애플리케이션 소프트웨어로 완전 포화되어 있어 아직 개발되지 않은 새로운 아이디어를 떠올리기가 매우 어려울 지경이다.

로봇도 비슷한 길을 걸을 확률이 매우 높다. 이제 인류는 인간이 상상할 수 있는 거의 모든 상업적 및 공업적 활동과 소비자 관련 활동 등에 특화된 로봇이 등장하는 폭발적 혁신의 문 앞에 서 있는 것으로 보인다. 표준 소프트웨어와 표준 하드웨어 부품을 쉽게 입수할 수 있다는 사실은 이러한 폭발적 혁신의 동력 역할을 할 것이다. 이런 소프트웨어나 하드웨어가 존재하기 때문에 이미 알려진 과정을 반복하면서 개발 작업을 하는 번거로움을 생략하고 새로운 로봇을 설계하는 일이 비교적 쉬워진다. 키넥트가 기계에 의한 시지각의 가격을 대중이 구입할 수 있는 수준으로 끌어내린 것처럼, 로봇이 대량생산 단계에 들어감에 따라 로봇 팔 같은 하드웨어의 부품 가격도 떨어질 것이다. 2013년 현재 ROS 기반 소프트웨어는 이미 수천 가지가 개발되어 있으며, 개발 플랫폼 역시 워낙 저렴해져서 누구라도 새로운 로봇 애플리케이션을 시작할 수 있다. 예를 들어, 윌로우 개라지 사는 키넥트 시지각 장비가 장착된 터틀봇(TurtleBot)이라는 움직이는 로봇 키트를 1,200달러에 팔고 있다. 인플레이션을 감안하면 1990년대 초, 그러니까 마이크로소프트 윈도가 소프트웨어가 폭발하는 시대의 문을 열려고 하던 시기의 PC와 모니터 가격보다 훨씬 싸다.

2013년 10월에 캘리포니아의 샌타클래라에서 열린 로보비즈니스(Robo Business) 전시회 및 국제회의를 방문해보니, 로봇 산업이 이제 곧 다가올 폭발에 대비하는 모습을 분명히 확인할 수 있었다. 대소 규모의 온갖 업체들이 정밀 제조, 대형 병원 내에서 의료기기를 이곳저곳으로 옮기는 작업, 농업이나 광업 분야에서 중장비를 조종하는 일 등을 담당하는 로봇을 선보였다. 가정이나 상점에서 20킬로그램이나 되는 짐을 나를 수 있는 능력을 갖춘 '벗지(Budgee)'라는 로봇도 눈에 띄었다. 창의력을 촉진하거나 자폐증 또는 학습 장애가 있는 어린이들을 도와주는 교육 로봇도 여러 가지가 전시되었다. 리싱크 로보틱스 부스로 가보니 할로윈데이 훈련을 받은 백스터가 사탕을 집어 올려 호박 모양의 가면 속에 떨어뜨리고 있었다. 이들을 비롯하여 모터, 센서, 시지각 시스템, 컨트롤러, 로봇 제조용 특수 소프트웨어 등을 만드는 회사들도 있었다.

실리콘밸리의 벤처업체인 그래빗(Grabit) 사는 정전기의 강도를 조정해서 물건을 집어 올려 필요한 곳으로 옮긴 후 내려놓는 혁신적 그리퍼를 선보였다. 이를 로봇에 장착하기만 하면 된다. 마지막으로 로봇에 특화된 법무법인도 전시에 참여한 것이 눈에 띄었다. 이 회사는 로봇이 인간을 대체하거나 인간과 나란히 작업을 수행할 경우 발생할 수 있는 복잡한 노동, 고용, 안전 관련 법률문제와 관련하여 기업들을 돕는 일을 한다.

그러나 이 전시회에서 가장 놀라운 볼거리 중 하나는 각 업체의 부스가 아닌 복도에 있었다. 여러 인간 방문객들 사이사이에 수터블 테크놀로지스(Suitable Technologies)가 제공한 수십 대의 원격 참석 로봇들이 돌아다니고 있었다. 이동식 받침대 위에 평면 스크린과 카메라가 장착된 이들 로봇들을 이용해서 원격지에 있는 참석자들은 부스를 방문하기도 하고, 시연을 참관하기도 하고, 질문을 던지기도 하며 그 자리에 와 있는 다른 참석자들과 마찬가지로 의사소통을 하고 있었다. 수터블 테크놀로지스 사가 최소한의 수수료로 원격 참석을 가능하게 해준 결과 샌프란시스코 지역 밖에 사는 방문객들이 수천 달러를 들여 이동하지 않고도 전시회에 참관할 수 있었다. 이들을 만난 지 몇 분이 지나자, 스크린마다 사람 얼굴을 하나씩 띄워놓고 있는 이 로봇들이 부스 사이사이를 돌아다니며 전시 업체 또는 다른 참석자들과 대화를 나누는 모습이 전혀 이상하게 보이지 않았다.

제조업의 유턴과 고용

2013년 9월 「뉴욕 타임스」에 기고한 글에서 스테퍼니 클리퍼드는 사우스캐롤라이나의 개프니에 있는 파크데일 밀스(Parkdale Mills)라는 섬유업체에 대해서 썼다. 이 업체는 140명을 고용하고 있었다. 1980년에 지금과 똑같은 양의 제품을 생산하려면 2,000명이 필요했을 것이다. 파크데일 공장에서는 "사람이 자동 공정을 중단시키는 일이 어쩌다 한 번씩 있었는데, 이는 주로 반제품 원사를 지게차에 실어 이동시키는 것처럼 사람이 하는 편이 비용이 덜 드는 작업이 있기 때문이었다."[6] 완제품은 천장에 부착된 가이드 레일을 따라 자동으로 포장 및 출고 기계를 향해 이송된다.

  이곳에 140명이나 고용되어 있기는 하지만, 사실 이 정도 인원은 수십 년에 걸쳐 제조업 일자리가 사라진 것에 비하면 극소수에 불과하다. 섬유 산업이 중국, 인도, 멕시코 등 저임금 국가로 이동함에 따라 미국 섬유 산업은 1990년대에 와해되었다. 1990년부터 2012년 사이에 섬유 분야에 종사하는 미국 내 인력의 4분의 3인 120만 명이 해고되었다. 그러나 최근 몇 년에 걸쳐 미국 내 섬유 생산은 가파른 회복세를 보이고 있다. 2009년부터 2012년 사이에 미국 섬유 및 의류 수출고는 30퍼센트 증가하여 230억 달러에 육박했다.[7] 이 회복세의 배후에는 최저임금 국가의 근로자와 경쟁이 가능할 정도로 효율성이 뛰어난 자동화 기술이 자리 잡고 있다.

미국을 비롯한 선진국의 제조업 분야에서 이러한 최첨단 혁신은 고용에 플러스와 마이너스 효과를 동시에 가져오고 있다. 파크데일 공장 같은 곳은 다수의 인원을 직접 고용하지는 않지만 협력업체와 주변부 산업, 이를테면 원료와 완제품을 실어 나르는 트럭 운송업 등의 고용 증대에 기여한다. 백스터 같은 로봇은 물론 반복 작업을 수행하는 근로자의 일자리를 없애버리기는 하지만, 이런 로봇들로 인해 미국 제조업계가 저임금 국가들에 대해 경쟁력을 갖추게 되는 것도 사실이다. 실제로 제조업의 '유턴' 경향이 뚜렷이 드러나고 있다. 이런 현상의 원동력은 새로운 기술과 저임금 국가의 노동 비용 상승이다. 특히 중국에서는 2005년에서 2010년 사이에 일반 공장 근로자의 임금이 매년 20퍼센트씩 상승했다. 2012년에 보스턴 컨설팅 그룹이 미국 제조업체 임원진을 대상으로 실시한 설문 조사를 보면, 매출 100억 달러 이상인 대기업 중 절반 이상이 생산 시설의 유턴을 적극 추진 중이거나 진지하게 고려하고 있는 것으로 나타났다.[8]

제조 시설이 미국으로 돌아오면 수송비가 대폭 줄어드는 것을 비롯하여 여러 가지 이익이 생긴다. 공장이 소비자 집단 및 디자인 센터와 인접해 있으면 기업들은 디자인으로부터 생산까지 걸리는 리드 타임을 줄일 수 있어서 고객의 요구에 훨씬 더 기민하게 반응할 수 있다. 자동화로 인해 생산 과정이 더욱 탄력적이면서도 정교해짐에 따라 제조업체들은 맞춤 제품 쪽으로 선회할 가능성이 높아진다. 이를테면 소비자가 독특한 디자인을 만들어내도록 도와주거나 간편한 온라인 인터페이스를 통해 너무 크거나 작아서 찾기 어려운 옷을 소비자가 지정하는 대로 제작할 수 있다. 이렇게 자동화된 공장이 미국 내에 있으면 며칠 안에 완제품을 고객에게 배송할 수 있다.

그러나 제조업이 미국으로 재상륙하는 데에는 한 가지 중요한 위험이 따른다. 유턴의 결과 창출된 소수의 제조업 일자리도 그리 오래 버티지 못할 수 있다. 로봇의 성능이 계속 향상되고 몸놀림도 능숙해지는데에 더해 3D 프린팅 같은 신기술이 적용 범위를 넓혀감에 따라 많은 공장들이 궁극적으로는 완전 자동화될 수 있다. 현재 미국에서 제조업 일자리가 전체 고용에서 차지하는 비중은 10퍼센트에 훨씬 못 미친다. 그러므로 제조업 로봇과 유턴이 전체 고용 시장에 미치는 영향은 미미할 것이다.

그러나 고용이 주로 제조업 분야에 집중되어 있는 중국 같은 개발도상국에서는 사정이 완전히 다르다. 실제로 기술 발전으로 인해 중국 공장의 일자리 수는 격감했다. 1995년에서 2002년 사이에 중국 제조업의 일자리는 15퍼센트가 줄어 1,600만 명이 직장을 잃었다.[9] 이러한 추세가 더욱 뚜렷해지리라는 증거는 많다. 애플 제품의 1단계 협력업체인 폭스콘(Foxconn)은 자사의 여러 제조 시설에 최대 100만 대까지의 로봇을 투입할 장기 계획에 돌입했다. 대만의 전기 어댑터 제조업체인 델타 일렉트로닉스(Delta Electronics)는 정밀 전자 부품 조립에 저렴한 로봇을 출시하는 쪽으로 전략을 전환했다. 델타는 팔 하나로 된 조립 로봇을 1만 달러 정도에 내놓을 계획인데, 이 정도면 리싱크가 만든 백스터 가격의 절반 이하이다. 유럽의 산업용 로봇 제조업체인 ABB 그룹이나 쿠카(Kuka) 사도 중국 시장에 집중 투자를 하고 있으며 매년 수만 대의 로봇을 생산할 수 있는 현지 공장을 건축 중이다.[10]

중국에서 자동화가 가속될 것으로 보이는 이유 또 한 가지는 중국에서 대기업들이 대출금에 대해 지불하는 이자가 정부 정책으로 인해 인위적으로 낮게 유지되는 것이다. 게다가 대출 기한을 계속 연장해주기 때문에 기업들은 원금을 결코 상환하지 않는다. 이렇게 되면 임금이 낮은 상태에서 자본 투자의 수익성이 매우 높아지는데, 중국에서 투자가 GDP의 거의 절반을 차지하는 주요 이유 중 하나가 바로 이런 상황 탓이다.[11] 다수의 전문가들은 이렇게 인위적으로 낮게 유지되는 자본 비용이 중국 전역에 걸쳐 잘못된 투자가 만연하는 원인이라고 본다. 아마 가장 유명한 사례가 '유령 도시'를 이곳저곳에 건설한 것일 텐데 여기에는 거의 사람이 살지 않는 듯하다. 마찬가지로 자본 비용이 낮다는 사실은 당장의 수익성이 어떻든 대기업들이 자동화에 거액을 투자하도록 하는 강력한 유인책이 된다.

중국 전자 산업에서 본격적인 로봇의 시대로 넘어가는 데 있어 가장 큰 걸림돌은 점점 짧아지는 제품 수명 주기와 발을 맞출 수 있을 정도로 탄력성이 뛰어난 로봇을 설계하는 일이다. 예를 들어, 폭스콘은 사업장 내에 방대한 기숙사 시설을 운영하고 있다. 계속 변하는 생산 일정을 맞추려면 한밤중에 수천 명의 근로자를 깨워 즉시 작업에 투입해야 한다. 이렇게 해서 폭스콘은 적시에 생산량을 대폭 늘리거나 새로운 제품 디자인을 내놓는 데에 신속히 적응해왔지만, 이는 근로자들에게는 엄청난 압박으로 작용한다. 2010년 폭스콘의 생산 시설에서 유행병처럼 번져간 자살이 그 증거이다. 그러나 로봇은 쉬지 않고 일할 수 있고, 새로운 작업에 맞추어 훈련시키기도 쉽기 때문에, 근로자의 임금이 낮다 하더라도 로봇은 인간 근로자에 대한 대안으로서 그 장점이 점점 부각되고 있다.

공장 자동화의 경향을 보이는 개발도상국에 중국만 있는 것은 아니다. 예를 들어, 의복과 신발 제조는 여전히 고도로 노동집약적인 제조업으로 남아 있는 탓에 기업들은 생산 시설을 중국으로부터 임금이 더 낮은 베트남이나 인도네시아로 이전해왔다. 2013년 6월, 운동화 제조업체인 나이키는 인도네시아에서 임금이 상승함에 따라 4반기 수익성이 악화되었다고 발표했다. 나이키의 재무 담당 부사장에 따르면, 장기적으로 볼 때 이 문제에 대한 해결책은 "제품 가격으로부터 노무비를 제거하는 것"이다.[12] 기업의 입장에서는 자동화를 강화해서 제3세계 의류공장에서 자주 지적되는 열악한 근로 환경에 대한 비난을 피해갈 수 있을 것이다.

서비스 산업: 일자리가 남아 있는 곳

미국을 비롯한 선진국에서는 오늘날 대도시의 근로자를 고용하고 있는 서비스 분야에서 일자리가 사라질 것이다. ATM이나 셀프 카운터에서 이런 경향이 이미 드러나고 있지만, 향후 10년간 새로운 형태의 서비스 자동화가 폭발적으로 진행될 가능성이 높고, 이에 따라 수백만 명의 저임금 서비스 근로자들이 실직의 위기에 처할 것이다.

샌프란시스코의 벤처기업인 모멘텀 머신즈(Momentum Machines) 사는 고급 햄버거의 생산을 완전 자동화하는 데에 착수했다. 오늘날은 근로자가 냉동 햄버거 패티를 그릴에 올려놓지만 모멘텀 사의 로봇은 방금 갈아낸 고기를 떼어내 고객의 입맛대로 구워줄 수 있다. 심지어 육즙은 그대로 보존하면서 표면만 알맞은 정도로 불맛이 나도록 굽는 것도 가능하다. 한 시간에 360개의 햄버거를 구워낼 수 있는 이 기계는 고기만 다루는 것이 아니라 햄버거 빵도 앞뒤로 굽고, 토마토, 양파, 피클 같은 것들도 썰어 넣을 수 있는데, 이 모든 작업을 특정 고객의 주문을 받은 다음에 수행할 수 있다. 패티, 빵, 야채가 한데 모여 즉시 먹을 수 있는 상태가 된 햄버거가 컨베이어 벨트를 타고 도착한다. 대부분의 로봇 전문 업체들은 일자리에 관한 이야기만 나오면 뭔가 듣기 좋은 이야기를 하려고 하지만 모멘텀 머신즈의 공동 창립자인 알렉산드로스 바르다코스타스는 이 점에서 매우 직선적이다. 그는 이렇게 말한다.

"우리 제품은 근로자들의 작업 효율을 높여주는 게 아니라, 이들을 완전히 대체하는 데 있다."[13]*

모멘텀 머신즈는 보통의 패스트푸드 식당이 햄버거를 만드는 직원들에 대해 연간 13만 5,000달러의 임금을 지급하고 있으므로, 미국 전체로 볼 때 연간 햄버거 생산 노무비가 90억 달러에 달한다고 추산한다.[14] 이 회사는 자사의 로봇을 도입할 경우 1년 이내에 투자비를 회수할 수 있다고 예측하며, 패스트푸드 식당뿐만 아니라 편의점, 푸드 트럭, 심지어 자판기까지도 타깃으로 삼고 있다. 노무비를 제거함과 동시에 주방에서 사람이 움직이는 데에 쓰이던 공간도 줄이면 식당들은 비용을 고품질 재료 구입에 돌릴 수 있어서 저렴한 가격에 고급 햄버거를 팔 수 있다는 것이 이 회사의 주장이다.

맛있는 햄버거를 싸게 먹을 수 있다는 이야기는 그럴싸하게 들리지만 아마 상당한 대가가 따를 것이다. 패스트푸드 산업에서는 수백만 명이 저임금으로 일하고 있으며, 그 상당수가 파트타임 근로자이다. 맥도널드만 해도 전 세계의 3만 4,000개 점포에서 약 180만 명을 고용하고 있다.[15] 패스트푸드 산업은 임금이 낮고 혜택이 적어서 이직률도 높기 때문에 일자리를 찾기가 비교적 쉽다. 이런 이유로 패스트푸드 일자리

---

* 이 회사는 자사 제품이 고용에 미칠 영향에 대해 인식하고 있으며, 이 업체의 웹사이트에 따르면 이로 인해 일자리를 잃게 될 근로자들에게 저렴한 비용으로 기술 훈련을 제공하는 프로그램을 제안하고 있다.

는 소매업에서의 저숙련 노동력과 함께 별 대안이 없는 근로자들을 위한 민간 부문 안전망 역할을 했다. 그러니까 정 오갈 데가 없는 사람들이라면 최후로 이런 직종에서 적은 돈이나마 벌 수 있었다는 이야기이다. 2013년에 미국 노동통계국은 "음식 조리 및 서빙 종사자(사람을 고용해서 식탁까지 음식을 나르는 일반 레스토랑의 웨이터 및 웨이트리스 제외)"를 2022년까지 10년간 인원수로 볼 때 가장 많은 사람을 고용할 분야로 규정했다. 그때까지 이 분야에서 50만 개의 신규 일자리가 창출됨과 동시에 100만 명의 이직으로 100만 개의 대체 일자리가 생기리라는 예측이었다.[16]

그러나 2008년 금융 위기의 여파로 패스트푸드 산업의 고용을 지배하던 법칙은 급속히 달라지고 있다. 2011년에 맥도널드는 5만 명의 신규 인력을 고용하겠다고 발표해서 이목을 끈 적이 있는데, 이때 지원자 100만 명이 몰렸다. 경쟁률만으로 보자면 맥도널드에 취업하는 것이 하버드 대학교에 입학하는 것보다 더 어려웠다는 뜻이다. 한때 패스트푸드점은 학비나 용돈을 벌려는 학생들의 아르바이트 장소였지만 오늘날은 더 나이 많은 근로자들이 이곳의 임금을 주 수입원으로 하여 살아가고 있다. 패스트푸드 근로자의 90퍼센트 이상이 20세 이상이며, 평균 연령은 35세이다.[17] 이 고령 근로자들은 가족을 부양하는 경우도 많은데, 이는 시간당 평균 임금 8.69달러로는 거의 불가능한 일이다.

저임금에다가 종업원 복지 혜택이라고는 거의 전무한 패스트푸드 업계는 항상 집중적인 비난의 표적이었다. 2013년 10월에 맥도널드 종업원 한 사람이 회사에 재정 지원을 요청했더니 담당자가 그 사람에게 정부에 무료 식료품 쿠폰과 무료 의료 서비스를 신청하라고 대답했다는 사실이 알려지자 이 회사는 맹렬한 비난에 시달렸다.[18] 실제로 캘리포니아 대학교 노동연구소의 분석에 따르면, 패스트푸드 근로자 가족의 절반 이상이 이런저런 정부 지원 혜택을 받고 있는데, 이는 매년 70억 달러에 육박하는 납세자 부담으로 돌아오고 있다.[19]

2013년 가을에 뉴욕 패스트푸드 식당에서 종업원들의 항의가 줄을 잇고 파업이 여기저기서 발생하는 사태가 일어나 50여 개 도시로 번지자 요식업 및 호텔 산업과 긴밀하게 연결된 보수 성향의 고용정책연구소는 「월스트리트 저널」에 이런 전면 광고를 냈다. "로봇이 곧 더 높은 최저임금을 요구하는 패스트푸드 근로자를 밀어낼 것이다." 물론 이 광고는 겁주기 전술의 일환이었겠지만, 모멘텀 머신즈가 보여준 것처럼 패스트푸드 산업에서 자동화가 진행되는 현상은 거의 피할 수 없는 현실이 되었다. 폭스콘 같은 회사가 중국에서 정밀 전자 기기를 조립하는 데에 로봇을 도입하는 상황에서 기계가 햄버거, 타코, 라떼 등을 서빙하는 시대가 오지 않으리라고 볼 이유는 없다.＊

＊경제학자들은 패스트푸드를 서비스 산업으로 분류한다. 그러나 기술적인 측면에서 보면 패스트푸드는 즉석 제조업이라는 형태에 더 가깝다.

일본의 초밥식당 체인 쿠라(Kura)는 이미 성공적으로 자동화 전략을 선도하고 있다. 이 체인에 속한 262개 식당에서는 로봇이 초밥을 만들고 웨이터 대신 컨베이어 벨트가 접시를 나른다. 신선도 유지를 위해 시스템은 각각의 초밥 접시가 언제 벨트 위를 돌기 시작했는가를 점검해서 유효 시간이 지난 접시를 자동으로 회수한다. 고객들은 터치스크린으로 주문을 하고, 식사를 마치면 빈 접시를 식탁 근처의 슬롯에 내려놓는다. 그러면 시스템이 자동으로 음식값을 계산하고는 접시를 설거지해서 부엌으로 돌려보낸다. 각 지점마다 지점장을 고용하는 대신 쿠라는 중앙집중 시스템을 이용하여 관리자들이 식당 경영의 거의 모든 측면을 원격 감시할 수 있도록 했다. 이런 자동화 시스템 덕분에 쿠라는 경쟁자들보다 현저히 낮은 가격인 접시당 100엔에 초밥을 내놓는다.[20]

자동화된 음식 제조와 원격 관리가 주요 특징인 쿠라의 전략이 성공을 거둔 이상 패스트푸드 업계 전체에 같은 방식이 도입되리라는 것은 쉽게 예측할 수 있다. 많은 업체들이 벌써 이런 방향으로 큰 걸음을 떼고 있다. 예를 들어, 2011년에 맥도널드는 7,000개의 유럽 매장에서 터치스크린 주문 시스템을 도입하겠다고 발표했다.[21] 일단 이 분야의 대기업들이 자동화를 강화시켜 큰 이익을 보기 시작하면 다른 업체들도 따라갈 수밖에 없다. 게다가 자동화를 하면 임금 지출을 줄이는 차원 이상의 경쟁력을 얻을 수 있다. 로봇을 쓰면 음식물과 접촉하는 근로자의 수가 줄어들기 때문에 위생을 더욱 개선할 수 있다. 고객이 누리는 편의성과 속도가 늘어나고 주문을 잘못 전달하는 실수가 줄어드는 데다가 맞춤형 주문의 가능성도 더 커진다. 어떤 고객의 기호가 한 매장의 컴퓨터에 입력되기만 하면 *그가* 다른 어떤 매장을 찾든 일관성 있게 그의 기호를 맞춰주는 일은 간단하다.

이 모든 것을 종합할 때 보통의 패스트푸드 식당이라면 인력을 50퍼센트 혹은 그 이상까지 절감할 수 있으리라는 것이 나의 생각이다. 적어도 미국에서는 패스트푸드 시장이 이미 완전 포화되어 있기 때문에 각 매장의 인력이 크게 줄어든다 해도 새로운 식당이 등장해서 이를 메꿀 가능성은 매우 희박하다. 물론 그렇다면 앞서 말한 고용통계국이 예측한 일자리 중 상당수는 결국 사라져버릴 것이다.

저임금 서비스 인력이 몰려 있는 분야 또 하나는 일반 소매업이다. 노동통계국의 경제 전문가들은 2020년까지 '소매업 판매원'이 특정 직업으로는 '간호사'에 이어 두 번째로 많은 일자리를 창출할 것으로 내다본다. 그러니까 약 70만 개의 일자리가 소매업에서 생기리라는 것이다.[22] 그러나 여기에서도 기술 발전으로 인해 정부의 이러한 예측이 지나치게 낙관적이라는 사실이 드러날 것이다. 아마 앞으로는 소매업 분야에서 세 가지의 주요한 힘이 고용 현황을 결정할 것이다.

첫 번째 힘은 아마존, 이베이, 넷플릭스 같은 온라인 소매업체들이 계속해서 큰 충격을 줄 것이다. 온라인 업체들이 실제 점포를 가진 업체들보다 경쟁력이 뛰어나다는 사실은 서킷 시티(Circuit City), 보더스

(Borders), 블록버스터(Blockbuster) 같은 대형 소매업 체인이 무너진 것만 보아도 알 수 있다. 아마존과 이베이는 다수의 유럽 도시에서 당일 배송을 실현하고 있으며, 이들의 목표는 '구매 즉시 고객에게 만족감을 준다'는 오프라인 소매점 최후의 보루를 붕괴시키는 데에 있다.

이론상 온라인 소매업체들이 이렇게 시장을 빼앗아간다고 해도 반드시 일자리가 없어지지는 않을 것이다. 그보다는 재래식의 소매업으로부터 온라인 업체들이 이용하는 창고나 물류 센터로 역할이 바뀔 것이다. 그러나 일단 일자리가 창고 쪽으로 넘어가면 자동화가 훨씬 쉬워지는 게 현실이다. 2012년에 아마존은 창고용 로봇 업체인 키바 시스템스(Kiva Systems)를 인수했다. 키바의 로봇은 움직이는 거대한 하키 퍽처럼 보이지만 이들은 창고 안에서 물건을 이리저리 옮기도록 설계되어 있다. 물건이 진열된 복도를 오가며 필요한 품목을 꺼내는 직원을 대신하여 키바 로봇은 팔레트를 비롯한 상품 거치대 시스템 전체를 번쩍 들어올려 주문받은 물건을 포장하는 근로자에게 곧장 가져다준다. 이 로봇은 바닥에 바코드 형태로 부착된 그리드를 이용하여 스스로 방향을 잡는데, 아마존과 함께 토이저러스, 갭, 월그린스, 스테이플스 등을 비롯한 여러 종류의 소매업에서 창고 자동화에 이용되고 있다.[23] 키바 시스템스를 인수하고 나서 1년 뒤, 아마존은 1,400대의 키바 로봇을 보유하게 되었는데, 이는 방대한 창고망을 자동화하는 과정의 첫걸음일 뿐이다. 월스트리트의 전문가는 이 로봇을 이용하여 아마존이 궁극적으

로 주문 처리 비용을 40퍼센트까지 줄일 수 있을 것으로 내다본다.[24]

　미국 최대의 채소류 소매업체 중 하나인 크로거(Kroger) 사도 고도로 자동화된 물류 센터 시스템을 도입했다. 크로거의 시스템은 협력업체가 납품한 한 가지의 제품이 대량으로 들어 있는 팔레트를 인수하여 포장을 해체한 뒤 다양한 제품이 들어 있는 새로운 팔레트를 만들어 즉시 출고가 가능한 상태로 만드는 작업을 수행할 수 있다. 이 시스템은 또한 협력업체가 보낸 제품이 매장에 도착했을 때 이를 쌓아 올리는 방식을 최적화하여 공간 활용을 극대화할 능력도 가지고 있다. 창고가 여기까지 자동화되면 팔레트를 트럭에 싣고 내리는 작업 이외에는 사람이 관여할 필요가 전혀 없어진다.[25] 이런 자동화 시스템이 일자리에 어떤 영향을 미칠지 뻔히 보이는 마당에 노조가 그냥 지나칠 리 없다. 크로거 사가 이 시스템을 도입하는 것을 둘러싸고 전국 트럭 기사 노조와 식료품 소매상들은 크로거 사와 끊임없이 갈등을 빚어왔다. 키바 로봇이든 크로거의 자동화 시스템이든 사람의 일자리를 조금 남겨두기는 하겠지만, 이들은 주로 여러 종류의 품목을 최종 출고용 상자에 담는 것처럼 시지각 능력과 능숙한 손놀림을 필요로 하는 분야에 국한될 것이다. 물론 이러한 분야는 인더스트리얼 퍼셉션의 상자 옮기기 로봇 같은 혁신 기술이 급속히 기술의 한계를 확장해가는 분야이다.

　대변혁의 가능성이 감지되는 곳은 완전 자동화된 셀프서비스 소매업, 그러니까 지능형 자판기와 키오스크의 폭발적 성장이다. 연구에 따르면, 자동화 소매업 부문의 제품 및 서비스 매출액은 2010년의 7,400억 달러에서 2015년에는 1조 1,000억 달러로 성장할 것으로 예상된다.[26] 자판기는 음료수, 스낵, 맛없는 인스턴트커피 등을 팔던 시절을 뛰어넘어 애플의 아이팟이나 아이패드 같은 첨단 전자제품을 공항이나 고급 호텔에서 파는 수준까지 발전했다. 자동화 소매기계 제조를 선도하는 업체 중 하나인 AVT 사는 사실상 제품에 상관없이 맞춤형 셀프서비스 자판기를 설계할 수 있다고 주장한다. 자판기를 도입하면 소매업 분야에서 발생하는 세 가지 주요 비용을 대폭 줄일 수 있다. 그것은 매장 임대료, 노무비, 고객과 종업원의 절도행위이다. 이러한 자판기들은 24시간 서비스를 제공하는 것은 물론 비디오 스크린도 달려 있어서 인간 판매원과 마찬가지로 고객이 관련 상품을 사도록 유도하는 현장 광고를 할 수도 있다. 이 자판기들은 또한 고객의 이메일 주소를 수집하여 영수증을 발송하는 일까지 할 수 있다. 기본적으로 이들은 온라인 주문의 장점을 다 갖추고 있는 것에 더해 상품의 현장 인도라는 장점까지 지니고 있다.

이런 자판기와 키오스크가 널리 보급됨에 따라 기존의 소매업 관련 일자리는 확실히 사라지겠지만, 반면에 자판기의 유지, 수리, 상품 재충전과 관련된 직종이 새로 창출될 것 또한 분명하다. 하지만 새 직종의 일자리 수는 우리가 예측하는 것보다 적을 것이다. 최첨단 자판기들은 인터넷에 직접 연결되어 지속적으로 매출 및 기계 상태 진단 관련 데이터를 전송한다. 이들은 동시에 운영과 관련한 인건비를 최소화하도록 설계되어 있기도 하다.

2010년에 데이비드 더닝은 189개의 레드박스(Redbox) DVD 대여 키오스크의 유지보수와 상품 재충전을 감독하는 지역 매니저로 일하고 있었다.[27] 레드박스는 미국과 캐나다에서 4만 2,000군데의 키오스크를 운영 중인데, 이들은 대부분 편의점이나 슈퍼마켓에 자리 잡고 있으며, 하루에 200만 개의 DVD를 대여한다.[28] 더닝은 직원 7명만을 데리고 189군데를 관리한다. 재충전 작업은 고도로 자동화되어 있다. 사실 이 직업에서 가장 노동집약적인 측면은 키오스크에 붙어 있는 투명 영화 광고 필름을 교체하는 일이다. 그나마 기계 한 대당 교체 작업은 보통 2분이 채 걸리지 않는다. 더닝과 직원들은 새 DVD가 도착하는 창고, 각자의 차 안, 집 등을 돌아다니며 근무한다. 집에서는 인터넷에 접속하여 자판기를 관리하면 된다. 이 키오스크들은 설계 단계부터 원격 관리에 적합하도록 만들어졌다. 예를 들어 DVD가 기계에 걸리면 기계는 즉시 이를 알려오고, 이에 따라 기술자가 노트북 컴퓨터로 로그인한 뒤 기계에 명령을 보내 현장에 가지 않고도 문제를 해결한다. 새 영화는 보통 화요일에 공식적으로 출시되는데, 키오스크를 충전하는 작업은 그전에 아무 때나 할 수 있다. 키오스크는 해당 영화 DVD를 자동으로 대여할 수 있도록 해놓는다는 뜻이다. 이렇게 되면 기술자들은 교통 혼잡 시간을 피해서 재충전 작업을 할 수 있다.

더닝과 그의 직원들이 하는 일이 흥미롭고 해볼 만한 일로 생각되겠지만, 과거의 소매점 체인이 창출하던 고용에 비하면 이런 사람들의 수는 매우 적다. 예를 들어, 이제는 사라지고 없는 블록버스터는 미국 각 지역에 수십 개의 매장을 갖고 있었고 매장마다 판매 직원이 근무했다.[29] 최전성기에 블록버스터는 9,000군데의 점포에 6만 명의 직원을 거느렸다. 그렇다면 매장당 7명의 직원이 있었다는 뜻인데, 이는 한 지역 전체를 커버하기 위해 레드박스가 고용한 더닝 팀의 인원과 대략 비슷하다.

소매업 분야에서 일자리를 없앨 것으로 보이는 세 번째 힘은 경쟁에서 살아남으려 몸부림치는 오프라인 매장들이 자동화를 더욱 추진하고 로봇을 도입하는 것이다. 제조업에 쓰이는 로봇에 능숙한 손놀림이나 시지각의 측면에서 기술의 한계를 뛰어넘게 해주는 기술 혁신이 결국 소매업에 도입되어 창고뿐만 아니라 더 수준 높은 작업, 이를테면 매장 선반에 상품을 쌓아 올리는 일이 가능해지도록 할 것이다. 실제로 일찍이 2005년에 월마트는 고객이 없는 밤중에 로봇이 매장 복도를 이리저리 돌아다니며 자동으로 바코드를 스캔해 상품 재고를 추적하는 가능성을 검토한 적이 있다.[30]

동시에 셀프 계산대나 점포 내 정보 키오스크 등은 사용하기가 점점 간편해지고 더 널리 보급될 것이다. 휴대전화 등 모바일 장비는 이러한 셀프서비스 세상에서 더욱 중요한 역할을 할 것이다. 미래의 쇼핑객들은 재래식 소매 영업장에서 물건을 사고, 돈을 내고, 상품 정보를 얻을 때도 더욱 휴대전화에 의존할 것이다. 소매 분야의 모바일 혁명은 이미 진행 중이다. 예를 들어, 월마트는 고객들이 바코드를 스캔한 뒤 휴대전화로 지불하는 방식을 실험 중이다.[31] 이렇게 하면 카운터에 길게 늘어선 줄 따위는 옛날이야기가 되어버린다. 렌터카 벤처업체인 실버카 (Silvercar) 사는 직원과 대화할 필요조차 없이 차를 예약하고 픽업하는 서비스를 제공한다. 고객은 그저 바코드를 스캔한 뒤 차 문을 열고 운전을 시작하면 된다.[32] 애플의 시리 같은 자연어 구현 기술이나 이보다 더 강력한 시스템인 IBM의 왓슨 등의 성능이 개량되면서 가격이 저렴해짐에 따라 고객들이 마치 상점 직원에게 하듯이 휴대전화에 대고 말로 도움을 청하는 시대가 곧 올 것임은 상상하기 어렵지 않다. 물론 여기서 중요한 차이는 고객이 직원을 기다릴 필요도, 찾아다닐 필요도 없다는 점이다. 이 가상 점원은 항상 대기하고 있을 것이며 틀린 대답을 하는 경우도 거의 없을 것이다.

어떤 소매업체들은 기존의 점포 형태를 그대로 두고 자동화만을 도입하려고 할 것이고, 어떤 업체들은 점포를 전체적으로 재설계하여 결국 매장을 거대한 자판기로 탈바꿈시키려 할 것이다. 이런 형태의 매장에는 일단 자동화가 된 창고가 있고 쇼룸이 붙어 있어서 고객이 제품 샘플을 확인한 다음 주문을 할 수 있을 것이다. 이렇게 주문한 상품은 고객이 직접 받아갈 수 있거나 아니면 아예 로봇을 이용해서 고객의 차에 실어줄 수 있을 것이다. 업체들이 어느 쪽 기술을 선택하든 더 많은 로봇과 기계, 그리고 훨씬 적은 사람의 일자리라는 결과로 나타날 것임은 상상하기 어렵지 않다.

클라우드 로봇

로봇 혁명을 추진하는 가장 강력한 힘 중 하나는 아마 '클라우드 로보틱스(cloud robotics)'일 것이다. 이는 말 그대로 모바일 로봇을 움직이는 지능의 상당 부분을 강력한 중앙 컴퓨터로 이관시키는 것을 말한다. 클라우드 로보틱스는 데이터 통신 속도의 눈부신 발전으로 인해 가능해졌다. 오늘날 첨단 로봇을 가동하는 데에 필요한 엄청난 양의 연산은 대규모 데이터 센터가 할 수 있으며, 각각의 로봇은 네트워크 전체에 걸친 정보 소스에 접속하면 된다. 물론 이렇게 하면 로봇 자체에 장착된 연산 능력과 메모리 기능이 그리 크지 않아도 되므로 로봇의 가격이 싸지며, 여러 대의 로봇에 대해 동시에 소프트웨어를 업그레이드하는 것도 가능해진다. 로봇 하나가 이렇게 중앙집중화된 기계 지능을 이용해서 뭔가를 학습하고 환경에 적응하는 데에 성공하면 이렇게 습득한 지식은 같은 시스템에 접속되어 있는 모든 로봇에게 즉시 전달된다. 이렇게 되면 다수의 로봇에게 일제히 기계 학습을 시키기가 쉬워진다.

2011년에 구글은 클라우드 로보틱스에 대한 지원을 발표했고, 안드로이드 장비에 적용되는 모든 서비스를 로봇이 사용할 수 있는 인터페이스를 내놓았다.*

클라우드 로보틱스의 영향이 가장 잘 드러나는 분야는 아마 방대한 데이터베이스 접속이 필요한 데다가 막강한 연산 능력을 갖춰야 하는 시지각 분야일 것이다. 예를 들어, 여러 가지 가사를 수행할 능력이 있는 로봇을 제작하는 데에 어느 정도의 기술 수준이 필요한가를 생각해보자. 어질러진 방을 치워야 하는 로봇 도우미는 수많은 물건을 식별하고 이 물건을 어떻게 해야 할지를 판단해야 한다. 이 수많은 물건은 생김새도 제각각이고 놓인 방향도 다를 것이며 다른 물건과 뒤엉켜 있을 수도 있다. 이 도우미 로봇의 어려움과 이 장 첫머리에서 소개한 인더스트리얼 퍼셉션 사의 상자 옮기기 로봇이 겪는 어려움을 비교해보자. 상자들이 무질서한 모양으로 쌓여 있는데도 각각의 상자를 인식하고 집어 올리는 로봇의 능력이 대단하기는 하지만, 그렇다고 해도 작업 대상은 상자에 국한될 뿐이다. 여기서부터 모양과 놓여 있는 상태에 관계없이 모든 물건을 알아보고 이에 대처하는 데까지 이르는 길은 매우 멀다.

이렇게 통합적인 시각 인식 능력을 저렴한 가격의 로봇에 탑재하는

---

*2013년에 구글은 6개월 사이에 8개의 로봇 관련 벤처기업을 인수하여 로보틱스에 대한 강한 관심을 드러냈다. 이때 인수한 업체 중에는 인더스트리얼 퍼셉션 사도 포함되어 있다.

일은 엄청난 작업이지만, 클라우드 로보틱스는 여기에 한 줄기 빛을 던져준다. 2010년에 구글은 카메라가 장착된 모바일 장비에 '고글'이라는 기능을 도입했고, 그때 이래 이 기술을 크게 개선했다. 이정표가 될 만한 건물, 책, 예술 작품, 판매되는 제품 등 다양한 대상을 촬영하면 시스템이 이 사진에 관한 정보를 자동으로 인식해서 띄워주는 기능이다. 거의 모든 물체를 식별할 정도의 시지각 능력을 개별 로봇에 탑재하는 작업은 매우 힘들고 돈이 많이 들겠지만, 방금 이야기한 고글과 비슷한 중앙집중식 영상 데이터베이스에 접속해서 자신의 주변에 존재하는 물체를 인식하는 로봇이 미래에 등장하리라고 상상하기는 어렵지 않다. 이 방대한 클라우드 기반 데이터베이스는 지속적으로 업데이트될 것이고, 이 시스템에 접속되어 있기만 하면 어떤 로봇이든 시지각 능력을 데이터 업데이트에 발맞추어 즉시 업그레이드할 수 있을 것이다.

클라우드 로보틱스가 더 뛰어난 로봇을 향해 가는 과정에서 큰 힘을 발휘할 것은 분명하지만 여러 가지 중대한 문제도 따라올 수 있는데, 보안 문제가 특히 심각할 수 있다. 아널드 슈워제네거가 주연한 〈터미네이터〉에서 모든 것을 통제하는 기계 지능인 '스카이넷'과도 비슷하다는 거북한 사실을 제외하더라도 클라우드 로보틱스가 해킹이나 사이버 공격에 취약할 수 있으리라는 점은 코앞의 현실적인 문제이다. 언젠가 클라우드 로보틱스가 교통 인프라에서 중요한 역할을 수행하기 시작하면, 이는 특히 중대한 문제가 된다. 예를 들어, 자동화된 트럭과 열차가 식료품을 비롯한 생필품을 중앙집중식 통제에 따라 수송한다면, 이러한 시스템은 엄청난 취약성에 노출될 위험이 커진다. 산업용 로봇의 취약성은 이미 큰 우려의 대상이 되었는데, 송전망 같은 핵심적 인프라가 사이버 공격에 취약할 수 있다는 것도 마찬가지로 우려의 대상이다. 2010년에 이란 핵시설의 원심 분리기를 공격할 목적으로 미국과 이스라엘 정부가 만들어낸 스턱스넷 웜(Stuxnet worm)이 이러한 취약성을 잘 드러내준다. 언젠가 인프라의 핵심 부분이 중앙집중식 로봇에 의존하는 날이 오면 이러한 우려는 완전히 새로운 차원으로 올라갈 것이다.

농업용 로봇

미국 경제에서 사람을 고용하는 수많은 분야 중에서도 농업은 기술 진보의 결과 가장 대폭적인 변화를 이미 겪은 분야로 단연 눈에 띈다. 물론 이러한 신기술의 대부분은 본질적으로 기계였으며 정보 기술이 등장하기 훨씬 전부터 농업을 지배해왔다. 19세기 후반에 전 미국 근로자의 절반은 농업에 종사했다. 2000년이 되자 그 비율은 2퍼센트 이하로 떨어졌다. 기계를 이용하여 씨를 뿌리고 키워 수확하는 밀, 옥수수, 면화 같은 작물의 경우 선진국에서는 수확물 단위 무게당 인건비가 차지하는 비중이 무시할 만한 정도로 적다. 가축을 키우고 돌보는 일에서도 많은 측면이 이미 기계화되어 있다. 예를 들어, 낙농업의 경우 로봇으로 젖을 짜는 시스템은 일상적인 것이 되었고, 미국에서는 닭을 표준화된 크기로 키운다. 그래야 자동화 시스템에서 도살하고 처리할 수 있기 때문이다.

농업에서 그나마 남아 있는 노동집약적 분야는 주로 과육이 연하고 값이 비싼 과일이나 채소, 관상용 식물 및 꽃을 따는 일이다. 비교적 반복적인 수작업임에도 불구하고 이제까지 기계화를 피해간 직업은 대개 시지각과 능숙한 손놀림에 크게 의지하는 직종들인데, 방금 말한 농업 분야도 여기에 속한다. 과일과 채소는 잘못 건드리면 쉽게 흠집이 생기는 데다가 색상이나 말랑말랑한 정도에 따라 등급별로 분류해야 할 필요도 있다. 기계에 있어서 시각적 인식은 상당히 높은 장벽이다. 이를테면 과수원에서 하루 중 빛의 세기는 끊임없이 달라지며, 가지에 달린 과일 하나하나는 저마다 다른 방향을 보고 매달려 있는 데다가 부분적으로 아니면 완전히 잎에 가려져 있을 때도 많다.

그러나 공장이나 창고에서 로봇 기술의 한계를 밀고 나가고 있는 바로 그 혁신이 드디어 농업 최후의 인간 고유 영역을 자동화하려고 하고 있다. 캘리포니아의 샌디에이고에 있는 비전 로보틱스(Vision Robotics)라는 업체는 문어처럼 생긴 오렌지 수확 기계를 개발 중이다. 이 로봇은 3차원 기계 시지각을 이용해서 한 그루의 오렌지 나무 전체를 컴퓨터 모델링한 뒤 그 나무에 열려 있는 오렌지 하나하나의 위치를 저장한다. 이렇게 수집한 정보는 수확 기계에 달린 8개의 로봇 팔로 전달되고, 이들은 신속한 동작으로 오렌지를 수확한다.[33] 보스턴에 자리 잡은 벤처업체인 하베스트 오토메이션(Harvest Automation) 사는 묘목장과 온실을 자동화하는 로봇을 제작하는 데에 주력하고 있다. 이 업체는 관상용 식물을 키우는 데에 드는 비용의 30퍼센트 이상이 수작업 인건비라고 추산한다. 이 로봇을 지속적으로 발전시키면 언젠가 미국과 유럽에서 수작업으로 수행되는 농업 노동의 40퍼센트까지를 로봇으로 해결할 수 있다고 이 업체는 내다본다.[34] 프랑스에서는 어느 가지를 잘라야 할 것인가를 판단하는 알고리즘과 기계 시지각 기술을 결합하여 포도나무에 가지치기를 하는 로봇을 이미 시험 중이다.[35] 일본에서는 미묘한 색상 차이를 인식해서 익은 딸기를 식별하여 8초에 하나씩 딸기를 따는 기계가 가동 중이다. 물론 이 기계는 지속적으로 작업을 할 수 있으며 주로 밤에 일한다.[36]

첨단 농업용 로봇은 저임금 외국인 노동자를 고용할 여건이 못 되는 나라에서 특히 환영받을 것이다. 예를 들어, 호주와 일본은 노동인구가 급속히 고령화되고 있는 섬나라이다. 국방이 중요한 이스라엘도 근로자의 이동이라는 측면에서 볼 때 섬나라나 마찬가지이다. 과일과 채소 중에는 짧은 기간 안에 전부 수확해야 하는 것들이 많이 있으므로, 적절한 시기에 충분한 노동자가 없으면 농사를 망칠 수도 있다.

인력 수요를 줄이는 이득 외에도 자동화는 농업의 효율을 높여줄 뿐만 아니라 자원 소모도 크게 줄일 수 있다. 컴퓨터는 작물을 낱알 단위까지 추적하고 관리할 수 있는데, 이는 인간으로서는 상상도 할 수 없는 일이다. 시드니 대학교에 있는 호주 농업로봇센터(ACFR)는 첨단 농업 로봇을 이용하여 호주를 인구가 폭증하는 아시아의 주요 식량 공급국으로 발돋움시키려 하고 있다. 호주가 경작 면적이 비교적 적고 용수도 부족한 나라임을 감안하면 이는 매우 야심찬 계획이다. 이 센터는 끊임없이 경작지를 순찰하면서 작물 한 그루 한 그루의 주변에서 토양 샘플을 채취하여 분석한 뒤 꼭 알맞은 양의 물과 비료를 뿌려주는 로봇의 개발을 목표로 하고 있다.[37] 작물 한 그루 한 그루, 심지어 나무에 매달린 각각의 과일에 정밀하게 비료를 주거나 농약을 쳐주면 농약과 살충제 사용량을 80퍼센트까지 줄일 수 있어 유독성 화학 물질이 강이나 호수를 비롯한 수자원을 오염시키는 것을 크게 감소시킬 수 있다.[38]*

대부분의 개발도상국에서는 농업이 지극히 비효율적이다. 한 농가가 경작하는 땅의 면적은 대부분의 경우 시설 투자라고 할 것도 없으며 첨단 기술을 도입할 형편도 못 된다. 개발도상국에서 쓰이는 영농 기술은 노동집약적이지만, 농촌에는 실제로 땅을 경작하는 데에 필요한 사람보다 더 많은 사람들을 먹여 살려야 하는 경우가 많다. 앞으로 수십 년

---

* 정밀 농업, 그러니까 작물 한 그루 한 그루나 과일 하나하나를 추적하고 관리하는 능력은 '빅데이터' 현상의 일부로, 이에 대해서는 4장에서 좀 더 상세히 다룰 것이다.

내에 지구상의 인구가 90억에 달할 것으로 예상되는데, 이 과정에서 경작 가능한 모든 땅을 더욱 규모가 크고 효율이 높은, 그러니까 단위 면적당 작물 생산량이 더 많은 경작지로 탈바꿈시키려는 압력은 끊임없이 높아질 것이다. 이 과정에서 영농 기술의 발전이 중요한 역할을 할 텐데, 이는 수자원이 부족한 데다 농약 및 화학 비료 과다 사용으로 생태계가 이미 손상된 나라에서 더욱 두드러질 것이다. 한편 기계화가 진행되면서 경작에 필요한 사람의 수는 훨씬 줄어들 것이다. 이제까지는 이러한 농촌 유휴 노동력이 도시나 공업 지역으로 가 공장에 취직하는 것이 공식이었지만, 앞서 본 바와 마찬가지로 이 공장들 자체가 급속한 자동화 기술로 인해 큰 변혁의 문턱에 내몰려 있다. 그렇다면 중대한 실업 위기를 겪지 않고 이 와해적 기술 혁신의 혼돈을 성공리에 헤쳐나갈 개발도상국이 몇 나라나 될지 상상하기 어렵다.

　미국에서는 농업용 로봇이 이민정책(이미 치열한 정치 논쟁의 주제가 되어버린)의 기본 전제를 뒤흔들 파괴력을 드러내고 있다. 전통적으로 많은 수의 인력을 고용해온 농업 분야에서 로봇의 영향은 이미 확연히 드러난다. 캘리포니아에서는 아몬드 하나하나를 따야 하는 엄청난 시각적 과제를 기계가 그저 나무 전체를 꽉 잡고 마구 흔드는 방법으로 해결하고 있다. 이렇게 해서 땅에 떨어진 아몬드는 다른 기계가 수거해간다. 이렇게 되자 캘리포니아의 농가 중에는 토마토처럼 과육이 연한 채소로부터 기계 수확이 가능한 견과류 쪽으로 선회하는 곳이 많아졌다.

2000년대에 들어서서 최초 10년 동안 아몬드처럼 자동화에 적합한 작물 생산량이 폭발적으로 증가했는데도 캘리포니아의 농업 분야 고용은 11퍼센트가 감소했다.[39]

로봇 기술과 함께 첨단 셀프서비스 관련 기술이 경제의 거의 모든 분야에 걸쳐 가속적으로 보급됨에 따라 낮은 수준의 교육과 훈련을 필요로 하는 저임금 직종이 먼저 위협을 받을 것이다. 그러나 이러한 직종은 현재 미국 경제가 창출하는 신규 일자리의 압도적 다수를 차지하고 있다. 미국 경제는 인구 증가와 그저 보조만 맞추려 해도 연간 수백만 개의 일자리를 만들어내야 한다. 새로운 기술의 등장으로 이런 일자리의 수가 실제로 줄어들 가능성은 제쳐두고라도 이들의 증가율만 떨어져도 장기적으로 볼 때 고용에는 심각한 충격을 미칠 수 있다.

많은 경제학자들과 정치가들은 이를 대수롭지 않게 넘겨버리고 싶을 것이다. 적어도 선진국에서는 반복적인 저임금 저숙련 직종은 원래 바람직하지 못한 일이라는 취급을 받기가 일쑤고, 기술이 이러한 직종에 미칠 충격에 대해서 이야기할 때 경제학자들은 곧잘 '해방'이라는 표현을 쓰기 때문이다. 그러니까 저숙련 직업을 잃는 노동자는 여기에서 해방되어 더 많은 훈련을 받고 더 좋은 취업 기회를 얻으리라는 이야기이다. 여기에 깔린 기본 전제는 물론 미국처럼 활발한 경제는 항상 충분한 수의 고임금 고숙련 고용을 창출하기에 일단 필요한 훈련을 받기만 하면 이 '해방'된 근로자를 흡수할 수 있다는 것이다.

이러한 전제가 디디고 서 있는 바탕은 점점 심하게 흔들리고 있다. 앞으로 두 장에 걸쳐 나는 독자 여러분과 함께 자동화가 미국에서 일자리와 소득에 어떤 영향을 미치고 있는가를 살펴보고, 어떤 특성으로 인해 정보 기술이 다른 기술들과는 다른 독특한 와해적 힘을 갖는가를 들여다보겠다. 이러한 관찰 결과를 시발점으로 해서 우리는 가장 먼저 자동화될 직업의 형태에 대해 널리 퍼져 있는 생각을 뒤집는 이야기를 들어봄과 동시에, 더 수준 높은 교육과 훈련이라는 해결책이 갖는 생명력의 진실에 대해서도 알아볼 것이다. 그러면 아마 기계가 고임금 고숙련 노동도 몰아낼 수 있다는 사실이 드러날 것이다.

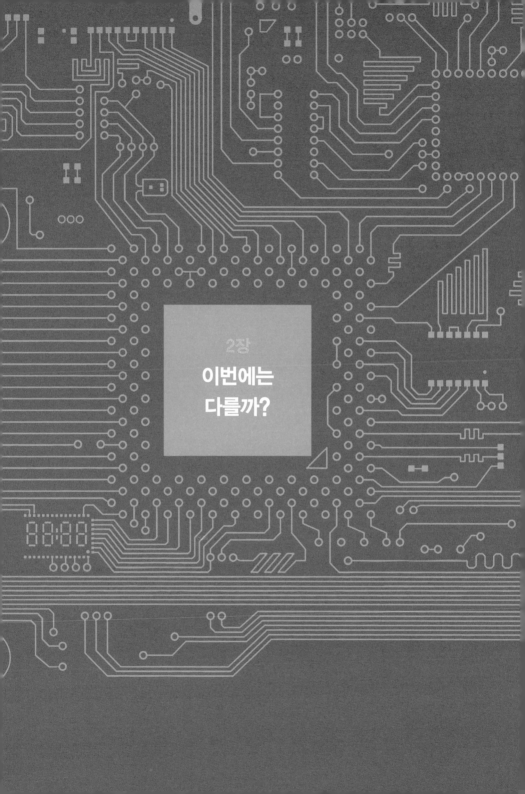

2장

이번에는
다를까?

소득 불균형은 1929년의 대공황 직전 이래 볼 수 없었던 수준까지 심각해졌고,
'고용 창출 없는 경기 회복'이라는 표현이
경제에서 중요한 위치를 차지하기에 이르렀다.

1968년 3월 31일 일요일 아침, 마틴 루서 킹 목사는 워싱턴 내셔널 교회의 정교하게 조각된 석회석 설교단 앞에 서 있었다. 세계 최대의 교회 건물 중 하나로 런던 웨스터민스터 성당보다 두 배가 큰 이곳은 신도석은 물론 좌우 회랑을 비롯해 2층에 있는 성가대석까지 사람으로 빼곡히 채워져 있었고, 복도 또한 신도들로 가득 메워져 있었다. 입장하지 못한 사람 1,000명 정도가 교회 밖 계단 또는 근처에 있는 성 올번 감독 교회 앞에 모여 스피커를 통해 설교를 들었다.

이 설교는 킹 목사의 마지막 일요 예배 설교가 될 터였다. 그로부터 5일 뒤에 이 교회는 슬픔에 젖은 군중으로 다시 한 번 넘쳐났다. 이 중에는 린던 존슨 대통령과 고위 각료들, 9명의 대법관 전원, 의회 지도자들도

있었다. 테네시 주 멤피스에서 킹 목사가 암살당한 다음 날 그를 추모하기 위해 모인 것이다.[1]

그날 킹 목사의 설교 제목은 '위대한 혁명을 통해 깨어 있기'였다. 예측할 수 있는 일이지만 민권과 인권이 설교의 주요 부분을 이루었는데, 이와 함께 킹 목사는 훨씬 더 넓은 차원에서 혁명적인 변화를 꿈꾸고 있었다. 목사의 설교 일부를 발췌해보자.

> 오늘날 세계에서 큰 혁명이 일어나고 있음을 부정할 사람은 없을 것입니다. 어떤 의미에서 이는 삼중의 혁명입니다. 그러니까 자동화가 이끄는 기술 혁명, 핵폭탄으로 대표되는 무기 혁명, 전 세계적으로 폭발하는 자유의 외침이 이끌어가는 인권 혁명이 그 세 가지입니다. 그렇습니다. 우리는 변화의 시대에 살고 있습니다. 그리고 시간을 뛰어넘어 외치는 목소리가 여전히 들립니다. "보아라, 내가 모든 것을 새롭게 만든다. 이전 것들은 다 사라져버렸다."[2]

'삼중의 혁명'이라는 문구는 당시의 저명한 학자, 언론인, 과학자들이 조직한 삼중혁명 임시위원회가 발견한 보고서에서 비롯된 것이다. 이 위원회에는 노벨상을 받은 화학자 라이너스 폴링, 그때로부터 몇 년 뒤인 1974년에 프리드리히 하이에크와 함께 노벨 경제학상을 받은 군나르 뮈르달 등이 있었다. 이들 중 핵무기와 민권 운동 등 두 가지의 혁명을 추진하는 힘은 1960년대의 역사가 전개되는 상황과 긴밀하게 얽혀 있다. 그러나 이 보고서가 가장 많은 지면을 할애한 세 번째 혁명은 대부분 잊혔다. 이 보고서는 자동화로 인해 얼마 후 미국 경제에서는 "인간의 도움을 거의 받지 않고도 시스템화된 기계들이 무한한 양의 생산을 할 수 있는 상태"가 되리라고 예측했다.[3] 그 결과 대규모 실업이 발생하고 불평등이 극심해져 결국 소비자들이 구매력을 잃어 경제성장을 추진할 수 없게 됨에 따라 재화와 용역에 대한 수요가 격감할 것으로 위원회는 내다보았다. 이에 대해 위원회는 다음과 같은 극단적 처방을 내놓았다. 자동화가 널리 보급됨에 따라 '풍요의 경제'가 실현될 것이므로, 이를 바탕으로 최저임금을 보장하자는 것이다. 이렇게 하면 당시 빈곤에 대처하기 위해 시행 중이던 "엉성한 복지 조치"를 대체할 수 있다는 이야기였다.*

이 삼중혁명 보고서는 1964년 3월에 언론에 보도됨과 동시에 존슨 대통령, 노동부 장관, 의회 지도자들의 손에 들어갔다. 이 보고서를 발송할 때 같이 보낸 공문에는 보고서의 제안 사항을 실천하지 않을 경

---

* 삼중혁명위원회는 소득보장 정책을 즉시 시행할 것을 주장하지는 않았으며, 대신 9개 항목으로 된 임시 정책을 제안했다. 이들 중 상당수는 교육 투자를 늘리고, 공공사업을 확장하여 고용을 증대하고, 저가 주택을 대량으로 건설해야 한다는 등의 재래식 정책이었다. 보고서는 또한 노동조합의 역할을 크게 강화해야 한다고 주장하는 한편, 노조를 근로자들뿐만 아니라 실업자들의 권익도 보호하는 조직으로 만들 것을 제안했다.

우, "미국은 전례 없는 경제·사회적 무질서에 빠져들 것"이라는 으스스한 경고가 쓰여 있었다. 다음 날 「뉴욕 타임스」는 보고서의 많은 부분을 인용하면서 이를 1면 기사로 다루었다. 그 밖의 다른 신문과 잡지도 보고서에 대한 기사와 사설을 내놓았는데, 대부분은 비판적이었다. 어떤 언론사는 보고서 전문을 게재하기도 했다.[4]

제2차 세계대전 이후 자동화의 충격에 대한 두려움이 세계를 휩쓸었는데, 이 삼중의 혁명 보고서는 아마 그 정점에 서 있었던 듯하다. 기계가 근로자를 대체함에 따라 대규모 실업이 발생하리라는 공포는 과거에도 여러 번 인간을 덮쳤다. 이는 일찍이 1812년에 영국에서 벌어진 러다이트 운동까지 거슬러 올라간다. 그러나 1950년대와 1960년대에는 두려움이 그때보다 더욱 깊은 데다가 미국 최고의 지성인들이 한목소리로 우려를 표명한 것이 다르다.

1949년에 세계적으로 저명한 수학자였던 MIT의 노버트 위너는 「뉴욕 타임스」의 의뢰에 따라 컴퓨터와 자동화의 미래에 대한 그의 견해를 담은 글을 기고했다.[5] 어린 시절부터 천재성을 드러낸 위너는 11살에 대학에 들어갔고 겨우 17살에 박사 학위를 받았다. 위너는 또한 사이버네틱스라는 학문 분야를 창시했고 응용수학의 발전에 크게 기여했으며, 컴퓨터과학, 로보틱스, 컴퓨터 제어식 자동화 등의 분야가 탄생하는 데에 중요한 역할을 했다. 방금 말한 「뉴욕 타임스」 기사는 펜실베이니아 대학교에서 세계 최초의 진정한 범용 전자식 컴퓨터를 제작한 지

3년밖에 지나지 않은 시점에 쓴 것이었다.＊

　여기서 위너는 "어떤 작업이든 분명하고 지적으로 수행할 수 있는 것이라면 기계에게 시킬 수 있다"고 하면서 "끝없이 잔혹한 산업 혁명이 일어날 것"이라고 경고했다. 이 혁명의 주역은 "반복 작업을 하는 공장 노동자의 경제적 가치를 아무리 싼 임금이라도 고용할 필요조차 없는 수준으로 끌어내릴" 능력을 갖춘 기계가 될 것이라고 덧붙였다.＊＊

　그로부터 3년 후 커트 보니것이 자신의 첫 번째 소설인 『자동 피아노(Player Piano)』에서 위너가 상상한 것과 매우 비슷한 음울한 미래를 그려냈다. 이 책은 소수의 엘리트가 조정하는 산업용 기계가 자동화된 경제를 운영하는 반면에 인구의 대다수는 미래에 대한 희망이 없는 상태에서 무의미한 생활을 이어가는 상황을 그려내고 있다. 저술가로서 전설적 지위에 오른 보니것은 1952년에 발표한 자신의 첫 소설을 평생에 걸쳐 매우 설득력 있는 작품으로 여겼다. 수십 년 후에 그는 이 작품에 대해 이렇게 썼다. "『자동 피아노』는 시간이 가면서 더욱 시의적절한 작품이 되고 있다."**6**

＊ 에니악(ENIAC)이라고 불린 이 컴퓨터는 1946년에 펜실베이니아 대학교가 제작했다. 프로그래밍이 가능한 최초의 컴퓨터로, 미 육군은 대포의 조준과 관련된 계산을 위한 목적으로 이 컴퓨터에 제작비를 지원했다.

＊＊ 서로 연락이 잘못되어 위너의 기사는 1949년에 게재되지 못했다. 그러다가 MIT 서고의 문서들을 검색하던 한 연구원이 2012년에 위너의 초고를 발견했고, 2013년 5월에 「뉴욕 타임스」의 과학 기자 존 마코프가 이 중 상당 부분을 발췌하여 신문에 실었다.

삼중혁명 보고서를 받고 넉 달이 지난 뒤 존슨 대통령은 기술, 자동화, 경제 발전을 위한 국가위원회를 창설하는 법안에 서명했다.[7] 법안 서명에서 존슨은 "우리가 미래를 내다보기만 하면, 우리가 미래를 제대로 예측하기만 하면, 미래를 향해 적절한 계획을 세워 우리의 갈 길을 올바르게 택하기만 하면, 자동화는 번영의 동반자가 될 것"이라고 말했다. 새로 출범한 위원회는 세계 어디서나 이런 위원회가 대개 그렇듯이 책 3권 분량의 자체 보고서만을 남기고 곧 망각 속으로 사라졌다.[8]

제2차 세계대전 후 사람들이 갖고 있던 자동화에 대한 두려움 속의 아이러니는 실제로 경제에서 이러한 우려를 뒷받침할 만한 증거를 거의 찾을 수 없었다는 데 있다. 1964년에 삼중혁명 보고서가 발견되었을 당시 실업률은 5퍼센트가 좀 넘는 정도였고, 그나마 1969년이 되자 3.5퍼센트까지 떨어졌다. 1948년부터 1969년 사이에 발생한 네 번의 불황 속에서도 실업률은 7퍼센트에 도달해본 적이 없으며 이것도 경제가 회복세에 들어서자마자 재빨리 떨어졌다.[9] 신기술이 도입됨에 따라 생산성이 크게 향상된 것이 사실이지만 이로 인한 성장의 결실은 대부분 고임금이라는 형태로 근로자에게 돌아갔다.

1970년대 초가 되자 경제의 초점은 OPEC의 석유 감산으로 옮겨갔고 이에 이어 발생한 스태그플레이션이 시선을 모았다. 기계와 컴퓨터가 실업을 부채질하리라는 우려는 점점 더 무대 중심으로부터 밀려났다. 특히 경제학자들 사이에서는 이 문제를 다루는 것이 사실상 금기시

되었다. 용기를 내서 이 주제에 손을 댄 사람들에게는 '네오−러다이트 (neo-Luddite)'라는 딱지가 붙었다. 삼중혁명 보고서가 예견한 암울한 상황이 실제로 발생하지 않았으므로 다음과 같은 의문이 자연스럽게 생긴다. 이 보고서의 저자들이 틀린 것인가? 아니면 많은 예언자들처럼 이들도 경보를 너무 빨리 울린 것뿐인가?

정보 기술의 선구자 중 한 사람이었던 노버트 위너는 디지털 컴퓨터가 그에 앞서 등장했던 기계식 컴퓨터와 근본적으로 다르다는 사실을 꿰뚫어 보았다. 이것은 판세를 완전히 바꾸는 장비였다. 새로운 시대의 문을 열 힘을 가진, 그리고 궁극적으로는 기존 사회의 틀을 완전히 파괴해버릴 기계로 본 것이다. 그러나 위너가 이런 의견을 내놓은 시대의 컴퓨터는 웬만한 방 크기의 괴물이었던 데다가 무지막지하게 열이 많이 나는 수만 개의 진공관으로 계산을 수행했는데, 워낙 많다 보니 거의 매일 진공관 중 몇 개는 고장이 나는 상태였다.[10] 그러니까 지수함수적으로 발달하는 디지털 기술이 위너가 갖고 있던 것 같은 견해를 현실로 받아들일 만한 환경이 도래하기까지는 수십 년이나 먼 이야기였다.

이제 그 수십 년은 지나갔고 경제에 대한 기술의 충격을 열린 마음으로 재평가해야 할 시간이 무르익었다. 데이터를 살펴보면 노동을 절약하는 기술의 충격에 대한 우려가 뒷전으로 물러나 있던 때조차도 제2차 세계대전 후 미국 경제에서 확고부동한 번영의 기반 역할을 하던 것들이 조금씩 변화하기 시작했음을 파악할 수 있다. 우선 생산성의 향상과 발맞추어 임금이 상승한다는, 이제까지 거의 완벽하게 지켜오던 법칙이 깨졌다. 대부분 미국 근로자의 임금은 정체되어 있으며, 사실상 임금이 떨어진 근로자들도 많다. 소득 불균형은 1929년의 대공황 직전 이래 볼 수 없었던 수준까지 심각해졌고, '고용 창출 없는 경기 회복'이라는 표현이 경제에서 중요한 위치를 차지하기에 이르렀다. 이와 관련하여 적어도 일곱 가지의 경제적 동향이 감지되는데, 종합적으로 볼 때 이들은 발전하는 정보 기술이 일으킬 변화를 암시하고 있다.

일곱 가지의 파괴적 동향

임금 정체

미국 역사에서 1973년은 다사다난한 한 해였다. 닉슨 행정부는 워터게이트 사건에 휘말렸고, 10월에는 OPEC이 석유 감산을 단행했다. 얼마 후 미국 전역에서 운전자들은 분노를 참으며 주유소에 길게 줄을 서야 했다. 닉슨이 파국을 향해 치닫고 있는 동안 또 한 가지 사건이 진행되고 있었다. 전혀 예고 없이 시작된 이 사건은 한 가지 경제 동향의 시발점이 되었는데, 잠재적 위력으로 볼 때 워터게이트나 석유 위기 따위는 아무것도 아니었다. 바로 그해 미국 근로자의 평균 임금이 최고치에 달했던 것이다. 2013년 달러 기준으로 볼 때 보통의 근로자, 그러니까 민간 부문에서 일하는 비숙련 생산직(미국 전체 근로자의 절반이 훨씬 넘는)은 1973년에 1주당 767달러를 벌었다. 그다음 해부터 평균 실질 임금은 급속히 하락하기 시작하여 한 번도 제대로 회복된 적이 없다. 40년이 지나자 똑같은 비숙련 생산직 근로자의 1주당 임금은 664달러가 되었는데, 이는 1973년으로부터 13퍼센트가 줄어든 수치이다.[11]

가계 소득의 중앙값이 변화해온 모습은 이보다는 좀 낫다. 1949년부터 1973년 사이에 미국 가계 소득의 중앙값은 2만 5,000달러에서 약 두 배로 증가하여 5만 달러에 이르렀다. 이 기간 중 소득 중앙값은 1인당 GDP와 거의 완벽하게 맞물려 상승했다. 30년이 지나자 이 수치는 겨우 22퍼센트 증가하여 6만 1,000달러에 이르렀다. 그러나 이러한 성장은 여성이 근로 인구에 합류한 결과였다. 1973년 이전에 그랬던 것처럼 소득이 경제성장과 발맞추어 늘어났다면 오늘날 미국 가계 소득의 중앙값은 9만 달러가 훨씬 넘을 텐데 이는 실제로 그들이 버는 6만 1,000달러보다 50퍼센트나 많은 액수이다.[12]

〈그림 2-1〉은 1948년 이래 민간 분야 노동 생산성*(근로자 한 사람의

---

*노동 생산성은 상품이든 서비스든 근로자가 한 시간 동안 생산한 산출물의 가치를 측정한다. 이 값은 경제 전반의 효율성을 측정하는 핵심적 기준이다. 그리고 국가의 부를 판단하는 기준이 되기도 한다. 선진 공업국들의 생산성은 높은데, 이는 근로자들이 더 수준 높은 기술을 활용하고, 영양 상태도 좋고, 안전하고 건강한 환경에서 작업을 하며, 일반적으로 교육이나 훈련도 더 많이 받았기 때문이다. 빈국에는 이러한 것들이 결여되어 있으므로 생산성이 떨어진다. 빈국의 근로자들은 같은 산출물을 만들어내기 위해 더 오래, 더 고되게 일을 해야 한다.

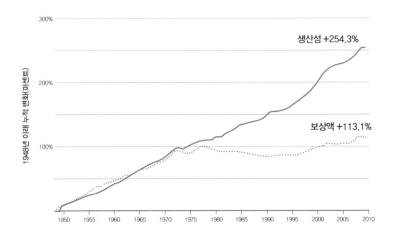

그림 2-1 **비숙련 생산직 근로자에 대한 시급과 생산성 증가 추이(1948~2011년)**

출처: 로런스 미셸, 경제정책연구소. 근거: 미국 노동통계국 등의 미공개 경제 분석 자료[13]

시간당 생산량을 측정한 값)과 보상(임금과 혜택을 합친 것) 사이의 상관관계
가 변화해온 추이를 보여준다.

　그래프의 첫 번째 부분(1948~1973년)은 경제학자들의 예측대로 돌아
갔음을 보여준다. 생산성 증가 추이는 근로자에 대한 보상액 상승 추이
와 거의 완벽하게 맞아 떨어진다. 경제는 계속 번영하고 이러한 번영에
기여한 사람들에게 골고루 혜택이 돌아간다. 1970년대 중반이 지나면
서 두 선 사이에서 넓어져가는 간격은 경제 전반에 걸쳐 혁신의 결실이
근로자보다는 사업주와 투자가의 수중에 거의 모두 떨어지는 현상을
시각적으로 보여준다.

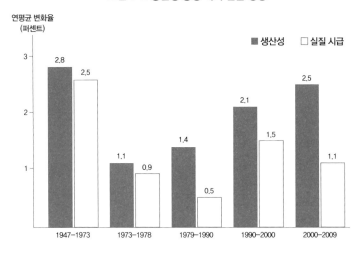

그림 2-2 **생산성 향상 대비 임금 상승**

연평균 변화율
(퍼센트)

■ 생산성　□ 실질 시급

출처: 미국 노동통계국[14]

그래프가 보여주는 추이가 이렇게 뚜렷한데도 임금 상승과 생산성 증가 사이의 간격이 계속 벌어지고 있다는 사실을 제대로 인정하지 않는 경제학자들도 많다. 〈그림 2-2〉를 보면 1947년 이래 이런저런 기간에 보상액과 생산성이 어떤 차이를 보였는가를 알 수 있다. 1980년 이래의 시기를 대략 10년 단위로 볼 때 모든 단위에서 생산성이 보상액보다 훨씬 윗자리에 있음을 알 수 있다. 둘 사이의 치이는 2000년부터 2009년 사이 기간에 특히 현저하다. 생산성의 증가는 제2차 세계대전 후 번영의 황금기였던 1947년에서 1973년 사이 기간에 필적하는데도 근로자에 대한 보상액은 한참 뒤처져 있다. 이 그래프를 보면 대부분의 근로자가 손에 쥐는 돈이 늘어나는 속도보다 생산성이 훨씬 더 앞서간 다는 인상을 지우기 어렵다.

대부분의 경제학 관련 교과서 저자들은 이 그림을 인정하는 데에 특히 인색하다. 예를 들어, 존 테일러와 아킬라 위러패너가 저술한 입문서인 『경제학 원리(Principles of Economics)』를 살펴보자.[15] 이 책은 스탠퍼드 대학교에서 큰 인기를 모으고 있는 테일러 교수의 경제학 입문 수업 교과서로 쓰인다. 이 책에는 〈그림 2-2〉와 비슷한 막대그래프가 실려 있지만 저자들은 그럼에도 불구하고 임금과 생산성이 계속 밀접한 관계를 가지고 있다고 주장한다. 1980년대부터 생산성이 임금을 제치고 치솟기 시작한 사실은 외면한단 말인가? 여기에 대해 테일러와 위러패너는 "둘 사이의 관계가 완벽하지는 않다"라고 표현해놓았다. 이것은 축소된 표현으로 보인다. 『버냉키 프랭크 경제학』이라는 제목으로 2007년에 출간된 또 한 권의 교재(프린스턴 대학교의 교수이자 전 연방준비이사회 의장이던 벤 버냉키가 공저자인)는[16] 2000년부터 시작된 완만한 임금 상승이 "2001년의 경기 후퇴에 따른 노동시장의 약화" 때문이었을 것이라고 추정하면서 "노동시장이 정상을 회복함에 따라 임금 상승이 생산성 증가를 따라잡을 것"이라는 예측을 내놓고 있다. 이러한 견해는 과거에 바짝 붙어 함께 가던 임금과 생산성의 성장이 오늘날의 대학생들이 태어나기 훨씬 전부터 변질되기 시작했다는 사실을 무시하고 있는 듯 보인다.*

파이의 대부분은 기업에게로, 근로자에게는 나머지만

20세기 초에 영국의 경제학자이자 통계학자인 아서 보울리는 수십 년에 걸친 영국 국민소득 데이터를 분석한 뒤, 국민소득 중 근로자에게 가는 부분과 기업에게 가는 부분이 장기간에 걸쳐 비교적 일정하게 유지되었음을 밝혔다. 이렇게 분명한 관계는 결국 '보울리의 법칙'으로 알려진 경제학의 원칙으로 격상되었다. 역사상 가장 유명한 경제학자로 일컬어진 존 메이너드 케인스는 나중에 보울리의 법칙을 가리켜 "경제 통계 전체에 걸쳐 가장 놀랍고 잘 확립된 사실 중 하나"라고 평했다.[17]

〈그림 2-3〉에 나타난 바처럼 제2차 세계대전이 끝난 후부터 상당 기간 동안 미국 국민소득 중 근로자의 손으로 들어가는 부분은 좁은 범위

＊임금 상승과 생산성 증가 사이의 관계를 논할 때에는 기술적인 문제 한 가지도 고려해야 한다. 임금(좀 더 광범위하게는 임금과 혜택을 합친 보상)과 생산성 관련 수치는 인플레이션을 감안해서 조정해야 한다. 표준적인 방법, 그러니까 미국 노동통계국이 사용하는 방법은 두 개의 인플레이션 수단을 사용하는 것이다. 임금은 소비자 물가지수에 따라 조정되는데, 이는 근로자들이 실제로 임금을 소비하는 대상인 제품과 서비스의 가격을 소비자 물가지수가 반영하고 있기 때문이다. 생산성 관련 수치는 GDP 디플레이터로 교정하는데, GDP 디플레이터는 경제 전체에 걸친 인플레이션 수준을 측정하는 좀 더 광범위한 수단이다. 달리 말해 GDP 디플레이터 안에는 소비자들이 실제로 구입하지 않는 여러 재화들의 가격이 들어 있다. 한 가지 중요한 차이는 컴퓨터와 정보 기술(무어의 법칙에 따라 가격이 대폭 하락한)은 소비자 물가지수보다 GDP 디플레이터에서 훨씬 더 큰 비중을 차지한다. 왜냐하면 컴퓨터는 가계 지출에서는 큰 비중을 차지하지 않는 반면, 기업들은 이를 대량으로 구매하기 때문이다. 일부 경제학자들, 특히 보수적인 학자들은 임금과 생산성에 모두 GDP 디플레이터를 적용해야 한다고 주장한다. 이 방법을 쓰면 임금 상승과 생산성 향상 사이의 간격은 크게 줄어든다. 그러나 이렇게 되면 임금 생활자에 대한 인플레이션의 충격을 축소해서 반영하게 된다.

그림 2-3 **미국 국민소득 중 근로자에게 가는 부분**(1947~2014년)

65%

58%

|1950|1960|1970|1980|1990|2000|2010|

출처: 미국 노동통계국 및 세인트루이스 연방준비은행**18**

내에서 움직여왔는데, 이는 보울리의 법칙이 예측한 바와 일치한다. 그러나 1970년대 중반부터 임금이 차지하는 부분이 조금씩 하락하기 시작하다가 21세기에 들어서면서 마구잡이로 추락하며 보울리의 법칙은 효력을 상실하기 시작했다. 통계에 나오는 임금의 부분에는 급여를 받는 모든 사람이 들어 있다는 사실을 감안하면 하락세는 더욱 현저해진다. 무슨 뜻인가? 대기업의 CEO들, 월스트리트의 산부들, 슈퍼스타 운동선수, 연예인들의 엄청난 봉급도 모두 노임으로 계산되는데, 이들의 소득은 물론 결코 하락하지 않았다. 오히려 치솟고 있다. 일반 근로자, 그러니까 소득 계층의 바닥에 있는 99퍼센트의 근로자의 국민소득

부분만 따로 떼어 그래프를 그리면 하향세가 더 뚜렷한 곡선이 나올 것이다.

근로자에게 가는 부분은 대폭 축소되었지만, 기업의 이윤은 전혀 다른 모습을 보인다. 2012년 4월에 「월스트리트 저널」은 '대기업은 천하태평'이라는 기사에서 대공황 이래 수차례에 걸친 심각한 경제 위기에서 기업들이 놀랍도록 빠른 속도로 회복되었음을 다루었다. 수백 수천만 명의 근로자들이 실업 상태에 있거나, 더 낮은 임금으로 취직을 하거나, 근로시간 단축을 감수한 반면에 불황을 빠져나온 기업들은 "생산성과 수익성이 개선되었고, 현금도 더 많이 비축했으며, 그리고 부채도 적은" 상태가 되었다고 지적했다.[19] 2008년에 시작된 재정 위기 기간 중 기업들은 더 적은 수의 인력으로 더 많이 생산하는 일에 능숙해졌다. 2011년에 대기업들은 근로자 1인당 평균 42만 달러의 매출을 구현했는데, 이는 2007년의 37만 8,000달러에서 11퍼센트 상승한 수치이다.[20] 또한 S&P 500 기업들은 2011년에 정보 기술을 포함한 신규 생산설비 투자액을 전년도의 두 배로 늘렸고, 이에 따라 매출에서 설비 투자가 차지하는 비율이 위기 이전 수준으로 회복되었다.

2008년 재정 위기 후 경제 전체(GDP)에서 차지하는 기업 이윤의 비율도 급상승했다. 2008년에서 2009년 사이의 위기 기간 중 이윤이 격감했음에도 불구하고 이익률이 회복되는 속도는 과거 어느 불황기보다도 빨랐다.

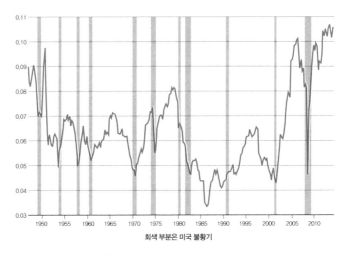

그림 2-4 **GDP에서 차지하는 기업 이윤의 비중**

회색 부분은 미국 불황기

출처: 세인트루인스 연방준비은행[21]

국민소득에서 근로자가 차지하는 비중이 감소하는 추세는 미국에만 국한되지 않는다. 2013년 6월에 발표한 연구 보고서에서[22] 경제학자 루카스 카라바부니스와 브렌트 나이만은 56개국의 데이터를 분석한 결과 이 중 38개국에서 근로자의 몫이 현저히 감소했음을 발견했다. 실제로 두 사람은 10년의 기간 동안 일본, 캐나다, 프랑스, 이탈리아, 독일, 중국에서 근로자의 몫이 미국에서보다 더 큰 폭으로 줄어들었다는 사실도 발견했다. 대부분의 사람들이 "일자리의 진공청소기"라고 생각하는 중국에서 이 현상이 특히 뚜렷해서, 하락 속도가 미국의 세 배에 달했다.

카라바부니스와 나이만은 이렇게 범세계적으로 근로자의 몫이 축소되는 이유가 "자본 생산 부문에서의 생산성 향상"이라고 결론지으면서, "이는 주로 정보 기술의 발달과 컴퓨터 시대의 도래에 기인한다"고 덧붙였다.[23] 저자들은 또한 소득에서 근로자의 몫이 안정적으로 유지되는 것이 "거시 경제 모델의 기본 요소"임도 지적했다.[24] 달리 말해 경제학자들은 1973년경부터 시작된 임금 성장과 생산성 향상의 결별 현상이 어떤 의미를 갖는지 아직 완전히 소화하지도 않은 채 여전히 보울리의 법칙을 경제학 모델을 세우는 데에 가져다 쓰고 있다는 뜻이다.

하락하는 노동력 참여율

또 한 가지 동향은 노동력 참여율의 하락이다. 2008년 재정 위기의 와중에 실업률이 떨어진 것은 새로운 일자리가 대대적으로 창출되었기 때문이 아니라 절망한 근로자들이 자발적으로 일터를 떠났기 때문이다. 적극적으로 구직 활동을 하는 사람만을 계산하는 실업률과는 달리 노동력 참여율은 근로를 포기한 사람들의 현황을 생생히 드러내준다.

〈그림 2-5〉에서처럼 노동력 참여율은 여성의 대규모 진입으로 인해 1970년에서 1990년 사이에 가파르게 상승했다. 전체적인 동향을 보면 노동력에서 남성이 차지하는 비중은 1950년대부터 지속적으로 감소하여, 최대치인 86퍼센트로부터 2013년의 70퍼센트까지 하락했다는 중요한 사실을 놓치기 쉽다. 여성의 참여율은 2000년에 60퍼센트로 최고

그림 2-5 **노동력 참여율**

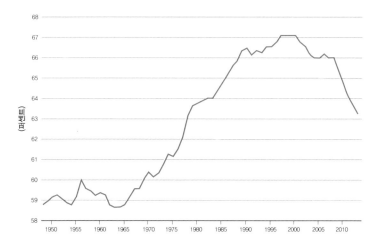

출처: 미국 노동통계국 및 세인트루이스 연방준비은행[25]

에 달했다. 남녀를 합친 참여율은 역시 2000년에 67퍼센트로 정점을 찍었다.[26]

노동력 참여율은 2000년 이래 계속 하락해왔는데, 베이비붐 세대의 은퇴와 청년층이 더 높은 교육을 받으려 하는 경향 등이 이유가 되기는 하지만 이 두 가지가 하락세의 전체를 차지하는 것은 아니다. 25세부터 54세 사이의 성인, 그러니까 대학 또는 대학원까지 졸업했을 나이이지만 은퇴하기에는 너무 이른 연령대 근로자들의 참여율은 2000년의 84.5퍼센트에서 2013년의 81퍼센트로 하락했다.[27] 달리 말해 전체적 노동력 참여율과 한창 일할 나이에 속하는 사람들의 참여율은 둘 다

2000년 이래 3퍼센트 정도 하락했는데, 2008년 위기가 시작되기도 전에 하락은 이미 절반 정도 진행된 상태였다.

노동력 참여율의 하락 동향과 함께 나타난 현상은 장애인에 대한 복지 혜택 신청 건수가 폭증한 것이다. 이 복지 혜택은 지체를 쓸 수 없을 정도의 부상을 입은 근로자들을 위한 안전망이다. 2000년부터 2011년 사이에 이 혜택의 신청 건수는 연간 120만 건에서 거의 300만 건으로 급증했다.[28] 21세기에 들어서면서 갑자기 산업 재해가 유행병처럼 번져갔다는 증거는 없으며 전문가들은 이 제도가 실업에 대한 최후의, 그리고 영구적인 보험으로 악용되고 있다고 추측한다. 이러한 정황을 종합해보면 단순한 인구 동태 또는 경제 순환의 문제를 뛰어넘는 무엇인가가 사람들을 일터로부터 몰아내고 있음이 분명하다.

줄어드는 고용 창출, 길어지는 실업 기간, 급증하는 장기 실업

지난 50년간 미국 경제는 고용 창출에 있어 점점 더 비효율적으로 되어 왔다. 1990년대에만 겨우 1980년대의 고용 창출 수준과 보조를 맞추었는데, 그나마 이것도 1990년대 후반의 닷컴 붐에 힘입은 바 크다. 2007년 12월에 시작된 불황과 뒤이어 덮친 재정 위기는 2000년대의 고용 창출에 대한 치명타였다. 2000년대 말의 일자리 수는 1999년 12월의 일자리 수와 비슷한 수준이었다. 〈그림 2-6〉에 나타난 것처럼, 2007년까지의 고용 성장률은 5.8퍼센트에 불과했다. 이 추세가 2010년까지 지속되는

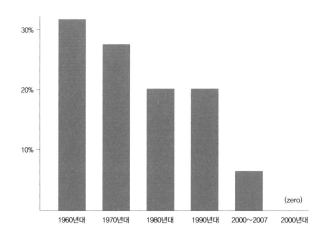

그림 2-6 **10년 단위로 본 미국 고용 창출 현황**

출처: 미국 노동통계국 및 세인트루이스 연방준비은행[29]

상태에서 2008년 재정 위기가 발생하지 않았다고 가정하면, 2000년대의 첫 10년간 고용은 약 8퍼센트 성장했을 것이다. 이 정도면 1980년대와 1990년대의 고용 증가 추세의 절반에도 못 미친다.

이런 심각한 상황은 경제의 현실을 생각하면 더욱 암울해진다. 미국 경제는 순전히 인구 증가에 발맞추는 데에만도 매월 7만 5,000~15만 개(전문가마다 차이는 있지만)의 신규 일자리가 필요하다.[30] 실제로 일자리가 월간 7만 5,000건만 창출되었다고 해도 2000년대 초 10년간의 누적 일자리 부족 수는 900만 정도가 된다.

경제에 불황이 덮치고 난 뒤 고용 시장이 원상 복구되는 데에 걸리는 시간이 점점 더 길어진다는 분명한 증거가 있다. 과거에는 일시적 해고가 문제였지만, 오늘날은 고용 없는 회복이 문제이다. 클리블랜드 연방준비은행이 2010년에 발간한 조사 보고서에 따르면, 최근 몇 번의 불황기에 직업을 잃은 사람이 새로운 직장을 찾는 비율은 과거보다 크게 떨어졌다. 달리 말하면 불황기에 일자리가 사라지는 것이 문제가 아니라 회복기가 되어도 새로 생기는 일자리가 적은 것이 문제이다. 2007년 12월에 재정 위기가 시작된 뒤부터 2년에 걸쳐 실업률은 계속 증가하여 결국 5퍼센트 포인트가 증가한 10.1퍼센트에서 꼭짓점에 도달했다. 클리블랜드 연방준비은행의 보고서는 또한 5퍼센트 포인트 증가한 실업률 중 95퍼센트 이상이 새 일자리를 찾지 못했기 때문이라는 사실도 밝혀냈다.[31] 이로 인해 결국 장기 실업률이 치솟았는데, 피크였던 2010년에는 45퍼센트 정도의 근로자가 6개월 이상 일을 하지 못했다.[32] 〈그림 2-7〉에는 노동시장이 직전의 불황으로부터 회복되는 데에 걸린 시간이 개월 수로 표시되어 있다. 재정 위기는 해괴하다고 할 정도의 고용 없는 회복이라는 결과를 낳았다. 고용이 위기 이전 수준까지 회복된 것은 2014년 5월로, 위기가 시작되고 나서 무려 6년 반이 지난 다음이었다.

실업이 길어지면 근로자는 막대한 피해를 입는다. 시간이 감에 따라 원래 갖고 있던 직무 수행 능력은 무뎌진다. 근로자가 의욕을 잃을 위험이 커지는 데다가 고용주들은 오래 실업자로 있었던 사람들을 드러

그림 2-7 **미국의 경기 침체기: 고용 회복까지 걸린 기간**(침체 초기부터 측정)

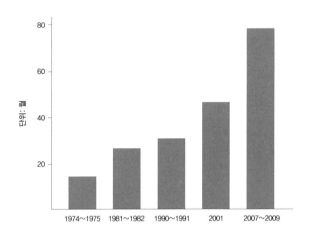

출처: 미국 노동통계국 및 세인트루이스 연방준비은행[33]

내놓고 차별하기 일쑤여서 심지어 이력서도 보지 않으려 한다. 노스이스턴 대학교 경제학 박사 과정의 랜드 게이어드가 수행한 현장 실험에 따르면, 어떤 산업 분야에 경력이 있지만 6개월 이상 실업 상태에 있던 사람보다 경력은 없어도 최근에 실직한 사람이 면접에 불려갈 확률이 더 높다고 한다.[34] 어반 연구소(Urban Institue)가 별도로 발간한 보고서는 오래 실업 상태에 있던 사람이 다른 근로자와 크게 다른 점이 없다는 사실을 발견했다. 그렇다면 장기 실업자가 되어 마음의 상처로 고통을 받는 일은 주로 운이 나쁘기 때문이라는 이야기가 된다.[35] 하필 오래 지속될 불황의 시발점에 실직을 해서 6개월이라는 경계선이 넘어가도록 새 일자리를 찾지 못하면(경기가 추락하는 상황이면 얼마든지 있을 수 있는 일이다) 그 근로자가 얼마나 뛰어나든 그 시점 이후부터 직업을 얻을 가능성은 크게 떨어진다.

심화되는 불평등

부자와 그 밖의 모든 사람들 사이의 간격은 1970년대 이래 계속 벌어져왔다. 1993년부터 2010년 사이에 미국 국민소득의 절반 이상은 소득 분포상 최고 1퍼센트 안에 속하는 가계로 흘러들어갔다.[36] 그때 이래 상황은 계속 나빠지기만 했다. 2013년 9월에 발간된 분석 보고서에서 캘리포니아 대학교 버클리 분교의 이매뉴얼 세이즈는 2009년부터 2012년 사이에 발생한 소득 증가분의 무려 95퍼센트를 최상위 1퍼센트가 진공청소기처럼 빨아들였다는 사실을 발견했다.[37] 월스트리트 점령 운동이 시들해진 다음까지도 미국에서의 소득 불평등은 단순히 높은 정도가 아니라 더욱 심화되고 있다는 분명한 증거가 있다.

거의 모든 선진국에서 불평등이 커지고 있지만, 미국은 특히 그 정도가 심하다. CIA의 분석에 따르면, 미국의 불평등은 필리핀과 비슷한 수준이며, 이집트, 예맨, 튀니지 등보다는 뚜렷하게 심하다.[38] 여러 연구 결과를 보면 가난한 집 아이가 소득의 사다리를 타고 올라갈 가능성을 보여주는 척도인 경제적 이동성이 거의 모든 유럽 국가보다 미국에서 현저히 낮다. 달리 말해 미국인의 신념 체계 속에 녹아 있는 기본 개념 중 하나인 '인내심을 갖고 열심히 일하기만 하면 성공할 수 있다는 믿음'은 통계적 진실의 측면에서는 아무 근거가 없게 되었다.

특정한 개인의 시각만으로는 불평등을 감지하기가 매우 어렵다. 대부분의 사람들은 자기 주변에만 신경을 쓸 뿐이다. 사람들은 그저 옆집 사람과 나 중 누가 더 잘 사나에 신경 쓰지, 평생 만날 리 없는 헤지펀드 매니저와 자신을 비교하지 않는다. 설문 조사를 해보면 대부분의 미국인들이 오늘날 불평등의 현실을 훨씬 과소평가하고 있음을 알 수 있다. 그러나 이들에게 '이상적인' 국민소득 분포를 하나 골라보라고 하면 이들은 현실 세계에서는 북유럽의 사회민주주의 국가에서나 가능한 수치를 점찍는다.*[39]

그러나 불평등이 사회적으로 갖는 의미는 옆집보다 못살기 때문에 짜증이 나는 수준을 훨씬 뛰어넘는다. 이 중 가장 무서운 것은 맨 꼭대기 층 사람들이 압도적으로 많이 번다는 사실이 그 아래쪽에 있는 모든 사람들의 생활상이 쪼그라든다는 사실과 연결되어 있다는 것이다. 밀물이 들어오면 모든 배가 떠오른다는 속담이 있기는 하지만, 닉슨 시절 이래 사실상 소득이 오른 적이 없는 사람에게 이 속담은 그저 무의미할 뿐이다.

---

*이 현상은 정당과 무관하다. 듀크 대학교의 댄 에리얼리가 수행한 연구에 의하면, 공화당원의 90퍼센트 이상, 민주당원의 93퍼센트 이상이 미국보다는 스웨덴식 소득 분포를 선호했다.

게다가 경제를 지배하는 소수 집단이 정치를 좌지우지할 우려도 분명히 존재한다. 여러 선진국에서도 돈이 정치를 좌지우지하지만 미국에서는 그 경향이 다른 어느 선진국보다도 훨씬 더 심하다. 부유한 개인과 이들이 장악하고 있는 조직 단체들은 정치헌금과 로비 등을 통해 정부 정책에 영향을 미칠 수 있는데, 그들이 이렇게 해서 일궈내는 결과는 대중이 원하는 것과 상충하는 경우가 많다.

소득 분포의 꼭대기에 사는 사람들(보통 미국인의 현실과는 거의 완전히 동떨어진 일종의 유리 공 안에서 사는 사람들)이 현실로부터 점점 분리됨에 따라 이들이 전 국민에게 필요한 공공재나 인프라에 대한 투자를 꺼리게 될 위험은 분명히 존재한다.

이렇게 최상층의 부가 폭발적으로 증가하다 보면 결국 민주주의적 통치에 위협으로 작용할 수 있다. 그러나 대부분의 중산층 및 근로 계층에 속하는 사람들의 당면 과제는 고용 시장의 전망이 전체적으로 나빠져간다는 사실이다.

대졸 새내기의 소득 감소와 저고용

오늘날 4년제 대학 졸업장은 중산층으로 향하는 문을 여는 데에 꼭 필요한 열쇠라는 인식이 널리 퍼져 있다. 2012년 대졸자의 시간당 평균 임금은 고졸자 임금보다 평균 80퍼센트가 높았다.[40] 이렇게 대졸자의 임금이 높은 것은 경제학자들이 "숙련 편향적 기술 진보(SBTC: Skill Biased

Technological Change)"라고 부르는 현상의 반영이다. *

SBTC에 대한 일반적인 생각은 정보 기술로 인해 교육을 덜 받은 계층이 수행하던 저숙련 노동이 자동화되는 한편, 대졸자가 수행하는 인지적 요구도가 높은 업무의 상대적 가치가 높다는 것이다.

석사 학위 또는 전문가 학위를 갖고 있으면 더 큰 소득을 올릴 수 있는데, 실제로 21세기로 들어선 이후 학사 학위만 갖고 있는 사람의 소득 전망은 과거보다 못하다. 한 연구 결과에 따르면, 학사 학위만 갖고 있는 젊은 근로자의 소득은 2000년부터 2010년 사이에 15퍼센트 떨어졌는데, 2008년 재정 위기가 시작되기 훨씬 전에 이미 폭락하기 시작했다.

대졸 새내기들도 저고용에 시달리고 있다. 연구에 따르면, 대졸 새내기의 절반이 대학에서 배운 바를 써먹거나 소득 상승의 사다리 맨 밑단에 발을 내딛게 해주는 직업을 찾지 못하고 있다. 이들 중 다수는 아마 중산층을 향해 가는 발판을 마련하는 데에 많은 어려움을 겪을 것이다.

물론 평균적으로 보아 대졸자들은 고졸자보다 높은 소득을 유지하고

---

* SBTC와 대졸자 임금 프리미엄이 소득 불균형 심화의 일부 이유가 되기는 한다. 그러나 미국 성인 인구의 3분의 1 정도가 대학 졸업자인 오늘날, 이것이 유일한 이유라면 불평등의 상황은 지금의 현실보다 훨씬 덜해야 옳다. 진짜 문제는 꼭대기에 있으며, 소득의 사다리를 올라갈수록 불평등의 정도는 더욱 극심해진다. 최상의 1퍼센트가 가진 무지막지한 부가 순전히 교육을 더 많이 받았기 때문이라고 주장한다면 비합리적일 것이다.

는 있지만, 이는 교육을 덜 받은 사람들의 상황이 더욱 암울하기 때문이다. 2013년 7월 현재 20세에서 24세 사이의 재학 중이 아닌 미국 근로자들 중 풀타임 직업을 가진 사람은 절반에 못 미쳤다. 재학 중이 아닌 16세부터 19세 사이의 사람들 중 풀타임으로 일하는 사람은 15퍼센트에 불과했다.[41] 대학 교육의 투자 수익률이 떨어지고 있기는 하지만, 여전히 대졸자는 그 이하의 학력을 가진 사람들보다 훨씬 더 큰 기회를 누리고 있다.

양극화와 파트타임 일자리

오늘날 새로 등장한 문제는 회복기에 새로 생기는 일자리가 불황기에 사라진 일자리보다 일반적으로 못하다는 사실이다. 2012년에 경제학자인 너르 제이모비치와 헨리 슈는 최근 미국 불황기에 관한 데이터를 분석한 결과 불황기에 영원히 사라져버릴 위험이 큰 직업은 이상적인 중급 기술 직업인 반면, 회복기에 새로 창출되는 직업은 소매, 서비스, 음식 조리 등 저임금 분야가 주종을 이루는 가운데 고도의 교육을 요하는 고숙련 직업이 소수 끼어 있음을 발견했다.[42] 여러 번의 회복기 가운데서도 2009년에 시작된 회복기에 이러한 현상이 특히 뚜렷했다.[43]

이들 저임금 직업의 상당수는 또한 파트타임이었다. 재정 위기가 시작된 2007년 12월부터 2013년 8월 사이에 500만 개 정도의 풀타임 일자리가 사라진 반면, 파트타임 일자리는 오히려 300만 군데 정도가 늘어났다.[44] 그리고 이렇게 늘어난 파트타임 일자리는 근로자가 원한 것이 아니라 전적으로 당초보다 근로시간이 단축되어버렸거나 풀타임으로 일하고 싶어도 자리가 없었기 때문인 것으로 나타났다.

이런 식으로 중간 기술, 중간 소득의 건실한 직장이 사라지고 다수의 저임금 서비스 직종 일자리와 웬만한 사람은 받을 수도 없는 고도의 교육 훈련을 요하는 소수의 고수익 전문직이 합쳐져 이들을 대체하는 현상을 '고용 시장의 양극화'라고 부른다. 양극화가 진행되면 상층부에서 원하는 직업을 얻지 못한 근로자는 바닥으로 떨어질 수밖에 없는 모래시계 모양의 노동시장이 형성된다.

MIT의 경제학자인 데이비드 오터는 이 양극화 현상을 광범위하게 연구했다. 2010년에 발표한 논문에서 오터는 양극화가 진행됨에 따라 특별히 큰 타격을 받은 네 가지의 중급 기술 카테고리를 제시했다. 이들은 세일즈, 사무 관리직, 생산 수리직, 운전 및 제조 등이다. 1979년부터 2009년까지의 30년 동안 이 네 개 분야가 고용한 미국 근로자의 비율은 57.3퍼센트에서 45.7퍼센트로 떨어졌으며, 2007년부터 2009년 사이에는 일자리가 사라지는 속도가 눈에 띄게 빨라졌다.[45] 그의 논문에는 또한 양극화가 미국뿐만 아니라 대부분의 선진국에서도 등장했음을 분명히 밝히고 있다. 특히 EU 회원국 중 16개국에서 1993년부터 2006년 사이의 13년 동안 중급 기술 직업에 종사하는 근로자의 비율이 현저하게 떨어졌다.[46]

오터는 고용 시장 양극화를 추진하는 기본적 힘이 "반복적 작업의 자동화와 아울러, 이보다 정도는 덜하지만 무역 및 최근에 시작된 동향인 생산 기지 해외 이전 등에 따른 세계적 노동시장 통합"이라고 결론지었다.[47] 이보다 나중에 발간된 논문에서 제이모비치와 슈는 양극화와 고용 없는 회복 사이의 관계를 고찰하면서 불황기에 사라지는 중급 기술의 92퍼센트가 불황 개시 1년 이내에 사라짐을 지적했다.[48] 그러니까 양극화는 장기적인 계획하에 일어나는 사건도 아니고, 점진적이고 지속적인 현상도 아니다. 오히려 이는 경기 순환과 떼려야 뗄 수 없는 일종의 과정이다. 불황기에 경제적인 이유로 단순 반복 직업이 사라지고 나면 기업가들은 그 사이에 더욱 진보한 정보 기술을 이용해서 이들을 재고용하지 않고도 사업을 운영할 수 있다는 사실을 깨닫는다. 로이터 통신의 크리스티아 프리랜드는 다음과 같이 이를 적절히 표현하고 있다. "중급 기술 개구리는 조금씩 삶아지는 것이 아니다. 가끔씩 센 불에 바짝 구워진다."[49]

기술 이야기

일곱 가지 악의 동향의 원인을 찾는 과정에서 기술 진보와 이에 따른 작업 자동화를 원흉으로 만드는 스토리를 만들어내는 일은 어렵지 않다.

1947년부터 1973년까지의 황금기는 획기적 기술 진보와 굳건한 생산성 향상이 특징인 시기였다. 그리고 이때는 아직 정보 기술의 시대가 시작되기 전이었다. 이 기간 중에 혁신은 주로 기계, 화학, 우주항공 분야에서 이루어졌다. 예를 들어, 내연 기관으로 프로펠러를 돌리던 방식에서 훨씬 더 신뢰도가 높고 성능도 좋은 제트엔진으로 넘어간 항공기의 발전을 생각해보자. 이 기간이야말로 모든 경제학 교과서에 쓰여진 시기를 대변한다. 치솟는 생산성과 혁신으로 인해 근로자의 가치가 더욱 높아졌고, 이에 따라 더 높은 임금을 받게 된 것이다.

1970년대에 세계경제는 석유 위기로 인해 대규모의 충격을 받았으며, 그 결과 높은 인플레이션을 동반한 고실업이라는 전대미문의 시기로 들어섰다. 많은 분야에서 기술 진보가 어려워짐에 따라 혁신의 속도도 완만해졌다. 제트기도 별로 발전하지 못했다. 애플과 마이크로소프트가 둘 다 이 시기에 창업되었지만 정보 기술의 진정한 힘을 느끼기는 아직 요원한 때였다.

1980년대에는 혁신의 속도가 빨라졌지만, 혁신은 주로 정보 기술 분야에 한정되었다. 이러한 혁신은 과거와는 다른 방법으로 근로자들에게 영향을 미쳤다. 적절한 기술만 갖고 있으면 컴퓨터가 그들의 가치를 높여주었다. 이는 제2차 세계대전 직후에 혁신이 거의 모든 사람의 가치를 높여준 것과도 비슷하다. 그러나 이들을 제외한 대다수의 근로자들에게 있어서 컴퓨터의 영향은 보다 덜 긍정적이었다. 어떤 직업은 완전히 파괴되어버리기도 했고, 일부는 쓸모없어졌으며, 이에 따라 근로자의 가치가 떨어졌다. 가치를 회복하려면 이들은 컴퓨터 기술을 이용하는 다른 직종에 취업할 수 있도록 재훈련을 받아야만 했다. 제트기는 1970년대 이래 별로 변하지 않았지만, 정보 기술의 중요성이 커져감에 따라 계기 및 제어 분야에서 컴퓨터를 더 많이 활용하기 시작했다.

1990년대에 IT 혁신은 더욱 가속화되었으며 1990년대 후반부터는 인터넷이 본격적으로 보급되기 시작했다. 1980년대에 시작된 동향은 지속되었지만 1990년대에는 IT 버블이 생겨남과 동시에 이 분야에서 수백만 개의 새로운 일자리가 생겨났다. 이들은 양질의 일자리로, 대소 규모의 수많은 기업에게 없어서는 안 될 존재로 급속히 떠오른 컴퓨터 및 네트워크를 관리하는 것이 일이었다. 그 결과 임금 상승 추세는 조금 개선되었지만, 생산성 증가보다 훨씬 뒤떨어져 있기는 마찬가지였다. 혁신은 더욱 더 IT 위주로 돌아갔다. 1990년에서 1991년에 걸친 불황이 끝나자 고용 없는 회복이 따라왔고, 이 기간에 많은 근로자들은 양질의 중급 일자리를 잃고 새 직장을 찾느라 애를 먹었다. 고용 시장은 점차 양극화되어갔다. 제트기는 본질적으로 1970년대의 설계와 비슷했다. 그러나 이제 '플라이 바이 와이어(Fly-by-wire)' 시스템을 장착한 제트기에서 컴퓨터는 조종사의 조작에 따라 조종면을 움직였고 비행 자동화도 더욱 진행되었다.

2000년대 들어서자 기업들이 혁신을 더 잘 활용함에 따라 정보 기술은 가속적으로 발전했고, 생산성도 향상되었다. 1990년대에 창출된 양질의 일자리 중 상당수는 사라지기 시작했는데, 이는 기업들이 작업을 자동화하거나 사업을 해외로 이전했기 때문이기도 하고, IT 부서를 중앙집중식 클라우드 컴퓨팅 서비스 업체에 아웃소싱하기 시작했기 때문이기도 하다. 경제 전체에 걸쳐 컴퓨터와 기계는 근로자의 가치를 올려주기보다는 이들을 가속적으로 대체해갔고, 임금 상승은 생산성 향상보다 훨씬 더 뒤처지게 되었다. 국민소득 중 근로자에게 가는 몫과 노동력 참여율도 대폭 낮아졌다. 고용 시장의 양극화는 계속되었고, 고용 없는 회복이 정상인 상태가 되어버렸다. 제트엔진은 기본적으로 1970년대와 똑같은 설계와 추진 시스템을 갖추고 있었지만, CAD와 시뮬레이션 기술로 인해 연료 효율 같은 분야에서는 지속적인 개선이 이루어졌다. 항공기에 적용된 정보 기술은 더욱 정교해져서 비행 전체를 자동화할 수 있게 되었다. 이에 따라 항공기가 인간의 손길 없이 이륙해서 목적지까지 비행한 후 착륙하는 것이 가능해졌다.

이 이야기가 지나치게 단순화된 것이라거나 심지어 완전히 틀린 이야기라고 누군가가 주장한다고 해도 이상할 일은 아니다. 결국 이 모든 문제를 일으킨 원흉은 세계화 혹은 레이거노믹스(Reaganomics) 아니었을까? 앞서 말한 것처럼 이는 가상의 시나리오일 뿐이다. 그러니까 일곱 가지 경제 동향 속에서 기술이 중요한 역할을 한다는 주장을 분명히 하기 위한 간단한 이야기라는 뜻이다. 경제학자를 비롯한 여러 전문가들이 세상이 이런 방향으로 변화해가는 이유를 찾기 위해 각각의 동향을 이미 분석해두었는데, 이들에 따르면 변화에서 기술은 항상 제일 중요한 요인은 아니었지만 어느 정도의 영향을 가진 이유로 작용하는 경우가 많았다. 일곱 가지의 동향을 종합적으로 고찰하면, 발전하는 정보 기술이 경제를 와해시키는 힘으로 작용하리라는 주장이 좀 더 분명해질 것이다.

발전하는 정보 기술 외에도 일곱 가지 동향 전체, 아니면 적어도 대부분에 관여하는 것으로 보이는 세 가지 주요 요소가 있다. 이들은 세계화, 금융 부문의 성장, 정치(규제 완화 및 노동조합의 약화 등)이다.

세계화

세계화가 여러 산업과 지역에 대단한 충격을 가했음은 부정할 수 없는 사실이다. 이는 미국의 러스트벨트(rust belt)만 봐도 알 수 있다. 그러나 세계화, 특히 중국과의 무역 한 가지가 40년 이상 미국 근로자 대부분의 임금을 정체시켰을 수는 없다.

첫째, 국제 교역은 무역이 가능한 분야에 종사하는 근로자에게 직접 영향을 미친다. 무역이 가능한 분야란 다른 지역으로 수송할 수 있는 재화나 서비스를 생산하는 산업을 말한다. 그러나 많은 수의 미국 근로자는 정부, 교육, 의료, 식음료 서비스, 소매업 등 무역이 불가능한 분야에서 일한다. 전반적으로 이들은 외국 근로자들과 직접 경쟁하지 않기 때문에 세계화가 이들의 임금을 끌어내리지 않는다.

둘째, 월마트에서 파는 물건이 다 중국산인 것처럼 보이기는 하지만 실제로 미국인의 소비 지출은 대부분 미국을 빠져나가지 않는다. 2011년에 샌프란시스코 연방준비은행의 경제학자인 갈리나 헤일과 바트 호빈이 수행한 조사에 따르면, 미국인들이 소비하는 상품과 서비스의 82퍼센트가 순전히 미국 내에서 생산되었다. 그 가장 큰 이유는 미국인들이 쓰는 돈의 대부분이 무역 불가능한 서비스 쪽으로 가기 때문이다. 미국인의 소비 지출 중 중국산을 구입하는 데에 투입한 부분은 모두 합쳐봐야 3퍼센트가 채 안 된다.[50]

〈그림 2-8〉에 나와 있듯이 제조업에 종사하는 미국 근로자의 비율은 1950년대 초부터 급격히 떨어지기 시작했다. 이러한 동향은 1990년대 북미자유무역협정(NAFTA)이 체결되고 2000년대 중국산이 본격적으로 수입되기 수십 년 전에 시작되었다. 사실 이러한 하락 추세는 2008년 재정 위기 끝 무렵부터 주춤해진 모습인데, 이는 제조업의 고용 수준이 전체 고용 시장을 웃돌았기 때문이다.

어떤 강력한 힘이 지속적으로 제조업 분야의 일자리를 소멸시켜왔다. 그 힘은 발전하는 기술이다. 제조업 근로자가 전체 근로 인구에서 차지하는 비중이 계속 줄어드는데도 미국에서 제조된 상품의 인플레이션 조정 후 가치는 대폭 상승해왔다. 그러니까 미국인들은 점점 더 적은 수의 근로자들로 더 많은 물건을 만들어내고 있다는 뜻이다.

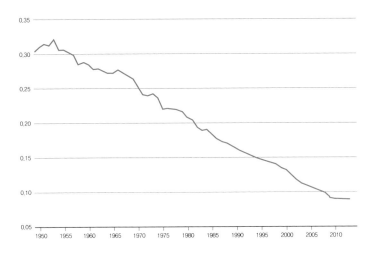

그림 2-8 **미국 근로자 중 제조업 종사자의 비율**

출처: 미국 노동통계국 및 세인트루이스 연방준비은행[51]

금융업의 확장

1950년에 미국 금융업은 전체 경제의 2.8퍼센트만을 차지하고 있었다. 2011년이 되자 금융 관련 활동이 GDP에서 차지하는 비중은 당시보다 3배 이상 늘어난 8.7퍼센트에 이르렀다. 금융 분야 근로자에게 가는 급여와 혜택도 지난 30년간 폭발적으로 상승하여 이제 이들은 미국 근로자 평균보다 약 70퍼센트를 더 번다.[52] 은행이 보유한 자산도 1980년에는 GDP의 55퍼센트였으나 2000년에는 95퍼센트에 달했으며, 금융 분야가 구현한 수익은 1978년부터 1997년의 기간 중 모든 법인의 이익을 합친 것의 13퍼센트였던 반면, 1998년부터 2007년 사이에는 두 배 이상 뛰어 30퍼센트에 달했다.[53] 어떤 방법으로 측정하든 미국에서 금융업이 전체 경제에서 차지하는 비중이 급상승했음은 틀림없는 사실이며, 미국보다 정도가 좀 덜할 뿐 거의 모든 선진국에서 같은 현상이 일어나고 있다.

경제가 이런 식으로 금융화되어가는 현상에 대한 일차적 비판은 금융업이 주로 지대를 추구한다는 데에 초점이 맞추어져 있다. 달리 말해 금융 분야는 실질적인 가치를 생산하지도 않고 전체적인 사회복지에 기여하지도 않으면서 그저 경제의 다른 분야에서 이익과 부를 끌어오는 새로운 방법을 찾아내고 있을 뿐이라는 이야기이다. 이런 식의 비판 중 가장 시선을 끈 것은 아마 2009년 7월에 『롤링 스톤』의 매트 테이비가 골드만 삭스를 가리켜 "인간의 탈을 쓴 거대한 흡혈 오징어로, 돈 냄새가 나는 것이면 무자비하게 빨대를 꽂는" 집단이라고 말한 것이리라.[54]

금융화를 연구하는 경제학자들은 금융 분야의 성장과 불평등 및 국민소득에서 임금이 차지하는 비중이 감소하는 것 사이에 강한 상관관계가 있음을 밝혀냈다.[55] 실제로 금융 부분은 경제의 다른 부문으로부터 일종의 세금을 거두고 있는 동시에 이렇게 해서 얻은 이익을 최상위 계층 쪽으로 재배분하고 있으므로, 우리가 이제까지 관찰한 일련의 동향에서 금융이 어떤 역할을 하고 있다고 결론을 내리는 것은 합리적일 것이다. 그러나 양극화 및 단순 노동 일자리가 사라지는 과정에서 금융화가 가장 큰 이유로 작용한다는 분명한 증거를 아직은 찾기 어렵다.

또한 금융 분야의 성장이 발전하는 정보 기술에 크게 의존하고 있다는 점을 지적할 필요도 있을 것이다. 최근 수십 년간 이루어진 거의 모든 금융상의 혁명, 부채담보부증권(CDO)를 비롯하여 이름마저 생소한 온갖 파생 상품은 강력한 컴퓨터가 등장하지 않았으면 생겨나지도 못했을 것이다. 마찬가지로 오늘날 주식 거래의 거의 3분의 2는 자동화된 거래 알고리즘을 통해 이루어지며 월스트리트의 증권 회사들은 증권 거래소에 물리적으로 최대한 가까운 곳에 방대한 컴퓨터 센터를 운영하고 있다. 그래야 수천수만 분의 1초 단위로 계산되는 시간상의 이점을 누릴 수 있기 때문이다. 2005년에서 2012년 사이에 주식 거래에 걸리는 시간은 10초에서 0.0008초로 단축되었다.[56] 2010년 5월의 '반짝 폭락', 그러니까 몇 분도 안 되는 시간에 다우 존스 지수가 거의 1,000포인트 정도까지 떨어졌다가 곧 당초보다 더 높은 지점까지 상승한 사건은 주로 자동화된 고속 거래 방식 때문이었다고 보는 사람들이 많다.

이러한 관점에서 보면 금융화는 일곱 가지 경제 동향의 원인 중 하나라기보다는 적어도 어느 정도는 초고속으로 진보하는 정보 기술의 결과물이다. 그렇다면 미래를 내다보면서 한 가지 주의해야 할 점이 드러난다. 정보 기술이 무자비하게 진보하는 오늘날 적절한 규제 장치가 없다면 금융의 혁신자들은 정보 기술이 제공하는 새로운 역량을 최대한 활용할 방법을 찾아낼 것이 틀림없다. 그리고 역사를 돌이켜볼 때 이러한 변화가 사회 전체에 이익이 되리라는 보장은 없다.

정치

1950년대에는 미국 민간 부문 근로자의 3분의 1 이상이 노조 소속이었다. 2010년이 되자 이 수치는 7퍼센트 정도로 떨어졌다.[57] 가장 막강하던 시절, 노동조합은 중산층 전체의 굳건한 대변자였다. 1950년대와 1960년대에 걸쳐 근로자들이 지속적으로 생산성 향상의 결실 중 가장 많은 부분을 가져갈 수 있었던 것도 당시 노조의 강한 협상력에 힘입은 바 크다. 그러나 오늘날의 상황은 완전히 다르다. 노조들은 기존의 조합원을 유지하기도 힘들다.

노조의 세력이 급속히 쇠퇴한 것은 지난 30년간 미국 경제 정책의 특징이었던 우경화와 관련된 가장 가시적인 변화이기도 하다. 정치학자 제이컵 해커와 폴 피어슨은 미국에서 불평등이 심화됨에 있어 정치가 가장 큰 영향력을 발휘한다는 점을 2010년에 발행한 공저서 『부자들은 왜 우리를 힘들게 하는가?』에서 설득력 있게 지적하고 있다. 해커와 피어슨은 이러한 변화에서 핵심적인 한 해로 1978년을 드는데, 이 해에 보수적 기업들은 자신의 이익을 위해 조직적이고도 지속적인 공세를 펼쳤고, 이 과정에서 미국의 정치 풍토는 변화를 겪기 시작했다. 그로부터 수십 년에 걸쳐 산업의 탈규제화가 진행되었고, 부유층 및 기업에 대한 최고 한계 세율은 역사상 가장 낮은 수준으로 떨어졌으며, 작업장은 갈수록 노조에게 불리한 쪽으로 변해갔다. 이러한 변화의 대부분은 유권자의 힘이 아니라 이해가 걸린 기업 집단의 지속적인 로비에 따라 진행되었다. 노조가 힘을 잃는 한편, 워싱턴 정가의 로비스트 수가 폭증함에 따라 워싱턴에서 매일 벌어지는 정치 전쟁은 갈수록 불평등한 양상을 띠어갔다.

미국의 정치 상황이 중산층에게 유독 불리한 것처럼 보이는 가운데, 발전하는 정보 기술이 미치는 영향은 다수의 선진국 및 개발도상국에서도 찾아볼 수 있게 되었다. 불평등은 거의 모든 선진국에서 심화되어가고 있으며 국민소득 중 근로자에게 돌아가는 몫은 세계 각국에서 줄어들고 있다. 고용 시장의 양극화 현상은 대다수의 유럽 국가에서 찾아볼 수 있다. 노조가 여전히 막강한 힘을 발휘하는 캐나다에서도 불평등은 심화되고 있는데, 1980년 이래 실질 캐나다의 가계 소득은 지속적으로 떨어지고 있으며 제조업 일자리가 사라짐에 따라 민간 부문의 노조 회원 수도 줄어들고 있다.[58]

여기서 문제는 대상을 어떻게 정의하느냐에 어느 정도 달려 있기도 하다. 발전하는 기술에 필연적으로 따라오는 구조적 변화의 충격을 완화하는 정책을 어떤 나라가 시행하지 못하면 이는 기술의 문제인가, 아니면 정치의 문제인가? 어느 쪽이든 정치적 결단이라는 측면에서 볼 때 미국이 다른 나라들과 다르다는 점에는 의심의 여지가 없다. 국가 경제를 더 심각한 불평등을 향해 몰고 가는 힘을 저지할 만한 정책을 수행하지 못했다기보다 도리어 미국은 많은 경우 이러한 동향에 힘을 실어주는 정책적 선택을 했다.

미래를 바라보며

미국에서 심화되는 불평등과 수십 년에 걸친 임금 정체의 주요 원인을 둘러싼 논쟁은 진정될 기미가 보이지 않으며, 여기서의 주요 쟁점인 노조, 부자들에 대한 과세, 자유무역, 정부의 역할 등이 보수와 혁신 진영 사이의 첨예한 대립과 맞물려 있으므로 이 논쟁은 사상적 색채를 띨 수밖에 없다. 이제까지 제시된 증거로 판단하면, 지난 수십 년간의 변화 과정에서 정보 기술이 '지배적'까지는 아니라도 상당한 영향을 미쳤다. 여기서 더 깊이 들어가는 것은 경제사학자들의 몫이리라. 이들이 데이터를 더 세밀하게 분석하고 나면 언젠가 인류를 여기까지 밀고 온 힘의 정체를 분명히 파악할 수 있을 것이다. 이 책의 핵심 주제이기도 한 진짜 의문은 '앞으로 가장 중요한 것은 무엇인가'이다. 지난 반세기 동안 정치 및 경제적 환경에 막대한 영향을 미친 힘들은 대부분 드러났다. 공공 분야를 제외하면 노조는 사라졌다. 취업을 원하는 여성들은 직장을 갖거나 대학 또는 전문대학에 입학했다. 생산 시설의 해외 이전 추세는 크게 약화되었으며, 일부 산업에서는 제조 시설이 미국으로 돌아오고 있다.

인류의 미래를 결정할 여러 가지 힘 중 정보 기술은 급속한 발전이라는 측면에서 단연 두드러진다. 일반 근로자의 복지에 큰 비중을 두는 정치 환경을 가진 나라에서조차 정보 기술로 인한 변화는 눈에 띄고 있다. 이러한 발전의 결과 오늘날 비반복적인 작업, 그러니까 자동화의 타격을 입지 않으리라 생각되는 작업들도 결국 반복적이고 예측 가능한 작업으로 전락할 것이다. 양극화된 노동시장에서 이미 공동화된 허리 부분은 더욱 확장될 것으로 보이는데, 이의 배경에는 저임금 직종을 갉아먹는 로봇과 셀프서비스 기술, 고숙련 일자리를 위협하는 지능형 알고리즘 등이 있다. 옥스퍼드 대학교의 칼 베네딕트 프라이와 마이클 오즈번은 2013년의 연구에서 다음과 같은 결론을 제시하고 있다. "향후 약 20년에 걸쳐 미국 총 고용 인구의 절반 정도가 자동화에 대해 취약해질 것이다."[59]

정보 기술의 발전이 가속화됨에 따라 미래의 경제와 고용 시장이 크게 영향을 받으리라는 점은 거의 분명하지만, 정보 기술의 힘은 다른 강력한 힘들과 깊이 뒤엉켜 작용할 것이다. 고숙련 직종이 전자식 해외 이전에 점점 취약해짐에 따라 기술과 세계화 사이의 경계도 모호해질 것이다. 기술 발전으로 인해 미국을 비롯한 선진국에서 불평등이 계속 심화된다면 금융 엘리트의 정치적 영향력은 예측한 만큼 더욱 강해질 것이다. 이렇게 되면 지금 경제에서 진행 중인 구조적 변화를 약화시키고 중간 및 하위 계층의 소득을 개선하는 방향으로 정책을 수립하는 일이 더욱 어려워질 수 있다.

2009년에 출간된 저서 『터널 속의 빛』에서 나는 이렇게 썼다. "기술 전문가들은 지능을 갖춘 기계에 대해 많이 생각하고 책도 쓰지만, 기술이 앞으로 다수의 근로자를 대체해서 영구적이고 구조적인 실업을 야기할 가능성에 대해 대부분의 경제학자들은 거의 상상할 수 없는 일이라는 입장을 고수하고 있다." 그때 이래 일부 경제학자들은 널리 확산된 자동화가 갖는 의미를 좀 더 진지하게 받아들이기 시작했다. 2011년에 발간된 책 『기계와의 경쟁』에서 저자인 MIT의 에릭 브리뇰프슨과 앤드루 매카피는 이러한 견해가 주류 경제학과 만나는 데에 도움을 제공하고 있다. 폴 크루그먼과 제프리 색스처럼 저명한 경제학자들도 기계 지능의 영향에 대한 글을 썼다.[60] 그럼에도 불구하고 기술이 언젠가 고용 시장을 뿌리째 흔들고, 이어서 오늘날의 경제 체제와 사회 계약 방식을 근본적으로 바꿔놓으리라는 시각은 아직 대중적인 관심을 끌지 못하고 있다.

사실 경제학자들이나 금융 전문가들은 '이번에는 다를 것'이라는 주장을 거의 반사적으로 무시하는 경향이 있다. 경제의 여러 측면 중에서도 주로 인간의 행동과 시장 심리가 지배하는 측면을 다룬다면 이런 반응이 나올 가능성은 매우 높다. 최근의 주택 거품이 생겨났다가 꺼진 과정에서 작용한 심리적 기반은 역사를 통해 반복된 금융 위기의 바닥에 자리 잡은 심리적 상태와 크게 다르지 않을 것이다. 초기 로마제국의 정치적 술수는 대부분 오늘날 간행되는 「폴리티코」지의 1면을 장식하는 사건 배후의 계략과 거의 맞아떨어질 것이다. 인간의 이런 측면은 사실 변하지 않는다.

그러나 같은 논리를 기술 진보에도 적용하는 것은 잘못일 것이다. 노스캐롤라이나 주의 키티호크에서 최초의 동력 항공기가 상당 시간 동안 비행에 성공하기 전까지 공기보다 무거운 물체에 매달린 인간은 '날 수 없다'는 것이 부정할 수 없는 진실로 받아들여졌다. 인류의 역사만큼이나 긴 시간에 걸쳐 축적된 데이터가 이런 믿음을 떠받치고 있었다. 이런 믿음이 한순간에 무너진 것처럼, 기술의 거의 모든 영역에서 비슷한 현상이 벌어지고 있다. 기술에 관한 한 '이번에는 다르다'가 매번 현실이 된다. 결국 혁신이란 바로 이런 것 아니겠는가? 지능을 갖춘 기계가 보통 사람들을 대신하여 경제가 필요로 하는 작업의 대부분을 수행할 날이 올 것인가 하는 질문에 대한 답은 경제의 역사에서 얻은 교훈으로부터 나오는 것이 아니라 앞으로 탄생할 기술의 성격으로부터 나올 것이다.

다음 장에서는 정보 기술의 본질과 더불어 이 기술의 발전이 무자비하게 가속되는 모습, 다른 분야와 달리 정보 기술만이 갖고 있는 특징 및 경제의 주요 분야를 정보 기술이 이미 어떤 식으로 탈바꿈시키고 있는가 등을 살펴보기로 한다.

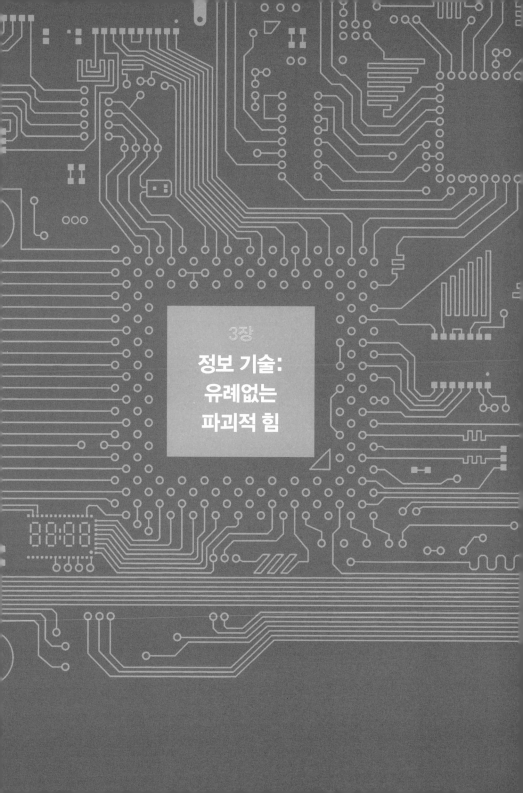

3장

정보 기술:
유례없는
파괴적 힘

특정 분야에서 반복적이고 예측 가능한 작업을 수행하는 컴퓨터의 능력은
비약적으로 향상되고 있으며, 현재 이러한 작업을 맡은 인간들보다
곧 이런 일을 더 잘하게 될 가능성 또한 매우 높다.

은행 계좌에 1센트를 넣었다고 하자. 그리고 이 금액이 매일 두 배가 된
다고 치자. 3일 차에는 예금액이 4센트가 된다. 5일 차에 이르면 16센
트로 늘어날 것이다. 한 달도 안 돼 계좌에 있는 돈은 100만 달러를 넘
어간다. 1949년, 그러니까 노버트 위너가 컴퓨터의 미래에 대한 글을
쓰고 있던 시점에 1센트를 넣어두었다면, 그리고 무어의 법칙에 따라
약 2년마다 이 금액이 두 배가 되었다면, 지금 인류의 기술 계좌에 있는
금액은 거의 8,600만 달러에 달할 것이다. 발전은 지금도 계속되고 있
으므로, 액수는 일정 기간마다 계속 두 배로 불어날 것이다. 앞으로 이
루어질 혁신은 이렇게 축적된 엄청난 자금을 활용할 것이므로 향후 수
년 혹은 수십 년간의 발전 속도는 전대미문의 수준에 이를 것이다.

컴퓨터 성능의 발전을 측정하는 방법으로는 무어의 법칙이 가장 널리 알려져 있지만 사실 정보 기술은 다양한 측면에서 진보를 거듭하고 있다. 예를 들어, 컴퓨터의 메모리 용량과 광섬유를 통해 전달될 수 있는 디지털 정보의 양은 모두 지수함수적으로 증가해왔다. 이런 가속 추세는 컴퓨터 하드웨어에 국한된 것이 아니다. 일부 소프트웨어의 효율성은 무어의 법칙을 훨씬 뛰어넘는 맹렬한 속도로 개선되었다.

상당히 긴 시간을 대상으로 보면 정보 기술이 비약적으로 발전한 모습이 뚜렷이 보이지만, 단기적으로 보면 상황이 간단하지는 않다. 진보가 항상 매끄럽고 일관성 있게 이루어지지는 않았다. 오히려 크게 한 걸음 떼어놓은 뒤 잠시 쉬는 기간이 있었는데, 이 기간에 사회 안의 다양한 조직이 방금 개발된 새로운 역량을 흡수하여 사용하기 시작함과 아울러 다음번의 급속한 발전이 이루어질 기반이 조성되었다. 기술의 다양한 영역 상호 간에는 복잡하고 정교한 상호 의존과 정보 교류의 시스템이 존재한다는 사실도 중요하다. 그러므로 한 분야에서 진보가 이루어지면 이를 이용해서 다른 분야에서 갑작스럽게 혁신을 일궈내기도 한다. 정보 기술은 전진하는 과정에서 경제 전반과 여러 사회 조직에 촉수를 뻗쳐 사람들이 일하는 방식을 바꾸기도 하는데, 이때 변화는 정보 기술의 발전을 촉진하는 방향을 향하는 경우가 많다. 예를 들어, 인터넷이 등장함과 아울러 정교한 협력 소프트웨어가 개발된 결과 소프트웨어 개발 사업을 해외로 이전하는 것이 가능해졌다. 그 결과 숙련된 프로그래머의 수가 급증했고, 이렇게 유능한 인력이 늘어남에 따라 진보의 속도는 더욱 빨라졌다.

가속 대 정체

정보 기술과 통신 기술은 수십 년에 걸쳐 비약적으로 발전했지만 다른 분야의 혁신은 비교적 완만했다. 자동차, 주택, 항공기, 주방용품, 에너지 및 교통 인프라 등이 좋은 예이다. 이들 중 어느 것도 20세기 중반 이후 크게 변한 것은 없다. 페이팔(PayPal)의 공동 창업자인 피터 틸의 유명한 이야기는 미래가 당초 예측보다 훨씬 멋지리라는 생각을 하던 세대가 느낀 실망을 잘 대변한다. "날아가는 자동차가 나올 줄 알았는데 결국 우리가 얻은 것은 140 글자뿐이다."

이렇게 발전이 한쪽으로 치우친 모습은 1880년대로부터 20세기 전반에 걸쳐 이루어진 발전과는 판이하다. 이 시기에 옥내 배관, 자동차, 항공기, 전기, 가전제품, 공중위생, 상하수도 및 발전 시스템 등이 전 세계로 보급되었다. 적어도 선진 공업국에서는 사회의 모든 계층의 생활수준이 크게 향상되는 혜택을 누렸으며, 사회 전체가 보유한 부의 규모도 눈부시게 증가했다.

거의 모든 분야에서 기술의 진보가 이토록 완만한 데에 착안한 몇몇 경제학자들은 앞선 장에서 우리가 살펴본 경제적 동향, 특히 대부분의 미국인들이 겪은 소득 정체를 이런 현상과 연결 지으려 한다. 사실 현대 경제학의 기본 원리 중 하나는 장기적 경제성장에 있어 기술 발전이 필수적이라는 것이다. 이러한 시각을 공식화시킨 경제학자 로버트 솔로는 1987년에 노벨 경제학상을 수상했다. 혁신이 번영을 이끌고 가는 기관차라면, 기술이 근로 계층과 중산층에 미치는 충격보다는 새로운 발명과 참신한 아이디어가 등장하는 속도가 느려진 것이 소득 정체의 원인이라는 추론이 가능해진다. 컴퓨터가 중요한 게 아니라 광범위한 분야에서 진보가 느려진 것이 가장 큰 문제라는 이야기이다.

일부 경제학자들은 이를 뒷받침하는 이론을 내놓았다. 조지 메이슨 대학교의 경제학자인 타일러 카우언은 2011년에 내놓은 저서 『거대한 침체』에서 미국 경제는 손쉬운 혁신, 무료로 사용하는 토지, 여유로운 인적 자원 등 이른바 '낮은 가지에 열린 열매'를 다 따먹은 뒤 정체 상태에 놓였다고 진단했다. 노스웨스턴 대학교의 로버트 고든은 더욱 비관적이다. 2012년에 발표한 논문에서 고든은 혁신이 느려진 위에 몇 가지 '역풍', 그러니까 과도한 부채, 인구 고령화, 교육제도의 결함 등까지 겹쳐 미국 경제의 성장은 사실상 끝났을지도 모른다고 지적했다.[1]

거의 모든 기술이 거쳐가는 과정을 살펴보면 혁신의 속도에 영향을 미치는 요소를 이해하는 데 도움이 될 것이다. 항공기가 좋은 예이다. 동력 장치를 장착하고 인간이 조종하는 최초의 물체는 1903년 12월에

12초 동안 비행했다. 이 조촐한 시발점으로부터 항공기는 가속적으로 발전했지만 워낙 출발점의 기술이 원시적이었던 터라 제대로 된 비행기가 등장하기까지는 몇 년이 더 필요했다. 1905년이 되자 윌버 라이트는 40분간 공중에 떠 있으면서 약 38킬로미터를 이동하는 데 성공했다. 하지만 몇 년도 채 되지 않아 필요한 기술이 한자리에 모이면서 항공기 기술은 지수 곡선을 따라 발전하기 시작했고, 이에 따라 눈부신 진보가 이루어졌다. 제1차 세계대전 중 비행기는 고속 공중전을 치를 수 있을 정도로 성능이 개선되었다. 그로부터 20년에 걸쳐 항공 기술은 성장을 거듭하여 결국 스피트파이어, 제로, P-51 같은 고성능 전투기를 선보이기에 이르렀다. 그러나 제2차 세계대전 중 어떤 시점에 이르자 발전 속도는 현저히 느려졌다. 내연 기관으로 프로펠러를 돌려 비행하는 방식은 기술적 한계에 도달했고, 여기에 이르자 설계가 개선되는 과정도 점진적일 수밖에 없게 되었다.

처음에 비약적으로 발전하다가 일정 시간이 지나면 곡선이 평탄해져 결국 S자 형태가 되는 것은 사실상 모든 기술이 겪는 변화 과정이다. 제2차 세계대전이 끝날 무렵이 되자 널리 알려진 바와 같이 완전히 새로운 항공기 기술이 등장했다. 그리고 등장한 지 얼마 되지 않아 제트기는 프로펠러 비행기와는 비교할 수 없을 정도로 탁월한 성능을 발휘하기 시작했다. 제트기는 와해적 기술이었다. 그리고 저 나름의 S자 곡선을 따라갔다. 〈그림 3-1〉을 보면 이 곡선이 어떤 모습인지를 알 수 있다.

항공기 설계에서 혁신의 속도를 괄목할 만할 정도로 올리려면 S자 곡선이 하나 더 필요한데, 이 곡선을 따라가는 발전 과정은 성능을 개선해야 할 뿐만 아니라 경제성도 있어야 한다.*

물론 문제는 현재까지 새로운 곡선을 어디서도 찾아볼 수 없다는 것이다. 새로운 와해적 기술을 외계인이 불쑥 가져다주지 않는 한, 한 단계 위의 S자 곡선에 도달하려면 엄청난 발전을 이룩해야 할 것이다. 그것도 이 곡선이 존재한다는 전제하에 말이다.

여기서 연구 개발과 관련 투자를 어느 정도나 적극적으로 했는가, 규제 환경은 기술 발전에 우호적인가 등의 요소가 기술 수준이 S자 곡선상의 어디까지 갈 수 있는지를 결정하는 데 작용하지만, 가장 큰 문제는 해당 기술을 지배하는 물리 법칙이다. 기존 기술을 와해시킬 만한 항공기가 아직까지 등장하지 않은 주된 이유는 현존하는 과학 기술 지식으로는 뛰어넘을 수 없는 물리 법칙의 장벽이 있기 때문이다. 광범위한 기술 분야에서 급속한 혁신이 이뤄지는 시기, 예를 들어 대략 1870년대부터 1960년대에 이르는 시기와 비슷한 시기가 다시 오게 하려면 모든 분야에서 새로운 S자 곡선이 나타나야 하는데, 이는 매우 어려운 과제이다.

---

*초음속 여객기 콩코드는 절대적 성능의 측면에서 새로운 S자 곡선을 창출하기는 했지만 경제적으로 지속 가능한 기술임을 스스로 입증하지는 못했으며, 항공 여객 시장에서 차지하는 비중도 보잘것없는 수준이었다. 콩코드는 1976년부터 2003년까지 운항했다.

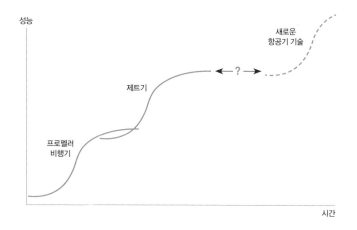

그림 3-1 **항공기 기술 S자 곡선**

성능

새로운
항공기 기술

← ? →

제트기

프로펠러
비행기

시간

　그러나 낙관론을 가능하게 해주는 중요한 이유가 하나 있다. 이는 가속적으로 발전하는 정보 기술이 다른 과학 기술 분야의 연구에 긍정적인 영향을 미치리라는 것이다. 컴퓨터는 이미 여러 분야에서 지각변동을 일으켰다. 강력한 컴퓨터가 없었으면 인간 게놈을 분석해내는 일은 불가능했을 것이다. 다양한 연구 분야에서 시뮬레이션과 컴퓨터 기반 설계는 연구성과를 얻기 위한 실험의 가능성을 대폭 넓혀주었다.

　우리 모두에게 직접적이고도 강력한 영향을 미친 정보 기술 싱공 사례는 석유 및 가스 탐사에 첨단 컴퓨터 기술을 활용한 것이다. 쉽게 캘 수 있는 석유와 가스 매장량이 줄어들면서, 3차원 지하 영상 촬영 등의 신기술은 새로운 유전과 가스전을 찾는 데에 필수적인 수단이 되었다.

예를 들어, 사우디아라비아 국영 석유회사인 아람코(Aramco)는 방대한 규모의 컴퓨터 센터를 설치하고 이곳에서 강력한 슈퍼컴퓨터를 이용해 지속적인 원유의 흐름을 확보한다. 무어의 법칙이 가져온 결과 중 하나가(적어도 지금까지는) 폭증하는 세계 에너지 수요에 대한 공급을 감당해 왔다는 사실임을 알게 되면 많은 사람들이 놀랄 것이다.

마이크로프로세서의 등장으로 인해 인간의 계산 능력과 정보 처리 능력은 모든 분야에서 폭발적으로 향상되었다. 한때 컴퓨터는 덩치가 크고 느린 데다가 비싸고 희귀했지만, 오늘날은 강력하고 저렴하며 어디에나 있는 존재가 되었다. 1960년 이래 컴퓨터의 성능이 향상된 정도를 숫자로 나타내고, 이를 그때 이래 탄생한 마이크로프로세서의 수로 곱하면 상상을 초월하는 결과가 나올 것이다. 이렇게 전 세계적으로 폭증한 연산 능력이 다양한 과학 기술 분야의 발전에 대단한 기여를 하지 않았으리라고 생각하기는 불가능하다. 그렇기는 해도 진정으로 와해적인 혁신을 이루기 위해 기술의 S자 곡선이 차지해야 할 위치를 결정하는 핵심적 요인은 관련된 자연의 법칙이다. 컴퓨터 성능만으로는 이러한 현실을 바꿀 수 없지만, 컴퓨터가 어느 정도 연구자를 도와줄 수 있음은 당연하다.

인류가 S자 곡선상의 평탄한 부분, 즉 기술적 한계에 봉착했다고 주장하는 경제학자들은 대부분 혁신의 속도와 사회의 전반적 번영 사이에 어떤 관계가 있다고 굳게 믿는 사람들이다. 여기에는 모든 분야에서 기술 진보를 촉진할 수만 있으면 평균 실질 소득은 다시 상승할 것이라는 생각이 깔려 있다. 그러나 꼭 이렇게 되지는 않을 것이라는 시각도 설득력이 있다. 왜 그런가를 알려면 우선 정보 기술은 어떤 면에서 독특한가를 살펴보고, 이 기술이 다른 분야의 기술과 어떤 식으로 얽혀 있는가를 관찰하면 된다.

정보 기술은 왜 다른가?

수십 년간 컴퓨터 하드웨어가 비약적으로 발전해온 모습을 생각하면 정보 기술은 다른 기술 분야보다 훨씬 오랫동안 S자 곡선의 가파른 부분에 머물렀다는 생각이 든다. 그러나 실제로는 하나의 곡선상에서 그렇게 머무른 것이 아니라 〈그림 3-1〉에서처럼 무어의 법칙에 따라 우상향하며 연속으로 등장한 여러 개의 곡선을 계단처럼 올라간 것이다. 여기서 각 곡선은 특정한 반도체 제조 기술에 해당한다. 예를 들어, 집적회로를 새겨 넣는 데 쓰이던 리소그래피 공정은 광학적 이미징 기술에 바탕을 두고 있다. 그런데 회로를 구성하는 각각의 단위 요소가 가시광의 파장보다도 짧을 정도로 작아지자 반도체 업계는 X선 리소그래피로 넘어갔다.[2] 〈그림 3-2〉를 보면 연속되는 S자 곡선의 계단을 오르는 것이 무슨 뜻인지 대략 알 수 있다.

그림 3-2 **계단 형태의 S자 곡선들로 드러나는 무어의 법칙**

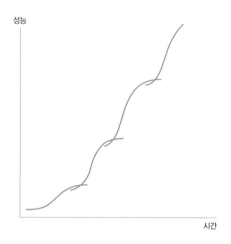

정보 기술이 다른 분야와 구별되는 특징 중 하나는 S자 곡선이 연속으로 등장하는 과정이 비교적 쉽게 진행되었다는 것이다. 달리 말하면, 이는 열매가 계속 낮은 가지에 달려 있었다기보다는 나무가 오를 수 있는 나무였다는 뜻이다. 하지만 이 나무를 오르는 과정은 복잡했으며 치열한 경쟁도 따랐고 대규모의 투자도 필요했다. 고도의 협력 및 계획도 수반되어야 했다. 이런 종합적인 노력을 돕기 위해 업계는 국제 반도체 기술 로드맵(ITRS)이라는 방대한 문서를 발간하여 향후 15년간 무어의 법칙이 어떤 식으로 전개될까를 상세히 예측해두고 있다.

현재 상황으로 판단할 때 컴퓨터 하드웨어는 오늘날 다른 여러 분야의 기술이 부딪친 것과 똑같은 난관에 봉착할 것이다. 달리 말해 다음 단계의 S자 곡선으로 옮겨가려면 크게 도약해야 하는데, 그것이 불가능할 수도 있다. 트랜지스터 하나의 크기가 계속 작아지면서 칩 하나에 얹히는 회로가 늘어나는 식으로 반도체는 무어의 법칙을 따라 발전해 왔다. 이대로 갈 경우 2020년대 초가 되면 컴퓨터 칩상의 단위 반도체는 한 개당 5나노미터 정도로 작아질 텐데, 이 정도면 기본적인 한계에 근접하므로 더 축소하기는 불가능해진다. 그러나 3차원 칩 설계나 혁신적인 탄소 기반 소재를 도입하는 등 기존의 설계를 대체하는 전략도 몇 가지가 있다.[*3]

컴퓨터 하드웨어 성능의 발전이 정체된다 하더라도, 이 분야의 진보를 지속시킬 돌파구는 여전히 많다. 정보 기술은 두 가지 서로 다른 세계 사이의 접점에 놓여 있다. 우선 무어의 법칙은 원자, 즉 구체적 물질의 세계를 지배한다. 여기서 혁신이란 더 빠른 디바이스를 제작하거나, 컴퓨터 가동 중 발생하는 열을 최소화시키거나 신속히 방출할 방법을 찾는 작업이다. 반면에 추상적인 비트의 세계에서는 물리적 실체가

---

*3차원 칩의 기본 개념은 회로를 수직으로 쌓아 올려 여러 개의 층으로 만드는 것이다. 삼성전자는 2013년 8월에 3차원 플래시 메모리 칩을 생산하기 시작했다. 이 기술을 인텔이나 AMD 같은 업체가 설계하는 최첨단 프로세서에 경제적으로 적용할 수 있음이 입증되기만 하면 앞으로도 반도체가 무어의 법칙을 따라 발전할 길이 열릴 수도 있다. 또 한 가지 돌파구는 특이한 탄소 기반 소재로 실리콘을 대체하는 것이다. 최근 나노 기술 연구의 성과인 그래핀과 탄소 나노 튜브는 초고성능 컴퓨터의 새로운 기반이 될지도 모른다. 스탠퍼드 대학교 연구팀은 성능이 기존의 실리콘 기반 컴퓨터보다 훨씬 떨어지기는 하지만, 어쨌든 초보적인 탄소 나노 튜브 컴퓨터를 만들어냈다.

없는 알고리즘, 아키텍처(컴퓨터 시스템의 설계 개념), 응용수학 등이 발전 속도를 결정한다. 일부 측면에서는 알고리즘이 하드웨어보다 훨씬 더 앞서 있기도 하다. 베를린에 있는 추제(Zuse) 연구소의 마르틴 그뢰첼이 최근 연구한 바에 의하면, 1982년식 컴퓨터를 이용해서 복잡한 생산 계획상의 문제를 해결하는 데는 꼬박 82년이 걸린다. 그러나 2003년식 컴퓨터라면 같은 문제를 1분 내에 풀어버린다. 이 정도면 성능이 4,300만 배 향상된 것이다. 같은 기간 동안 하드웨어의 속도가 1,000배 빨라졌으므로 알고리즘의 성능은 4만 3,000배 개선되었다는 뜻이다.[4]

그러나 모든 소프트웨어가 똑같이 고속으로 발전하는 것은 아니다. 소프트웨어가 인간과 직접 접촉해야 하는 경우 이런 경향은 더욱 두드러진다. 2013년 8월에 『애틀랜틱』과 행한 인터뷰에서 마이크로소프트 워드와 엑셀 개발을 지휘한 컴퓨터과학자 찰스 시모니는 다음과 같은 견해를 밝혔다. "소프트웨어는 하드웨어가 이룩한 진보를 최대한 활용하지 못했다." 앞으로의 발전 가능성이 가장 큰 분야는 어디라고 보느냐는 질문에는 "이제는 누구도 단순 반복 작업을 하려고 하지 않으리라는 데에서 답을 찾아야 할 것"이라고 답했다.[5]

또 한 가지 엄청난 발전의 여지를 갖춘 분야가 있다. 저렴한 프로세서를 아주 여러 개 모아서 방대한 병렬 시스템을 구축하는 것이다. 또한 기존의 하드웨어 기술을 조금 손질해서 완전히 새로운 설계 방식을 탄생시키는 방법으로도 컴퓨터 성능을 비약적으로 개선할 수 있다. 고도로 복잡하게 상호 연결된 하드웨어에 정교한 아키텍처를 결합하면 타의 추종을 불허하는 현존 최고의 처리 능력을 갖춘 컴퓨터가 탄생한다는 분명한 증거가 이미 존재한다. 이 컴퓨터는 바로 인간의 뇌이다. 뇌를 창조하는 과정에서 자연은 무어의 법칙 같은 호사를 누리지 못했다. 인간 뇌의 '하드웨어'는 속도 면에서 쥐의 뇌보다 나을 것이 없으며, 오늘날의 집적회로와 비교하면 수천 배에서 수백만 배 느리다. 차이는 오직 설계의 정교함뿐이다.[6] 언젠가 오늘날의 하드웨어 속도와 인간 뇌 수준으로 복잡한 설계를 결합해낸다면 컴퓨터(아마 기계 지능까지도)의 성능은 궁극에 도달할 것이다. 인류는 이미 이 방향으로 걸음마를 떼 놓기 시작했다. 2011년에 IBM은 'SyNAPSE'라는 그럴싸한 이름이 붙은 인지형 컴퓨터 칩을 내놓았고, 이어서 이 하드웨어에 적용할 새로운 프로그래밍 언어도 개발했다(시냅스[synapse]는 뇌세포 사이의 연결 부위라는 뜻이다_옮긴이).[7]

하드웨어와 소프트웨어의 눈부신 발전 외에도 정보 기술에는 두 가지 뚜렷한 특징이 있다. 하나는 정보 기술이 진정한 범용 기술로 발전한 것이다. 오늘날 인간의 일상생활, 특히 기업의 경영이나 대소 규모 조직의 운영에서 정보 기술의 영향을 받지 않거나 이에 크게 의존하지 않는 면은 거의 없다. 컴퓨터, 네트워크, 인터넷은 경제, 사회, 금융 시스템에 결코 되돌릴 수 없을 정도로 녹아들어 있다. 정보 기술은 어디에나 있다. 그리고 정보 기술 없는 삶은 상상하기 어렵다.

전문가들 중에는 정보 기술을 전기와 비교하는 사람들이 많다. 전기도 정보 기술처럼 20세기 전반기에 전 세계로 퍼져나가면서 세상을 바꾼 범용 기술이다. 2008년에 출간된 저서『빅 스위치』에서 니콜라스 카는 정보 기술이 전기처럼 범용 기술이 되었음을 설득력 있게 주장하고 있다. 그가 제시한 비교는 대부분 적절했지만, 한 가지 중요한 점은 전기가 타의 추종을 불허할 정도로 뛰어난 기술이었다는 사실이다. 전기는 기업, 경제 전반, 사회 제도, 개인의 삶을 놀라울 정도로 바꿔놓았는데, 변화의 방향은 완전히 긍정적이었다. 미국 같은 선진국에서 전기의 등장으로 생활수준이 크게 향상되지 않은 사람을 한 사람이라도 찾기는 매우 어려울 것이다. 그러나 정보 기술이 세상을 바꾸는 방식은 전기처럼 눈에 확 들어오지 않으며, 변화의 방향도 모든 사람에게 긍정적인 것은 아니다. 그 이유는 정보 기술이 가진 또 하나의 특성, 즉 지적 능력으로부터 나온다.

정보 기술은 지능을 담고 있는데, 이는 기술 발전의 역사상 유례가 없을 정도이다. 컴퓨터는 의사 결정을 하고 문제를 해결한다. 매우 한정되고 특수한 의미이기는 하지만 컴퓨터는 '생각'을 할 수 있는 기계이다. 오늘날의 컴퓨터가 인간처럼 광범위한 지능에 접근해 있다고 주장하는 사람은 없다. 그러나 이렇게 말하는 사람들은 핵심을 놓치고 있다. 특정 분야에서 반복적이고 예측 가능한 작업을 수행하는 컴퓨터의 능력은 비약적으로 향상되고 있으며, 현재 이러한 작업을 맡은 인간들보다 곧 이런 일을 더 잘하게 될 가능성 또한 매우 높다.

경제의 발전은 주로 직업상의 특화, 그러니까 아담 스미스가 말한 것처럼 '분업'에 크게 의존해왔다. 그런데 컴퓨터 시대의 발전이 낳은 모순 중 하나는 어떤 분야에서 특화가 진행되면 될수록 이 분야의 작업이 자동화에 취약해질 수 있다는 점이다. '총체적 지능'이라는 측면에서 볼 때 오늘날 최고의 컴퓨터도 그저 곤충보다 조금 나은 수준임을 전문가들도 인정하지만, 곤충은 제트 여객기를 착륙시키거나, 저녁 식사 예약을 받거나, 주식 매매를 하지 않는다. 오늘날 컴퓨터는 이 모든 일을 하고 있으며, 얼마 지나지 않아 무수한 분야로 파고들 것이다.

비교우위와 스마트한 컴퓨터

기계가 언젠가 다수의 근로자를 대체하리라는 생각에 반대하는 경제학자들은 보통 경제학에서 가장 중요한 개념 중 하나를 반박의 근거로 제시한다. 이 개념은 '비교우위론'이다.[8] 비교우위란 무엇인가를 이해하기 위해 가상의 인물 두 명을 생각해보자. 제인은 정말 뛰어나다. 몇 년에 걸친 혹독한 훈련과 탁월한 실적을 바탕으로 제인은 세계적인 뇌 수술 전문의로 부상했다. 대학을 졸업하고 의학전문대학원에 입학하기 전에 제인은 프랑스 최고의 요리 학교에 다녔고, 오늘날 요리사로서도 비범한 재능을 뽐내고 있다. 반면 톰은 그냥 보통 남자이다. 하지만 요리 솜씨가 뛰어나서 가는 곳마다 찬사를 받는다. 그러나 그의 실력도 제인에 비하면 아무것도 아니다. 게다가 톰은 누군가를 수술하는 일은 꿈도 못 꿀 것이다.

톰은 수술은 물론 요리로도 제인과는 경쟁 자체가 안 된다. 이런 상황에서 두 사람이 협력해서 모두에게 이익이 되는 결과를 끌어낼 방법이 있을까? 비교우위론의 결론은 "그렇다"이며, 답은 제인이 톰을 요리사로 고용하는 것이다. 제인은 스스로 요리를 하면 톰보다 훨씬 더 잘할 수 있는데 왜 그래야 할까? 요리를 톰에게 맡기면 제인은 자신이 진정으로 뛰어난 분야(그리고 더 많은 소득을 올릴 수 있는 분야)인 뇌 수술에 시간과 역량을 집중할 수 있기 때문이다.

비교우위론에는, 다른 사람들보다 '제일 덜 못하는 것' 한 가지만 있으면 누구나 직업을 얻을 수 있다는 전제가 깔려 있다. 내가 이렇게 하면 남들에게도 자신이 잘하는 분야에 특화할 기회가 열리고 따라서 소득이 상승한다는 이야기이다. 톰의 경우 제일 덜 못하는 것은 요리이다. 제인은 제일 덜 못하는 것에서 탁월한 재능을 발휘했고, 이 재능은 시장가치가 매우 높아서 제인을 부유하게 만들어주었다. 경제의 역사 전반에 걸쳐 비교우위는 개인의 직업적 특화와 국가 간의 무역을 추진하는 가장 강력한 힘으로 작용해왔다.

이제 좀 다른 이야기를 생각해보자. 제인이 자신을 저렴한 비용으로 쉽게 복제할 능력이 있다고 치자. 공상과학 영화를 좋아하는 사람이면 〈매트릭스2〉를 떠올리면 된다. 여기서 네오는 복제된 수십 명의 스미스 요원과 싸운다. 이 싸움에서는 결국 네오가 이기지만, 톰의 경우 이렇게 복제된 수많은 제인에게 고용된 상태를 유지하지 못하리라는 것을 쉽게 예측할 수 있다. 비교우위는 기회비용이 있기 때문에 성립한다. 기회비용은 어떤 사람이 한 가지 일을 하기로 하면 다른 일은 포기해야 한다는 뜻이다. 시간과 공간이 한정되어 있기 때문이다. 따라서 제인은 동시에 두 군데에서 두 가지 일을 진행할 수는 없다.

그러나 기계, 특히 소프트웨어 애플리케이션은 쉽게 복제할 수 있다. 이들을 복제하는 비용은 사람을 고용하는 비용에 비하면 아무것도 아닌 경우가 많다. 지능을 복제할 수 있다면 기회비용의 개념은 완전히 뒤집힌다. 이제 제인은 뇌 수술을 하면서 요리를 할 수가 있다. 그러면 톰이 왜 필요하겠는가? 복제된 제인이 그들보다 실력이 떨어지는 신경외과 의사들을 실업자로 만들기 시작하는 날이 곧 올 수도 있다. 그러므로 지능형 기계의 시대에는 비교우위라는 개념을 다시 생각해야 한다.

어떤 대기업이 단 한 명의 직원을 훈련시킨 뒤 그를 다수 복제했고, 각각의 클론은 즉시 이 직원과 똑같은 지식과 경험을 갖춤과 동시에 지속적인 학습을 통해 새로운 상황에 계속 적응할 수 있게 되었다고 하자. 정보 기술에 내장된 지능이 복제되어 조직 전체에 전달되면, 인간과 기계의 관계가 근본적으로 달라질 가능성이 생긴다. 다수의 근로자 입장에서 보면 컴퓨터는 생산성을 높여주는 도구가 아니라 그들을 대체할 수단이 되어버린다. 이런 결과가 나오면 여러 산업 분야나 업체의 생산성은 크게 향상되겠지만 동시에 노동집약도는 크게 떨어질 것이다.

롱테일의 횡포

이렇게 널리 분산된 기계 지능의 영향은 정보 기술 산업 사체 내에서 가장 두드러지게 나타난다. 인터넷으로 인해 고용 인력은 놀랍도록 적은 상태로 엄청난 수익을 올리면서 막강한 영향력을 행사하는 기업들이 탄생했다. 예를 들어, 구글은 2012년에 3만 8,000명도 되지 않는 종업원으로 140억 달러에 가까운 수익을 올렸다.[9] 이를 자동차 업계와 비교해보자. 1979년, 그러니까 자동차 업계의 고용이 최고에 달한 해에 GM은 거의 84만 명에 이르는 종업원으로 110억 달러의 수익을 올렸을 뿐이다. 이는 2012년 구글이 긁어모은 금액보다 20퍼센트가 적은데, 이는 물론 인플레이션을 감안한 수치이다.[10] 포드, 크라이슬러, AMC 등도 수십만 명을 고용하기는 마찬가지였다. 이런 자체 인력 외에도, 자동차 업계는 운전, 정비, 보험, 렌터카 사업 등 주변 사업을 통해 수백만 건의 중산층 일자리를 창출했다.

물론 인터넷 산업도 주변 산업에 일자리를 만들어낸다. 정보 경제는 스스로를 평등의 구현자라고 홍보한다. 누구나 블로그를 운영하면서 여기에 광고도 하고, 전자책을 출판하고, 이베이에서 물건을 팔고, 아이폰앱을 개발할 수 있기 때문이다. 이런 기회가 존재하는 것이 사실이기는 하지만, 여기서 나오는 일자리는 자동차 업계가 창출하던 탄탄한 중산층 일자리와는 판이하다. 온라인 사업으로부터 나오는 수익을 관찰하면 거의 항상 승자 독식형 분포가 드러남을 알 수 있다. 이론상 인터넷이 균등한 기회를 부여하고 진입장벽을 허무는 것처럼 보이지만 실제 상황은 거의 예외 없이 매우 불평등하다.

웹사이트의 트래픽, 온라인 광고에서 나오는 수입, 아이튠즈 스토어에서 다운로드되는 음악, 아마존에서 팔리는 책, 애플의 앱스토어나 구글 플레이에서 다운로드되는 앱, 기타 온라인으로 거래되는 어떤 항목이든 그래프로 그리면 거의 항상 〈그림 3-3〉 같은 결과가 나온다. 이 흔한 롱테일 분포는 인터넷의 강자로 군림하는 업체들의 사업 모델을 지배하고 있다. 구글, 이베이, 아마존 같은 업체들은 온라인 유통망의 '모든 지점'에서 수익을 올린다. 아주 큰 시장을 장악하고 있다면 거래한 건당 규모가 보잘것없을지라도 이들을 다 모으면 수십억 달러에 이를 수 있다.

쉽게 디지털화할 수 있는 상품과 서비스 시장은 결국 이렇게 승자 독식형 분포로 향한다. 예를 들어 책이나 음원의 판매, 광고, DVD 렌탈 등의 사업에서 소수의 대형 온라인 허브가 시장을 장악해가고 있으며,

그림 3-3 **승자 독식/롱테일 분포도**

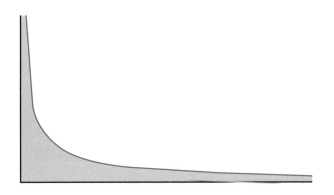

이에 따라 기자로부터 소매점 직원에 이르기까지 엄청난 수의 일자리가 사라져가는 경향이 뚜렷이 나타난다.

내가 이런 사업주라면 이 롱테일 분포는 반가운 일이다. 그러나 내가 유통망에서 한 부분만을 차지한 사업주라면 상황은 완전히 달라진다. 그래프의 오른쪽 꼬리 부분으로 이동하면서 온라인 사업의 수익이 푼돈 수준으로 떨어지기 때문이다. 다른 수입이 있거나 부모님에게 얹혀살면 괜찮을 것이다. 그러나 문제는 디지털 기술이 산업계에 지각변동을 일으킴에 따라 이런 식의 일차적 수입원마저도 사라질 위험에 처해 있다는 데 있다.

중산층의 토대 역할을 하는 수입원이 사라져감에 따라 사람들은 디지털 경제의 롱테일 부분에서 기회를 잡아보려 한다. 그러나 이들 중운 좋은 소수만이 성공 사례로 사람들의 입에 오르내릴 뿐, 압도적 다수는 중산층 비슷한 생활수준을 유지하기도 매우 힘들어진다. 기술미래학자인 재론 러니어가 지적한 것처럼, 미국의 많은 사람들이 개발도상국에서 볼 수 있는 '비공식경제' 체제 속으로 끌려들어갈 것이다.[11] 청년층은 처음에는 이 비공식경제가 상당히 자유롭다는 장점에 끌리겠지만, 집을 장만하거나, 아이들을 키우거나, 노후를 준비하다 보면 그 속에 숨어 있는 결점이 눈에 들어올 것이다. 물론 미국을 비롯한 선진국에서도 경제의 주변부를 살아가는 사람들은 항상 있어왔지만, 사실 이들은 다수의 중산층이 창출한 부의 튼튼한 기반에 어느 정도 무임승차를 하고 있었다. 이렇듯 굳건한 중산층의 존재는 선진국과 빈국을 구별하는 척도이기도 한데, 이런 기반이 선진국에서도 허물어져가고 있으며, 특히 미국에서 이런 경향이 현저하다.

기술 진보에 대해 낙관적인 사람들은 이런 식의 주장에 반대할 것이다. 이들은 정보 기술이 모든 사람에게 유리하게 작용한다고 보는 경향이 있다. 이런 사람들 중 다수가 새로운 디지털 경제에서 성공을 거두고 있다는 사실은 우연이 아닐 것이다. 유명한 디지털 낙관론자들은 롱테일 왼쪽 끝에 자리 잡고 있으며, 심지어 어떤 분야를 완전 장악한 업체를 소유하고 있기도 하다. 2012년에 방영된 PBS와의 인터뷰에서 발명가이자 미래학자인 레이 커즈와일은 "디지털 디바이드(digital divide)가 생길 우려는 없느냐"는 질문을 받았다. 디지털 디바이드란 새로운 정보 경제에서 극소수만이 번영을 누리는 상황을 말한다. 커즈와일은 이런 상황이 발생하지 않으리라고 대답하면서 휴대전화처럼 새로운 가능성을 열어주는 기술이 존재함을 지적했다. 그에 따르면 스마트폰 소유자는 누구나 "20~30년 전만 해도 수십억 달러에 달할 가치를 손에 들고 다니는 사람"이다.[12] 그러나 그는 어떻게 보통 사람이 그 속에 든 기술을 엄청난 소득으로 탈바꿈시킬 능력을 갖고 있겠는가에 대해서는 말하지 않았다.

휴대전화가 생활수준을 향상시킨 사례가 실제로 존재하지만, 이는 주로 유선통신 인프라가 열악한 개발도상국에서 나타나는 현상이다. 최고의 성공 사례 중 하나로 꼽히는 이야기는 인도의 케랄라 주에서 정어리를 잡는 어민들로부터 나왔다. 2007년 인도의 남서쪽 해안에 자리 잡은 이 어촌에서 행한 연구에서 로버트 젠슨은 어민들이 휴대전화를 이용해서 정어리 수요가 가장 많은 마을을 찾아낸 방법을 설명하고 있다.[13] 휴대전화가 없었을 때는 그저 추측에 의해 판매지를 선택할 수밖에 없었는데, 따라서 추측이 빗나가면 수요와 공급 사이의 불균형이 불가피하게 발생했다. 그러나 휴대전화가 등장하면서 어민들은 어디서 정어리가 필요한지를 정확히 알 수 있게 되었고, 이에 따라 시장의 기능이 개선되었으며 낭비도 줄었다.

케랄라의 정어리 어부들은 개발도상국에서의 성공 사례라는 사실 때문에 정보 기술 낙관주의의 대표 선수로 떠올랐고, 수많은 책과 잡지가 이들의 이야기를 다루었다.[14] 개발도상국 어민들에게 휴대전화는 대단한 물건이었겠지만, 선진국의 보통 사람들(빈국의 보통 사람들도)이 스마트폰을 이용해서 웬만한 수입을 올릴 수 있다고 주장할 근거는 희박하다. 숙달된 소프트웨어 개발 전문가라도 휴대전화 앱을 만들어내서 상당한 수입을 올리기가 매우 힘든데, 그 첫 번째 이유는 말할 것도 없이 어디에나 있는 롱테일 분포이다. 안드로이드나 아이폰 앱 개발자들이 모이는 웹사이트에 한번 들어가보라. 그러면 휴대전화 시장의 승자 독식적 본질과 앱을 팔아 돈 벌기가 어렵다는 사실을 개탄하는 목소리를 얼마든지 들을 수 있다. 현실적으로, 중산층 직업을 잃은 대다수의 사람들에게 있어 스마트폰은 그저 직업소개소에서 내 차례를 기다리면서 앵그리버드를 하는 수단 이상의 의미를 갖기가 어렵다.

윤리적 의문

앞서 비유를 든 것처럼 디지털 기술이 은행 계좌에 들어 있는 돈이고 이것이 일정 기간마다 두 배로 늘어난다면, 지금 인류가 보유하고 있는 막대한 잔액은 과거 수십 년에 걸쳐 수많은 사람과 기관이 노력을 기울인 결실이다. 이러한 발전이 시작된 지점을 더듬어가면 일찍이 19세기에 찰스 배비지가 고안한 차분기관에 이른다.

오늘날 정보 기술이 이룩한 혁신, 그리고 그에 따른 막대한 부와 영향력이 대단하기는 하지만 중요성이라는 측면에서 볼 때 이 분야의 선구자인 앨런 튜링, 존 본 노이만 같은 사람의 업적과 비교하면 아무것도 아니다. 당시와 지금의 차이라면, 이제 잔액이 워낙 크기 때문에 시간이 조금만 지나도 엄청난 액수가 쌓인다는 점이다. 어떤 의미에서 보면 오늘날 정보 기술에서 성공을 거두는 사람들은 1980년에 보스턴 마라톤에서 결승점 수백 미터 전방에서 끼어들어 유명해진 사람과도 비슷하다.

물론 혁신에 성공하는 사람들은 모두 선구자들의 어깨 위에 올라서서 업적을 일궈냈다. 헨리 포드가 모델 T를 내놓은 것이 대표적인 사례이다. 그러나 앞서 본 것처럼 정보 기술은 근본적으로 다르다. 정보 기술은 기계 지능으로 조직 전체를 뒤덮어 인간 근로자를 대체할 수도 있고, 어디서든 승자 독식의 환경을 만들어내는 경향이 있다. 이런 성질이 경제와 사회에 미치는 영향은 막대할 것이다.

어느 시점에선가 다음과 같은 근본적인 도덕적 의문을 제기해야 할수도 있다. 사람이면 누구나 앞서 말한 비유상의 계좌에 대해 어느 정도의 권리를 주장할 수 있는가? 물론 대중은 디지털 기술의 가속적인 발전으로 인해 더 싼 가격, 더 큰 편의성을 얻음과 동시에 더 광범위한 정보와 엔터테인먼트를 즐길 수 있게 되었다. 그러나 이렇게 되었다고 해도 앞서 커즈와일이 휴대전화에 대해 한 말 속에 숨어 있는 문제, 즉

"휴대전화가 돈을 벌어다주지는 않는다"는 문제가 사라지지는 않는다.

또 한 가지 반드시 지적해야 할 점은 정보 기술 발전의 길을 열어준 기초 연구 중 상당 부분이 미국 납세자들의 돈으로 추진되었다는 사실이다. 미국 고등연구계획국(DARPA)이 국민의 세금으로 개발한 컴퓨터 네트워크는 결국 인터넷으로 발전했다.*

정보 기술에서 무어의 법칙이 계속 성립한 것도 국립과학재단이 대학 주도의 연구를 지원한 데에 힘입은 바 크다. 이 분야의 정치적 활동을 주도하는 반도체산업협회는 연방정부가 제공하는 연구비를 더 많이 확보하기 위한 로비 활동을 계속하고 있다. 오늘날 컴퓨터 기술이 존재하는 이유 중 하나는 제2차 세계대전 이래 수천만 명의 중산층 납세자들이 수십 년에 걸쳐 낸 돈으로 연방정부가 기초 연구를 계속 지원했기 때문이다. 납세자들은 세금을 내면서 이러한 연구가 결실을 맺어 자손들에게 더욱 빛나는 미래가 열리는 모습을 머릿속에 그리고 있었을 것이다. 그러나 앞선 장에서 살펴본 것처럼 현실은 이들의 예상과 매우 다르다.

소수의 엘리트가 오랜 시간 누적된 사회의 기술 자본을 사실상 독점해

---

*DARPA는 또한 오늘날 애플의 버추얼 비서로 쓰이는 시리(Siri)의 초기 개발 자금도 지원했고, IBM이 개발한 인지 컴퓨터 칩인 SyNAPSE의 개발도 마찬가지로 지원했다.

도 되는가 하는 윤리적 의문에 더하여, 소득 불균형이 극단을 향해 가는 경제가 전체적으로 과연 건강한가 하는 실질적인 문제가 제기된다. 어떤 분야든 지속적으로 발전하려면 시장이 활발해야 혁신을 지속할 수 있는데, 그러려면 구매력이 적절히 배분되어 있어야 한다.

다음 몇 개의 장에서는 디지털 기술이 무자비하게 가속화되는 현상이 경제와 사회 전반에 걸쳐 어떤 의미를 갖는가를 좀 더 상세히 들여다보기로 한다. 그러나 먼저 이러한 발전이 대학 졸업자, 심지어 그 이상의 학력을 가진 고숙련 일자리를 심각하게 위협하는 양상을 살펴보기로 하자.

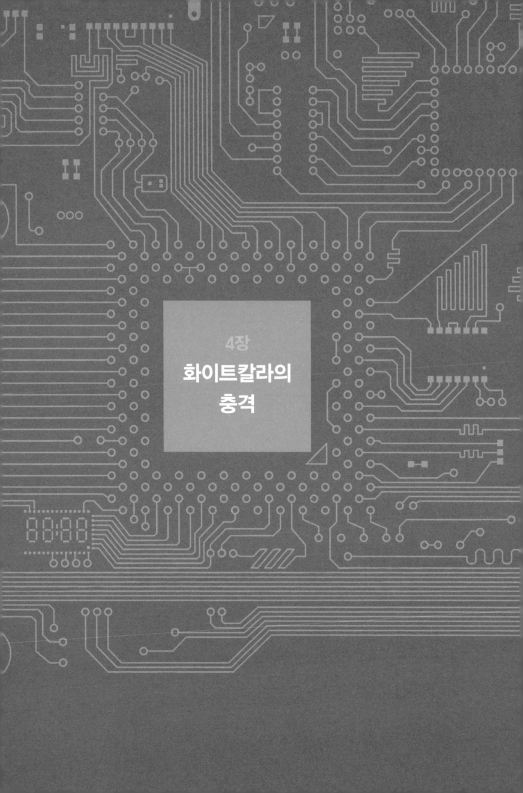

4장

화이트칼라의
충격

2009년 10월 11일에 LA 에인절스는 아메리칸 리그 플레이오프에서 보스턴 레드 삭스를 물리치고 리그 챔피언십 출전권을 얻어 뉴욕 양키스를 상대하게 되었다. 여기서 이기면 월드 시리즈로 진출한다. 에인절스로서는 이번 승리가 특히 감동적이었다. 왜냐하면 그로부터 바로 6개월 전에 촉망받던 투수 중 하나였던 닉 에이든하트가 음주 운전자가 일으킨 자동차 사고로 사망했기 때문이다. 한 스포츠 기자가 이 경기를 보도한 기사의 첫머리는 다음과 같다.

일요일 펜웨이 파크에서 열린 보스턴 레드 삭스와의 경기에서 9회까지 2점 차로 끌려가던 에인절스는 패색이 짙었으나, 블라디미르 게레로의 안타로 회생하여 결국 보스턴을 7대 6으로 눌렀다.

이날 4타수 2안타를 기록한 게레로는 이 안타로 두 명의 주자를 홈으로 불러들였다.

"지난 4월에 애너하임에서 있었던 끔찍한 사고로 닉 에이든하트를 잃은 지금 때려낸 이 안타는 아마 내 평생의 안타 중 가장 값진 것이 될 것이다. 이를 세상을 떠난 우리 팀 선수에게 바친다." 게레로의 말이다.

게레로는 시즌 내내 성적이 좋았으며 특히 주간 경기에 강세를 보여왔다. 주간 경기에서 게레로는 0.794의 OPS를 기록했는데, 5개의 홈런을 비롯해 26개 경기에서 13타점을 올렸다.[1]

이 글을 쓴 사람은 아마 기사를 잘 썼다고 무슨 상을 받지는 않을 것이다. 그러나 어쨌든 매우 잘 쓴 글이다. 읽기에 편하고, 문법적으로 정확하며, 해당 경기를 잘 설명했기 때문에 잘 썼다는 것이 아니라 이 글의 저자가 컴퓨터 프로그램임을 생각하자면 그렇다.

이 글을 쓴 프로그램인 '스탯 멍키(StatsMonkey)'는 노스웨스턴 대학교의 지능형 정보 실험실 소속 학생들과 연구원들의 작품이다. 스탯 멍키는 특정 경기의 객관적 데이터를 설득력 있는 스토리로 바꾸어 스포츠 보도를 자동화하는 프로그램이다. 이 시스템은 그저 사실만을 나열하지 않고 오히려 인간 스포츠 기자가 집어넣고 싶어 할 만한 기본적 특성을 기사 안에 포함시킨다. 스탯 멍키는 통계적 분석을 통해 우선 해당 경기에서 발생한 두드러진 사건을 가려낸다. 그러고 나서 경기의 전체적 흐름을 요약하는 자연어 텍스트를 만드는 동시에 기사 전체에서 가장 중요한 플레이와 이를 수행한 키플레이어를 집중 조명한다.

2010년 노스웨스턴 대학교에서 컴퓨터 전공생들과 언론학 전공생들을 이끌고 스탯 멍키 작업을 지휘했던 연구팀은 내러티브 사이언스(Narrative Science)라는 벤처기업을 창립하여 자신들이 개발한 기술을 상용화하기로 했다. 이 회사는 최고의 컴퓨터과학자와 엔지니어를 고용했다. 그리고 당초의 스탯 멍키 소프트웨어를 버리고 더욱 강력하면서도 포괄적인 성능을 갖춘 인공지능을 개발하여 여기에 '퀼(Quill)'이라는 이름을 붙여주었다.

『포브스』를 비롯한 최고의 언론 기업들이 내러티브 사이언스의 기술을 이용하여 스포츠, 비즈니스, 정치 등 다양한 분야에서 자동화된 기사를 쏟아내고 있다. 이 소프트웨어는 대략 30초에 한 건씩 뉴스 기사를 만들어내며, 이들 중 다수를 저명한 웹사이트에서 활용하고 있지만 이 웹사이트는 이런 서비스를 활용한다는 사실을 가능하면 인정하지 않으려 한다. 2011년에 열린 정보 기술업계 회의에서 『와이어드』의 스티븐 레비는 내러티브 사이언스의 공동 창업자인 크리스천 해먼드를 재촉하여 15년 내에 이런 식으로 프로그램이 작성할 뉴스 기사의 비율이 어느 정도나 될지 예측해보라고 했다. 해먼드의 답은 "90퍼센트 이상"이었다.[2]

내러티브 사이언스는 뉴스 산업을 뛰어넘어 다른 분야에도 시선을 돌리고 있다. 퀼은 범용 분석 및 기사 작성 엔진으로 설계되어 있어서 다양한 산업 분야에 걸쳐 자체용 및 대외 발표용 고품질 보고서를 작성할 능력을 갖추고 있다. 퀼은 거래 내역 데이터베이스를 비롯한 다양한 자료로부터 데이터를 수집한다. 거래 내역 데이터베이스, 재정 및 매출액 보고 시스템, 웹사이트, 심지어 소셜 미디어 등 다양한 소스로부터 데이터를 수집한다. 그러고 나서 분석 작업을 통해 가장 중요하고도 관심을 끌만한 사실과 주장을 기려낸다. 마지막으로 퀼은 이 모든 정보를 통합하여 일관성 있는 이야기를 만들어내는데, 퀼을 만든 업체에 따르면 이 이야기의 수준은 가장 뛰어난 인간 분석가가 만들어낸 결과물과 맞먹는다고 한다. 일단 작업을 완료하고 나면 거의 즉시 보고서를 작성하여 연속으로 이를 전송하는데, 이 과정에서 인간의 개입은 필요 없다.[3] 내러티브 사이언스의 초기 후원자 중에는 인큐텔(In-Q-Tel)이 있는데, 이는 CIA의 벤처캐피털 담당 부서이다. 내러티브 사이언스가 개발한 여러 소프트웨어는 아마 미국 정보국이 수집한 방대한 양의 데이터를 자동으로 분석하여 쉽게 이해할 수 있는 서술 형태로 바꾸는 데에 쓰일 것이다.

퀼은 이제까지 대학 교육을 받은 전문가들의 독점 영역이라고 생각되던 분야가 어느 정도까지 자동화에 취약해질 수 있는가를 보여주는 사례이다. 물론 지식 기반 업무는 광범위한 역량을 필요로 한다. 무엇보다도 담당자는 다양한 소스로부터 어떻게 정보를 확보하여 이를 통계적 또는 재정적으로 모델링하고 이해하기 쉬운 보고서로 만들지 아는 사람이어야 한다. 과학인 만큼 예술이기도 한 글쓰기는 자동화의 물결에 최후까지 버틸 분야 중 하나로 인식되어왔다. 물론 이제까지는 그래왔지만 알고리즘 또한 고속으로 발전하고 있다. 게다가 지식 기반 직업은 소프트웨어만으로 자동화가 가능하므로 대상물을 실제로 이리저리 움직여야 하는 저숙련 직업보다도 오히려 자동화에 더 취약하게 될 수도 있다.

글쓰기는 또한 고용주들이 대학 졸업자도 잘 못한다고 끝없이 불평하는 분야이기도 하다. 고용주들을 대상으로 한 최근 조사 결과에 따르면, 2년제 대학을 졸업한 신입 사원의 절반과 4년제 대학을 졸업한 신입 사원의 4분의 1 이상이 글쓰기에 서툴렀고, 심지어 잘 읽지 못하는 경우도 있었다.[4] 내러티브 사이언스가 주장하는 바처럼 지능형 소프트웨어가 가장 뛰어난 인간 분석가와 맞설 수 있다면 대학 졸업자, 특히 실력이 좀 모자라는 졸업자의 경우 지식 기반 직장에서 이들의 고용이 증대되리라고 보기는 어렵다.

빅데이터와 기계 학습

기사 작성용 엔진인 퀼은 전 세계의 기업, 기관, 정부들이 현재 축적 중인 방대한 양의 데이터를 활용할 목적으로 개발된 다수의 소프트웨어 중 하나일 뿐이다. 추정치에 따르면, 전 세계적으로 축적된 데이터의 총량은 수천 엑사바이트(1엑사바이트는 10억 기가바이트)에 달하며 여기에는 나름의 무어의 법칙이 있어 3년마다 두 배가 된다.[5] 이러한 데이터는 거의 모두 디지털 형태로 보존되기 때문에 컴퓨터가 직접 다룰 수 있다. 구글의 서버만 해도 하루에 24페타바이트(100만 기가바이트)를 처리하는데, 이는 주로 수천만 구글 사용자들이 검색하는 정보이다.[6]

이 모든 데이터는 수많은 소스로부터 들어온다. 인터넷만 해도 웹사이트 방문, 검색, 이메일, 소셜 미디어, 광고 클릭을 비롯한 무수한 활동이 데이터를 생산한다. 기업 부문에서도 각종 거래, 고객과의 연락, 기업 내부의 의사소통 등에서 데이터가 발생하고 재무, 회계, 마케팅 부문에서도 마찬가지이다. 그리고 공장, 병원, 자동차, 항공기뿐만 아니라 가전제품, 공장 기계에 이르기까지 설치되지 않은 곳이 없는 센서들이 끝없는 데이터의 흐름을 만들어낸다.

이런 데이터는 거의 모두 컴퓨터과학자들이 "구조화되지 않았다"고 부르는 상태에 있다. 달리 말하면 포맷이 워낙 제멋대로라서 서로 대조 또는 비교를 하기가 힘들다는 뜻이다. 이는 정보가 행과 열을 맞춰 가지런히 배열되어 있어서 신속하고 정밀하면서도 높은 신뢰도로 검색할 수 있는 관계형 데이터베이스 시스템과는 크게 다르다. 이렇게 빅데이터가 본질적으로 비구조화되어 있기 때문에 다양한 소스로부터 나온 정보로부터 의미를 찾아내는 수단이 개발되기에 이르렀다. 여기서의 급속한 발전은 한정된 범위 안에서나마 인간만이 할 수 있다고 여겨져 왔던 분야로 컴퓨터가 진입하기 시작했음을 보여주는 예라 하겠다. 사방팔방에서 쏟아져 들어오는 비구조적 데이터를 끊임없이 처리하는 능력은 인간만이 독특하게 잘 발달시킨 영역이다. 여기서 한 가지 차이는 물론 빅데이터의 세상에서는 인간이 도저히 처리할 수 없는 규모의 정보를 컴퓨터가 처리해낸다는 점이다. 빅데이터는 기업, 정치, 의료를 비롯하여 자연과학 및 사회과학의 거의 모든 분야에서 혁명적 변화를 일으키고 있다.

대형 유통업체들도 빅데이터를 이용하여 개별 쇼핑객의 구매 취향을 탐지하고, 이를 바탕으로 맞춤형 상품 정보를 제공하여 수익을 개선함과 동시에 고객의 충성도도 높이는 효과를 노린다. 세계 각국의 경찰청은 알고리즘 분석을 통해 범죄 발생 가능성이 가장 높은 시간과 장소를 파악하여 해당 지역에 대한 순찰을 강화한다. 시카고 시의 데이터 포털을 방문하면 이 거대도시의 이곳저곳에서 삶이 어떻게 펼쳐져왔는지, 지금 당장은 어떤 식으로 펼쳐지는지를 알 수 있다. 이런 항목으로는 에너지 소비, 범죄, 교통 소통, 학교 운영, 의료 서비스 등이 있는데, 심지어 일정 기간 동안 도로의 움푹 패인 곳을 몇 군데나 보수했는가를 알아보는 것도 가능하다. 출입문, 개찰구, 에스컬레이터 등에 장착된 센서뿐만 아니라 소셜 미디어에서도 수집한 데이터를 시각화하는 시스템을 이용해서 도시계획자들과 행정 담당자들은 사람들이 도시 환경 속에서 일하고, 이동하고, 상호작용하는 모습을 시각적으로 파악할 수 있으며, 이를 통해 도시를 더욱 효율적이고 살 만한 곳으로 만들 방법을 찾아낸다.

그러나 이런 변화에 문제가 없는 것은 아니다. 타깃(Target) 사는 대량의 상세한 고객 정보를 처리하여 얻은 결과를 활용하는 과정에서 큰 논란을 불러일으켰다. 타깃 사의 한 데이터 전문가는 25개 건강 관련 제품 및 화장품을 구매하는 여성들의 데이터를 분석하여 복잡한 관계를 찾아냈는데, 이를 이용하면 해당 소비자의 임신을 조기에, 상당히 정확하게 예측할 수 있었다. 심지어 그 소비자의 출산 예정일도 매우 정확하게 예측해냈다. 이를 토대로 타깃 사는 임신 초기부터 여성 고객들에게 관련 제품을 집중적으로 광고하기 시작했는데, 그러다보니 해당 여성이 아직 가족한테 임신 사실을 알리기 전인 경우까지도 생겼다. 2012년에 「뉴욕 타임스」가 보도한 바에 따르면, 10대 딸을 둔 아버지가 이 딸을 수신인으로 하여 집으로 임신 관련 제품 홍보 우편물이 쏟아져 들어오는 데에 대해 항의했는데, 이때 타깃 사는 딸에 대해 아버지도 모르고 있던 사실을 이미 알고 있었음이 나중에 밝혀졌다.[7] 일부 전문가들은 이 으스스한 이야기는 시작에 불과하며, 빅데이터는 이런 식으로 사람들의 프라이버시를 침해하고 나중에는 자유마저 제한하는 데 쓰일 수 있는 예측을 수행하는 일에 점점 더 많이 쓰일 것이라고 경고하기도 한다.

일반적으로 빅데이터를 분석하면 대상 상호 간의 관계를 파악할 수 있을 뿐이며 문제의 대상이 발생한 원인에 대해서는 전혀 알 수 없다. 알고리즘을 이용하면 A가 참일 경우, B도 참일 가능성이 높음을 알 수는 있다. 그러나 A가 B의 원인인지, 그 반대인지, 아니면 A와 B 모두 외부 요인에 의해 발생했는지 알아내지는 못한다는 이야기이다. 그러나 대부분의 경우, 특히 심도 있는 원인 파악보다 수익률과 효율성이 성공의 척도인 기업 경영의 영역에서는 상호 관계를 파악하는 것 자체가 대단한 가치를 가질 수 있다. 기업 경영자는 광범위한 분야에 걸쳐 빅데이터를 이용해 전례 없는 수준의 정보를 얻을 수 있다. 기계 한 대의 작동으로부터 다국적 기업의 전체 실적에 이르는 다양한 대상을 이제까지는 불가능했던 수준까지 분석할 수 있게 되었다는 이야기이다.

폭발적으로 증가하는 데이터는 지금 당장이든 미래의 어느 시점이든 분석을 통해 가치를 부여할 수가 있으며, 이런 경우는 계속 증가하고 있다. 석유나 가스 산업처럼 땅속의 자원을 추출하는 산업이 기술 진보의 혜택을 입는 것과 마찬가지로 비약적으로 개선되는 컴퓨터의 처리 능력을 고성능 소프트웨어 및 분석 기술과 결합하면 기업들이 새로운 사실을 발견하고 이를 바탕으로 직접 수익성을 향상시키는 일도 얼마든지 가능해질 것이다. 실제로 투자가들이 이러한 기대를 하고 있기 때문에 페이스북 같은 데이터 집약적 기업들의 주가가 그렇게 높은 것이라고 생각된다.

컴퓨터가 방대한 데이터를 분석한 뒤 여기서 알아낸 통계적 관계를 바탕으로 스스로 프로그램을 작성하는 기법인 기계 학습은 빅데이터 속에 숨어 있는 모든 가치를 추출하는 과정에서 가장 효과적인 방법에 속한다. 기계 학습은 보통 두 단계로 진행된다. 우선 알려져 있는 데이터로 알고리즘을 훈련시킨 뒤 새로운 데이터를 투입하여 유사한 문제를 해결시키는 것이다. 널리 퍼진 기계 학습의 한 사례로는 스팸 메일 필터가 있다. 이 알고리즘은 과거에 스팸 또는 정상 메일로 분류된 수백만 통의 이메일을 처리하는 훈련을 받았을 것이다. 그러니까 자신의 컴퓨터를 가지고 '비아그라'라는 단어가 나오면 걸러내라는 프로그램을 직접 짜는 사람은 없다는 뜻이다. 이 작업을 소프트웨어가 스스로 해낸다. 그 결과 대다수의 정크 메일이 자동적으로 걸러짐과 동시에 시간이 가면서 더 많은 사례를 겪음에 따라 소프트웨어는 스스로를 계속 개선해나간다. 같은 원리에 바탕을 둔 기계 학습 알고리즘은 아마존닷컴에서는 책을, 넷플릭스에서는 영화를, 매치닷컴에서는 이성을 골라 추천해주기도 한다.

기계 학습의 힘을 가장 생생히 보여준 사례 중 하나로는 구글이 도입한 온라인 번역 시스템이 있다. 여기서 구글이 적용한 알고리즘은 '로제타의 돌 접근 방식'이라고 할 만한 방식을 쓰는데, 여러 개의 인이로 번역된 수백 만 페이지의 텍스트를 분석하고 비교하는 것으로 문제를 해결한다. 구글의 개발팀은 우선 UN 공식 문서로 작업을 시작한 뒤 웹에까지 시선을 돌렸다. 웹이야말로 구글의 검색 엔진이 데이터에 굶주린 기계 학습 알고리즘에게 무수한 예문을 쏟아부을 수 있는 정보의 바다였다. 이 기계 학습 시스템을 훈련시키는 데에 사용된 문서의 수는 이제까지 모든 기록을 하잘것없는 것으로 만든다. 이 작업을 지휘한 컴퓨터과학자인 프란츠 오크는 자신의 팀이 "매우, 매우 큰 언어 모델, 그러니까 인류 역사상 누가 구축한 모델보다도 훨씬 큰 모델"을 만들어냈다고 말한다.[8]

2005년에 구글은 미국 표준국이 주관하는 연례 기계 번역 대회에 이 시스템을 출전시켰다. 표준국은 미국 상무부 산하 기관으로 측정 기준을 제정하고 발표하는 기관이다. 다른 팀들이 대부분 언어 또는 언어학 전문가를 고용하여 복잡하고도 모순과 불규칙으로 가득 찬 문법과 씨름할 능력이 있는 번역 프로그램을 짜려고 한 반면, 구글은 앞서 말한 기계 학습 알고리즘을 제시해서 손쉽게 승리를 거두었다. 여기서 사람들이 깨달은 것은 데이터베이스의 크기가 충분하기만 하면 그 속에 있는 지식 전체를 이용해서 최고 수준의 프로그래머들이 짠 프로그램을 압도할 수 있다는 것이다. 구글의 시스템은 아직 숙달된 인간 번역가와 경쟁할 수준은 되지 못하지만, 어쨌든 500개 이상의 언어 쌍에 대해 양방향 번역 서비스를 제공하고 있다. 이는 의사소통 능력에 있어 진정으로 와해적인 발전이다. 인류 역사상 최초로 거의 누구나 언어 및 문서의 종류에 관계없이 어떤 문서에 대해서든 대략적이나마 번역물을 즉시 무료로 얻을 수 있게 된 것이다.

기계 학습에는 여러 가지 접근 방법이 있지만, 가장 강력하고도 놀라운 기법은 인공 뉴런 네트워크를 사용하는 방법이다. 이는 간단히 말해 인간의 뇌와 기본적으로 동일한 작동 방식에 따라 설계된 시스템이다. 인간의 뇌에는 1,000억 개의 신경세포가 들어 있으며, 이들 사이의 연결점만도 수조 개에 이른다. 인간의 뇌는 이렇게 복잡하지만 뉴런을 흉내 낸 장치를 이용하여 뇌보다는 훨씬 원시적이지만 막강한 학습 능력을 갖춘 시스템을 만들 수 있다.

각각의 뉴런은 아기들이 갖고 노는 플라스틱 장난감과도 비슷하게 생겼다. 아기가 버튼을 누르면 여러 가지 색으로 된 물체가 튀어나온다. 대개 만화 주인공이거나 동물의 형상이다. 이 버튼을 살짝 누르면 아무 일도 일어나지 않는다. 조금 더 세게 눌러도 조용하다. 그런데 버튼에 가하는 힘이 일정 수준을 넘어가면 물체가 튀어나온다. 뉴런도 기본적으로 같은 방식으로 작동하는데, 한 가지 다른 점은 둘 이상의 입력을 결합해서 버튼을 눌러 작동시킬 수 있다는 점이다.

뉴런 네트워크를 상상하고 싶다면 방금 말한 튀어나오는 식의 장난감이 바다에 여러 개 배열된 루브 골드버그 식의 기계를 머리에 떠올리면 된다. 세 개의 기계 손가락이 각 장난감의 작동 버튼 위에 놓여 있다. 실제의 장난감과는 달리 이 가상의 장난감들에는 하나의 장난감을 작동시키면 옆에 있는 몇 개의 장난감에 달린 손가락이 자신이 담당하는 버튼을 누르도록 설계되어 있다. 뉴런 네트워크가 학습 능력을 갖는 비결은 각각의 손가락이 담당 버튼을 누르는 힘을 조정할 수 있는 데서 나온다.

뉴런 네트워크를 훈련시키기 위해서는 먼저 첫째 줄에 있는 뉴런에게 알려져 있는 데이터를 입력한다. 예를 들어, 손으로 쓴 편지의 사진을 찍어 이 영상을 입력할 수 있다. 입력된 데이터로 인해 기계 손가락 중 몇 개가 미리 맞춰놓은 저마다의 강도로 버튼을 누른다. 이렇게 하면 몇 개의 뉴런이 신호를 받고 그다음 줄에 있는 버튼을 누른다. 그 결과물, 그러니까 문제에 대한 답은 마지막 줄에 있는 뉴런으로 모인다. 여기서 결과물은 알파벳의 글자에 해당하는 바이너리 코드로, 이 알파벳의 글자는 당초 입력된 영상과 일치한다. 처음에는 틀린 답이 나오겠지만, 이 학습 기계에는 비교와 피드백을 담당하는 메커니즘이 들어 있다. 시스템은 결과물을 알려져 있는 정답과 비교하고, 이에 따라 자동으로 각 줄에 있는 기계 손가락이 자동으로 조정되어 그 결과 뉴런을 활성화시키는 순서가 달라진다. 이 네트워크를 수천 개의 알려진 영상으로 훈련하면 손가락이 버튼을 누르는 힘이 지속적으로 조정되고, 이에 따라 네트워크는 점점 더 자주 정답을 내놓기 시작한다. 기계가 내놓는 정답의 비율이 더는 개선되지 않는 지점에 이르면 이 네트워크는 효과적으로 훈련된 것이다.

기본적으로 뉴런 네트워크가 영상을 알아보거나, 말을 알아듣거나, 언어를 번역하거나, 기타 다양한 기능을 수행하도록 해주는 것은 바로 이 방법이다. 그 결과로 얻은 프로그램은 기본적으로 앞서 말한 기계 손가락들이 힘을 주는 정도를 조정해놓은 최종 결과이다. 이렇게 해서 만든 프로그램으로 새로운 뉴런 네트워크를 구성할 수 있는데, 이렇게 해서 구성된 네트워크는 모두 새로운 데이터를 받아들여 자동으로 답을 내놓을 능력이 있다.

인공 뉴런 네트워크는 1940년대 후반에 처음으로 실행되었고, 그때 이후 오랫동안 패턴을 인식하는 데에 쓰여왔다. 그런데 지난 몇 년 동안 몇 가지 기술적 돌파구가 연이어 등장하여 이런 네트워크의 성능이 크게 개선되었다. 이러한 발전은 특히 뉴런의 층을 여러 겹으로 했을 때 더욱 두드러졌는데, 이 기술에는 나중에 '딥 러닝(deep learning)'이라는 이름이 붙었다. 딥 러닝 시스템은 이미 애플의 시리에서 음성 인식 기능을 구동하고 있으며, 패턴 분석과 인식에 의존하는 광범위한 애플리케이션에서 크게 발전할 가능성을 보이고 있다. 예를 들어, 스위스에 있는 루가노 대학교의 과학자들이 2011년에 개발한 딥 러닝 뉴런 네트워크는 대규모의 교통신호 데이터베이스에 들어 있는 영상의 99퍼센트 이상을 정확히 알아보았는데, 이는 이 시스템과 경쟁한 인간 전문가들의 실적을 훨씬 상회하는 결과였다. 페이스북의 연구팀도 비슷한 실험 시스템을 개발했는데, 이들의 시스템은 아홉 층의 인공 뉴런으로 되어 있다. 두 개의 사진이 동일 인물의 것인가를 판단하는 실험에서 이 시스템은 97.25퍼센트의 경우에 정답을 내놓았는데, 얼굴의 방향이나 조명을 이리저리 바꾸었는데도 이 정도의 정확도를 보였다. 같은 실험에 참여한 인간의 정확도는 97.53퍼센트였다.[9]

이 분야를 선도하는 학자 중 한 사람인 토론토 대학교의 제프리 힌턴은 딥 러닝 기술이 "확장하기 쉽다"며 이렇게 말한다. "계속해서 더 크고 더 빠르게 만들면 성능 또한 계속 개선된다."[10] 달리 말해, 나중에 설계가 향상되리라는 가능성을 계산에 넣지 않더라도 딥 러닝 네트워크가 구동하는 기계 학습 시스템은 무어의 법칙에 따라 폭발적인 진보를 지속할 것이 거의 분명하다는 이야기이다.

빅데이터, 그리고 이와 짝을 이루는 스마트 알고리즘은 고용주들, 특히 대기업이 종업원들의 작업과 사회적 관계에 관한 정보와 통계를 대량으로 추적할 수 있게 되면서 작업장과 개인의 직업 생활에 직접적인 영향을 미치고 있다. 종업원을 고용하고, 해고하고, 평가하고, 승진시키는 데 있어 기업들은 점점 더 이른바 인간분석이라는 기법에 의존하고 있다. 각각의 종업원과 그들이 수행하는 작업에 대한 데이터의 양은 놀라울 정도이다. 어떤 회사는 종업원 하나하나가 컴퓨터 자판에서 어느 키를 눌렀는가까지도 추적한다. 기업은 이메일, 전화 기록, 웹 검색 기록, 데이터베이스 검색 기록, 파일 접속, 특정 프로그램에 대한 접속과 종료 등 무수한 종류의 데이터를 수집할 수 있는데, 이러한 과정은 종업원이 알 수도 있고 모를 수도 있다.[11] 이 모든 데이터를 수집하고 분석하는 기본 목적은 물론 경영의 효율을 높이고 종업원의 실력을 평가하는 데에 있지만, 이런 정보는 결국 현재 사람이 하고 있는 업무의 상당 부분을 자동화하는 소프트웨어를 개발하는 등 다른 목적에 사용될 수 있다.

빅데이터 혁명은 지식 기반 직업에 종사하는 사람들에게 두 가지 중요한 의미를 가질 수 있다. 첫째, 많은 경우에 기업은 이러한 데이터를 기반으로 하여 특정 작업이나 직무를 자동화할 수 있다. 어떤 사람이 특정 직무에 대한 과거 기록을 연구하여 이 직무와 관련된 과제를 수행하는 방법을 학습하는 것과 똑같은 방식으로 스마트 알고리즘을 이용해 성공적으로 이런 학습을 해낼 수 있다. 예를 들어, 2013년 11월에 구글이 특허를 신청한 시스템을 예로 들어보자.[12] 이 시스템은 어떤 사람의 이메일과 소셜 미디어 계정에서 자동으로 회신을 작성할 수 있다. 시스템은 이 사람이 과거에 주고받은 이메일과 소셜 미디어 내용을 분석한다. 여기서 학습한 결과를 바탕으로 시스템은 이 사람이 평소에 사용하는 문체와 말투를 이용해서 이메일, 트윗, 블로그 포스트 등에 대해 자동으로 회신을 작성한다. 이런 시스템이 결국 통상적인 의사소통의 상당 부분을 자동화시키리라는 것은 쉽게 상상할 수 있다.

2011년에 처음으로 시연된 구글의 무인자동차도 데이터에 기반을 둔 자동화의 미래가 어떠할지를 엿보게 해준다. 당초부터 구글은 인간의 운전 방식을 복제하려 하지 않았다. 이는 오늘날 인공지능의 수준으로는 도저히 해낼 수 없는 일이기 때문이다. 그 대신 구글은 강력한 데이터 처리 시스템을 개발하고 이를 운전석에 적용하여 문제를 단순화시켰다. 구글의 차는 GPS 정보를 이용하여 위치를 정확하게 파악함과 동시에 방대한 양의 초정밀 지도 데이터를 이용한다. 이 차에는 물론 레이더와 레이저 거리 측정기를 비롯한 여러 가지 시스템이 장착되어 있어서 모든 정보가 실시간으로 들어오며, 이를 바탕으로 차는 새로운 상황, 이를테면 보행자가 인도에서 차도로 내려서는 것 등에 대해 반응한다. 기본적으로 운전은 사무직이 아니지만, 구글이 사용하는 전체적 전략은 다른 분야에도 적용할 수 있다. 우선 대량의 과거 기록을 확보하여 '지도'를 작성하면 알고리즘은 이를 이용하여 반복적 작업을 수행할 수 있다. 이어서 자동 학습 시스템을 장착하여 변화 또는 예측 불가능한 상황에 적응하도록 한다. 이렇게 되면 다수의 지식 기반 작업을 상당히 높은 신뢰도로 수행할 능력을 갖춘 지능형 소프트웨어를 만들어낼 가능성이 높아진다.

사무직에 대한 두 번째이자 좀 더 강력한 충격은 빅데이터가 조직 자체를 변화시키는 방식, 나아가 조직의 경영 구조를 바꾸는 방식으로부터 올 것이다. 빅데이터와 예측 알고리즘 속에는 필요한 사무직의 종류와 인원 수를 각 조직뿐만 아니라 산업 전반에 걸쳐 크게 바꿔놓을 힘이 숨어 있다. 조직은 데이터로부터 얻은 예측을 바탕으로 경험이나 판단력 같은 인간 고유의 능력을 대체할 수 있을 것이다. 최고 경영자들이 자동화된 도구를 이용하여 데이터에 기반한 의사 결정을 수행함에 따라 조직 내에서 인간의 판단력을 필요로 하는 분야는 계속해서 줄어들 것이다. 아직은 정보를 수집해서 조직 전체에 분석 결과를 제공하는 작업을 사람이 하고 있지만, 궁극적으로는 한 명의 관리자와 강력한 알고리즘만 남는 모습이 될 수도 있다. 이런 날이 온다면 조직은 평평한 구조를 보일 것이다. 즉 중간 관리층은 모두 증발해버릴 것이고, 오늘날 단순 사무직원과 숙련 분석가들의 일자리도 사라져버릴 것이라는 뜻이다.

뉴욕 지역에 자리잡은 스타트업 업체인 워크퓨전(WorkFusion)은 사무직 자동화로 인해 조직이 겪을 엄청난 충격을 특히 생생하게 보여주는 예이다. 이 회사는 과거에 고도로 노동집약적이었던 작업을 크라우드소싱(crowdsourcing)과 자동화를 결합하여 거의 완벽하게 관리하는 지능형 소프트웨어 플랫폼을 대기업들에게 제공한다.

워크퓨전의 소프트웨어는 먼저 대상 작업을 분석한 뒤 해당 작업 중 어떤 부분을 자동화할 수 있는지, 크라우드소싱을 할 수 있는 부분은 무엇인지, 어떤 부분을 사내 전문 인력이 수행해야 할지를 판단한다. 그리고 나면 이 소프트웨어는 엘란스(Elance)나 크레이그스리스트(Craigslist) 같은 웹사이트에 자동으로 구인 포스트를 올려 적절한 프리랜서 서비스 제공자를 물색한다. 서비스 제공자와 일단 연결되면 이 소프트웨어는 업무를 배정하고 이들의 실적을 평가한다. 이때 소프트웨어는 스스로는 이미 알고 있는 질문을 프리랜서에게 던져 답을 얻은 뒤 이 사람의 정확도를 시험하기도 한다. 또한 타이핑 속도 같은 생산성 관련 지표를 추적하여 각 사람의 능력에 맞춰 자동으로 업무를 배정한다. 어떤 작업자가 주어진 직무를 완성할 능력이 없으면 시스템은 자동으로 이를 해당 역량을 갖춘 사람에게 재배정한다.

이 소프트웨어는 사업의 관리를 거의 완전히 자동화하는 데다가 기업 내의 상근 인력을 크게 줄여주기도 하지만, 업무 추진 방식의 본질상 프리랜서들에게 새로운 길을 열어주기도 한다. 그러나 여기서 끝이 아니다. 프리랜서들이 주어진 일을 완성하고 나면 워크퓨전의 기계 학습 알고리즘은 이를 바탕으로 자동화를 더욱 강화할 방법을 끊임없이 모색한다. 달리 말하면 프리랜서들은 시스템의 지시에 따라 일을 하면서 기계를 훈련시킬 데이터를 창출하는데, 이렇게 되면 결국 점진적으로 자동화가 그들을 대신하게 될 것이다.

이 회사가 최초로 수행한 사업 중 하나는 약 4만 건의 기록 모음을 업데이트하는 데에 필요한 정보를 수집하는 것이었다. 워크퓨전의 고객인 기업은 그전까지는 기록 한 건당 거의 4달러의 비용을 들여 자체 인력을 동원해 1년에 한 번 이 업무를 수행해왔다. 그러나 워크퓨전의 시스템을 도입한 뒤부터는 한 건당 겨우 20센트를 들여 매월 업데이트할 수 있게 되었다. 사업을 진행하면서 워크퓨전은 자사의 시스템에 장착된 기계 학습 알고리즘이 지속적으로 자동화율을 높여주는 결과, 1년 후에는 비용이 보통 50퍼센트가 떨어지고, 1년이 더 지나면 추가로 25퍼센트가 더 떨어진다는 사실을 발견했다.[13]

인지 컴퓨팅과 IBM의 왓슨

2004년 가을에 IBM의 임원인 찰스 리켈은 뉴욕 주 푸킵시 근처에 있는 스테이크 레스토랑에서 소규모의 연구팀과 저녁 식사를 하고 있었다. 일곱 시 정각이 되자 그 식당 안에서 식사를 하고 있던 사람들이 벌떡 일어나더니 TV 근처로 몰려가는 모습을 보고 IBM 연구팀은 놀랐다. 알고 보니 〈제퍼디!〉에서 이미 50연승 이상을 거둔 켄 제닝스가 또 한 번의 승리를 얻으려고 TV 카메라 앞에 섰기 때문이었다. 리켈은 그 식당의 손님들이 〈제퍼디!〉에 완전히 빠져든 나머지 식사도 팽개치고 있다가 프로그램이 끝난 뒤에야 식탁으로 돌아오는 모습을 직접 목격했다.[14]

많은 사람들의 기억에 따르면, 이 사건이 〈제퍼디!〉에서 최고의 인간 선수를 꺾을 컴퓨터를 개발한다는 아이디어의 시발점이었다고 한다.*

오래전부터 IBM은 '그랜드 챌린지'라는 이름이 붙은 유명한 프로젝트에 투자하여 자사의 기술력을 과시함과 동시에 어떤 금액으로도 살 수 없는 높은 수준의 마케팅을 성공시킨 바 있었다. 왓슨보다 7년 앞선 그랜드 챌린지에서는 IBM의 딥 블루 컴퓨터가 세계 체스 챔피언인 가

---

* 2011년에 출간된 스티븐 베이커의 책 『왓슨, 인간의 사고를 시작하다』를 보면 IBM이 왓슨을 탄생시킨 놀라운 과정이 상세히 서술되어 있다.

리 카스파로프와 6연전을 벌인 끝에 승리했다. 이 일은 체스에서 기계가 인간을 이긴 최초의 사건으로 역사에 IBM 브랜드를 영원히 새겨놓았다. IBM 경영진은 새로운 그랜드 챌린지를 통해 대중의 시선을 사로잡고 IBM이 분명한 기술적 리더임을 각인시키고 싶었다. 특히 IBM은 정보 기술 혁신의 주도권이 구글이나 실리콘밸리의 신생 기업들에게 넘어갔다는 인식을 바꾸고 싶었다.

〈제퍼디!〉를 기반으로 한 그랜드 챌린지를 시작하여 마지막에 가서는 TV 카메라 앞에서 최고의 인간 〈제퍼디!〉 선수와 IBM의 컴퓨터를 대결시킨다는 계획이 회사의 최고 경영진으로부터 나오자 실제로 이러한 시스템을 만들어내야 하는 컴퓨터과학자들은 강하게 반발했다. 〈제퍼디!〉에 나갈 컴퓨터라면 이제까지 나온 어떤 시스템과 비교할 수 없을 정도로 성능이 탁월해야 할 것이다. 그렇기 때문에 컴퓨터과학자들은 개발에 실패하면 명성에 흠집이 나고 최악의 경우 미 전국으로 방영되는 프로그램에 나가 패해 대단한 망신을 당할까봐 두려워했다.

체스에서 딥 블루가 성공을 거두었다고 해서 〈제퍼디!〉에서도 그렇게 되리라는 보장은 거의 없었다. 체스는 엄격한 규칙에 따라 제한된 범위 내에서 말을 움직이는 게임이다. 컴퓨터에게는 이상적이라고 할 수 있는 상황인 것이다. IBM이 그저 강력한 맞춤형 하드웨어를 투입하는 것만으로 인간에게 승리를 거두었다고 말해도 크게 무리는 아니다. 딥 블루는 냉장고 크기의 시스템으로 오로지 체스 게임을 진행하는 것에만 특화시켜 설계한 프로세서로 들어차 있었다. 이 엄청난 처리 용량을 '철저 조사' 알고리즘이 모두 활용하여, 게임의 특정한 상태에서 그 다음에 올 수 있는 수는 무엇인가를 하나도 빠짐없이 살펴보았다. 그 무수한 가능성 속에서 소프트웨어는 인간과 컴퓨터 두 선수가 내릴 수 있는 판단을 모두 평가함과 동시에 무수한 순열도 검토하여 몇 수 앞을 내다보았다. 이 복잡한 과정을 통해 결국 컴퓨터는 거의 항상 가장 적합한 수로 인간에게 대응했다. 기본적으로 딥 블루는 순수한 수학 계산의 성과였다. 게임을 풀어나가는 데에 필요한 모든 정보는 기계가 쉽게 이해하고 직접 처리할 수 있는 성질의 것이었다. 그러니까 인간 체스 선수처럼 주변 환경에 영향을 받을 필요가 전혀 없었다는 이야기이다.

그러나 〈제퍼디!〉의 시나리오는 완전히 달랐다. 체스와 달리 기본적으로 〈제퍼디!〉는 결과를 예측할 수가 없었다. 과학, 역사, 영화, 문학, 지리, 대중문화 등은 제대로 교육을 받은 사람한테는 만만한 내용이다. 게다가 컴퓨터는 엄청난 기술적 문제도 무수히 해결해야 한다. 이들 중 제일 먼저 해결해야 할 과제는 자연어를 이해하는 것이었다. 일단 출전하면 컴퓨터는 인간 경쟁자들과 똑같은 방법으로 정보를 입수한 뒤 똑같은 방법으로 답을 내어놓아야 한다. 〈제퍼디!〉에서 승리하기 위해 뛰어넘어야 할 또 하나의 무지막지한 장벽은 공정한 경쟁에서 이겨야 할 뿐만 아니라 수백만의 TV 시청자들이 구경하며 즐길 수 있어야 한다는 사실이었다. 이를 위해 출제자들은 일부러 유머나 교묘한 말장난의 형태로 정답의 열쇠를 제공하곤 한다. 달리 말해 이런 식의 접근 방법은 마치 일부러 컴퓨터가 우스꽝스러운 대답을 내놓게 하려고 작정한 것처럼 보일 수 있다는 뜻이다. 〈제퍼디!〉에 나갈 컴퓨터는 언어에 늘 나타나는 모호함을 피해가는 한편 컴퓨터 알고리즘이 잘하는 일, 그러니까 방대한 양의 문서 정보를 검색하여 관계있는 답을 찾아내는 수준을 훨씬 뛰어넘는 상당한 수준의 일반 지식을 갖추어야 했다.

인공지능 전문가로 결국 왓슨팀을 이끌게 된 데이비드 페루치는 이 모든 문제를 아주 잘 알고 있었다. 이에 앞서 페루치는 소규모의 IBM 연구팀을 이끌고 자연어 포맷으로 제시된 질문에 답을 내놓는 시스템을 개발한 적이 있다. 페루치의 팀은 피퀀트(Piquant)라는 이름이 붙은 이 시스템을 미국 표준국이 주관한 대회에 출전시켰다. 표준국은 앞서 구글이 대승을 거둔 기계어 대회를 후원한 정부 기관이다. 피퀀트가 출전한 대회에서 주최 측은 약 100만 건의 문서를 검색하여 미리 제시된 질문에 대한 답을 찾아낼 것을 요구했다. 그런데 여기에는 시간제한이 설정되어 있지 않았다. 일부 출전자의 경우 알고리즘이 몇 분씩 돌아간 뒤에야 답을 내놓기도 했다.[15] 이 정도면 〈제퍼디!〉와는 비교가 되지 않는다. 〈제퍼디!〉에서는 일단 문제 자체가 거의 무한하다고 할 수 있는 지식의 바다로부터 나오는 데다가 이 질문을 받은 컴퓨터는 최고의 인간 선수들에 맞서 끊임없이 정답을 찾아내야 한다.

피퀀트(경쟁 시스템들도 마찬가지였지만)는 느렸을 뿐만 아니라 부정확하기도 했다. 정답을 내놓는 비율이 전체의 35퍼센트에 불과했다. 구글 검색 엔진에 문제를 그저 타이핑하기만 해서 얻는 결과보다 크게 나을 것도 없는 수준이다.[16] 페루치의 팀이 피퀀트 프로젝트에 바탕을 두고 만들어낸 〈제퍼디!〉 시스템의 원형은 일관성 있게 형편없는 결과를 내놓았다. 이런 피퀀트가 언젠가 〈제퍼디!〉의 제왕인 켄 제닝스를 꺾는다는 생각은 우스꽝스러워 보였다. 그 시점에서 페루치는 모든 것을 원점에서 시작해야 하다는 것, 그리고 5년 정도는 대대적인 노력을 기울여야 결과를 내놓을 수 있다는 사실을 깨달았다. 페루치는 2007년에 IBM 최고 경영진으로부터 사업 진행 허가를 받고 나서 이 시스템을 다음과 같이 표현했다. "인류가 이제까지 구경한 것 중 가장 정교한 인공지능 아키텍처".[17] 이를 위해 페루치는 회사 전체를 뒤져 인재를 끌어 모았을 뿐만 아니라 MIT와 카네기 멜론 같은 최고의 명문대학으로부터 인재를 영입하여 팀을 꾸렸다.[18]

약 20명까지 연구원의 수가 늘어난 페루치 팀은 우선 방대한 양의 참고 자료 데이터베이스 구축에 착수했다. 결국 이 정보가 왓슨이 내놓을 대답의 기반이 될 테니까 말이다. 2억 쪽에 달하는 이 자료 속에는 사진, 참고서, 문학 작품, 신문 기사, 웹페이지 등과 함께 위키피디아 내용 거의 전체가 들어갔다. 이어서 페루치 팀은 이제까지의 〈제퍼디!〉 퀴즈 내용을 모으기 시작했다. 방영된 프로그램으로부터 무려 18만 개의 질문이 수집되었다. 팀은 이 자료를 왓슨의 기계 학습 알고리즘을 훈련시키는 교재로 삼았다. 동시에 가장 뛰어난 선수들의 접근 방식을 이용해서 왓슨이 정답을 선택하는 전략을 강화하기로 했다.[19] 왓슨을 개발하는 과정에서 연구팀은 수천 개의 독립된 알고리즘을 제작했는데, 각각의 알고리즘은 특화된 임무, 이를테면 텍스트 안에서 검색하기, 날짜·시간·위치 비교하기, 문제에서 제시된 문장의 문법 분석하기, 여러 가지 정보를 정답 후보 포맷으로 변환하기 등을 수행했다.

왓슨은 일단 질문을 세분하여 각 단어를 분석한 뒤 정확히 무엇을 검색해야 하는지를 파악한다. 겉보기엔 단순해 보이는 이 과정은 그 자체가 컴퓨터에게는 엄청난 과제이다.

예를 들어, '링컨 블로그'라는 제목의 카테고리에 등장한 다음 문제를 살펴보자. "체이스 장관이 이걸 벌써 세 번째 들이미는군. 이보게, 내가 어떻게 할 것 같나? 이번엔 받아들여야지." 정답 근처에라도 가려면 우선 컴퓨터는 앞에 나오는 '이걸'이 컴퓨터가 찾아내야 할 정답을 대신하는 단어임을 알아차려야 한다.[20]

일단 문제를 이해하고 나면 왓슨은 동시에 수백 개의 알고리즘을 가동하는데, 각각의 알고리즘은 컴퓨터의 메모리에 내장되어 있는 방대한 참고자료로부터 정답을 찾아내는 과정에서 저마다 다른 역할을 수행한다. 위의 예에서 왓슨은 이 카테고리의 경우 '링컨'이 중요하다는 것은 알겠지만, '블로그'라는 단어가 아마 혼란스러울 것이다. 인간과 달리 컴퓨터는 〈제퍼디!〉의 출제자들이 에이브러햄 링컨을 블로거로 설정한 것을 이해하지 못할 것이다.

수백 개의 검색 알고리즘이 저마다 내놓은 정답 후보들을 놓고 왓슨은 비교 평가를 시작한다. 이 과정에서 컴퓨터가 쓰는 한 가지 방법은 정답 후보를 출제자가 제시한 문장에 대입하여 문장이 성립하는가를 살피고 다시 참고 자료로 돌아가 이것과 일치하는 문장이 있는가를 검색하는 것이다. 이 과정에서 어떤 알고리즘이 정답인 '사직서'를 찾아내면 왓슨은 "체이스 장관이 방금 세 번째로 링컨 대통령에게 사직서를 제출했다"는 식의 문장을 데이터베이스에서 검색한다. 그러면 왓슨은 이 답을 더욱 신뢰하게 된다. 정답 후보를 검색하는 과정에서 왓슨은 또한 과거의 데이터에도 의존한다. 왓슨은 여러 가지 형태의 대답에 대해 어느 알고리즘이 가장 훌륭한 성과를 올렸는가를 정확히 알고 있으며, 따라서 실적이 좋은 알고리즘이 제시한 후보에 더 주의를 기울인다. 정확한 자연어 문장으로 된 정답 후보를 평가하여 순위를 매기고 〈제퍼디!〉 버저를 누를 만큼 충분히 믿을 만한가를 판단하는 왓슨의 능력은 IBM팀이 개발한 시스템의 핵심적 특징이다. 따라서 이러한 특징을 갖춘 왓슨이 인공지능의 최첨단을 차지하는 것이다. IBM의 시스템은 "자신이 무엇을 아는지를 안다." 사람에게는 간단한 일이지만, 컴퓨터가 아니라 사람을 위해 작성된 방대한 양의 비구조화 데이터베이스를 검색하는 컴퓨터의 입장에서는 매우 어려운 과제이다.

2011년 2월에 방영된 두 번의 대결에서 왓슨은 〈제퍼디!〉 챔피언인 켄 제닝스와 브래드 러터를 물리쳐 IBM이 기다리던 대대적 홍보 효과를 창출해냈다. 이 대단한 사건을 둘러싼 언론의 요란한 보도 광풍이 채 잠들기도 전에 왓슨보다 훨씬 현실성 있는 이야기가 흘러나오기 시작했다. IBM이 왓슨의 능력을 좀 더 실질적인 면에 적용하기로 결정한 것이다. 가장 가능성이 높은 분야 중 하나는 의학이다. 진단용 툴로 개조된 왓슨은 교과서, 과학 저널, 임상 연구 결과, 심지어 개별 환자에 대한 의사와 간호사의 기록을 비롯한 어마어마한 양의 의학 정보로부터 정확한 답을 찾아내는 능력을 발휘한다. 아무리 뛰어난 의사라도 의사 개인으로는 이 방대한 데이터의 산더미 속에서 분명히 보이지도 않는 관계를 발견해내는 왓슨의 능력 근처에도 가지 못한다. 이러한 정보가 의학의 여러 분과에 걸쳐 있다면 더욱 그렇다.*

2013년이 되자 왓슨은 클리블랜드 클리닉과 텍사스 대학교의 앤더슨 암 센터 같은 대형 의료 기관에서 환자를 진단함과 동시에 최적의 치료 계획을 세우는 과정을 돕기 시작했다.

왓슨을 실질적인 툴로 만들려는 노력의 일환으로 IBM 연구팀은 데

---

* 2011년에 출간된 스티븐 베이커의 책 『왓슨, 인간의 사고를 시작하다』에 따르면, 왓슨 프로젝트를 주도한 데이비드 페루치는 극심한 치통으로 몇 달을 고생했다. 치과를 몇 번이나 찾아갔고, 나중에는 불필요했던 것으로 밝혀진 치료까지 받은 페루치는 결국 우연히 치과와는 관계없는 전문 분야의 의사를 소개받아 문제를 해결했다. 그 과정에서 페루치는 자신이 겪었던 것과 똑같은 질병이 별로 유명하지 않은 의학 잡지에 실린 논문에서 다루어졌다는 사실을 발견했다. 이 일을 겪은 페루치는 왓슨 같으면 한순간에 올바른 진단을 내놓았으리라는 사실을 놓치지 않았다.

이터 혁명의 대전제와 대결하기로 했다. 상호 관계에 바탕을 둔 예측으로 충분하며, 인과 관계를 심도 있게 파악하는 일은 불가능하거나 불필요하다는 것이 그 대전제이다. 연구팀이 '왓슨 패스(WatsonPaths)'라고 명명한 이 기능은 단순히 답을 내놓는 수준을 넘어 왓슨이 참조한 특정한 소스를 모두 펼쳐 보여줌과 동시에 평가 과정에서 왓슨이 동원한 논리, 답을 내는 과정에서 왓슨이 수행한 추론 등을 모두 보여준다. 달리 말해 왓슨은 어떤 명제가 '왜' 진실인가에 대해 빛을 던져주는 쪽으로 진보해가고 있다. 왓슨 패스는 또한 의대생들의 진단 역량을 훈련시키는 도구로도 쓰이고 있다. 연구팀이 왓슨을 선보이고 훈련시키는 데에 성공한 지 3년도 채 안 된 시점에서 제한된 범위에서나마 국면이 완전히 바뀌어 이제 사람들은 복잡한 문제에 직면했을 때 왓슨 같은 시스템이 어떤 식으로 추론을 해나가는가를 알아내기 시작했다.[21]

왓슨이 능력을 발휘할 분야로는 의학 말고도 대고객 서비스와 기술 지원이 있다. 2013년에 IBM은 온라인 쇼핑 서비스와 컨설팅을 제공하는 대형업체인 플루이드(Fluid) 사와 협력을 발표했다. 두 회사의 협력 사업은 온라인 쇼핑 사이트를 방문한 고객에게 마치 오프라인 점포의 판매원이 자연어로 상세한 정보를 제공하는 것과 비슷한 환경을 창출하는 것이다. 캠핑을 가려는 사람이 있다면 아마 그는 오프라인 상점의 경우 이렇게 물을 것이다. "10월에 가족과 함께 산으로 캠핑을 가려고 하는데, 텐트가 필요해요. 뭘 사면 좋을까요?" 그러면 점원은 이런

저런 텐트가 좋다고 추천해줌과 동시에 고객이 미처 생각하지 못했던 품목도 준비하면 좋다고 알려줄 것이다.[22] 1장에서 말한 것처럼 이러한 서비스가 스마트폰으로 제공되어 오프라인 상점을 방문한 쇼핑객이 굳이 점원과 얼굴을 마주하지 않아도 자연어로 대화하면서 쇼핑에 도움을 받을 날이 오는 것은 시간문제이다.

최신 의료 기술 관련 정보 및 연구성과를 병원에 제공하는 전문 업체인 MD 바이라인(Buyline) 사도 병원이 새로운 장비를 구매할 때 묻는 고도의 기술적 질문에 대답하는 데에 왓슨을 활용할 계획을 세워놓았다. 이 시스템은 제품의 사양과 가격, 해당 제품 관련 임상시험 결과 및 연구성과를 바탕으로 의사나 병원의 구매 책임자에게 상세한 내용이 담긴 추천을 즉각 제공한다.[23] 왓슨은 또한 금융업에서도 할 일이 생길 것으로 보인다. 여기서 왓슨 같은 시스템은 특정 고객뿐만 아니라 전체적인 시장 및 경제 상황에 관한 풍부한 정보를 분석하여 개인 맞춤형 금융 서비스를 제공할 수 있다. 단기적으로 볼 때 가장 와해적인 변화라면 왓슨을 고객 서비스 콜센터에 배치하는 일일 것이다. 〈제퍼디!〉에서 왓슨이 승리를 거둔 뒤 1년도 채 되지 않아 IBM이 시티그룹(Citigroup)과 손을 잡고 이 은행의 방대한 소매 금융 사업에 왓슨을 활용할 방법을 모색하기 시작한 것도 전혀 우연이 아니다.[24]

IBM의 신기술은 아직 걸음마 단계이다. 왓슨과 왓슨의 경쟁자들(언젠가는 당연히 나타나겠지만)은 질문을 제기하는 방식과 답을 내놓는 방식에 혁명적 변화를 일으킬 힘을 갖고 있다. 이는 정보를 분석하는 방법에도 대변혁을 가져올 텐데, 이런 일은 조직 내부에서뿐만 아니라 대고객 관계에서도 일어날 것이다. 이러한 형태의 시스템이 수행하는 분석 작업의 대부분을 이제까지 인간이 수행해왔다는 현실을 간과할 수는 없다.

클라우드 속의 소프트웨어

2013년 11월에 IBM은 왓슨 시스템을 〈제퍼디!〉에서 승리하는 데에 특화된 컴퓨터 시스템으로부터 클라우드로 옮겨놓겠다고 발표했다. 무슨 뜻인가? 이제 왓슨이 인터넷에 연결된 초거대 서버의 집단에 합류했다는 말이다. 이렇게 되면 개발자들은 왓슨 시스템에 직접 접속한 뒤 IBM의 최첨단 인지 컴퓨터 기술을 맞춤형 소프트웨어 앱과 모바일 앱 제작에 활용할 수 있다. 왓슨의 이 최신 버전은 또한 〈제퍼디!〉에 출전한 버전보다 속도가 두 배 빠르다. IBM은 'Powered by Watson'이라는 레이블이 가는 곳마다 눈에 띄는, 자연어 기반 스마트 애플리케이션의 세상을 곧 실현한다는 꿈을 갖고 있다.[25]

첨단 인공지능 역량이 클라우드로 옮겨가면 이는 사무직 자동화를 추진하는 강력한 힘으로 작용할 것이다. 클라우드 컴퓨팅은 아마존, 구글, 마이크로소프트 등을 비롯한 정보 기술 거대 업체 사이에서 치열한 경쟁의 핵심으로 떠올랐다. 다수의 서버를 연결하여 네트워크를 구성하면 거대한 슈퍼컴퓨터의 성능을 발휘할 수 있다. 예를 들어, 구글은 클라우드 기반 기계 학습 애플리케이션과 함께 대형 연산 엔진을 제공하는데, 개발자들은 이 과정에서 서버 네트워크를 이용하여 방대하고도 연산집약적인 문제를 해결할 수 있다. 현재 아마존은 클라우드 컴퓨팅 분야에서 업계를 선도하고 있다. 대용량 컴퓨팅에 특화된 소기업인 사이클 컴퓨팅(Cycle Computing)은 컴퓨터 한 대 같으면 260년이 걸려야 해결할 수 있는 복잡한 문제를 18시간 만에 해결했다. 이때 사용한 것이 수만 대의 컴퓨터를 연결하여 구성된 아마존의 클라우드 서비스였다. 클라우드 컴퓨팅이 탄생하기 전에 이 문제를 슈퍼컴퓨터로 해결하려고 했다면 제작 비용이 6,800만 달러에 달했을 것이라고 이 회사는 추산한다. 반면 서버 1만 개로 이루어진 아마존 클라우드의 임대료는 시간당 90달러에 불과하다.[26]

　로봇을 설계하는 데에 필요한 하드웨어 및 소프트웨어가 더욱 강력하고 저렴해지면서 로봇 분야가 폭발적 성장의 문턱까지 온 것과 비슷한 현상이 지식 기반 노동의 자동화를 추진하는 기술의 세계에서도 일어나고 있다. 왓슨, 딥 러닝 능력이 있는 뉴런 네트워크, 기사 작성 엔진 같은 기술이 클라우드에서 한데 모이면 무수한 신기술의 개발로 이어지는 문을 여는 열쇠 역할을 할 것이다. 마이크로소프트의 키넥트를 이용해서 저렴한 비용으로 로봇에 장착할 3차원 시지각 장비를 개발할 수 있음을 해커들이 금방 알아낸 것과 마찬가지로, 개발자들도 이렇게 클라우드에 기반을 둔 소프트웨어를 마치 벽돌처럼 이용해서 전혀 예측하지 못한 혁명적인 애플리케이션의 건물을 지을 수 있을 것이다. 이 벽돌 하나하나는 저마다 '블랙박스'의 역할을 할 텐데 여기서 블랙박스는 프로그래머들이 그 작동 방식을 상세히 몰라도 사용할 수 있는 부품이라는 뜻이다. 이렇게 되면 결국 전문가들이 모여서 창출한 첨단 인공지능 기술이 매우 흔해져서 아마추어들도 이를 활용할 수 있는 시대가 올 것이 틀림없다.

　로봇 기술의 혁신에 따라 특정한 작업, 이를테면 햄버거를 만들거나 정밀 기계를 조립하는 등 눈에 보이는 작업을 하는 기계가 탄생하기도 하지만, 소프트웨어 자동화의 발달로 인한 성과는 대중의 입장에서는 잘 보이지 않는다. 소프트웨어 자동화는 보통 기업의 밀실에서 이루어지는 경우가 많고 그 결과도 해당 기업 및 그 기업이 고용한 인원들에게 한정된다. 사무직 자동화는 눈에 보이는 기계의 등장이라기보다는 정보 기술 전문가가 대기업의 사업 현황을 분석해서 완벽한 맞춤 시스템을 개발하여 사업 방식을 혁신함과 동시에 수십만 명의 숙련직 인력이 불필요함을 기업주에게 보여주는 과정이기도 하다. 실제로 IBM이 왓슨을 개발하기로 한 계기 중 하나는 IBM 컨설팅 사업부의 경쟁력을 강화하기 위한 것이었는데, 오늘날 컨설팅은 소프트웨어 판매와 함께 IBM 매출의 대부분을 차지하고 있다. 동시에 기업가들은 앞서 말한 클라우드 기반 벽돌을 이용하여 중소기업용의 저렴한 자동화 시스템을 개발할 방법을 모색하고 있다.

클라우드 컴퓨팅은 이미 정보 기술 일자리에 눈에 띄는 영향을 미치고 있다. 1990년대의 정보 기술 붐 시대에 많은 대소 기업과 기관들은 조직 내의 수많은 PC, 네트워크, 소프트웨어를 설치하고 관리할 IT 인력을 필요로 했고, 이에 따라 수많은 고소득 일자리가 창출되었다. 그러나 21세기에 들어서 10년쯤 지나자 이러한 흐름은 변하기 시작했다. 기업들이 다수의 정보 관련 기능을 거대하고 중앙집중화된 컴퓨팅 허브에 아웃소싱하기 시작했기 때문이다.

클라우드 컴퓨팅 서비스를 제공하는 거대한 시설은 규모의 경제 덕을 보고 있으며 과거에는 이를 관리하는 데에 수많은 정보 기술 전문가가 필요했지만, 이제는 이 관리 작업마저도 고도로 자동화되었다. 예를 들어, 페이스북의 '사이보그(Cyborg)'라는 스마트 소프트웨어 애플리케이션은 수만 개의 서버를 지속적으로 감시하면서 문제를 포착하며, 완전히 독자적으로 이런 문제를 해결하는 경우도 있다. 2013년에 어떤 페이스북 임원이 한 발언에 따르면, 사이보그 시스템은 옛날 같으면 사람 손으로 해결해야 했을 수천 개의 문제를 스스로 해결하고 있으며, 이에 따라 2만 대의 컴퓨터를 관리하는 데에 기술자 한 명이면 충분하다.[27]

클라우드 컴퓨팅 데이터 센터는 보통 땅값이 싸고, 전력도 풍부하고 저렴한 농촌 지역에 자리 잡고 있는 경우가 많다. 미국의 각 주를 비롯한 지자체들은 구글, 페이스북, 애플 같은 회사들에게 상당한 세제 혜택을 비롯한 재정적 혜택을 제공해가며 이들을 유치하느라 경쟁을 벌이고 있다. 물론 이들의 일차적인 목표는 현지 주민들에게 취업 기회를 부여하는 것이지만, 이러한 목적이 실현된 경우는 거의 없다. 2011년에 「워싱턴 포스트」의 마이클 로즌월드는 애플이 수십억 달러를 들여 노스캐롤라이나 주의 메이든에 건설한 거대한 데이터 센터가 겨우 50명의 풀타임 직원만을 고용했다고 보도했다. 실망한 현지 주민들은 "수십만 평방미터에 달하는 부지에 들어앉은 이 비싼 시설물이 사람을 이토록 조금밖에 쓰지 않는 것"을 이해하지 못했다.[28] 말할 것도 없이 이는 사이보그 같은 알고리즘이 작업의 거의 대부분을 담당하기 때문이다.

고용의 문제는 이런 데이터 센터에서 끝나는 것이 아니라 클라우드 컴퓨팅 서비스를 이용하는 업체들에게까지 미친다. 샌프란시스코에 자리 잡은 굿 데이터(Good Data) 사는 아마존의 클라우드 서비스를 이용하여 6,000명의 고객에 대한 데이터 분석을 실시하고 있는데, 이 회사의 CEO인 로먼 스테이넥은 2012년에 이렇게 말했다. "과거에는 고객사 하나를 관리하는 데에 적어도 5명의 직원이 필요했다. 그러면 3만 명이 필요하다는 이야기이다. 그러나 지금 직원 수는 180명이다. 그때 회사를 떠난 사람들이 무슨 일을 하고 있는지는 알 길이 없지만 어쨌든 그들이 이 일을 계속할 수 없음은 분명하다. 이는 간단히 말해 승자 독식의 집중화이다."[29]

숙련 정보 기술 일자리가 수만 개씩 사라져가는 현상은 지식 기반 고용 전체에 걸쳐 광범위한 충격이 발생하리라는 예고인지도 모른다. 넷스케이프의 공동 창업자이자 벤처 자본가인 마크 앤드리슨의 유명한 이야기처럼 "소프트웨어가 세상을 먹어 치우고 있다." 그리고 이 소프트웨어는 점점 더 클라우드 쪽으로 옮겨가고 있다. 클라우드라는 막강한 기반을 이용해서 소프트웨어는 결국 모든 직장에 침투하여 사무직, 그러니까 컴퓨터 스크린 앞에 앉아서 일하는 사람들의 일자리를 거의 모두 삼켜버릴 것이다.

최첨단 알고리즘

컴퓨터 기술에 대해 퍼져 있는 오해 중 쓰레기통으로 던져버려야 할 것이 하나 있다면 컴퓨터는 특정하게 프로그램된 작업만 할 수 있다는 생각이다. 앞서 본 것처럼 기계 학습 알고리즘은 끊임없이 데이터를 분석하여 통계적 관계를 찾아냄과 동시에 이렇게 발견한 사실을 바탕으로 스스로의 프로그램을 작성하고 있다. 어떤 컴퓨터는 여기서 한 걸음 더 나아가 오직 인간의 전유물이라고 거의 모든 사람들이 굳게 믿고 있는 분야로 스며들기 시작했다. 컴퓨터가 호기심과 창의성을 드러내기 시작한 것이다.

코넬 대학교의 크리에이티브 머신 연구를 이끌고 있는 호드 립슨과 박사 과정을 밟고 있는 마이클 슈미트는 2009년에 독자적으로 자연의 기본 법칙을 발견할 능력이 있는 시스템을 개발했다. 립슨과 슈미트는 이중 진자를 설치해서 작업을 시작했다. 이중 진자란 진자가 하나 있고, 그 밑에 다른 진자가 또 하나 매달린 것을 말한다. 이러한 진자가 진동을 시작하면 움직임이 복잡해지며 무질서한 것처럼 보이기도 한다. 두 사람은 센서와 카메라를 이용해서 진자의 움직임을 포착했고, 이로부터 일련의 데이터를 만들어냈다. 마지막으로 두 사람은 진자의 시스템을 통제할 능력을 소프트웨어에 부여했다. 달리 말하면 이들은 스스로 실험을 진행할 능력이 있는 인공 과학자를 탄생시킨 것이다.

이어서 두 사람은 소프트웨어에게 반복적으로 진자를 출발시키도록 한 뒤, 이로부터 얻은 운동 데이터를 분석하여 진자의 움직임을 설명할 수학 방정식을 찾아내게 했다. 알고리즘은 이 실험을 완벽하게 관리했다. 진자를 매번 잡았다가 놓을 때마다 알고리즘은 어느 지점에서 놓을지를 결정했는데, 이 지점을 무작위로 선정한 것이 아니라, 먼저 분석을 시행한 후 이 진자의 운동을 이해하는 법칙을 찾는 데에 가장 적합하다고 생각되는 특정 지점에서 진자의 운동을 시작하게 했다. 립슨은 이렇게 말했다. "이 알고리즘은 진자의 운동을 구경만 하는 방관자가 아니다. 알고리즘은 '의문을 제기'한다. '호기심'을 가졌다는 이야기이다."[30] 두 사람이 나중에 '유레카(Eureqa)'라고 명명한 이 프로그램은 겨우 몇 시간 만에 뉴턴의 운동 제2법칙을 비롯한 진자의 운동 관련 물리 법칙 몇 가지를 찾아냈다. 이 과정에서 물리학이나 운동의 법칙을 이 시스템의 프로그램에 넣거나 관련 정보를 입력하지 않았는데도 말이다.

유레카는 생명의 진화로부터 힌트를 얻은 유전자 프로그래밍을 활용한다. 이 알고리즘은 무작위로 수학적 벽돌 여러 개를 결합하여 방정식을 만든 후 이 방정식이 데이터와 얼마나 잘 일치하는가를 시험한다.*

시험을 통과하지 못하는 방정식은 폐기되고 가능성이 보이는 방정식은 새로운 방법으로 재결합되어 시스템은 결국 정확한 수학적 모델을 향해 다가간다.[31] 자연 속의 어떤 시스템이 어떻게 작용하는가를 설명하는 방정식을 찾아내는 과정은 결코 만만하지 않다. 립슨이 말하는 것처럼 "과거에는 과학자들이 예측 모델 하나를 발견하는 데에 일생을 바쳤다."[32] 슈미트는 이렇게 덧붙인다. "뉴턴이나 케플러 같은 사람들에게 이 알고리즘이 장착된 컴퓨터가 있었다면 이들은 떨어지는 사과나 회전하는 행성의 법칙을 몇 시간도 안 되어 찾아냈을 것이다."[33]

슈미트와 립슨이 이 알고리즘에 대한 논문을 발표하자마자 수많은 과학자들로부터 이 소프트웨어를 사용하게 해달라는 요청이 쇄도했

---

*이 방식은 오늘날 널리 쓰이는 통계 기법인 '회귀 분석'보다 더 발전된 형태이다. 선형이든 비선형이든 회귀 분석에서는 방정식의 형태를 먼저 결정한 뒤 방정식의 파라미터를 최적화시켜 데이터에 들어맞도록 한다. 반면에 유레카 프로그램은 대수, 삼각함수, 로그함수, 상수 등의 다양한 수학적 요소를 이용하여 형태에 관계없이 독립적으로 방정식을 결정한다.

다. 그리하여 두 사람은 2009년 하반기에 인터넷을 통해 유레카를 공개했다. 그때 이래 유레카 프로그램은 여러 과학 분야에서 쓸모 있는 결과를 많이 내놓았는데, 그중에는 과학자들이 아직도 씨름하고 있는 박테리아의 생화학적 성질을 설명하는 단순화된 방정식도 있다.[34] 2011년에 슈미트는 유레카를 기업 경영 및 학문 연구용 빅데이터 분석 툴의 형태로 상용화하려는 목적으로 보스턴 지역에 뉴토니언(Nutonian)이라는 벤처기업을 창업했다. 뉴토니언이 올린 성과는 IBM의 왓슨처럼 클라우드에 업로드되어 소프트웨어 개발자들이 사용할 수 있는 애플리케이션이 된 것이다.

사람들은 대부분 창의력이라는 개념을 오직 인간의 두뇌하고만 연관지어 생각하지만, 뇌 자체(현재 지구상에 존재하는 발명품 중 최고로 정교한 장치)도 진화의 산물임을 잊어서는 안 된다. 그렇다면 창의력을 갖춘 기계를 설계하는 사람들이 유전자 프로그래밍 기법을 계획에 포함시키는 것도 전혀 놀랄 일이 아니다. 컴퓨터 알고리즘은 기본적으로 유전자 프로그래밍을 이용하여 다윈이 말한 자연선택의 과정을 거쳐 스스로를 설계해나간다. 먼저 시스템은 컴퓨터 코드를 무작위로 제작한 뒤 양성생식과 같은 기법을 써서 코드를 반복적으로 섞는다. 그리고 가끔 무작위로 변이를 일으켜 섞이는 과정을 완전히 새로운 방향으로 끌고 가기도 한다. 알고리즘은 진화해가는 과정에서 생존 적합성 테스트를 받으며 여기에 합격하면 살아남지만 그렇지 못하면 사멸하는데, 후자의 경우가 훨씬 더 많다. 컴퓨터과학자로 스탠퍼드 대학교에서 강의하는 존 코자는 이 분야를 선도하는 학자 중 한 명으로, 유전자 알고리즘을 '자동 발명 기계'로 써서 다양한 작업을 수행하고 있다.*

코자는 전기 회로 설계, 기계 시스템, 광학, 소프트웨어 보수, 토목 기술 등 여러 분야에서 인간 과학자와 엔지니어들이 해낸 작업과 견줄 만한 설계를 유전자 알고리즘을 이용해 76건 이상 창출해냈다. 이들 중 대부분의 경우 알고리즘은 기존의 설계를 재현했지만, 유전자 프로그램이 특허 출원이 가능할 정도의 새로운 결과를 내놓은 경우도 적어도 두 건 있었다.[35] 코자에 의하면, 유전자 알고리즘은 선입견에 얽매이지 않는다는 점에서 인간 설계자보다 유리한 위치를 점할 수 있다. 달리 말해 이들은 고정관념의 틀에서 벗어나 문제를 해결할 수 있다는 뜻이다.[36]

유레카가 호기심을 갖고 있다는 립슨의 이야기나 컴퓨터는 선입견에서 자유롭다는 코자의 생각 등으로 미루어보면 컴퓨터의 능력이 언젠가는 창의력의 영역까지 도달하리라고 생각할 수 있다. 이런 생각이 옳은가를 알아보는 방법은 결국 인간이 예술 작품으로 받아들일 만한 어떤 결과물을 컴퓨터가 만들어내는지에 달렸다. 다른 어떤 분야보다도

---

* 유전자 프로그래밍에 대한 작업 외에도 코자는 긁는 복권을 발명했으며, '헌법적 대안'의 제안자로도 유명하다. 헌법적 대안이란, 미국 대통령 선거 과정에서 일반투표 다수 득표자에게 각 주의 선거인단 표를 몰아주어 일반투표에서 이기고도 선거인단 투표수가 부족해서 해당 후보가 당선되지 못하는 일을 막기 위한 장치이다.

진정한 예술적 창의력은 오직 인간만이 가지고 있다는 생각이 널리 퍼져 있다. 『타임』지의 레브 그로스먼이 말하는 것처럼 예술 작품의 창작은 오직 인간만이 할 수 있다고 우리가 믿는 활동이다. "예술적 창작은 자아 표현의 활동인데, 자아가 없다면 이러한 일을 할 수 없을 것이기 때문이다."[37] 컴퓨터도 어엿한 예술가가 될 수 있다는 생각을 받아들이려면 기계의 본질에 대한 우리의 생각을 근본적으로 바꿔야 한다.

2004년에 나온 영화 〈아이, 로봇〉에서 윌 스미스가 연기한 주인공은 로봇에게 이렇게 묻는다. "로봇이 교향곡을 작곡할 수 있나? 로봇이 빈 화폭을 걸작품으로 탈바꿈시킬 수 있나?" 로봇은 이렇게 대꾸한다. "당신은 할 수 있나?" 이 말은 압도적 다수의 인간도 이렇게 하지 못함을 의미한다. 2015년의 현실 세계에서 윌 스미스가 똑같은 질문을 던졌다면 로봇은 좀 더 단호하게 이렇게 대답했을 것이다. "예스!"

2012년 7월에 런던 심포니 오케스트라는 〈심연 속으로(Transits–Into an Abyss)〉라는 곡을 연주했다. 어떤 비평가는 이 작품이 "예술적이고 듣기 좋았다"고 평했다.[38] 이 일은 세계 유수의 오케스트라가 순전히 기계가 만든 곡을 연주한 첫 번째 사례가 되었다. 이 곡의 작곡자는 야머스(Iamus)로, 야머스는 음악적으로 특화된 알고리즘을 구동하는 컴퓨터의 집단이다. 새들의 언어를 알아듣는 사람으로 그리스 신화에 등장하는 인물의 이름을 따서 명명된 야머스는 스페인의 말라가 대학교 연구팀이 설계했다. 이 시스템은 우선 곡을 연주할 악기의 종류 같은 최소한의 정보만으로 작업을 시작한다. 그 뒤로부터는 인간의 도움을 전혀 받지 않고 매우 복잡한 곡을 작곡하는데, 많은 경우 이 곡을 들은 청중은 감동한다. 작곡에 걸리는 시간은 몇 분에 불과하다. 야머스는 모더니스트 클래식 스타일로 이미 수백만 곡을 작곡했으며, 앞으로는 다른 장르의 음악 작곡에도 착수할 것으로 보인다. 유레카와 마찬가지로 야머스도 이 기술을 상업화하려는 벤처기업의 탄생으로 이어졌다. 멜로믹스 미디어(Melomics Media)라는 이름의 이 회사는 아이튠즈 같은 온라인 스토어에서 음악을 판매하는 것이 목적이다. 한 가지 다른 점은 야머스가 작곡한 곡은 로열티가 없기 때문에 구매자들이 자기 마음대로 이를 활용할 수 있다는 점이다.

컴퓨터가 창작하는 예술 작품은 음악에만 한정되지 않는다. 런던 대학교의 크리에이티브 컴퓨팅 교수인 사이먼 콜턴은 '그림 그리는 바보(The Painting Fool)'라는 인공지능 프로그램을 개발했다. 콜턴은 이 프로그램이 언젠가 진정한 화가로 인정받기를 기대하고 있다. "이 프로젝트의 목적은 사진을 마치 그림처럼 만드는 소프트웨어를 개발하는 것이 아니다. 이 작업은 포토샵이 벌써 몇 년 전부터 해오고 있다." 콜턴의 말이다. "우리의 목표는 소프트웨어가 어엿한 창작자로 인정받게 하는 것이다."[39]

콜턴은 이 시스템에 "감상 능력과 상상 능력"이라고 스스로 명명한 기능을 탑재했다. '그림 그리는 바보' 소프트웨어는 사진 속의 인물 표

그림 4-1 소프트웨어가 제작한 독창적 예술작품

정을 보고 그가 어떤 감정을 느끼는지를 알아낸 뒤 이러한 감정 상태를 묘사하는 추상적 초상화를 그려낸다. 이 시스템은 또한 유전자 프로그래밍 기반 기술을 이용하여 상상 속의 물체도 그려낼 수 있다.

이러한 작업은 브리검 영 대학교의 연구팀이 제작한 '다르시(Darci)'라는 소프트웨어 애플리케이션을 이 시스템에 결합한 결과 가능해졌다. 연구팀은 다르시를 개발한 사람들이 '어둡다'거나 '슬프다'거나 '감동적이다' 등의 형용사를 붙여놓은 회화 작품의 데이터베이스로 작업을 시작했다. 이어서 뉴런 네트워크를 훈련시켜 이들 사이의 연관을 찾게 만든 뒤 새로운 회화 작품에 마음대로 이름을 붙여보게 했다. '그림 그리는 바보' 시스템은 다르시로부터 얻은 정보를 이용해서 현재 자신이 그

리고 있는 그림이 목적에 부합하는가를 판단한다.[40]

　여기서 내가 말하려는 바는 화가들이나 작곡가들 사이에 곧 대대적인 실업이 발생하리라는 것이 아니다. 창의적 소프트웨어를 제작하는 데에 쓰이는 기법(앞서 본 것처럼 대부분 유전자 프로그래밍 기법에 의존하는)을 무수한 방법으로 응용할 수 있다는 점을 이야기하려는 것이다. 컴퓨터가 음악을 작곡하거나 전자 부품을 설계할 수 있다면 얼마 안 있어 이들은 기업의 법률 관련 전략을 수립하거나 경영상의 문제를 해결하는 새로운 방법을 제시할 수도 있을 것이다. 물론 현재로서는 단순 반복 작업에 종사하는 사무직 인력이 가장 큰 위험에 직면해 있지만, 위협받는 영역은 신속하게 늘어날 것이다.

　이러한 변화가 가장 현저하게 드러나는 곳은 단연 월스트리트이다. 과거에는 금융 거래가 거래소 현장이나 전화 통화 등 사람과 사람 사이의 직접적인 소통을 통해 이루어진 반면, 오늘날에는 대부분 광섬유로 서로 교신하는 기계에 의해 이루어진다. 일부 추산에 따르면, 오늘날 증권 시장의 거래 중 적어도 절반, 아마도 70퍼센트 정도가 자동화된 거래 알고리즘에 의존한다. 인공지능 연구의 최첨단 성과로 무장한 로봇 트레이더들은 통상적인 거래를 수행하는 데에서 멈추지 않는다. 이들은 뮤추얼펀드나 연금 관리자들이 대형 거래를 시작하면 이를 알아채 재빨리 구매해서 이익을 챙길 수 있는 조치를 한다. 어떤 경우에는 가짜 대량 매수 주문으로 다른 알고리즘을 속인 뒤 몇 분의 1초 만에 이를 취소하기도 한다. 「블룸버그」와 「다우 뉴스」는 이런 알고리즘의 끝없는 금융 뉴스 수요를 맞추기 위해 기계가 읽을 수 있는 뉴스 상품을 제공한다. 이런 뉴스를 바탕으로 알고리즘은 1,000분의 몇 초 만에 이익을 올릴 수 있다. 이 통신사들은 또한 어떤 종목이 가장 인기가 있는지를 실시간으로 알려주기도 한다.[41] 트위터, 페이스북, 블로그 등도 서로 경쟁하는 이들 알고리즘의 먹잇감이다. 2013년 과학 전문지 『네이처』에 실린 논문에서 몇 명의 물리학자들은 세계 금융 시장을 분석한 뒤 "약탈적 알고리즘의 '무리'가 탑재된 컴퓨터들이 서로 경쟁하는 생태계가 형성되고 있음"을 발견했다고 밝혔다. 이들은 또한 로봇에 의한 금융 거래가 이들 시스템을 설계한 인간이 통제할 수도, 이해할 수도 없는 수준으로 발전했음을 지적했다.[42]

끊임없이 싸우는 이들 알고리즘의 세계에서는, 가장 뛰어난 인간 거래자도 도저히 이해할 수 없는 속도로 거래가 이루어진다. 실제로 속도(수백만 분의 1초, 심지어 수십억 분의 1초 단위로 표시되는)가 알고리즘 거래에서 승리하는 데 워낙 중요하기 때문에 월스트리트의 금융 업체들은 속도를 조금이나마 올리기 위해 컴퓨터와 통신 시스템에 너도나도 수십억 달러를 투자한다. 예를 들어, 2009년에 스프레드 네트워크스(Spread Networks)라는 회사는 무려 2억 달러를 쏟아부어 뉴욕과 시카고를 직선으로 연결하는 1,327킬로미터 길이의 광케이블을 설치했다. 이 회사는 경쟁사들이 알지 못하도록 비밀리에 사업을 추진했는데, 심지어 케이블이 앨러게니 산맥을 넘느라 요란한 공사를 벌일 때도 아무도 몰랐다. 광케이블망 준공으로 이 회사가 얻은 속도상의 이익은 아마 1,000분의 3~4초 정도였을 것이다. 그러나 이 새로운 네트워크를 이용하는 알고리즘이 경쟁 알고리즘을 압도하는 데는 이 정도면 충분했다. 월스트리트의 금융 업체들은 이런 알고리즘끼리의 살육전 상황에서 주파수 대역을 임차하기 시작했다. 그 비용은 기존의 '느린' 케이블에 들어가는 비용의 10배에 이른다고 알려져 있다. 앞서 이야기한 광케이블과 비슷한 케이블을 대서양 해저에 부설해서 런던과 뉴욕을 연결하는 사업이 진행 중인데, 준공되면 현재보다 약 1,000분의 5초 정도 빨라질 것이다.[43]

이 모든 자동화의 결과는 자명하다. 2012년과 2013년에 월스트리트의 대형 은행들은 대규모 해고를 단행했는데, 대상이 수만 명에 달한 경우도 많았다. 21세기로 들어선 직후 월스트리트의 금융 업체들은 뉴욕에만 15만 명의 직원을 거느리고 있었지만, 2013년이 되자 겨우 10만 명이 넘는 선까지 줄어들었다. 거래량과 영업 이익이 폭증한 가운데서도 말이다.[44] 고용이 전체적으로 격감하는 환경에서 월스트리트는 그래도 시선을 끄는 딱 한 개의 일자리를 만들어냈다. IBM에서 왓슨을 만드는 프로젝트를 이끌던 데이비드 페루치는 2012년 말에 IBM을 떠나 월스트리트의 한 헤지 펀드에 들어갔다. 이 회사에서 그는 최첨단 인공지능을 동원해서 경제 모델링을 하는 작업을 진행 중인데, 그의 목표는 여기서 나온 결과로 이 펀드의 거래 알고리즘이 더욱 강한 경쟁력을 갖추도록 하는 것이라고 추측된다.[45]

해외 이전과 고숙련 직종

사무직이 고속으로 자동화되는 추세는 뚜렷하지만, 가장 끔찍한 학살극, 특히 진정한 고숙련 직종에 대한 대량 해고는 아직 시작되지 않았다. 그러나 미국의 지식 관련 일자리가 전자 기술에 의지하여 저임금 국가로 이전되는 현상을 생각하면 이미 시작된 것일 수도 있다. 변호사, 방사선 전문의, 컴퓨터 프로그래머, 정보 기술 전문가 등은 이미 압력을 피부로 느끼기 시작했다. 예를 들어, 인도에는 무수한 콜센터 직원을 비롯하여 IT 전문가, 미국 세무 규정을 훤히 꿰고 있는 세무 대리인, 인도 법이 아니라 미국 법에 정통한 상태로 미국 업체가 벌이는 소송 사건을 저렴한 보수로 처리해주는 변호사 등이 얼마든지 있다. 컴퓨터와 알고리즘이 직장을 앗아가는 문제는 해외 이전이라는 현상과 무관해 보이지만, 사실은 그 정반대이다. 해외 이전은 자동화의 전주곡인 경우가 많으며, 그나마 이전된 저임금 국가에서 창출된 직장도 기술이 진보함에 따라 얼마 지나지 않아 사라질 것이다. 게다가 아직 완전히 자동화할 수 없는 직종이라 할지라도 인공지능의 진보에 따라 해외로 이전하기는 더욱 쉬워질 것이다.

경제학자들은 대부분 해외 이전이 국제 교역의 또 다른 형태일 뿐이라고 생각하며, 이런 관계하에 있는 두 나라 모두에게 이익이 된다고 주장한다. 예를 들어, 부시 행정부 시절 백악관 경제 자문위원장으로 있던 하버드 대학교의 그레고리 맨큐 교수는 2004년에 해외 이전을 가리켜 "아담 스미스 시대로부터 경제학자들이 이야기해온 바, 즉 무역은 쌍방에게 이익이 된다는 사실을 보여준 최근의 사례"라고 말했다.[46]

그러나 그의 주장을 반박할 증거는 넘쳐난다. 상품의 교역을 시작하면 해운, 물류, 소매 등 여러 분야에서 다수의 고용이 창출된다. 또한 세계화의 영향을 완화시킬 수밖에 없는 근본적인 힘이 존재하는 것도 사실이다. 예를 들어, 어떤 회사가 공장을 중국으로 이전하면 제품을 출하하는 과정에서 선박 운임을 지불해야 하고, 제품이 시장까지 도착하는 데 상당한 시간이 걸리는 것도 감수해야 한다. 반면에 전자적 해외 이전은 매끄럽게 진행되며 방금 말한 것 같은 부담을 질 필요도 없다. 최소의 비용으로 일자리를 저임금 국가로 즉시 옮길 수 있다. 그러므로 이전의 결과로 일자리가 생긴다면 그것은 근로자가 거주하는 국가에서 창출될 가능성이 훨씬 높다.

해외 이전을 바라볼 때는 '자유무역'이라는 안경을 쓰고 보아서는 안 된다. 이는 오히려 '버추얼 이민(virtual immigration)'이라고 부르는 편이 옳다. 예를 들어, 어떤 회사가 대규모 콜센터를 멕시코 국경 코앞에 있는 미국 도시인 샌디에이고에 건설한다고 하자. 그러면 수천 명의 멕시코 인들이 미국 내 근로 허가를 받아 매일 아침 버스를 타고 국경을 넘어 콜센터에서 일을 할 것이다. 그날 근무가 끝나면 이들은 다시 버스를 타고 멕시코로 건너간다. 외국인 근로자를 불러다 일을 시키는 이 방식과, 인도나 필리핀 같은 나라에 전자적으로 콜센터를 이전하는 방식 사이의 차이는 무엇인가? 두 가지 경우 모두 근로자들은 사실상 미국으로 '들어와서' 서비스를 제공하는데, 이 서비스는 미국 국내를 대상으로 한다. 그러나 큰 차이는 멕시코 근로자를 버스로 출퇴근시키는 편이 캘리포니아 경제에 유리하다는 점이다. 우선 버스 기사를 고용해야 하며, 미국 내에 있는 거대한 콜센터를 유지하기 위해 이런저런 인력을 써야 할 것이다. 어떤 근로자는 작업 중 점심을 사 먹거나 하다못해 커피 한 잔이라도 사서 캘리포니아 경제에 보탬이 될 것이다. 그리고 이 시설을 소유하는 업체는 재산세를 납부해야 한다. 그러나 해외 이전의 경우 근로자들은 버추얼한 형태로만 미국에 들어올 뿐, 현실적으로 경제에 아무런 도움이 되지 못한다. 여기서 한 가지 아이러니는 미국 보수주의자들이 이 현상을 바라보는 시각이다. 이들은 미국인이 거의 원하지 않는 직종의 일을 찾아 입국하려는 외국인들에 대해서는 국경을 봉쇄해야 한다고 외치면서도, 버추얼 국경이 완전히 개방되어 있어 미국인들이 진정으로 원하는 고숙련 일자리가 외국으로 흘러나가는 데에 대해서는 거의 걱정을 하지 않는다.

물론 맨큐 같은 경제학자가 내놓은 주장은 전체를 본 것으로, 해외 이전으로 인해 승자와 패자가 생기고 그들 사이의 간격이 더욱 넓어진다는 사실은 간과되고 있다. 상대적으로 소수이기는 하지만 결코 작지는 않은, 그러니까 수백만 정도는 되는 사람들이 소득 감소, 삶의 질 저하, 미래 전망 악화 등을 겪을 처지에 놓인다는 이야기이다. 이들 중 상당수는 교육이나 훈련을 받느라 많은 돈과 시간을 투자했을 것이다. 어떤 사람들은 소득원을 몽땅 잃을 수도 있다. 맨큐는 아마 소비자들에게 돌아가는 총 이익이 이러한 손실을 상쇄하리라고 주장할 것이다. 그러나 해외 이전으로 인하된 가격이 소비자들에게 이익을 주기는 하겠지만, 이는 수천만, 심지어 수억 명의 소비자에게 분산되어 실제로 발생하는 인하 효과는 몇 센트에 불과할 것이다. 각 개인에게 돌아가는 혜택은 무시할 만한 수준이라는 뜻이다. 그리고 말할 필요도 없겠지만, 이득이 모든 소비자에게 돌아가는 것도 아니다. 상당 부분은 이미 부유한 임원, 투자가, 사업주 등의 주머니로 들어간다. 놀랄 일도 아니지만, 일반 근로자들은 직관적으로 알고 있는 이 사실을 다수의 경제학자들은 놓치고 있는 것 같다.

해외 이전 속에 와해적인 힘이 숨어 있음을 간파한 소수의 경제학자 중에는 전 연방준비제도이사회 부의장인 앨런 블라인더가 있다. 2007년에 블라인더는 「워싱턴 포스트」에 '자유무역은 좋지만 해외 이전은 두렵다'는 제목의 글을 기고했다.[47] 블라인더는 해외 이전이 앞으로 미국 경제에 미칠 영향을 평가하려는 목적으로 실시한 조사에서 근로 인구의 약 4분의 1에 해당하는 3,000만~4,000만 개의 일자리가 해외 이전 가능하다고 추산했다. "이제까지 드러난 것은 빙산의 일각에 불과하다. 나중에 가면 해외 이전이 엄청난 규모로 늘어날 것이다." 블라인더의 말이다.[48]

정보를 다루는 일에 관계되어 있지만 현지 기반이 없는 직업, 그러니까 고객과 직접 대면해서 일을 처리하는 방식이 아닌 직업은 거의 모두 상당히 가까운 장래에 해외 이전이 될 위험에 처해 있다. 그 후 시간이 지나고 나면 완전 자동화에 의해 2차로 타격을 입을 것이다. 사실 완전 자동화는 해외 이전의 필연적인 다음 단계이다. 기술이 진보함에 따라 저임금 국가 근로자들이 현재 수행 중인 반복 작업은 모두 기계가 대신할 것이다. 이미 이곳저곳의 콜센터에서 음성 자동화 기술이 현지 근로자들을 밀어내고 있다. 본격적인 자연어 처리 능력을 갖춘 IBM의 왓슨 같은 시스템이 대고객 서비스의 영역으로 진입함에 따라 해외 콜센터의 무수한 일자리가 증발해버릴 수도 있게 되었다.

이런 식으로 계속 가다 보면 이윤과 규모 확대를 목표로 해외 사업장에 중점적으로 투자한 기업이나 국가는 결국 한 단계씩 위로 올라갈 수밖에 없다. 반복성이 강한 작업이 먼저 자동화된 뒤, 좀 더 고숙련 직종 쪽으로 해외 이전 대상이 상향할 것이라는 뜻이다. 그런데 한 가지, 내가 보기에는 인공지능의 발달과 빅데이터 혁명이 이런 현상을 가속화하는 데에 기여할 잠재력을 사람들이 과소평가하는 것 같다. 이 두 가지 힘으로 인해 다양한 분야의 고숙련 직종이 해외로 이전될 수 있는데도 말이다. 앞서도 본 것처럼 빅데이터 접근 방식에는 알고리즘 분석의 결과를 이용해서 지속적으로 인간의 경험과 판단력을 대체할 수 있다는 전제가 깔려 있다. 발전하는 인공지능이 결국 완전 자동화의 단계에 도달하기도 전에, 이런 인공지능 탑재 장비들은 조직 전체에 대한 지식과 이에 대한 분석이라는 강력한 도구가 되어 기업의 경쟁력을 더욱 강화시켜줄 것이다. 이런 도구를 자유자재로 다루는 해외 근로자들이 자신보다 더욱 풍부한 경험으로 훨씬 더 많은 월급을 받는 선진국의 전문인들과 같은 수준의 경쟁력을 갖추는 날이 곧 올지도 모른다.

해외 이전을 자동화와 연결해서 보면 이들이 고용에 대해 갖는 힘에 경악할 수밖에 없다. 2013년에 옥스퍼드 대학교의 연구팀은 미국의 700가지 직종을 세부적으로 조사한 뒤 이들 중 거의 50퍼센트가 완전자동화가 가능한 업무라는 결론을 내렸다.[49] 프린스턴 대학교의 앨런 블라인더와 앨런 크루거도 해외 이전과 관련하여 비슷한 연구를 수행한 결과, 미국 직종의 25퍼센트가 궁극적으로 저임금 국가로 이전될 위험에 처해 있다는 결론에 도달했다.[50] 우리로서는 그저 옥스퍼드의 50퍼센트와 프린스턴의 25퍼센트가 최대한 겹치기를 바라는 수밖에 없다. 직업의 종류나 업무의 내용 측면에서 보면 사실 겹칠 가능성은 매우 크다. 그러나 시간적으로 보면 이야기가 달라진다. 보통 해외 이전이 먼저 시작된다. 그리고 해외 이전은 고숙련 직종까지도 위험 지역으로 끌고 들어가면서 자동화의 충격을 더욱 강화시킨다.

인공지능을 기반으로 한 강력한 도구들을 이용해서 해외 근로자들이 선진국의 고임금 전문가들과 손쉽게 경쟁할 길이 열리는 한편, 기술 발전으로 인해 어떤 직종이 해외로 이전될 수 있는가에 대한 전통적 견해가 뿌리째 흔들리고 있다. 예를 들어, 사람들은 현장으로 직접 가서 그곳 환경에 물리적인 영향을 주는 직업은 자동화로부터 안전하다고 생각한다. 그러나 전투기 조종사들은 미국 서부에 있는 기지에 앉아서 일상적으로 아프가니스탄 상공의 드론을 운용한다. 그렇다면 원격지에 있는 기계를 해외 근로자가 조작하는 것도 쉽게 상상이 가능하다. 인공지능이 발달하기는 했지만, 현 시점에서 로봇이 인간의 시지각 능력과 민첩한 손놀림까지 따라오지는 못하므로 이들 저임금 근로자들이 멀리 떨어진 곳에 있는 기계의 눈과 손 역할을 하는 것이다. 그리고 서로 대면해야만 일을 할 수 있는 직종도 현장에서 인력을 고용해야 한다고 사람들은 생각한다. 그러나 원격 로봇은 이 분야에서 자신의 영역을 확장해가고 있으며, 이미 영어 교육이 한국에서 필리핀으로 이전된 사례가 있다. 그리 멀지 않은 장래에 첨단 가상 환경 속에서 근로자들은 더욱 편안하게 국경을 넘나들며 고객들과 소통할 것이다.

해외 이전이 본격화됨에 따라 미국을 비롯한 선진국 대학 졸업자들은 임금뿐만 아니라 지적 능력 측면에서도 치열한 경쟁에 직면할 것이다. 인도와 중국의 인구를 합치면 26억인데, 이는 미국 인구의 8배가 넘는다. 이 중 최상위 5퍼센트만 생각해도 1억 3,000만으로, 미국 인구의 40퍼센트 이상이다. 각국 사람들의 지능 정도가 정규 분포를 따른다고 가정하면, 미국보다 인도 및 중국에 똑똑한 사람이 훨씬 많다는 것은 피할 수 없는 사실이다. 물론 이 두 나라의 국내 경제가 충분한 고용을 지속적으로 창출해서 이 총명한 사람들을 취업시킨다면 문제가 없다. 그러나 이제까지의 증거로 미루어보아 현실은 그 반대이다. 인도의 경우는 미국과 유럽 일자리의 해외 이전을 전자적으로 받아들이는 일을 국가 차원에서 전략적으로 특화시켰다. 중국은 세계가 부러워하는 고속 성장을 구가하고 있지만, 매년 급증하는 대학 졸업자들을 사무직 직종으로 흡수하는 일이 점점 어려워지고 있다. 2013년 중반에 중국 정부는 매년 대학 졸업자의 50퍼센트만이 취업하며, 전년도 졸업자의 20퍼센트 이상이 직장을 구하지 못하고 있음을 시인했다. 그런데 취업자 통계에는 임시직과 자유직업인, 대학원생, 정부가 고용 확대를 위해 '만들어낸' 일자리에 들어간 사람들이 다 풀타임 취업자에 포함되므로 50퍼센트도 과장된 수치일 것이다.[51]

현재까지는 중국의 숙련직 근로자들이 주로 영어를 비롯한 유럽 언어에 서툴다는 이유 때문에 해외 이전 시장에서 적극적으로 경쟁하기가 어려웠다. 그러나 이 분야에서도 기술이 결국 장벽을 허물 것으로 보인다. 딥 러닝 뉴런 네트워크 같은 기술은 실시간 기계 통역을 공상과학의 영역에서 현실로 끌어들일 태세를 갖추고 있다. 그리고 이런 일은 몇 년 안에 일어날지도 모른다. 2013년 6월에 구글의 안드로이드 담당 최고 책임자인 휴고 바라는 서로 다른 언어를 쓰는 사람들끼리 직접 대화 또는 전화 통화를 진행할 수 있는 실용적 '다국어 통역기'가 수년 내에 등장할 것으로 내다보았다. 바라는 또한 영어와 포르투갈어 사이의 실시간 통역을 "거의 완벽하게" 해내는 시스템을 구글이 이미 개발했다고 덧붙였다.[52] 반복성이 강한 사무직이 세계 각국에서 자동화의 물결에 휩쓸리는 경향이 더욱 뚜렷해져감에 따라, 기계가 아직 점령하지 못한 영역(점점 좁아지는)에 그나마 남아 있는 일자리를 둘러싼 경쟁이 치열해짐은 피할 수 없으리라고 생각된다. 이런 상황에서 뛰어난 소수는 분명히 유리할 것이고, 서슴없이 국경을 넘어 여러 나라에서 직장을 찾아볼 것이다. 가상 이민에는 국경이 없으므로, 선진국 대학 졸업자로서 이 정도 수준이 못 되는 사람들은 구직 전망이 어두워진다.

인간−기계 협력과 교육

기술 진보에 따라 여러 직종들이 자동화에 취약해지는 추세가 진행되면서 세계는 근로자에게 더 많은 교육 및 훈련을 제공하는 해결책에 의존해왔다. 이렇게 하면 고급 기술이 필요한 직종에 채용될 수 있기 때문이다. 1장에서 본 것처럼 패스트푸드나 소매업 같은 저숙련 직종은 로봇과 셀프서비스 기술이 이들 직종으로 마구 파고듦에 따라 위기에 직면했다. 물론 이런 어려움에 처한 근로자들에게 더 많은 교육 훈련을 제공하는 것이 일차적 해법이라고 확신할 수도 있다. 그러나 이번 장에서 지적하려는 바는 한창 진행 중인 기술 발전과 교육의 경주가 이제 거의 결승선에 도달했고, 기계가 고숙련 직종까지 넘보는 것이 현실이라는 점이다.

경제학자들 중 이러한 동향을 간파한 사람들은 기계와의 협력으로 미래의 일자리를 찾을 수 있다는, 전통적이면서도 새로운 해법을 내놓는다. MIT 대학교의 에릭 브리뇰프슨과 앤드루 매카피는 이런 견해의 선두 주자들로, 기계와 싸우기보다 이들과 "나란히 달리는 방법을 찾아야 한다"고 근로자들에게 조언한다.

현명한 조언일 수는 있지만 전혀 새롭지는 않다. 시대를 지배하는 기술과 함께 일하는 방법을 배우는 것은 옛날부터 일자리를 유지하는 데에 좋은 전략이었다. 최근에는 이것이 '컴퓨터 기술 배우기'였다. 그러나 새로울 것도 없는 이 조언이 무자비하고 폭발적인 정보 기술 발전 앞에서 과연 유용한가에 대해 우리는 회의적일 수밖에 없다.

인간과 기계가 공존한다는 생각의 대표 주자로는 별로 알려지지 않은 게임인 프리스타일 체스를 들 수 있다. IBM의 딥 블루가 세계 체스 챔피언인 가리 카스파로프를 이기고 나서 10년 이상 지난 오늘날, 일대

일 대결에서는 기계가 압도적으로 우세하다는 사실이 널리 받아들여진다. 그러나 프리스타일 체스는 팀 경기이다. 개개인으로 보면 체스 챔피언과는 거리가 먼 사람들이 그룹을 지어 게임을 하면서 한 수를 둘 때마다 컴퓨터에 탑재된 체스 프로그램과 자유롭게 상의를 한다. 2014년 현재 상황을 보면, 여러 가지의 체스 알고리즘에 마음대로 접속할 수 있는 인간 그룹이 이들과 대결하는 단일한 체스 컴퓨터를 이긴다.

그런데 완전 자동화가 아니라 인간과 기계 사이의 협력이 미래의 일터를 지배하리라는 생각에는 몇 가지 분명한 문제가 있다. 첫째, 프리스타일 체스에서 인간-기계 협력 팀이 계속해서 승리하리라는 보장은 없다. 이들은 여러 개의 체스 알고리즘으로부터 얻은 결과를 비교 평가한 뒤 최선의 수를 선택하는데, 내가 보기에 이런 방식은 IBM의 왓슨이 〈제퍼디!〉에서 쓰는 방법과 기분 나쁠 정도로 비슷하다. 왓슨도 수백 개의 정보 검색 알고리즘을 가동해서 결과를 얻은 뒤 여기에 순위를 부여하는 방법을 쓴다. 그렇다면 여러 개의 알고리즘에 접속해서 결과를 얻어내는 '대장' 체스 컴퓨터가 결국 인간 팀을 이기리라는 생각은 과장이 아닐 것이다. 속도가 중요해지면 더욱 그렇다.

둘째, 인간-기계 팀이 어떤 발전을 이룰 만한 강점을 갖고 있다 하더라도, 또 한 가지 중요한 의문이 버티고 있다. 기업주들이 이러한 강점을 활용하는 데 필요한 투자를 할 것인가? 기업들은 종업원들에게 별별 표어와 구호를 외쳐대지만, 실제로는 경영에 필요한 반복적 작업에 관한 한 어떤 종업원의 기술이 아무리 뛰어나더라도 상당한 금액의 급여를 추가로 지급하는 데는 소극적인 것이 현실이다. 믿기 어렵다면 자신의 집 케이블 TV 업체에 전화를 걸어보라. 기업은 핵심 역량과 직결된 분야에만 투자한다. 달리 말하면 회사를 경쟁 우위에 올려놓을 수 있는 활동에만 돈을 쓴다는 이야기이다. 이런 자세도 전혀 새로울 것은 없다. 더욱 중요한 점은 기업이 이런 목적으로 투자를 할 때 고용을 늘리지는 않는다는 것이다. 기업이 고용해서 최고의 기술과 접목하려는 사람들은 어느 분야로 가도 실업과는 무관할 만한 사람들, 그러니까 소수의 엘리트들뿐이다. 경제학자 타일러 카우언은 2013년의 저서『평균은 끝났다(Average Is Over)』에서 프리스타일 체스에 정통한 어떤 사람의 말을 인용하여 이 분야의 최고수들은 "타고난 괴물들"임을 지적했다.[53] 이런 식이라면 인간과 기계의 협력이라는 개념이 대량 실업의 위험에 대한 근본적 해결책이라고 믿기 어렵게 된다. 그리고 앞서 본 것처럼 해외 이전의 문제가 있다. 인도와 중국의 총 26억 인구 중 다수의 총명한 사람들은 이런 고숙련 일자리를 잡을 기회를 노리고 있을 것이다.

이게 다가 아니다. 인간-기계 협력과 관련된 직업은 수명이 비교적 짧으리라고 예상할 수밖에 없는 이유가 몇 가지 있다. 앞서 예로 든 워크퓨전 사를 보자. 이 회사의 기계 학습 알고리즘은 프리랜서들이 할 일을 점차적으로 자동화시켜갔다. 그러므로 지능형 소프트웨어 시스템과 함께, 또는 그의 지시를 받으며 일하는 사람은 스스로 알든 모르든 결국 자신을 밀어낼 소프트웨어를 훈련시키는 꼴일 가능성이 높다.

또 한 가지는 이러한 인간−기계 협력 직업을 원하는 사람들이 결국 자승자박의 길을 걸을 위험이 있다는 사실이다. 그 예로 오늘날 재판의 동향을 보자. 법적 분쟁이 시작되면 기업은 방대한 양의 내부 문서를 모두 검색하여 어떤 것들이 현재의 소송과 연관이 있을 수 있는가를 판단해야 한다. 규정에 따라 기업은 이러한 문서를 상대방에게 제공해야 하며, 유관할 수도 있는 문서를 제공하지 않으면 상당한 법적 책임을 감수해야 한다. 종이 없는 사무실 환경의 한 가지 모순은 이런 문서, 특히 이메일의 형태로 된 문서가 타자기와 종이의 시대에 비해 폭발적으로 늘어났다는 사실이다. 법무법인들은 새로운 기법으로 이 엄청난 물량을 다루고 있다.

첫 번째 방식은 완전 자동화를 이용하는 것이다. 강력한 알고리즘을 바탕으로 한, 이른바 이디스커버리(e-Discovery) 소프트웨어가 수백만 건의 전자 문서를 분석하여 관련된 문서들을 자동으로 꺼내준다. 이러한 알고리즘은 기존의 단순한 키워드 검색을 훨씬 뛰어넘는 성능을 갖추고 있으며, 특정한 문구를 입력하지 않아도 관련된 개념을 포착해내는 기계 학습 능력을 갖추고 있는 경우도 많다.[54] 이로부터 나오는 한 가지 직접적인 결과는 수많은 변호사와 법무사들의 직장이 사라진 것이다. 옛날 같으면 종이로 된 문서로 넘쳐나는 파일박스를 뒤지느라 이들이 개미떼처럼 들러붙어 있었을 것이다.

널리 쓰이는 두 번째 방법은 이렇다. 법무법인들은 이러한 문서 검색 작업을 최근에 법률전문대학원을 졸업한 학생들을 고용한 전문 기업에 아웃소싱한다. 이들 졸업자들은 보통 법률전문대학원 입학 거품의 희생자인 경우가 많다. 제대로 된 변호사 일자리가 당장 나오지도 않는 데다 학비를 대출로 충당한 경우도 많기 때문에 이들은 문서 검색 작업이라도 맡을 수밖에 없다. 이들 졸업생들은 저마다 모니터 앞에 앉아 지속적으로 진행되는 문서의 흐름을 지켜본다. 화면상에는 두 개의 버튼이 떠 있다. 하나는 '유관', 또 하나는 '무관'이다. 졸업생은 모니터에 떠 있는 문서를 읽어본 뒤, 두 버튼 중 하나를 누른다. 그러면 그다음 문서가 등장한다.[55] 이들은 보통 한 시간에 80건 정도의 서류를 분류하는 것으로 추정된다.[56] 이들 젊은 변호사들에게는 설 법정도 없고, 직업인으로서 성장할 기회도 없으며, 승진의 기회 같은 것은 아예 없다. 그저 끝없는 '유관'과 '무관' 버튼 누르기의 반복이 있을 뿐이다. *

---

* 독자 여러분 중 혹시 이런 일을 하고 싶은데, 법률 지식이 없는 것이 문제인 사람은 아마존의 '메커니컬 터크(Mechanical Turk)' 서비스에 방문하면 된다. 여기에는 이와 비슷한 취업 기회가 많이 나와 있다. 예를 들어, 빈캠(BinCam)은 카메라를 쓰레기통 속에 설치해 그 쓰레기통의 주인이 버리는 모든 물건을 추적한 뒤 그 결과를 자동으로 소셜 미디어에 올린다. 말할 것도 없이 주인이 음식을 낭비하거나 재활용을 하지 않거나 하면 이를 지적해서 부끄러운 생각이 들게 만들어 낭비를 하지 못하도록 하는 것이 이 서비스의 취지이다. 앞서 본 것처럼 시지각(여기서는 쓰레기의 종류)은 컴퓨터에게 아직도 넘기 힘든 벽이기 때문에 이 작업을 수행하는 데에는 사람이 동원된다. 인력을 투입하는 데에도 이 서비스가 경제성이 있다는 사실을 보면 이런 작업의 임금 수준이 어느 정도인지 짐작할 수 있다.

이 두 가지 방식과 관련하여 즉각 떠오르는 의문은 앞서 말한 인간-기계 협력 모델이 적용 가능한가 하는 것이다. 변호사들을 매우 싼 임금에 고용할 수 있다 하더라도 자동화를 시킨다면 비용은 더욱 떨어질 것이다. 독자들 중에는 아마 내가 좀 음울한 사례를 선택한 게 아닌지 의문을 품는 사람도 있을 것이다. 인간-기계 협력이라면 결국 사람이 주도권을 쥐는 것이고, 따라서 기계화된 과정의 톱니바퀴 노릇을 하기보다는 기계를 감독하며 보람을 느끼는 일을 하는 게 아닌가, 하고 말이다.

그럴 수도 있겠지만 데이터를 보면 서글프게도 이러한 생각은 인간의 소망에 불과하다는 데 문제가 있다. 예일 대학교의 이언 에어즈 교수는 2007년에 간행된 저서 『슈퍼크런처』에서 알고리즘을 이용한 처리 방식이 인간 전문가보다 뛰어난 성과를 올린다는 다수의 연구 결과를 인용하고 있다. 컴퓨터가 아닌 인간에게 작업 과정 전체를 통제하도록 하면 결과는 거의 예외 없이 만족스럽지 못하다. 인간 전문가들에게 알고리즘의 작업 결과에 대한 접속권을 부여해도 사람들은 여전히 기계가 독립적으로 수행한 작업 결과보다 열등한 결과를 내놓는다. 사람이 이러한 작업 과정에 어떤 기여를 하게 하려면 전체적 통제권을 주기보다는 특정한 정보를 제공하도록 하는 편이 낫다. 이 책에서 에어즈는 이렇게 말한다. "전문 지식과 알고리즘의 결합으로 세상을 더욱 비인간화시키는 메커니즘이 등장할 기회가 많아졌다는 증거는 계속 늘어나고 있다."[57]

내가 예측하는 바는 인간-기계 협력에 의한 일자리는 계속 존재하겠지만 숫자도 줄어들고 존속 기간도 짧은 경우가 많으리라는 것이다.*

또한 존재한다 하더라도 보수도 보잘것없는 데다가 심지어 비인간적이기까지 한 경우가 많으리라고 예측된다. 그렇다면 이런 식의 인간-기계 협력 직업을 찾을 수 있도록 사람들을 대대적으로 훈련시켜야 한다는 주장은 설득력이 희박해진다. 이러한 훈련의 결과가 어떠하리라는 것을 정확히 예측할 수 있다 하더라도 달라질 것은 없다. 내게 이런 식의 주장은 타이어를 누덕누덕 기워서 쓰자는 말처럼 들린다. 타이어를 기운다는 건 직업 훈련을 더 시킨다는 뜻인데, 이렇게 해서 굴려봐야 얼마나 더 버티겠는가? 결국은 직업 세계의 큰 혼란이 생기고, 이에 따라 훨씬 더 적극적인 정책적 대응이 필요해질 것이다.

---

*『평균은 끝났다』에서 타일러 카우언은 미국 일자리의 10~15퍼센트가 인간-기계 협력에 적합하리라고 추산한다. 그러나 해외 이전을 생각하면 장기적 관점에서 이마저도 지나친 낙관일지 모른다. 인간-기계 협력 직업 중 미국에서 살아남을 일자리는 얼마나 될까?(내가 가지는 회의론에 대한 예외는 아마 의료 분야일 것이다. 6장에서 다루겠지만, 오늘날의 의사보다 훈련은 훨씬 덜 받았지만 인공지능 기반 진단 및 치료 시스템을 다룰 능력을 갖춘 의료 전문인을 양성하는 일은 낙관적이다. 그러나 의료 부문은 매우 특별하다는 것을 염두에 두기 바란다. 의사를 훈련시키는 데에는 오랜 시간이 걸리는 데다가 앞으로는 의사가 부족해질 것이기 때문이다.)

사무직 중에서는 대학을 졸업한 새내기들이 주로 차지하는 하위 직종이 자동화의 첫 희생양이 될 것이다. 2장에서 본 바와 마찬가지로 이러한 현상이 이미 진행 중이라는 증거도 있다. 2003년에서 2012년 사이에 미국에서 학사 학위 소지자의 평균 연봉은 2012년 달러 기준 5만 2,000달러 선에서 4만 6,000달러가 조금 넘는 선까지 하락했다. 같은 기간 중 학자금 대출 규모는 3배로 늘어 3,000억 달러에서 9,000억 달러에 이르렀다.[58]

최근 졸업사 중 하향 취업자의 비율은 상당하며, 대학 졸업자라면 학사 학위를 갖고도 커피숍에서 일하는 지인 하나쯤 없는 사람이 없다. 2013년 3월에 캐나다의 경제학자인 폴 보드리, 데이비드 그린, 벤저민 샌드 등은 「숙련직 인력 수요의 반전」이라는 제목의 논문을 발표했다.[59] 제목만 보아도 이들이 무엇을 이야기하는지 훤히 알 수 있다. 이들은 지난 2000년경 미국의 숙련직 인력 수요가 정점에 달한 후 가파른 하향곡선을 그리고 있음을 발견했다. 그 결과 대학을 갓 졸업한 사람들은 비숙련직을 찾기 시작했고, 이 과정에서 대학을 가지 못한 사람들을 밀어내는 경우 또한 많이 발생했다.

과학기술 분야의 학위를 가진 사람들도 상당한 타격을 입었다. 앞서 본 것처럼 특히 정보 기술 시장은 해외 이전뿐만 아니라 클라우드 컴퓨팅과 관련한 자동화의 물결 속에서 대대적인 변화를 겪었다. 공학 분야나 컴퓨터과학 관련 학위는 취직의 보증수표라는 통념도 이제 옛말이 되어가고 있다. 경제정책연구소가 2013년에 내놓은 분석 결과에 따르면, 미국 각 대학에서 공학 및 컴퓨터과학으로 학위를 받고 졸업하는 사람의 수는 이들 분야에서 실제로 취업하는 사람의 수보다 50퍼센트나 많다. 이 연구는 "이 분야에서 졸업생의 공급은 수요보다 훨씬 크다"라는 말로 끝난다.[60] 수많은 사람들이 여전히 고등교육을 받기 위해 온갖 노력을 기울이지만 미래의 경제에서 일자리를 찾지 못하리라는 전망이 점점 더 뚜렷해지고 있다.

경제사를 샅샅이 뒤져서 기술의 발달로 인해 고숙련 직종이 타격을 입는 상황을 일부 경제학자들이 파악하기 시작했지만, 이들은 여전히 연구 성과를 미래 예측에 적용하는 데에는 매우 조심스럽다. 인공지능 분야의 학자들은 이들보다 훨씬 더 적극적이다. 일본 국립정보학연구소의 수학자인 아라이 노리코는 도쿄 대학교 입학시험에 합격할 능력을 갖춘 시스템 개발 프로젝트를 이끌고 있다. 일본 최고의 대학에 합격하는 데에 필요한 자연어 이해력과 분석 능력을 갖춘 컴퓨터라면, 대학 졸업자가 수행하고 있는 직무 중 상당 부분을 결국 컴퓨터가 해낼 수 있으리라고 아라이는 생각한다. 아라이는 10~20년 사이에 이로 인한 고용의 지각변동이 일어나리라고 내다본다. 아라이가 이 프로젝트를 시작한 이유 중 하나는 고용 시장에 대한 인공지능의 파괴적 잠재력을 알아보기 위해서이다. 아라이는 자동화로 인해 숙련직 근로자가 10~20퍼센트만 일자리를 잃어도 '대파국'이 올 것이라고 하면서 "이 숫자가 50퍼센트까지 가면 어떻게 될지 상상하기도 어렵다"고 말한다. 이어서 아라이는 "거기까지 가면 대파국 정도가 아닐 텐데, 인공지능이 앞으로 계속 발전해가면 이렇게 될 가능성도 배제할 수 없다"고 덧붙인다.[61]

고등교육이라는 분야 자체는 오랫동안 고숙련 근로자의 주요 직장 역할을 해왔다. 박사 학위를 취득하려는 목표를 가진 사람은 대부분 새내기로 입학한 시점으로부터 결코 대학을 떠나지 않는 길을 걷는다. 그러나 다음 장에서는 교육산업과 여기에 종사하는 다수의 사람들이 기술로 인해 대량 실업의 위기로 몰릴 수 있다는 점을 살펴보겠다.

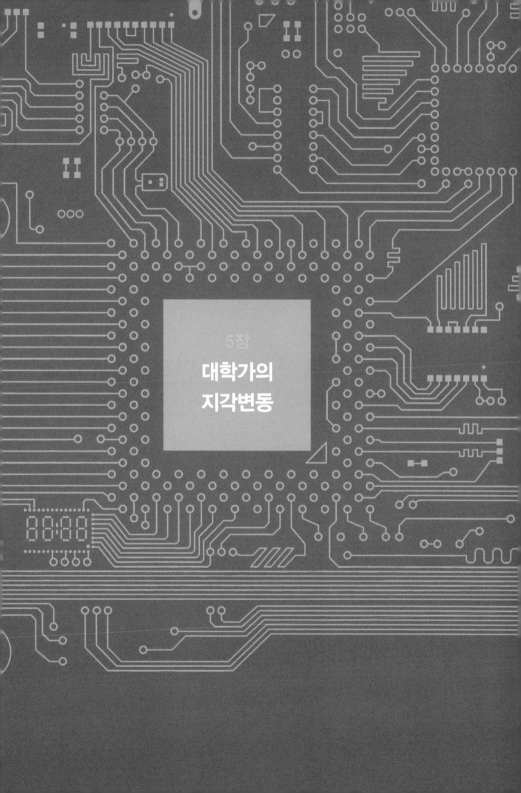

5장

대학가의
지각변동

수만 명이 무료로 수강하는 강좌에 인간 감독자를 붙여 학생을 관리하는 일은
현실성이 없지만 오늘날 페이스북에 사진을 게시하는 데에 쓰이는
안면 인식 알고리즘이 아마 감독자의 역할을 할 수 있을 것이다.

2013년 3월에 영문학 교수들과 작문 지도자들이 이끄는 소수의 학자들이 기계로 논술 문제를 채점하는 방식에 반대하는 온라인 서명 운동을 시작했다. '주요 평가에서 논술 시험을 기계로 채점하는 데에 반대하는 전문가 모임'이라는 제목이 달린 이 서명 운동에서 학자들은 논술을 알고리즘으로 평가하면 결과가 단순하고, 부정확하며, 자의적인 데다가 차별적일 수밖에 없다고 밝혔다. 무엇보다도 그들은 "읽을 능력이 없는 기계"가 이를 수행한다는 점을 중점적으로 비판했다.[1] 두 달도 안 돼 놈 촘스키를 필두로 한 지식인을 비롯하여 거의 4,000명에 달하는 전문 교육자가 여기에 서명했다.

물론 컴퓨터 채점은 어제오늘의 일이 아니다. 객관식 문제는 상당히

오래전부터 기계로 채점해왔다. 이 과정에서 사람들은 채점 기계를 노동을 절약하는 장치로 생각했다. 그러나 기계가 인간의 기량과 판단력에 크게 의존하는 것으로 보이는 분야로 밀고 들어오기 시작하자 교육자들은 이를 위협으로 인식하기 시작했다. 논술 문제를 기계로 채점하려면 첨단 인공지능 기법이 필요하다. 논술 답안지를 평가할 때 쓰이는 기본적인 방법은 구글의 온라인 번역기와 비슷하다. 우선 인간 평가자가 이미 채점해놓은 다수의 샘플을 이용해서 기계 학습 알고리즘을 훈련시킨다.

앞서 말한 '전문가 모임'의 서명 운동은 채점하는 기계가 "읽을 능력이 없다"는 점을 지적하고 있다는 점에서는 옳다. 그러나 빅데이터와 기계 학습이 적용되는 여러 사례에서 본 것처럼 이는 문제가 되지 않는다. 통계적 상관관계 분석에 기반을 둔 기술은 최고 수준의 인간 전문가와 대등하거나 심지어 더 뛰어난 결과를 내놓는 경우가 많다. 실제로 애크런 대학교 사범대학 연구팀이 2012년에 기계 채점 결과와 인간이 채점한 결과를 비교해보니 기계가 "인간과 사실상 동일한 수준의 정확도를 보였으며, 어떤 경우에는 더욱 신뢰도가 높았음"을 알아냈다. 여기서 연구팀은 미국 6개 주 공립학교에서 수집한 1만 6,000건 이상의 논술 과제를 9개 업체가 내놓은 소프트웨어로 채점한 결과를 연구 대상으로 삼았다.[2]

MIT의 작문 교육과 학과장이던 레스 페렐만은 기계 채점에 가장 치열하게 반대하는 학자 중 한 사람으로, 앞서 말한 2013년의 서명 운동에 핵심적으로 활동하기도 했다. 실제로 페렐만은 전혀 말이 안 되는 논술 답안을 스스로 작성하여 채점 기계를 속여 높은 점수를 받아낸 적도 여러 번 있었다. 그러나 내가 보기에는 기계를 바보로 만들 정도로 엉성한 글을 쓰는 데에 필요한 능력이 논리적인 글을 쓰는 데에 필요한 능력과 비슷한 수준의 것이라면 바로 이 사실 때문에 기계를 속일 수 있다는 페렐만의 말은 설득력을 잃는다. 여기서 현실적인 문제는 제대로 된 글을 쓸 능력이 없는 학생이 채점 기계라는 관문을 통과할 수 있느냐인데, 애크런 대학교의 연구 결과는 그렇지 않음을 보여주고 있다. 게다가 페렐만은 한 가지 우려를 제기했어야 하는데도 하지 않았다. 즉, 학생들이 기계가 좋아할 만한 글을 쓰도록 교육받을 가능성이 그것이다. 페렐만이 기계를 가리켜 "길고 수다스러운 글을 쓰는 학생에게 불공평하게 더 높은 점수를 주는 장치"라는 주장을 펼치는 것을 생각하면 더욱 그렇다.[3]

오늘날 교육기관이 비용 절감의 방법을 적극적으로 모색하고 있음을 생각하면 시끌벅적한 논쟁과는 별도로, 채점 기계가 더 널리 쓰일 것은 거의 확실하다. 특히 채점 대상이 아주 많을 경우, 기계 채점이 갖는 이점은 명백하다. 속도와 저렴한 비용은 차치하더라도 사람 여러 명이 뛰어들어 채점하는 것보다는 단일한 알고리즘이 채점하는 편이 객관성과 일관성 측면에서도 유리하다. 기계를 사용하면 또한 학생들에게 시험 결과를 즉시 알려줄 수 있다. 교육자가 상세하게 토를 달아줄 필요가 없는 과제의 경우에는 더욱 적절하다. 예를 들어, 커뮤니케이션 강좌에서는 학생들에게 일기를 쓰라고 권하는 경우가 많다. 그러면 알고리즘이 매일의 일기를 평가하고 개선책까지도 제시할 수 있는데, 버튼을 한 번 클릭하는 것만으로 이 모든 일이 가능하다. 적어도 예측 가능한 미래까지는 채점 기계가 작문 입문 과정에서나 쓰이리라고 생각해도 틀리지 않을 것이다. 그러니까 영문학 교수들은 수준 높은 창작 수업까지 알고리즘이 밀고 들어올 걱정을 할 필요가 없다. 그러나 기초 과정에서 기계를 도입했다는 사실은 이들의 시험지를 채점하는 대학원생 조교들의 일자리가 결국 사라지리라는 뜻이기도 하다.

고속으로 발달하는 정보 기술이 결국은 교육 분야에 대변혁을 일으킬 것이 틀림없는 지금, 논술 채점을 둘러싼 논쟁은 아무리 시끌벅적하다 한들 그저 작은 사례에 불과하다. 이제까지 대학은 다른 산업 분야를 완전히 탈바꿈시킨 생산성 개선의 물결에서 예외 취급을 받아왔다. 정보 기술의 혜택은 고등교육 분야에 광범위하게 미치지는 못했다. 최근 수십 년간 대학 교육비가 폭발적으로 늘어난 데에는 정보 기술을 활용하지 못한 점도 한몫했다.

그러나 상황이 바뀌리라는 조짐이 뚜렷이 드러나기 시작했다. 한 가지 중요한 사례는 일류 교육기관이 제공하는 온라인 강좌들이다. 이러한 강좌는 상당수의 수강생을 끌어모으는 경우도 많으며, 이에 따라 교육과 평가 양면에서 자동화가 시작되는 기폭제 역할을 할 것으로 보인다. 무료 온라인 강좌 제공을 목적으로 명문대들이 모여 결성한 edX는 2013년 초에 논술 평가 소프트웨어를 모든 교육기관에 무료로 개방하겠다고 발표했다.[4] 달리 말해 기계 채점 시스템은 숙련직 노동 자동화를 불가피하게 촉진하는 인터넷 기반 소프트웨어의 또 한 가지 사례가 될 것이다.

MOOC의 등장, 그리고 험난한 길

앞서 말한 edX가 제공하는 무료 인터넷 강좌는 대규모 공개 온라인 강좌(MOOC, Massive Open Online Course)를 향해 가는 과정의 일부로 2011년 늦여름부터 대대적인 관심을 끌기 시작했다. 서배스천 스런과 피터 노빅, 이 두 명의 스탠퍼드 대학교 컴퓨터과학자들은 자신들이 제공하는 인공지능 입문 강좌를 인터넷을 통해 무료 개방하겠다고 발표했다. 두 사람 모두 이 분야에서는 유명 인사로 구글과 긴밀한 관계를 맺고 있다. 스런은 구글이 개발 중인 무인자동차 사업을 지휘했고, 노빅은 유명 인공지능 교과서의 공저자이자 관련 연구팀장이기도 했다. 이 발표가 나가고 며칠 만에 1만 명이 넘는 사람들이 수강 신청을 마쳤다. 그해 8월 「뉴욕 타임스」의 존 마코프가 이를 1면 기사로 다루자 190여 개국에서 16만 명이 몰려들어 수강을 신청했다.[5] 리투아니아 한 나라의 신청자 수만 해도 스탠퍼드 대학교의 학부생과 대학원생들을 모두 합친 것보다 많았다. 열 살짜리 어린이로부터 70세 노인에 이르기까지 수많은 사람이 인공지능 분야에서 가장 탁월한 두 명의 학자로부터 기본을 배우려고 몰려들었다. 그전까지 이들의 강의는 약 200여 명의 스탠퍼드 학생들이 독점하고 있었다.[6]

10주에 걸친 이 강좌는 몇 분짜리 짧은 단위로 세분되어 있었고 칸 아카데미가 중고교생용으로 개발하여 대성공을 거둔 비디오 포맷을 대략 따르고 있었다. 나 또한 이 중 몇 강좌를 들었는데, 들어보니 매우 강력하고 흡인력 있는 학습 방식이라는 생각이 들었다. 이들은 강의에서 요란한 시각적 자료를 사용하지 않았으며, 그저 스런이나 노빅이 노트패드에 주요 내용을 써가는 식으로 강의를 진행했다. 한 단위의 강의가 끝나면 매번 참여형 테스트가 실시되었는데, 이렇게 하면 한 단계씩 올라갈 때마다 학생이 핵심적인 개념을 확실하게 자신의 것으로 만들 수 있다. 2만 3,000명 정도가 과정을 모두 끝낸 뒤 기말고사를 치렀으며, 스탠퍼드 대학이 발행하는 수료증을 받았다.

그로부터 몇 달 지나지 않아 MOOC 현상에 바탕을 둔 완전히 새로운 산업이 탄생했다. 서배스천 스런은 벤처 자본을 모아 유데이시티(Udacity)라는 회사를 창업한 뒤 무료 또는 저비용의 온라인 강좌를 개설했다. 미국 전역과 전 세계에 걸쳐 유수의 대학들이 일제히 이 산업으로 몰려들었다. 앤드루 응과 다프니 콜러 등 스탠퍼드의 교수 두 명도 2,200만 달러의 투자금을 모아 코세라(Coursera)라는 회사를 창업한 뒤 스탠퍼드 대학교, 미시건 대학교, 펜실베이니아 대학교, 프린스턴 대학교 등과 협력 관계를 구축했다. 하버드와 MIT도 재빨리 6,000만 달러를 투입하여 edX를 출범시켰다. 그러자 코세라도 존스 홉킨스 대학교와 캘리포니아 공대 등을 추가로 영입했고, 1년 반도 채 되지 않아 이들과 협력 관계를 구축한 기관은 전 세계에 걸쳐 100개 이상으로 늘어났다.

2013년 초가 되자 등록 학생 수가 급증하면서 MOOC를 둘러싼 열기는 폭발적으로 고조되었다. 사람들은 이런 온라인 강좌가 교육의 새 시대를 열어 최고 수준의 교육을 무료 또는 저비용으로 받을 수 있는 때가 왔다고 생각하기 시작했다. 아프리카와 아시아의 가난한 사람들도 저렴한 태블릿 컴퓨터나 스마트폰 하나만 있으면 미국 명문대 강의를 수강할 길이 열리리라는 뜻이었다. 「뉴욕 타임스」의 칼럼니스트 토머스 프리드먼은 MOOC를 "글로벌 온라인 고등교육에서 시작된 혁명"이라고 부르면서 온라인 강좌가 "수십 억 명으로부터 아이디어를 끌어내서 글로벌 차원의 골치 아픈 문제를 해결"할 수 있으리라고 내다보았다.[7] 그런데 2013년경 펜실베이니아 대학교에서 발표한 두 건의 연구 결과가 이 온라인 교육 열기의 실상을 짚어냈다. 이 중 한 연구는 코세라가 제공한 강좌에 등록한 사람 100만 명을 조사해서 다음과 같은 사실을 발견했다. "MOOC를 적극적으로 활용하는 사용자는 비교적 적다. 강좌가 시작되고 나서 1~2주가 지나면 '출석률'이 급격히 떨어진다. 강좌가 끝날 때까지 함께하는 사람은 소수이다."[8] 그나마 신청자들 중 강좌를 하나라도 들은 사람은 전체의 절반에 불과했다. 강좌를 끝까지 듣는 사람의 비율은 2퍼센트에서 14퍼센트 사이였으며, 평균은 4퍼센트였다. 또한 온라인 강좌가 빈곤층과 저학력층에게 가장 혜택을 주리라는 예측과는 달리 이들 계층의 수강 신청자는 적었다. 신청자의 약 80퍼센트가 이미 학사 학위를 갖고 있는 사람들이었다.

그로부터 몇 달 전 유데이시티와 새너제이 대학교가 수익성이 높으리라고 판단하고 함께 시작한 사업도 기대에 미치지 못했다. 저소득층 학생들에게 수학 재교육과 함께 대학 수준의 대수 및 통계학 입문 등을 가르치는 목적으로 개설된 이 프로그램은 2013년 1월 서배스천 스런과 제리 브라운 캘리포니아 주지사가 공동 개최한 기자회견에서 발표되었는데, 이 자리에서 이들은 이 교육 과정이 폭증하는 등록금과 학생 과밀 상태에 대한 대안이 될 수 있다고 강조했다. 그러나 겨우 150달러에 온라인 멘토로부터 개별 지도까지 받은 졸업생들에 관한 결과는 불만족스러웠다. 대수 강의를 들은 학생의 4분의 3(이 학생들 중 거의 90퍼센트는 고등학교를 갓 졸업한 사람들이었다)이 중도 탈락했다. 일반적으로 MOOC 학생들은 새너제이 대학교의 정규 강좌에 등록한 학생들보다 성과가 현저하게 떨어졌다. 새너제이 대학교는 '잠정적으로' 이 강좌를 폐쇄했다.[9]

212

이제 유데이시티는 무차별적으로 다수에게 교육을 제공하는 대신 현재 취업해 있는 근로자들에게 특정한 기술을 가르치는 직업 교육 쪽에 초점을 맞추고 있다. 구글과 세일즈포스닷컴(Salesforce.com) 같은 회사들은 소프트웨어 개발자들에게 이들 회사의 소프트웨어 제품을 사용하는 방법을 알려주는 강좌에 재정 지원을 제공하고 있다. 유데이시티는 또한 조지아 공대와 협력하여 MOOC를 기반으로 한 컴퓨터과학 석사 과정을 세계 최초로 개설할 계획을 세워놓고 있다. 등록금은 3학기에 걸쳐 6,600달러로 일반적인 오프라인 강의보다 약 80퍼센트 적다. 이 사업이 출범하는 데에 드는 비용은 AT&T가 제공하는데, 이 회사는 다수의 직원에게 이 강좌를 수강시킬 방침이다. 조지아 공대는 일차적으로 375명을 선발한 뒤 향후 수천 명까지 학생 수를 늘린다는 계획을 갖고 있다.

MOOC가 지속적으로 발전하고 개선됨에 따라 이들이 전 세계적으로 교육을 혁신하여 수준 높은 강의를 수억 명의 전 세계 빈민에게 제공한다는 꿈은 궁극적으로 현실이 될 수도 있다. 그러나 적어도 단기적으로 볼 때 이러한 온라인 강좌는 이미 고등교육을 받은 뒤 추가 교육을 원하는 사람들을 주로 끌어들일 것이다. 달리 말해 MOOC는 이러한 시스템이 없었다면 일반 대학에 등록했을 사람들을 대상으로 기존 교육 시스템과 경쟁할 것이다. MOOC 졸업장을 믿을 만한 증명서로 기업들이 받아들이기 시작하면 고등교육 분야 전체에 걸쳐 결국 지각변동이 일어날 것이다.

대학의 학점과 능력 기준 평가

앞서 말한 2011년의 인공지능 강좌가 끝난 뒤 그 결과를 분석한 스런과 노빅은 참여자 중 248명이 만점을 받았음을 밝혔다. 이들은 시험에서 오답을 낸 적이 단 한 번도 없었다. 이들은 또한 이 최우수 집단 속에는 스탠퍼드 대학교 재학생이 한 명도 없다는 사실도 발견했다. 실제로 온라인 수강생 중 400명 이상이 오프라인에서 가장 뛰어난 학생들보다 더 뛰어난 성과를 보였다. 이 400여 명 중에는 스탠퍼드 정규 강좌의 학점을 딴 사람도 없었고, 이런저런 수료증을 딴 사람조차 없었다.

그로부터 몇 달 전, 스탠퍼드 대학 당국자들은 이들 두 교수의 온라인 강의 수강 신청이 폭증한다는 소식을 듣고 나서 두 사람의 교수와 지속적으로 협의하여 이 수강생들에게 어떤 식의 증서를 제공할 것인지 논의했다. 대학 당국자들은 물론 스탠퍼드의 직인이 찍힌 증서가 수만 명을 대상으로 남발될 수 있음을 우려했다. 이들 중 누구도 연간 4만 달러에 달하는 정규 학생 등록금을 내지 않았기 때문이다. 당국자들은 또한 원격지에 있는 학생의 경우 신원 확인이 불가능하다는 점도 우려했다. 결국 대학 당국은 인터넷으로 강좌를 마친 학생들에게 단순한 '수료증'을 주는 선에서 합의했다. 스탠퍼드 당국자들은 이 서류의 이름에 워낙 신경이 곤두선 나머지 어떤 기자가 이에 관해 '증명서'라는 용어를 쓰자 즉시 시정을 요구하기도 했다.

스탠퍼드 당국자들이 온라인 학생의 신원 확인에 그토록 신경을 쓴 데에는 근거가 있다. 사실 강좌를 끝까지 수강하고 시험을 본 해당 인물에게 수료증을 수여하는 일이야말로 MOOC를 기반으로 하여 학점이나 증서를 제공하는 사업과 관련하여 가장 어려운 측면이다. 물샐틈없는 본인 확인 시스템이 없다면 가짜 증명서를 발행하는 업체들이 우후죽순처럼 생겨날 것이다. 실제로 온라인 강좌를 돈을 받고 대리 수강해준다는 웹사이트가 여러 개 생겨났다. 2012년 말에 〈인사이드 하이어 에드(Inside Higher Ed)〉라는 웹사이트의 기자들은 학생으로 가장하여 펜실베이니아 대학교가 제공하는 온라인 경제학 입문 강좌를 마치는 데에 얼마나 드는지 알아본 적이 있다. 그러자 775달러에서 900달러 사이에 'B 학점'을 보장한다는 견적이 여러 건 날아들었다. 이 강좌는 펜실베이니아 대학교에서 운영하는 온라인 학위 과정이었으므로 수만 명이 수강하는 공개 강좌에 비하면 학생의 본인 확인이 훨씬 쉬웠는데도 이런 일이 벌어진 것이다.[10] 이런 강좌에 등록하는 학생은 펜실베이니아 학부와 대학원 전체에 걸쳐 6,000명 정도에 불과하다. 이 정도면 인기 있는 MOOC 강좌 하나에 몰려드는 학생 수에 비해 아무것도 아니다.

대형 온라인 강좌에서 부정행위는 이미 큰 문제로 떠올랐다. 2012년에 코세라가 제공하는 인문학 강좌에는 표절에 대한 지적이 수십 건 들어왔다. 이들 강좌는 알고리즘 대신 학생 간 상호 평가를 주로 하고 있어서 표절 지적을 접한 관리자들은 실제로 표절이 이루어졌는지 아니면 그러한 지적이 잘못된 것인지를 가려내야 했다. 공상과학 소설과 판타지 창작 과정에서는 학생들의 과제물이 위키피디아를 비롯한 출판물을 베낀 것이라는 지적이 나왔고, 이에 따라 미시건 대학교의 영문학 교수인 에릭 랩킨은 여기에 등록한 3만 9,000명의 학생 전원에게 이메일을 보내 베끼지 말 것을 경고함과 동시에 "표절이라는 비난은 매우 심각한 행동이므로 분명한 증거 없이는 하지 말아야 함"을 지적했다.[11] 여기서 한 가지 놀라운 일은 이런 강좌들이 대학에서 어떤 증명서도 발급하지 않는 강좌였다는 사실이다. 어떤 사람들은 그저 '할 수 있으니까' 표절하기도 하고, 그러면 안 된다는 것을 몰랐기 때문에 표절을 한 것으로 보인다. 그것이 어디에서 비롯되었든 이런 강좌에 어떤 식으로든 학문적 성취를 증명하는 요소가 들어가면 부정행위를 하고 싶은 충동이 훨씬 더 강해지리라는 것은 의심의 여지가 없다.

본인 확인과 부정행위 방지와 관련해서는 여러 가지 기술적 해결책이 있을 수 있다. 한 가지 단순한 방법은 매번 수업을 시작하기 전에 개인 정보 입력을 요구하는 것이다. 누군가를 고용해서 대리 수강을 시킬 경우, 그 사람에게 주민등록번호를 공개하고 싶은 사람은 별로 없을 것이다. 그러나 이런 방법은 전 세계적으로 쓸 수 없다는 단점이 있다. 관리자와 학생을 감시할 수 있도록 컴퓨터를 향해 카메라를 켜놓아 원격 감시를 하는 방법도 있다. 2013년에 하버드와 MIT가 공동 창립한

216

MOOC인 edX는 추가 비용을 지불한 뒤 웹캠의 감시하에 강의를 듣는 학생들에 한해서 신원확인 증명서를 발급하기 시작했다. 이런 증명서는 직장을 알아볼 때 제출할 수는 있지만 일반적으로 성적 증명서로 쓰일 수는 없다. 수만 명이 무료로 수강하는 강좌에 인간 감독자를 붙여 학생을 관리하는 일은 현실성이 없지만 오늘날 페이스북에 사진을 게시하는 데에 쓰이는 안면 인식 알고리즘이 아마 감독자의 역할을 할 수 있을 것이다. 이 밖에 학생이 키보드를 두드리는 간격을 분석해서 본인을 확인하거나 학생이 제출한 과제물을 방대한 기존의 데이터베이스와 비교하여 표절을 가려내는 알고리즘도 생각해볼 수 있다.[12]

MOOC 방식으로 학점을 부여하는 방법으로써 특히 가능성이 높은 것은 성과 기반 학점 부여 방식이다. 이 방법을 쓰면 학생들은 강의에 출석하는 대신 특정 과목에 대한 시험을 거쳐 스스로의 역량을 증명하여 학점을 이수한다. 이러한 성과 기반 교육은 웨스턴 거버너 대학교가 시작했는데, 온라인 교육기관인 이곳은 1995년에 최초로 미국 서부 19개 주 주지사들의 온라인 회의를 최초로 주선하기도 했다. 이 학교는 1997년에 교육 서비스를 시작했는데, 2013년이 되자 학생 수가 4만 명이 넘어섰다. 이들 중 대부분은 오래전에 시작했던 학위 과정을 마치거나 새로운 분야를 공부하려는 성인이다. 2013년 9월에 위스콘신 대학교는 성과 기반 교육 방식으로 학위를 받는 과정을 도입하겠다고 발표하여 이 방식에 크게 힘을 실어주었다.

MOOC와 성과 기반 교육은 서로 잘 어울릴 수밖에 없는데, 왜냐하면 이들을 결합하면 강의와 졸업장을 분리할 수 있기 때문이다. 본인 확인과 부정행위 방지 등의 문제는 시험 때만 해결하면 된다. 게다가 벤처업체가 시험 및 졸업장 발급 과정을 담당해서 오프라인 강의의 불편함과 비용 문제를 완전히 해결해버릴 수도 있다. 공부할 의지가 있는 학생이라면 이러한 시스템을 통해 MOOC, 자습, 오프라인 강의 등의 다양한 수단을 자유자재로 이용해서 자신의 역량을 높이고 회사가 운영하는 시험에 통과하여 학점을 받으면 된다. 이런 시험은 상당히 까다로워서 실제로 옥석을 가리는 여과지 역할을 할 수 있다. 그러니까 유명 대학의 입학시험과 비슷한 효과를 내리라는 뜻이다. 이런 업체가 매우 뛰어난 학생들에게만 졸업장을 준다는 평판을 확고히 한다면, 그리고 유명 기업들과 강한 유대 관계를 구축하여(아마 이것이 가장 중요할 것이다) 졸업생들을 채용하게 한다면 이런 업체들이 고등교육이라는 사업을 뒤흔들 수 있음은 분명하다.

거의 3,000개에 달하는 미국 대학의 최고 관리자들을 대상으로 매년 설문 조사를 실시한 결과, 2013년 한 해 동안 MOOC에 대한 전망은 부정적인 방향으로 크게 바뀌었다. 응답자의 거의 40퍼센트가 대규모 온라인 강좌를 발전 가능성 있는 교육 방법으로 생각하지 않았다. 그러나 2012년의 조사에서는 그 비율이 25퍼센트에 불과했다. 『고등교육연보(*Chronicle of Higher Education*)』도 마찬가지로 다음과 같은 전망을 내놓았다. "MOOC는 지난 1년간 고등교육에서 기존의 졸업 자격 부여 시스템에 어떤 유의한 영향도 끼치지 못했다. 이에 따라 당초 일부에서 생각했던 것처럼 MOOC가 현재의 고등교육 과정을 크게 바꿔놓으리 라는 예측에 의문이 생겼다."[13]

MOOC와 관련한 모순 중 하나는 대규모 교육 시스템으로서 여러 가 지 실제적 문제는 많지만 학업 의지가 있고 자율적인 학생이라면 매우 효과적인 학습 수단이 될 수 있다는 점이다. 처음 인공지능 강좌를 온라 인으로 시작했을 때 스런과 노빅은 스탠퍼드의 정규 강좌 출석자 수가 격감한 것을 보고 놀랐다. 마지막에 가서는 200명의 등록자 중 30명 정 도만 지속적으로 강의에 참석했다. 두 사람은 또한 온라인 강좌를 개설 하자 정규 등록생의 시험 성적이 전년도 수강생들에 비해 크게 향상되 었다는 사실도 발견했다.

MOOC의 전망이 비관적이라고 단정 짓기는 아직 이르다. 지금 우 리 눈에 보이는 현상은 신기술에 흔히 따라오는 초기 단계의 혼란일 수 도 있다. 마이크로소프트 윈도 버전 3.0에 이르러서야 업계를 주도하 는 제품으로 성숙했다. 거기까지 가는 데는 적어도 5년이 걸렸다. 사실 MOOC의 미래에 대해 대학 당국자들이 보이는 부정적 견해는 상당 부분 MOOC가 각 대학과 고등교육 부문 전체에 미칠 경제적 충격에 대한 두려움으로부터 비롯되었을 가능성이 높다.

지각변동 전야

MOOC가 지각변동을 일으키면 연간 매출이 5,000억 달러에 이르고 350만 명 이상을 고용하는 산업에 엄청난 충격파가 미칠 것이다.[14] 1985년부터 2013년 사이에 대학 등록금은 538퍼센트가 올랐는데, 일반 소비자 물가는 121퍼센트 상승하는 데에 그쳤다. 의료비도 교육비에 비하면 같은 기간 동안 286퍼센트로 상승 속도가 훨씬 느렸다.[15] 등록금의 대부분은 학자금 대출로 충당되었는데, 현재 미국에서 이 대출 총액은 1조 2,000억 달러에 이른다. 미국 대학생의 70퍼센트가 학자금 융자를 받고 있으며, 졸업 시점의 평균 융자액은 3만 달러에 육박한다.[16] 전체 대학생의 60퍼센트만 6년 내에 학사 학위를 취득한다는 점을 생각한다면 나머지 학생들은 학위도 받지 못한 채 빚만 갚아야 한다는 이야기가 된다.[17]

　놀랍게도 실질적인 강의료가 교육비 폭등에서 차지하는 비율은 비교적 작다. 2013년에 출간된 『칼리지 언바운드(*College Unbound*)』에서 저자 제프리 셀링고는 델타 코스트 프로젝트(Delta Cost Project)라는 기관이 수집한 데이터를 인용하고 있다. 이는 소규모 연구 기관으로 고등교육 분야에서 주목받는 분석 결과를 내놓는다. 2000년부터 2010년 사이에 대규모 공립 대학은 학생 복지 분야에서 19퍼센트, 행정에서 15퍼센트, 유지보수에서 20퍼센트씩 예산을 증액시켰다. 그러나 정작 강의료는 여기서 한참 뒤쳐진 10퍼센트 증가에 불가했다.[18] 캘리포니아 대학교의 여러 캠퍼스를 보면 2009년부터 2011년 사이에 등록 학생 수는 3.6퍼센트가 증가했음에도 불구하고 교원 임용은 오히려 2.3퍼센트가 줄었다.[19] 강의료를 낮게 유지하려고 대학들은 점점 강사들에게 의존하기 시작했는데, 강사는 월급이 아니라 강좌별로 보수를 받으므로 심지어 한 학기 내내 강의를 해봐야 강사료 2,500달러를 받을 뿐 후생 복지는 엄두도 못 낸다. 이러한 경향은 인문학 분야에서 특히 심각해서 강사직은 한때 전임 교수를 꿈꾸던 박사 학위 소지자들의 막장 일터가 되고 있다.

  강의료가 제자리걸음인 반면, 행정과 시설 유지 비용은 치솟았다. 대형 캠퍼스 같으면 직원의 수가 교원의 수를 능가하는 경우가 흔하다. 앞서 예로 든 캘리포니아 대학교의 여러 캠퍼스의 경우 교원 채용이 2퍼센트 줄어든 2년간 관리 직원의 수는 4.2퍼센트 증가했다. 학생들에게 맞춤형 상담을 제공하는 전문 인력에 대한 인건비도 마찬가지로 급상승했으며, 이런 일자리는 오늘날 주요 미국 대학의 전문직 중 거의 3분의 1을 차지하고 있다.[20] 굳이 가르치는 일을 원한다면 모를까, 이제 고학력자들은 교직 말고도 고등교육 기관에서 여러 가지 일자리를 얻을 수 있다. 또 하나 대학이 예산을 쏟아붓는 분야는 호화판 기숙사 및 학생용 위락 시설과 스포츠 시설이다. 자신의 저서에서 셀링고는 이렇게 지적한다. "가장 우스꽝스러운 시설은 레이지 리버(Lazy River)로, 이는 학생들이 보트를 타고 노는 물놀이 테마 파크일 뿐이다."[21] 보스턴, 애크런, 앨라배마, 미주리 대학 팀의 당국자들은 모두 이런 시설이 대학 시설에서 빼놓을 수 있는 부분이라고 주장한다.

물론 이 상황에서 가장 중요한 요소는 학생과 학부모가 대학 교육을 비용에 관계없이 중산층에 진입하는 기본적(충분하지는 않지만) 조건으로 생각한다는 점이다. 그렇다면 상당수의 전문가들이 고등교육을 '버블'이나 적어도 사상누각으로 여긴다는 사실은 놀랄 일이 아니다. 그러니까 이들은 오늘날 신문과 잡지 산업을 완전히 탈바꿈시킨 디지털 혁명의 파도가 고등교육을 일격에 무너뜨릴 때가 무르익었다고 본다. 어떤 산업이 디지털화되면 반드시 일어나는 현상이 승자 독식인데, 엘리트 대학이 제공하는 MOOC 서비스로 인해 대학 교육에서 같은 시나리오가 전개될 가능성은 매우 크다.

미국에는 2,000여 개의 4년제 대학이 존재한다. 2년제 전문대학까지 합치면 고등교육기관의 수는 4,000개가 넘는다. 이들 중 200~300개 정도가 소위 일류학교로 인정받는다. 미국 전국에 걸쳐 명성을 떨치거나 진정한 일류로 평가되는 대학은 훨씬 적다. 대학생이 하버드나 스탠퍼드 교수가 제공하는 무료 온라인 강좌를 듣고 학위를 취득한 후 취직하거나 대학원에 진학할 수 있다고 생각해보자. 그렇다면 누가 융자까지 받아가며 이류 혹은 삼류 대학에 등록하겠는가?

하버드 경영 대학원 교수이자 각 산업 분야에서 발생하는 와해적 혁신 전문가인 클레이튼 크리스텐슨은 결국 이런 일이 발생해서 수천 개의 교육기관이 암울한 미래에 직면하리라는 전망을 내놓았다. 2013년의 인터뷰에서 크리스텐슨은 "지금부터 15년 이내에 미국 대학의 절반은 파산할 것"이라는 발언을 했다.[22] 파산까지는 가지 않더라도 대부분의 교육기관에서 등록 학생들이 급감할 것이고, 이에 따라 교원과 직원을 대량 해고할 수밖에 없을 것이다.

학생들이 초일류 대학의 강좌에 몰림에 따라 지각변동은 꼭대기에서부터 시작되리라고 내다보는 사람들도 많다. 그러나 이는 디지털화될 일차적 제품이 '교육' 자체라는 가정에 바탕을 두고 있다. 하버드나 스탠퍼드 같은 초일류 대학이 교육 서비스 자체를 무료로 제공한다는 사실은 이들의 핵심 사업이 지식 전달보다는 학위 제공이라는 증거이다. 초일류 대학의 졸업장은 디지털 음악 파일 같은 것이 아니다. 오히려 이들은 한정판 미술품이나 중앙은행이 발행한 고액권 지폐 같은 것이다. 너무 많이 발행하면 가치가 떨어진다. 이런 이유로 초일류 대학들은 여전히 학위 수여에 조심스러울 것이라고 추측된다.

지각변동은 오히려 초일류에서 하나 아래 단계, 그러니까 미국의 경우 주요 공립 대학에서 발생할 가능성이 높다. 이들은 명성도 좋고 졸업생 수도 대단히 많은 데다가 전국적으로 유명한 미식축구팀이나 농구팀도 거느리고 있는 대학으로, 정부 지원이 감소함에 따라 새로운 수입원을 찾아야만 하는 입장에 놓여 있다. 조지아 공대가 유데이시티와

손잡고 MOOC 기반 컴퓨터과학 학위를 제공하는 것, 위스콘신 대학교가 성과 기반 학위를 시험적으로 제공하기로 한 것 등은 앞으로 대대적으로 일어날 사건의 전주곡으로 봐도 된다. 앞서 말한 것처럼 학위 관련 시험에 기반한 졸업장 및 자격증을 제공하는 하나 또는 소수의 민간기업이 시장의 상당 부분을 점유할 수도 있다.

MOOC라는 제도가 짧은 시간 안에 어떤 학위 또는 취업 등에 도움이 되는 자격증을 획득하는 지름길로 발전하지 못한다고 해도 이 시스템은 여전히 오프라인 개념으로 운영되는 다수 대학의 경영 모델에 위협을 가할 것이다. 경제학이나 심리학 입문 과정의 대형 강의는 담당 교원은 비교적 적은 데에 비해 등록금을 낸 수강생은 많기 때문에 대학 입장에서는 중요한 수입원이다. 그러나 어느 시점엔가 학생들이 초일류 대학의 유명 교수가 강의하는 무료 또는 저가의 MOOC 강의를 선택할 길이 열린다면 그것만으로도 무명 대학들은 심각한 재정적 타격을 입을 수 있다.

MOOC가 진보해감에 따라 여기에 다수의 학생들이 몰린다는 사실 자체가 중요한 혁신의 추진 역할을 할 것이다. 참여 학생 수가 워낙 많으니 학생에 관해 방대한 데이터가 수집될 것이고, 학기가 진행됨에 따라 이들이 어떤 식으로 학업을 성취하거나 실패하는지에 대한 데이터 역시 쌓여갈 것이다. 앞서 본 것처럼 빅데이터 기술은 시간이 감에 따라 더 많은 교육 성과를 올릴 수 있는 주요 아이디어를 창출할 것이다.

새로운 교육 기법이 속속 선보이고 있으며, 이들은 더욱 MOOC로 편입될 것이다. 예를 들어, 적응형 학습 시스템은 간단히 말해 로봇 교사같은 역할을 맡을 것이다. 이들 시스템은 학생 하나하나의 학업 진전과정을 주시하면서 맞춤형 교육과 조언을 제공할 것이다. 이뿐만 아니라 학생의 능력에 맞춰 학습 속도도 조절해줄 것이다. 이런 시스템은이미 성과를 올리고 있다. 여섯 개 공립 대학의 통계학 입문 과정을 대상으로 하여 무작위로 실시된 연구가 있다. 이 연구에서 한 그룹의 학생들은 기존의 오프라인 교육을 받은 반면, 다른 그룹의 학생들은 로봇기반으로 출석 강의가 일부 병행된 방식의 강의를 수강했다. 이 연구는 "합격률, 기말시험 성적, 통계학 지식에 관한 표준화 평가" 등에서 두그룹이 거의 똑같은 성적을 기록했음을 발견했다.[23]

고등교육산업이 궁극적으로 디지털화의 파도에 휩쓸리면 그 결과 나타날 변화는 양날의 검이 될 가능성이 높다. 한편으로는 대학 졸업장이라는 것이 훨씬 저렴하고 얻기도 쉬운 대상이 되겠지만, 동시에 기술은고등교육을 받은 근로자들의 주요 취업 통로인 다수의 산업 자체를 파괴해버릴 것이다. 앞서도 본 것처럼 무수한 산업 분야에서 발전하는 자동화 소프트웨어는 지속적으로 고숙련 직업을 위협하는데, 이러한 직업이야말로 대학 졸업자들이 원하는 일자리이다. 논술 평가 알고리즘과 로봇 교사들이 이미 학생들의 논술 작성 과정을 돕고 있는 상황에서내러티브 사이언스가 개발한 것과 같은 알고리즘은 여러 학문 분야의 입문 과정 논술문 작성을 이미 자동화시켜버렸을 수도 있다.

MOOC의 발전과 지식 기반 직업의 해외 이전 경향 사이에는 자연스럽게 시너지가 발생할지도 모른다. 대형 온라인 강좌를 통해 대학 졸업장을 받는 일이 궁극적으로 현실이 되면 학생들의 상당수, 그리고 이 중 가장 탁월한 그룹이 개발도상국 학생들이 되리라는 점은 불가피할 것으로 보인다. 온라인 교육으로 학위를 받은 사람들을 기업이 채용하는 것이 관행이 되면, 기업은 당연히 저임금 외국인 근로자 쪽으로 눈을 돌릴 것이다.

이제까지 고등교육은 가속화되는 디지털 혁명의 충격을 비교적 받지 않는 미국의 두 가지 주요 산업 중 하나였다. 그러나 MOOC 같은 혁신, 자동화된 평가 알고리즘, 적응형 학습 시스템 등은 상당한 지각변동을 예고하고 있다. 다음 장에서 보겠지만 교육과 함께 무풍지대에서 버텨온 의료 분야 또한 로봇의 심각한 도전에 직면할 것이다.

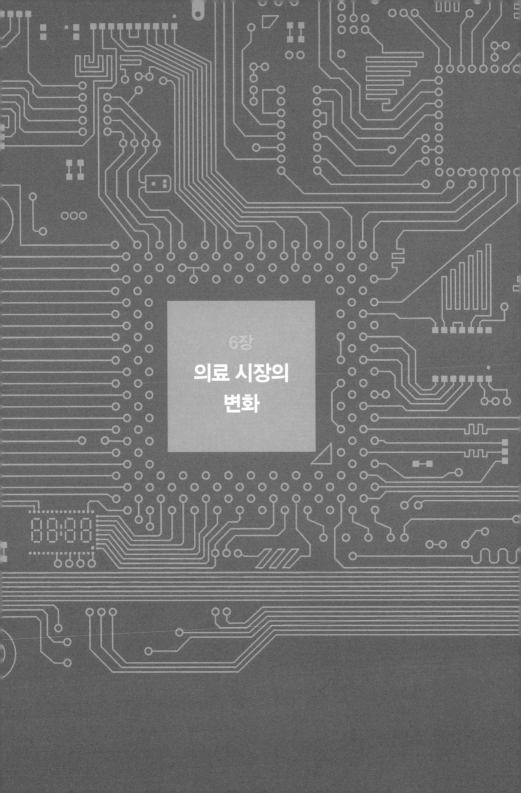

6장

의료 시장의
변화

가까운 시일 내에 개발될 만한 노인 도우미 로봇은 주로
환자를 도와주고, 환자의 행동을 모니터하고,
의사소통을 가능하게 해주는 종류의 기계가 될 것이다.

2012년 5월, 55세 된 남성이 독일 마르부르크에 있는 대학병원에 입원했다. 이 환자는 열과 식도염이 있었고, 갑상선 호르몬 수치도 낮았으며, 시력을 잃어가는 중이었다. 이곳에 오기 전 여러 명의 의사에게 진찰을 받았는데, 다들 그의 상태에 당혹스러워했다. 마르부르크 대학병원에 도착할 때쯤 이 환자는 거의 실명 상태였으며 심장마비 직전에 있었다. 그로부터 몇 달 전 대서양 건너 미국에서는 덴버에 있는 콜로라도 대학병원에서 심장 이식 수술을 받던 59세 여성이 비슷한 방식으로 의료진을 당혹시켰다.

두 환자를 덮고 있던 미스터리의 정체는 같은 것으로 드러났다. 둘 다 코발트 중독이었다.[1] 두 사람 다 금속으로 된 인공 고관절 삽입 수술

을 받은 이력이 있었다. 체내에서 오랜 시간이 지나면서 금속 임플란트는 마모되기 시작했고, 결국 코발트 입자를 방출하기에 이르러 환자를 만성 중독으로 이끌었다. 여기서 한 가지 놀라운 우연이 발생했는데, 두 환자를 대상으로 작성한 논문이 두 개의 저명 의학 저널에 2013년 2월의 거의 같은 날에 각각 실렸다. 그런데 독일 의사들의 보고서에는 한 가지 놀라운 점이 있었다. 미국 의료진이 수술에 의존한 반면 독일 팀은 팀원 중 한 사람의 아이디어로(의술이 더 뛰어나서가 아니라) 이 미스터리를 풀었다. 이 사람은 2011년 2월에 방영된 드라마 〈하우스〉를 보았던 것이다. 그가 본 방영분에서 주인공인 그레고리 하우스 박사는 같은 문제에 직면하자 독창적인 진단을 내렸다. 코발트 중독은 금속으로 된 인공 고관절로부터 비롯된다는 것이다.

문제에 대한 답이 수백만 명이나 되는 황금 시간대 TV 시청자 앞에서 펼쳐졌음에도 두 팀이나 되는 전문의들이 이 문제로 골치를 앓았다는 사실은 인터넷으로 인해 과거에는 상상조차 할 수 없던 수준의 정보를 입수하고 협력도 할 수 있는 이 시대에조차 의학 지식과 진단 역량이 어느 정도까지 의사 개개인의 머릿속에 갇혀 있는가를 잘 보여준다. 의사들이 질병을 진단하고 치료하는 기본적 과정은 대부분 과거와 다르지 않다. 그러나 문제를 해결하는 전통적 방식을 뒤집고 의사 개인의 머릿속 혹은 지명도가 낮은 의학 저널에 실린 채 잠들어 있는 정보를 모두 끌어내면 인공지능과 빅데이터의 가장 중요한 장점을 의료에 적용할 수 있을 것이다.

　전체적으로 볼 때 경제의 이런저런 부문을 와해시킨 정보 기술의 발전은 현재까지 의료 분야에는 별 영향을 주지 못하고 있다. 특히 기술 발전으로 인해 의료 분야의 전반적 효율성이 의미 있을 정도로 개선되었다는 정보는 찾기가 어렵다. 1960년에 의료 분야가 미국 경제에서 차지하는 비중은 6퍼센트가 채 되지 않았다.[2] 2013년이 되자 이 비율은 무려 세 배가 되어 18퍼센트 가까이 이르렀고, 1인당 미국의 의료비 지출액은 대부분의 다른 선진국에 비해 거의 두 배 수준까지 치솟았다. 이 상황에서 한 가지 큰 위험이 있다면 그것은 기술 발전에 따라 경제 전반에 걸쳐 임금은 떨어지고 고용은 줄어드는 상황에서 의료비는 계속 상승하는 불균형이 지속되는 것이다. 어떤 의미에서 위험은 의료용 로봇이 너무 많은 것이 아니라 너무 적은 데에 있다. 의료와 관련된 여러 가지 문제에 기술이 제대로 대처하지 못한다면 의료비가 너무 상승해서 결국은 가계나 경제 전반이 도저히 감당할 수 없는 짐이 되어버릴 가능성이 높다.

의료 분야의 인공지능

어떤 환자의 상태를 진단하거나 적절한 치료 전략을 수립하는 과정에서 의사는 방대한 양의 정보를 필요로 한다. 의사들은 세계 각국의 의학 저널 및 과학 저널에 실린 연구성과, 혁신적 치료법, 임상연구 결과 등을 끊임없이 접하고 있다. 예를 들어, 미국 국립의학도서관이 개설한 온라인 데이터베이스인 메드라인(MEDLINE)에는 5,600개 이상의 저널이 등록되어 있는데, 이들 각각에는 매년 수십 편으로부터 수백 편의 논문이 게재된다. 게다가 수백만 건의 진료 기록, 병력, 사례 연구 등이 중요한 실마리를 제공할 수 있다. 일부 추산에 따르면, 이 모든 데이터의 양은 대략 5년마다 두 배가 된다.[3] 고도로 전문화된 특정 분야에 한정한다 하더라도 어떤 인간이 여기에 관련된 정보 중 상당 부분을 자기 것으로 만드는 일은 불가능하다.

4장에서 본 것처럼 의료는 IBM이 왓슨 기술을 이용해 대대적인 변화를 일으킬 수 있다고 내다보는 주요 분야이다. 왓슨은 제멋대로의 포맷으로 되어 있는 방대한 양의 정보를 검색하여 인간이라면 아무리 주의 깊은 연구자라도 놓쳤을 법한 상호 관계를 거의 즉시 포착해낸다. 적어도 진단과 치료가 유난히 까다로운 환자의 경우라면 머지않은 장래에 이런 식의 진단 툴이 의사의 필수품이 되리라는 것을 상상할 수 있다.

텍사스 대학교의 앤더슨 암 센터는 휴스턴에 있는 병원으로, 매년 10만 명 이상의 환자를 치료하며, 미국 최고의 암 치료 기관으로 널리 알려져 있다. 2011년에 IBM의 왓슨 팀은 앤더슨 연구소의 의사들과 협력하여 백혈병을 다루는 종양학자들을 위해 특화된 맞춤형 시스템 개발에 착수했다. 이들의 목표는 최선의 임상 증거에 기반한 치료법을 제안할 수 있는 인터액티브형 시스템을 만들어내는 것이다. 이렇게 하면 해당 환자에 맞는 임상 약품 실험은 어떤 것이 있었는지를 알 수 있고, 특정한 환자의 경우 어떤 위험 또는 부작용이 있을지도 찾아낼 수 있다. 처음에는 프로젝트의 진전 속도가 당초 예상보다 느렸는데, 이는 주로 암 진단과 치료의 복잡성을 극복할 만한 알고리즘을 설계하기가 어려웠기 때문이다. 그러니까 암은 〈제퍼디!〉보다 어렵다는 뜻이다. 그래도 2014년 1월이 되자 「월스트리트 저널」은 왓슨에 기반을 둔 백혈병 치료 시스템이 목표를 향해 "제 속도를 내고 있다"고 보도했다.[4] 학자들은 이 시스템을 확장하여 2년쯤 후면 다른 종류의 암에도 활용할 수 있기를 바라고 있다. 이 시험 사업에서 얻은 결과를 이용해서 IBM이 앞으로 왓슨 기술의 활용 방식을 더욱 효율적으로 만드는 것은 충분히 가능한 일이다.

일단 이 시스템이 원활하게 돌아가면 앤더슨 연구소는 해당 성과를 인터넷에 올려 전 세계 의사들이 유용하게 쓰도록 할 계획을 세워놓고 있다. 백혈병 전문의인 코트니 디나도 박사에 의하면, 왓슨 기술은 의사라면 누구나 "최근의 과학적 연구성과와 앤더슨 연구소의 전문지식에 접속할" 수 있기 때문에 "암 치료를 민주화할 힘"을 갖고 있다고 말했다. 디나도 박사는 이어서 "백혈병 전문의가 아닌 의사들은 타 분야 전문의로서의 참고 의견을 제시하는 과정에서 미국 최고의 암 치료 연구소가 갖고 있는 것과 똑같은 지식과 정보에 접속할 수 있다"고 덧붙였다. 박사는 또한 이 시스템이 특정한 환자에 대한 치료법을 제시하는 것을 뛰어넘어 "의문을 제기하고, 가설을 탐색하며, 연구 과정에서의 핵심적 문제에 대한 답을 제시하는 데에 있어 타의 추종을 불허하는 연구 시스템이 될 것"이라고 내다보았다.[5]

왓슨은 현재 의학 분야에 적용 가능한 인공지능 시스템 중 가장 탁월하고 야심찬 것이지만, 왓슨 말고도 다른 성공 사례도 있다. 2009년에 미네소타 주 로체스터에 있는 메이요 클리닉의 연구팀은 심장 안쪽 층에 생기는 염증인 심내막염 진단을 목적으로 인공 신경망을 구축했다. 심내막염을 진단하려면 보통 환자의 식도에 진단 기구를 삽입하여 이 심내막염이 사망 위험성이 있는 감염으로 인한 것인지를 판단하는 과정을 거쳐야 한다. 그런데 이 방식은 고가인 데다가 불편하며 환자에 대한 위험도 따른다. 메이요 클리닉의 의사들은 이러한 침습적 기법에 대한 대안으로 신경망을 훈련시켜 정기 검진과 관찰 가능한 증상만으로 진단을 할 수 있도록 했다. 189명을 대상으로 실시한 연구 결과, 의사들은 이 시스템이 99퍼센트 이상 정확하며 절반 이상의 경우 불필요하고 고통스러운 진단 과정을 거치지 않도록 해준다고 밝혔다.[6]

인공지능의 가장 중요한 이점 중 하나라면 진단과 치료 과정에서 환자의 생명을 위협할 수 있는 실수를 피할 가능성이 높아진다는 데에 있다. 1994년 11월에 39세의 두 아이의 엄마이자 「보스턴 글로브」의 인기 있는 건강 칼럼니스트였던 벳시 리먼은 앓고 있던 유방암의 지속적인 치료의 일환으로 3차 화학 요법에 들어갈 예정이었다. 리먼은 앤더슨 연구소만큼이나 명성을 누리는 보스턴의 데이나−파버 암 연구소에 입원했다. 치료 계획에 따라 의사들은 리먼에게 암세포를 죽이는 고독성의 약품인 시클로포스파미드를 투여하기로 했다. 이때 처방전을 쓴 의사가 숫자상의 실수를 저질러 당초 계획의 네 배 정도 되는 약물이 투여되었다. 그 결과 리먼은 1994년 12월 3일에 사망했다.[7]

리먼은 매년 방지할 수 있는 의료상의 실수가 직접적인 원인이 되어 사망하는 9만 8,000명의 환자 중 한 사람이었을 뿐이다.[8] 미국 의학연구소의 2006년 보고서의 추산에 따르면, 매년 150만 명 이상의 미국인이 투약 실수로 피해를 입으며, 이로 인해 매년 35억 달러의 추가 의료 지출이 발생한다.[9] 환자의 병력과 투약 관련 정보, 그리고 해당 약에 수반되는 독성과 부작용 등의 세부 정보에 접속할 수 있는 인공지능 시스템이라면 이런 사고를 막을 수 있을 것이며, 심지어 복수의 약물이 투여되어 이들이 상호작용하는 고도로 복잡한 상황에서도 실수를 저지르지 않을 것이다. 의사와 간호사들은 이러한 시스템을 인터액티브형 조수로 활용할 수 있는데, 이 조수는 약을 투약하기 전에 안전성과 효과를 즉시 확인해줄 수 있을 것이다. 나아가, 특히 의료진이 지쳐 있거나 정신이 산만해질 수 있는 상황에서도 인공지능은 환자의 생명을 구함과 동시에 불필요한 비용과 불편을 없애줄 것이다.

인공지능이 의학에 적용되어 전문가 수준의 일관성 있는 참고 의견을 제시하는 수준에까지 이르면 이를 이용해서 의료사고 책임과 관련한 막대한 비용을 절감할 수도 있을 것이다. '방어적 진료'를 실시하기 위해, 아니면 소송이 발생할 경우 스스로를 지키기 위해 환자에 대해 할 수 있는 테스트는 모두 수행할 것을 지시하는 의사들도 많다. 그런데 여러 진료 사례로부터 확립된 표준 참고 의견을 인공지능이 제시할 수 있다면 의사들은 소송을 비롯한 여러 분쟁으로부터 자신을 방어할 수 있는 '안전판'을 얻을 수 있다. 이렇게 되면 불필요한 테스트와 영상 촬영에 들어가는 비용을 줄일 수 있는 데다가 의료사고 관련 보험 수수료도 줄일 수 있다.*

좀 더 멀리 내다보면 인공지능은 의료 서비스가 전파되는 과정에 대해서도 진정으로 큰 영향을 미치리라는 점을 쉽게 상상할 수 있다. 기계가 일단 정확한 진단과 효과적인 치료를 수행할 수 있음이 밝혀지기만 하면 의사들은 진찰이든 치료든 환자와의 만남을 매번 직접 관리할

---

* 이것이 현실이 되면 '책임을 인공지능의 제조업체에게로 단순히 넘기면 되는가' 하는 문제가 생긴나. 일단 개발되면 인공지능은 수만 명에서 수십만 명의 환자를 대상으로 쓰이기 때문에 실수가 생길 경우 보상금 액수는 어마어마해질 수 있다. 그러나 2008년에 미국 대법원은 '리겔 데 메드트로닉' 사건에서 의료기 제조업체가 문제의 장비에 대해 미 식약청의 승인을 받았을 경우 일부 책임이 면제된다는 판결을 내렸다. 아마 비슷한 논리를 진단 시스템에도 적용할 수 있으리라 생각된다. 또 한 가지 문제는 막강한 정치적 영향력을 갖고 있는 소송 변호사들이 의사들을 위한 '안전판' 창설에 격렬하게 반대해왔다는 점이다.

필요도 없을 것이다.

2011년에 왓슨이 〈제퍼디!〉에서 승리를 거두고 난 뒤 얼마 지나지 않아 「워싱턴 포스트」에 기고한 칼럼에서 나는 새로운 형태의 의료 관련 직종이 탄생할 가능성이 있음을 언급했다. 이 직종에 종사하는 사람들은 학사 또는 석사 학위 소지자로 일차적으로 환자를 접촉하고 이들을 관찰하는 역할을 수행한다. 그러고 나서 이들은 여기서 얻은 정보를 표준화된 진단 및 치료 시스템에 입력한다.[10] 이러한 저임금의 새로운 도우미들은 일상적으로 발생하는 질병을 가진 환자 상당수를 다룰 수 있을 것이며, 폭증하는 비만이나 당뇨 등 만성질환 환자들을 관리하는 현장에도 투입될 수 있을 것이다.

물론 의사들은 이런 '저학력' 경쟁자들이 대량으로 의료계에 진입하는 데에 반대할 것이다.* 그러나 의대 졸업자 중 압도적 다수는 가정의로 일하는 데에 별 관심이 없고, 농촌 지역 근무는 더 기피하는 것이 현실이다. 여러 가지 연구에 따르면, 고령 의사들이 은퇴하고 저가 의료법이 도입된 결과 3,200만 명의 새로운 환자가 의료보험 체계 안으로 편입되는 데다가, 고령 인구의 의료 서비스 수요가 증가함에 따라 향후 15년 내에 의사가 20만 명 정도 부족해질 것이다.[11] 융자받은 학자금

---

*고급 자격증을 가진 간호사들은 미국 17개 주에서 의사들의 이러한 정치적 반발을 극복했으며, 앞으로는 이들이 일차적 진료에서 중요한 역할을 하리라고 판단된다.

상환에 시달리는 경우가 대부분인 의대 졸업자들이 좀 더 돈벌이가 잘되는 전공으로 몰리는 상황에서 가정의 같은 일차 의료 분야야말로 의사 부족이 가장 심각해지는 분야가 될 것이다.

의사들이 보통 10년 가까이 혹독한 훈련을 견디며 얻는 지식의 상당 부분을 저장하고 있는 표준 인공지능을 운영하도록 훈련받은 이들 새로운 의료진은 흔히 발생하는 환자를 처리하는 한편, 보다 전문적인 진료를 필요로 하는 환자들은 의사에게 보낼 것이다. 가뜩이나 인공지능이 고용 시장의 이곳저곳에서 기회를 갉아먹고 있는 상황에서 대학 졸업자들은 이렇게 완전히 새로운 분야에서 창출되는 고용으로부터 큰 혜택을 입을 것이다.

일부 의료 분야, 특히 환자를 직접 접촉할 필요가 없는 분야에서는 인공지능의 발달로 인해 생산성이 급격히 향상될 것으로 보이며, 궁극적으로는 완전 자동화도 가능해질 것이다. 예를 들어, 영상의학 전문의들은 여러 가지 의료 영상을 해석하도록 훈련받은 사람들이다. 그런데 영상처리 기술과 인식 기술이 고속으로 발전함에 따라 이들이 얼마 안가 영상의학 전문의들이 차지하고 있는 자리를 빼앗아버릴지도 모른다. 페이스북에 올라온 사진 속의 인물을 알아보거나 심지어 공항에서 테러리스트를 식별해내는 소프트웨어도 이미 나와 있다. 2012년 9월에 미 식약청은 유방암 환자를 가려내는 자동 초음파 시스템을 승인했다. U-시스템스(U-Systems)라는 회사가 내놓은 이 장비는 유방 조직이 치밀해서 기존의 표준 유방 조영 기술이 소용없던 약 40퍼센트의 여성에게서 유방암을 가려내는 데에 도움을 줄 것이다. 물론 여전히 영상 전문의가 결과를 해석해야 하지만, 이 시스템을 이용하면 3분이면 족하다. 기존의 초음파 기술로 촬영한 영상의 경우는 20~30분이 걸린다.[12]

자동화 시스템을 쓰면 믿을 수 있는 참고 의견도 얻을 수 있다. 암 발견율을 높이는 매우 효과적인(그러나 고가의) 방법은 두 명의 영상 전문의가 촬영 결과를 별도로 들여다본 뒤 둘 중 한 사람이 이상을 발견했다고 생각되면 서로 합의하여 확인하는 방식이다. 이 '이중 확인' 방법을 쓰면 암 발견율을 획기적으로 높일 수 있을 뿐만 아니라 추가 검사 때문에 병원에 다시 불려오는 환자의 수도 크게 줄일 수 있다. 2008년 『뉴잉글랜드 저널 오브 메디신(New England Journal of Medicine)』에 수록된 연구 결과는 방금 말한 상황에서 두 번째 의사의 역할을 기계가 할 수 있음을 보여준다. 영상 전문의를 컴퓨터 기반 암 포착 시스템과 짝을 지어놓을 경우 그 결과는 두 명의 의사가 각각 영상을 해석했을 때만큼이나 우수했다.[13]

병리학은 인공지능이 이미 파고들기 시작한 분야 중 하나이다. 매년 세계적으로 1억 명 이상의 여성이 자궁경부암 진단을 위해 팹(Pap) 테스트를 받는다. 이 테스트를 하려면 자궁경부 세포를 유리로 된 현미경 슬라이드 위에 놓고 의사가 이상 여부를 확인해야 한다. 따라서 매우 노동집약적이어서 테스트 1회당 비용이 100달러까지 들어간다. 그러나 오늘날은 많은 곳에서 뉴저지에 있는 의료기 업체인 BD가 개발한 자동화 영상 시스템으로 눈을 돌리고 있다. 2011년에 『슬레이트(*Slate*)』에 기고한 직업 자동화 관련 일련의 기사에서 기술 저술가인 파르하드 만주는 BD가 제작한 포컬 포인트(FocalPoint) GS 영상 시스템을 "의료 엔지니어링의 개가"라고 부르며, 여기 장착된 영상 검색 소프트웨어가 비정상 세포가 드러내는 100여 가지 시각적 신호를 고속 스캔으로 포착해낸다고 설명했다. 그러고 나서 그는 이 시스템이 "슬라이드를 위험도가 높은 순서로 정렬시킨 뒤, 끝에 가서는 각 슬라이드마다 인간의 눈으로 직접 검사해야 할 부위 열 군데를 지적해낸다"고 덧붙였다.[14] 이렇게 하면 사람이 혼자 하는 것보다 자궁경부암 환자를 더 잘 찾아낼 수 있고 테스트의 진행 속도도 거의 두 배로 끌어올릴 수 있다.

병원과 약국의 로봇

샌프란시스코에 있는 캘리포니아 대학병원 약국은 매일 약을 1만 건 정도 처방하지만, 약사는 약병이나 알약 하나도 만지지 않는다. 거대한 자동 시스템이 납품된 방대한 양의 약을 보관하는 작업으로부터 알약 하나하나를 꺼내서 포장하는 일까지 수행하면서 수천 가지의 약품을 관리한다. 로봇 팔이 쉴 새 없이 줄지어 늘어선 약통 여기저기에 들어가 알약을 꺼낸 뒤 작은 비닐 주머니에 담는다. 각 환자당 투여량은 별도의 주머니에 담겨 바코드 레이블이 부착되어 무슨 약이 어느 환자에게 가는지를 확인할 수 있게 해준다. 이어서 로봇은 해당 환자의 하루 투여분을 투여 순서에 따라 정렬해서 하나로 연결한다. 이 약을 받은 간호사는 비닐 주머니 표면의 바코드와 환자 손목에 채워져 있는 바코드를 스캔해서 일치 여부를 확인한다. 둘이 일치하지 않거나 약을 정해진 시간이 아닌 시간에 투여하면 알람이 울린다. 주사용 의약품을 자동으로 준비하는 특수 로봇도 세 대가 있다. 이들 중 하나는 독성이 강한 암 환자용 화학요법제만을 전문으로 다룬다. 전체 작업 과정에서 사람이 거의 완전히 배제되어 있기 때문에 이 시스템에서 사람에 의한 오류가 발생할 가능성은 사실상 없다.

이 병원이 700만 달러를 들여 도입한 자동화 시스템은 제약산업에서 펼쳐지고 있는 로봇 혁명의 놀라운 사례 중 하나에 불과하다. 자판기보다 별로 크지도 않은 저가의 로봇이 식료품점 등으로 파고들어 약품 소매를 하고 있다. 미국에서 약사가 되려면 엄격한 훈련(약학박사 학위)을 받아야 하며 어려운 면허 시험 또한 통과해야 한다. 이들은 소득도 높아서 2012년 현재 1인당 평균 11만 7,000달러를 벌어들이고 있다. 그러나 특히 소매업을 하는 약국의 경우 약사가 하는 일의 대부분은 기본적으로 일상적이고 반복적인 업무이며, 이들의 가장 큰 우려는 혹시 인명을 위협할 수도 있는 실수를 저지르는 것이다. 달리 말해 대부분의 약사가 하는 일은 이상적인 자동화 대상이라는 뜻이다.

어떤 환자에게 투여할 약이 병원 약국으로부터 나갈 때는 배송 로봇에 실려 가는 경우가 점점 더 많아지고 있다. 이런 로봇들은 이미 대형 병원의 복도를 이리저리 다니며 약품, 테스트 샘플, 환자식, 침대 시트 등을 가져다주고 있다. 이 로봇들은 장애물을 피해갈 능력이 있으며 엘리베이터도 탈 줄 안다. 2010년에 캘리포니아의 마운틴뷰에 있는 엘 카미노 병원은 이선(Aethon) 사로부터 연간 35만 달러에 19대의 배송 로봇을 빌리기로 했다. 병원 당국자에 따르면, 사람에게 이 일을 시킬 경우 매년 100만 달러 이상이 든다.[15] 2013년 초에 제너럴 일렉트릭(General Electric)은 수술실에서 쓰이는 수천 가지 기구의 위치를 포착하고, 세척하고, 멸균해서 배송할 능력이 있는 로봇을 개발하겠다고 발표했다. 이들 수술 기구에는 RFID칩이 부착되어 기계가 쉽게 찾을 수 있을 것이다.[16]

병원 및 약품 배송 또는 판매라는 특수 영역을 벗어나면 아직 이런 식으로 독립적으로 작동하는 로봇의 사용 범위는 한정되어 있다. 수술용 로봇은 광범위하게 쓰이지만 이들은 수술을 담당하는 외과의의 역량을 더욱 강화하는 역할을 할 뿐이며, 로봇 수술은 전통적인 수술 방식보다 비용도 더 많이 든다. 그러나 더욱 성능이 뛰어난 수술용 로봇을 개발하려는 움직임도 시작되고 있다. 예를 들어, EU가 지원하는 유럽 의학자 컨소시엄인 아이-서(I-Sur) 프로젝트는 절개, 절단, 봉합 등 외과 기술의 기본 절차를 자동화하려 하고 있다.[17] 그러나 의사가 대기해서 즉시 조치를 취할 수 없는 조건에서 침습적 치료를 진행하는 일은 예측 가능한 미래 안에 실현될 가능성이 낮으므로 이런 기술이 개발된다 하더라도 비용 절감 효과는 미미할 것이다.

노인을 돌보는 로봇

모든 선진국뿐만 아니라 상당수 개발도상국에서도 고령화가 급속히 진행되고 있다. 2030년이 되면 미국의 고령 인구는 7,000만 명에 달할 텐데, 이는 총인구의 19퍼센트에 해당한다. 2000년의 12.4퍼센트로부터 이 정도로 껑충 뛰리라는 이야기이다.[18] 늘어나는 평균 수명이 저출산율과 맞물린 일본에서는 이 문제가 더욱 심각하다. 2025년이 되면 총인구의 무려 3분의 1이 65세 이상일 것이다. 일본인은 또한 인구문제의 돌파구 역할을 할 수 있는 이민을 늘리는 데에 대해서도 극심한 거부감을 갖고 있다. 그 결과 일본은 이미 노인을 돌보는 인력이 70만 명 정도 부족한 현상을 겪고 있다. 시간이 갈수록 이 문제가 악화될 것임은 자명하다.[19]

그러나 세계 인구가 이토록 불균형으로 치닫는 현상은 로봇 분야에서는 큰 기회로 작용한다. 그 로봇은 말할 것도 없이 노인 돌보기에 도움을 주는 저렴한 가격의 로봇이다. 2012년에 나온 영화 〈로봇 앤 프랭크〉는 노인과 그를 돌보는 도우미 로봇의 이야기를 그려낸 코미디로, 앞으로 이 사람들과 이들 로봇 사이에 벌어질 일을 매우 희망적으로 다루고 있다. 우선 영화는 첫머리에서 시대 배경이 '가까운 미래'로 설정되어 있음을 알린다. 주인공 로봇은 능숙한 솜씨로 일을 처리하면서 노인과 대화를 나누는 등 전체적으로 사람과 똑같이 행동한다. 어떤 장면에서는 로봇이 식탁 위에서 떨어지는 물컵이 바닥에 닿기 전에 낚아챈다. 글쎄, 내가 보기에 이 대목은 '가까운 미래'는 아니다.

실제로 오늘날 존재하는 노인 도우미 로봇의 가장 큰 문제는 할 수 있는 일이 많지 않다는 점이다. 이 분야의 로봇이 이제까지 이룬 진전은 예를 들어 파로(Paro) 같은 치료용 애완 로봇뿐이다. 파로는 새끼 물개 모습의 로봇으로 반려견의 역할을 한다(가격은 최고 5,000달러이다). 어떤 로봇은 노인을 들어 올려 이동시킬 수 있어서 인간 도우미의 노고를 크게 줄여준다. 그러나 이런 기계는 고가인 데다가 무거워서(보통 들어 올리는 노인 몸무게의 10배 정도이다) 노인 요양원이나 병원과 같은 시설에서만 쓸 수 있다. 노인의 배변을 도와주거나 욕실에서 몸을 씻길 수 있을 정도로 손놀림이 뛰어나면서도 저렴한 로봇을 개발하는 것은 지극히 어려운 과제이다. 그런데 특정한 과제를 수행할 능력이 있는 실험용 로봇들이 등장했다. 예를 들어, 조지아 공대의 연구팀은 환자가 누워 있는 상태에서 부드러운 터치로 몸을 씻길 수 있는 로봇을 개발했다. 그러나 가격이 저렴하고 다양한 과제를 수행할 수 있으면서도 거의 전적으로 다른 사람의 힘에 의존해 살아가는 노인들을 돕는 독자적 로봇이 등장하려면 아직 많은 시일이 필요할 것이다.

이토록 엄청난 기술적 장애가 있기 때문에 이론상 상당한 시장 잠재력이 있음에도 노인 도우미 로봇을 제작하려는 신생기업이 별로 없고, 이 분야로 흘러 들어가는 벤처 자본의 규모 또한 미미한 것이다. 이 분야에서 돌파구를 만들어낼 가능성이 가장 높은 나라는 일본인데, 일본은 고령자 문제가 거의 국가 위기 상태까지 간 데다가 미국과는 달리 정부와 산업계의 상호 협력에 대해 별 거부감이 없다. 2013년에 일본 정부는 노인 또는 인간 도우미를 도와 한 가지 작업을 수행할 수 있는 저가의 로봇을 개발하는 데에 드는 비용 중 3분의 2를 정부가 부담하는 사업을 시작했다.[20]

일본에서 이제까지 개발된 노인 도우미 장비 중 가장 놀라운 것은 HAL(Hybrid Assistive Limb)이라는 것으로, 공상과학 영화에서 방금 튀어나온 듯한 동력 구동식 체외골격 수트이다. 츠쿠바 대학교의 산카이 요시유키 교수가 개발한 HAL 수트는 20년에 걸친 연구 개발의 산물이다. 수트 안에 장착된 센서는 뇌로부터 나오는 신호를 감지하고 해석한다. 배터리로 동작하는 수트를 입은 사람이 일어서야겠다거나 걸어야겠다고 생각하면 강력한 모터가 즉시 작동하여 원하는 동작을 구현한다. 현재 상체를 이렇게 움직일 수 있는 버전은 이미 나와 있어서 인간 도우미가 노인의 몸을 들어 올리는 데에 쓰이고 있다. 휠체어에 앉아 있던 노인들도 HAL의 도움으로 일어나서 걸을 수 있게 되었다. 산카이 교수가 창업한 회사인 사이버다인(Cyberdyne)은 노인 도우미용보다 더 강력한 버전을 제작하여 2011년에 발생한 후쿠시마 원전사고 현장 청소 작업에 투입했다. 회사에 따르면, 이 로봇을 투입하면 사람 근로자가 입어야 하는 무게가 거의 60킬로그램에 달하는 텅스텐 방사능 차폐복이 필요 없어진다고 한다.*

HAL은 일본 경제산업성이 승인한 최초의 노인 도우미 로봇이다. 이 수트는 연간 2,000달러면 빌릴 수 있는데, 이미 일본에서는 300여 개의 병원과 요양원에서 쓰이고 있다.[21]

가까운 장래에 이루어질 만한 일을 보면 우선 노인의 이동을 도와주는 로봇 워커와 노인의 지시에 따라 약이나 물 한 컵 등을 가져오거나 안경처럼 어디 두었는지 모르는 물건을 찾아오는 저가의 로봇을 생각해볼 수 있다. 물론 안경 등에는 RFID 칩을 부착해두면 될 것이다. 치매 환자를 추적하고 모니터하는 로봇도 등장하기 시작했다. 텔레프레젠스(Telepresence) 로봇은 의사나 도우미들이 멀리 떨어진 곳에서도 환자와 의사소통을 할 수 있도록 해주는데, 이미 일부 병원과 보호시설에

---

* 산카이 교수가 고른 이름은 노인 돌보기에 주력하는 회사 이름으로는 좀 어울리지 않는다. 말할 것도 없이 HAL은 영화 〈스페이스 오디세이〉에서 우주선의 해치를 열어주지 않은 인간 적대적 컴퓨터이다. 사이버다인은 또한 〈터미네이터〉에서 스카이넷을 만든 가상의 기업이다. 아마 산카이의 회사는 다른 시장을 노리는 듯하다.

서 쓰이고 있다. 이런 식의 로봇은 능숙함이라는 난제의 측면에서 성능이 좀 떨어져도 괜찮기 때문에 개발하기가 비교적 쉽다. 가까운 시일 내에 개발될 만한 노인 도우미 로봇은 주로 환자를 도와주고, 환자의 행동을 모니터하고, 의사소통을 가능하게 해주는 종류의 기계가 될 것이다. 단독으로 유용한 작업을 수행할 능력이 있는 저렴한 로봇은 좀 더 나중에야 나올 것이다.

완전히 독립적으로 노인을 돌보는 능력을 갖춘 로봇이 단시일 내에 등장하기 어렵다면 요양원 종사자 및 가정 노인 도우미 인력이 부족하다는 상황으로 인해 경제의 다른 분야에서 이미 진행되고 있는 직업 소멸 현상은 적어도 이 분야에서는 상당히 늦춰지리라고 판단할 수 있다. 그렇다면 다른 곳에서 없어진 일자리가 요양 및 노인 보호 분야로 옮겨갈 것이라고 말할 수도 있을 것이다. 미국 노동통계국은 2022년이 되면 개인 도우미 일자리가 580만 개, 정규 간호사 일자리가 52만 7,000개(이 두 가지는 미국에서 가장 고용 성장이 빠른 직종들이다)가 생겨날 것이며, 가정 도우미의 일자리는 42만 4,000개, 요양원 근무자의 일자리는 31만 2,000개가 창출되리라고 내다보고 있다.[22] 이 모든 수치를 다 합치면 180만 개가 된다.

숫자만 보면 상당한 고용 효과라는 생각이 든다. 그러나 2008년 경제 위기의 여파로 2014년 1월 현재 미국에서 790만 개의 일자리가 부족하다는 경제정책연구소의 추산을 떠올려보면 상황은 달라진다. 이 수치 안에는 2008년 이래 사라진 뒤 재창출되지 못한 일자리 130만 개와 아예 창출되지 못한 일자리 660만 개가 들어 있다.[23] 달리 말해 앞서 말한 180만 개의 일자리가 지금 당장 하늘에서 떨어진다고 해도 빈자리의 4분의 1도 채우지 못한다는 뜻이다.

또 한 가지, 이러한 일자리는 급여가 낮은 데다가 미국인 대부분에게 별로 적합한 직종도 아니라는 문제가 있다. 노동통계국에 따르면, 가정 도우미와 개인 도우미의 평균 소득은 2012년 현재 2만 1,000달러에 못 미치며, 필요한 교육 수준도 '고졸 미만'으로 되어 있다. 그렇다면 이런 직장에서 잘해보고 싶은 의욕이 솟아나는 사람은 별로 없을 것이다. 컴퓨터 스크린 앞에 앉아 마우스를 클릭하는 근로자가 자신의 직업을 싫어할 수도 있다. 그러나 자신에게 의지하는 노인을 돌보면서 스스로의 직업을 경멸한다면 이는 심각한 문제이다.

노동통계국의 예측이 맞아떨어져서 이들 직업에 종사하는 사람이 크게 늘어난다면 이들의 급여는 누가 지급하는가의 문제가 따라온다. 임금이 수십 년째 제자리걸음인 데다가 안정적인 연금제도로부터 재원이 부족한 401K 시스템으로 옮겨가면 상당수의 미국인들이 상당히 불안정한 노후에 직면할 것이다. 고령자의 대다수가 지속적으로 누군가의 도움을 받지 않으면 거동할 수 없는 시점이 오면, 아무리 임금 수준이 낮아진다고 해도 가정 도우미를 자신의 비용으로 고용할 수 있는 사람은 상대적으로 소수일 것이다. 그렇다면 이러한 직종은 의료보험 등의 자금으로 운영되는 준정부 직종이 될 것이고, 따라서 많은 사람들은 이를 해결책이라기보다는 문제점으로 바라볼 것이다.

데이터의 힘 활용하기

4장에서 본 것처럼 빅데이터 혁명은 획기적으로 효율성을 향상시켜 기업 경영의 새로운 가능성을 열고 있다. 사실 이러한 데이터의 중요성이 점점 커진다는 사실 자체가 건강보험 분야에서 데이터를 통합하거나, 아니면 보험회사, 병원, 기타 관련 기관 사이의 데이터 공유 메커니즘을 창설하자는 주장의 강력한 근거가 된다. 더 많은 데이터에 접속할 수 있다면 혁신의 가능성은 그만큼 높아진다. 고객의 구매 패턴을 바탕으로 타깃 사가 임신을 예측할 수 있었던 것처럼 대량의 데이터에 접속할 수 있는 병원이나 보험회사는 통제가 가능한 여러 가지 요소를 이용해 환자의 상태를 개선할 수 있는지 판단할 수 있을 것이다. AT&T 사는 벨 연구소에 투자하는 것으로 유명했는데, 이 연구소야말로 20세기 정보 기술의 가장 중요한 발전이 이루어진 곳이다. 사업 규모가 충분히 큰 건강보험회사 한두 곳이 이와 비슷한 역할을 할 수 있을 것이다. 다만 이들이 벨 연구소와 다른 점은 혁신이 연구소에서 이런저런 실험을 한 결과로 나오는 것이 아니라 방대한 양의 환자 및 병원 데이터를 끊임없이 분석하는 데서 나올 것이라는 점이다.

환자의 몸에 삽입되거나 부착된 센서들이 중요한 데이터를 제공할 것이다. 이러한 센서는 환자 상태에 대해 지속적인 정보를 제공할 것이고, 관계자들은 이를 진단이나 만성질환 관리에 사용할 수 있을 것이다. 전망이 밝은 분야 중 하나는 당뇨 환자의 혈당치를 모니터링하는 센서를 개발하는 것이다. 이들 센서는 스마트폰이나 기타 장치와 정보를 주고받으면서 혈당치가 안전한 범위에서 벗어나면 즉시 경보를 울려 불편한 혈당 검사를 받을 필요가 없도록 해준다. 환자의 피부 밑에 삽입하는 혈당 모니터를 만드는 회사들은 많다. 2014년에 구글은 아주 작은 혈당 측정기와 무선 칩이 장착된 콘택트렌즈를 개발 중이라고 발표했다. 이 콘택트렌즈는 눈물을 분석해서 끊임없이 혈당치를 추적한다. 렌즈 착용자의 혈당이 너무 높아지거나 낮아지면 자그마한 LED 등이 깜박거리며 경보를 보낸다. 2014년 9월에 공식 발표된 애플워치 같은 제품도 대량의 건강 관련 데이터 관리에 쓰일 수 있다.

기능을 상실한 시장과 건강 관련 비용

2013년 3월 4일에 발간된 『타임』지는 스티븐 브릴의 '쓴 약(Bitter Pill)'을 커버스토리로 다루었다. 이 기사는 미국에서 천정부지로 치솟는 의료비 배후에 있는 힘을 파헤치면서 어처구니없는 의료비 사례를 여러 가지 보여주고 있다. 예를 들어, 동네 약국이나 월마트에서 쉽게 살 수 있는 아세트아미노펜 알약의 가격이 병원 처방으로는 100배로 치솟는다. 의료보험이 14달러를 지불하는 일상적 혈액 검사의 비용에는 200달러 이상의 가격표가 붙어 있다. 역시 의료보험 가격으로는 800달러 정도인 CT 촬영은 6,500달러로 껑충 뛴다. 심장마비인가 하고 검사해보았더니 단순한 역류성 식도염인 것으로 밝혀진 경우에도 청구서에는 1만 7,000달러가 적혀 있다. 이는 의사에게 가는 비용은 제외한 것이다.[24]

그로부터 몇 달 뒤 「뉴욕 타임스」의 엘리자베스 로즌솔도 근본적으로 같은 이야기가 들어 있는 일련의 기사를 실었다. 세 바늘만 꿰매면 충분한 찢어진 상처를 치료하는 데에 2,000달러 이상이 들었다. 어린 아기의 이마에 난 상처 때문에 피부 접착제 한 방울을 떨어뜨려준 것에 대해 1,600달러의 청구서가 나왔다. 어떤 환자는 인터넷으로 5달러면 살 수 있는 국소 마취제 한 병에 대해 80달러를 청구받았다. 이러한 약품을 대량으로 구매하는 병원은 훨씬 싼 가격을 지불할 것이라고 로즌솔은 추측했다.[25]

두 명의 기자 모두 이 터무니없는 가격은 방대한 데다 비밀리에 관리되는 가격표인 '청구 요율표'로부터 나온다는 사실을 알아냈다. 청구 요율표상의 터무니없는 가격은 실제 비용과 연관되어 있지도 않으며 이렇게 비싼 이유가 무엇인지도 알 수 없다. 여기에 대해 한 가지 분명하게 말할 수 있는 것은 이 요율표상의 가격이 너무나 높다는 것뿐이다. 브릴도, 로즌솔도 가장 끔찍한 요율표의 악용 사례가 주로 보험이 없는 환자들을 대상으로 하였음을 알아냈다. 보통 병원은 이들이 전액을 지불하리라고 예상하고 있다가 그렇지 못할 경우 추심인을 동원하거나 심지어 소송을 제기한다. 심지어 대형 보험업체를 대상으로도 요율표에 근거한 청구서가 나가는데 이들에게는 할인율을 적용해준다. 달리 말해 가격을 열 배, 심지어 백 배까지 일단 부풀려놓고는 30퍼센트 아니면 50퍼센트까지 할인을 해준다. 할인율은 보험회사의 협상력에 달려 있다. 40달러짜리 가격표가 붙어 있는 4리터짜리 우유 한 통을 50퍼센트 할인율로 20달러에 사는 것을 상상하면 이해가 될 것이다. 상황이 이렇다면 미국에서 의료비가 지속적으로 치솟는 가장 중요한 이유가 병원에서 설정한 가격 때문이라는 점은 놀랄 일이 아니다.

역사의 중요한 교훈 중 하나는 순조롭게 작동하는 시장경제와 기술 진보 사이에는 긴밀한 관계가 있다는 것이다. 의료 시장이 창출한 인센티브는 결국 유용한 혁신과 지속적으로 증가하는 생산성이라는 결과를 낳고, 이들은 미국 번영의 원동력으로 작용해왔다.*

웬만한 사람이면 이 사실을 모두 알고 있으며, 이런 이야기를 할 때

---

*예를 들어, 구소련을 보자. 모든 측면에서 구소련은 세계 최고의 과학자와 엔지니어를 보유하고 있었다. 그리하여 구소련은 군사 및 우주 기술에서 유용한 결실을 얻었지만, 혁신의 결과를 민간 경제 전체로까지 확산시키지는 못했다. 가장 큰 이유는 물론 시장의 부재였을 것이다.

면 아마 스티브 잡스와 아이폰을 지적할 것이다. 그런데 오늘날 미국의 의료 체계에서 문제는 시장이 무너졌다는 것, 그리고 의료 산업의 구조적 문제가 해결되지 않는 한 아무리 기술이 발달해도 가격을 끌어내릴 수 없다는 것에 있다.

내가 보기에는 의료 시장의 본질과 효과적인 시장 가격 메커니즘이 이 안에서 어떻게 작동해야 하는가에 대해 많은 혼란이 있는 것 같다. 많은 사람들이 의료 시장을 정상적인 소비 시장으로 생각한다. 그러니까 보험회사, 특히 정부를 밀쳐내고 비용에 대한 결정권을 소비자(환자)에게 돌리면 다른 산업 분야와 비슷한 혁신과 성과를 올릴 수 있다고 생각한다는 뜻이다(이 대목에서도 아마 스티브 잡스가 등장할 것이다).

그러나 의료가 다른 소비재 및 서비스 시장과 다르다는 현실은 반세기 전부터 잘 알려져 있었다. 노벨경제학상을 수상한 경제학자 케네스 애로는 1963년에 의료 분야가 일반 상품 및 소비재 시장과 어떤 식으로 다른지 상세히 설명하는 논문을 썼다. 무엇보다도 의료비는 지극히 예측이 어려운 데다 매우 높은 경우가 많아서 소비자들이 정상적인 소득으로는 지불할 수도 없고, 다른 물건을 사듯이 구매를 미리 계획할 수도 없다는 사실을 애로는 논문에서 집중 조명했다. 의료 서비스는 구매하기 전에 시험해볼 수도 없다. 휴대전화 가게에 가서 스마트폰을 이것저것 시험해보는 것과는 다르다는 이야기이다. 응급 상황에서 환자는 의식이 없거나 죽기 직전일 수도 있다. 그리고 어느 경우든 의료라는 분야는 워낙 복잡한 데다 고도의 전문 지식을 요하는 관계로 보통 사람은 의료와 관련하여 판단을 내릴 엄두도 내지 못한다. 그러므로 의료진과 환자는 결코 대등한 입장에서 협상 테이블로 나올 수 없으며, 애로가 지적한 것처럼 "쌍방 모두 이러한 정보의 불균형을 인식하고 있고, 양자 사이의 관계는 이 지식에 의해 결정된다."[26] 의료비가 워낙 높은 데다가 예측할 수도 없고 주요 의료 기관의 서비스가 워낙 복잡하므로 의료 산업에서 일종의 보험 모델은 필수적이라는 사실을 인지해야 한다.

또 한 가지 중요한 점은 의료비 지출이 소수의 중병 환자들에게 고도로 집중되어 있다는 사실이다. 2012년에 발간된 미국 보건관리연구소의 보고서에 의하면, 미국에서 가장 '아픈' 1퍼센트가 전국 의료비의 20퍼센트를 썼다. 이를 5퍼센트까지 확대하면 이 환자들이 쓴 비용은 2009년에 6,230억 달러로, 전체 의료비의 절반에 육박했다.[27] 사실 미국에서 의료비 지출은 소득 분포만큼이나 불평등하다. 그래프를 그려 보면 아마 3장에서 설명한 승자 독식 롱테일 분포에 매우 근접한 결과가 나올 것이다.

이렇게 비용이 고도로 집중되는 현상은 매우 중요하다. 의료비의 대부분을 가져간 소수이 사람들은 의료 서비스 제공자들과 가격 협상을 할 만한 입장이 되지 못한다. 그리고 누구든 이 엄청난 비용을 소수의 환자들이 관리하도록 내버려두고 싶지 않을 것이다. 정상적으로 작동하기를 우리 모두가 바라는 '시장'은 의료 서비스 제공자와 환자 사이에 형성되어 있는 것이 아니라, 제공자와 보험사 사이에 존재한다. 브릴과 로즌솔이 쓴 기사가 우리에게 알려주는 바는 보험사와 서비스 제공자 사이의 근본적인 힘의 불균형 때문에 이 시장이 제 기능을 발휘하지 못한다는 것이다. 의료 소비자인 각 개인은 보험회사가 막강한 권력을 휘두른다고 생각하겠지만, 병원, 의사, 제약회사에 비하면 대부분의 경우 보험회사는 '너무도 무기력한' 것이 현실이다. 게다가 서비스 제공자들 사이에 연이어 진행되는 합병 때문에 이 불균형은 지속적으로 심화된다. 브릴은 자신의 기사에서 "대형 병원들이 개인 병원과 경쟁 병원들을 인수함에 따라 보험회사에 대한 이들의 발언권이 더욱 강해지고 있음"을 지적한다.[28]

멀지 않은 장래에 어떤 의사가 성능 좋은 태블릿 컴퓨터를 이용해서 터치스크린을 몇 번 누르는 작업만으로 일련의 테스트와 촬영을 지시할 수 있게 된다고 하자. 테스트 한 가지가 끝나면 결과가 즉시 이 의사의 태블릿 화면에 뜬다. 이 환자가 CT 또는 MRI 촬영을 했다면 인공지능이 수행한 상세한 영상 분석 결과도 따라올 것이다. 그러면 소프트웨어가 영상 속에서 발견한 문제점을 즉시 지적한 뒤 방대한 환자 데이터베이스 및 유사 환자의 치료 사례를 검색하여 해당 환자에 대해 이런저런 추가 조치를 하라고 권할 것이다. 그러면 의사는 비슷한 경우의 여러 환자들이 어떤 치료를 받는지, 그랬을 경우 어떤 문제가 생겼는지, 이러한 처치의 결말은 어땠는지를 정확히 알 수 있다. 물론 이 모든 활동은 효율적이고 간편하게 이루어짐과 동시에 환자에게 더 이로운 결과를 끌어낼 것이다. 기술 낙관주의자들은 이러한 시나리오에 바탕을 두고 의료 분야에서 앞으로 혁명이 일어나리라며 들떠 있는 것이다.

그런데 이 의사가 테스트나 촬영을 담당하는 진단 대행업체와 금전적 이해관계를 갖고 있다고 하자. 아니면 대형 병원이 개인 의원을 흡수하는 과정에서 그가 갖고 있던 테스트 장비도 함께 인수할 수도 있다. 이렇게 되면 테스트나 촬영에 들어가는 현실적 비용은 별 의미가 없어진다. 왜냐하면 대형 병원의 일원이 되었으므로 엄청난 이익이 남는 청구 요율표를 적용하면 된다. 그러니까 터치스크린을 한 번 건드릴 때마다 이 의사는 돈을 찍어내는 것과 마찬가지이다.

현재로서는 방금 말한 사례가 상상에 불과하지만 의료 기술이 새로 개발되면 생산성이 증가하기보다는 가격만 올라가는 경우가 많음을 보여주는 증거는 매우 풍부하다. 이렇게 되는 주된 이유는 시장 가격을 결정하는 메커니즘이 존재하지 않아서 효율성이 개선되지 않기 때문이다. 시장의 압력이 없다면 서비스 제공자들은 효율성을 강화시키는 쪽보다는 수익성이 높아지는 기술에 투자하려 할 것이며, 실제로 효율성이 개선된다 하더라도 이들은 가격을 낮추기보다는 자신의 이익을 챙기려 할 것이다.

의료비 인플레이션의 원흉 역할을 하는 기술 투자의 대표 사례는 전립선암 치료용으로 개발된 '양자빔' 장치이다. 2013년 5월에 「카이저

헬스 뉴스」의 제니 골드는 자신의 기사에서 다음과 같이 말했다. "의료비가 천정부지로 치솟는 현상을 막으려는 노력이 백방으로 진행되고 있는데도 여러 병원은 신기술을 도입한 고가의 장비를 개발하는 데에 열을 올리고 있다. 이러한 장비가 더 저렴한 장비보다 성능이 더 좋지 않아도 개의치 않는다."[29] 골드는 이 기사에서 양자빔 장치가 "시멘트로 만든 축구장 크기의 거대한 건물로, 가격이 2억 달러가 넘는다"고 썼다. 서비스 제공자 측은 이 고가의 신기술이 환자를 방사능에 덜 노출시킨다고 주장하지만, 이 양자빔 장치가 이보다 훨씬 싼 다른 장비보다 더 나은 환자 치료 결과를 보였다는 연구 결과는 없다.[30] 의료 전문가 에제키엘 이매뉴얼 박사는 이렇게 말한다. "치료용으로 이들이 필요하다는 증거는 없다. 이들은 이익 창출용일 뿐이다."[31]

의료 분야에서 대규모 기술 혁명이 일어나면 패스트푸드 분야에서 일어나는 혁명보다 미국인의 삶을 더욱 크게 개선해줄 것이다. 결국 의료비가 떨어지고 생산성이 상승하면 삶의 질은 개선되고 수명도 늘어날 것이다. 패스트푸드가 싸지면 반대의 결과가 나올 것이다. 그러나 패스트푸드 산업은 정상적으로 돌아가는 시장인 반면, 의료 분야는 그렇지 못하다. 이러한 상황이 지속되는 한 기술 발전만으로 치솟는 의료비를 잡을 수 있다고 생각하기는 어렵다. 현실이 이러하다면, 기술 발전으로부터 초점을 약간 바꾸어 두 가지의 대안을 제시하고자 한다. 이들 대안은 보험사와 서비스 제공자 사이의 권력 불균형을 시정하는 데에 일조할 수 있을 뿐 아니라 시장과 기술 사이의 시너지를 창출하여 결국 우리가 원하는 변혁을 이끌어낼 수 있을 것이다.

업계 통합으로 의료보험을 하나의 단위로

서비스 제공자들이 매기는 가격을 분석하면 제일 먼저 튀어나오는 결론 중 하나는 미국 정부가 65세 이상 국민을 대상으로 운영하는 의료보험인 메디케어가 미국의 의료 시스템 중 가장 효율적인 시스템이라는 사실이다. 브릴이 쓴 것처럼 "메디케어 수혜자가 아닌 사람에게 의료 시장은 시장이 아니며, 그저 쓰레기일 뿐"이다. 오바마케어가 실시되면 과거에는 의료보험조차 없던 사람들의 형편은 훨씬 나아지겠지만, 그래도 병원비를 제 수준으로 떨어뜨리는 데는 별 역할을 하지 못할 것이다. 오히려 고가의 의료비는 보험회사에 전가되고 궁극적으로는 보조금의 형태로 납세자의 부담이 될 것이다. 이러한 보조금은 저소득층도 의료보험의 혜택을 누릴 수 있도록 고안된 장치임은 물론이다.

환자 관련 비용을 떨어뜨리면서도 민간 보험업체보다 관리비와 경상비를 훨씬 덜 쓴다는 점에서 메디케어가 상대적으로 효율성이 높은 것은 사실이다. 그리고 이 근거로부터 메디케어를 확장하여 모든 사람을 수혜자로 하는 사실상의 단일 의료보험 체계를 만들자는 주장이 나온다. 다수의 선진국들은 이러한 방식을 채택하여 미국보다 의료비 지출이 훨씬 적으며, 평균 수명과 영아 치사율과 같은 기준으로 볼 때도 훨씬 더 나은 성과를 올리고 있다. 이렇게 정부가 운영하는 단일 시스템이 논리적으로도 정당하고 이를 뒷받침할 증거도 풍부하지만, 총인구의 절반이 이러한 생각을 무슨 독약이나 되는 것처럼 대하는 미국의 현실을 벗어날 방법은 없다. 이런 시스템을 도입하면 민간 의료보험 분야 거의 전체에 대한 사형 선고가 될 텐데, 이들의 막강한 정치적 영향력으로 보아 이런 일이 일어날 가능성은 희박하다.

이러한 단일 시스템은 현재 다른 나라에서 모두 정부가 운영하고 있기 때문에 당연히 정부 일이라고들 생각하고 있겠지만, 이론상 꼭 그래야 하는 것은 아니다. 다른 방법은 모든 민간 보험업체를 전국을 망라하는 단일 기업으로 통합하여 이를 강력히 규제하는 것이다. 1980년대, 여러 개로 분할되기 이전의 AT&T가 그 모델이다. 이러한 생각의 핵심은 의료 서비스가 여러 면에서 통신 시스템과 비슷하다는 데에 바탕을 두고 있다. 즉 본질적으로 공익사업이라는 뜻이다. 상하수도나 전력 공급 인프라처럼 의료 시스템은 따로 노는 것이 아니라, 국가 전체의 산업 체계 중 일부이며 이를 효율적으로 운영하는 것은 경제와 사회모두에게 핵심적이다. 많은 경우 이러한 공익사업은 자연스레 독점 시나리오를 향해 움직여간다. 달리 말해 이를 수행하는 기업이 시장에 단하나만 있을 경우에 가장 효율성이 높다는 뜻이다.

이보다 더 효율성이 높은 시나리오는 소수의 대형 보험업체들이 서로 경쟁하도록 하는 것이다. 그러니까 사회가 공인한 과정을 허용하자는 뜻이다. 이렇게 하면 시스템 내에 경쟁이라는 요소가 투입된다. 소수이므로 기업의 규모가 충분히 커서 서비스 제공자들에 대해 상당한 협상력을 유지하는 한편, 평판이 성공을 좌우할 것이므로 고품질의 의료 서비스를 확보한다는 차원에서 서로 경쟁할 수밖에 없다. 업계를 강력히 규제하면 가격 인상을 제한할 수 있으며, 예를 들어 젊고 건강한 환자들만을 주요 고객으로 하는 보험 상품이나 보장 내용이 부실한 상품을 출시하는 등의 부당한 관행을 차단할 수 있다. 이렇게 되면 업체들은 진정으로 혁신과 효율 향상에 초점을 맞출 수밖에 없다.

강력한 규제하에 있는 하나 또는 소수의 '의료 공익 기업'으로 기존 보험업체들을 통합하면 산업의 경쟁 구도를 유지한 채 단일 시스템의 장점을 상당 부분 활용할 수 있다. 현재 민간 보험업체의 주식을 갖고 있는 소주주들은 내가 투자한 회사가 시장에서 밀려났다기보다는, 산업 전반에 걸쳐 진행되는 현상인 인수 합병의 결과로 이익을 얻을 수 있다. 물론 이러한 통합을 일궈낼 메커니즘이 무엇인가는 아직 정확히 정의할 수가 없다. 아마 정부가 소수의 업체들에게 영업 허가를 내주거나, 통신 주파수를 경매하는 것처럼 경매를 실시할 수도 있다.*

균등 요율 설정

또 한 가지, 좀 더 현실성 있는 대안은 '균등 요율제'를 적용하는 것이다. 이 시스템에서 정부는 서비스 제공자들이 청구할 수 있는 요율표를 결정한다. 메디케어가 자신이 지불할 비용을 스스로 결정하는 것처럼 이 시스템도 서비스 제공자가 누군가와 관계없이 모든 환자에 대해 메디케어와 같은 방식을 적용한다. 이러한 균등 요율 시스템은 프랑스, 독일, 스위스 등 여러 나라에서 시행하고 있다. 미국에서는 메릴랜드 주가 병원에 대해 이런 시스템을 쓰고 있는데, 입원비 증가율이 상대적으로 낮다.[32] 균등 요율 시스템은 시행 주체에 따라 세부적으로 다르다. 어떤 경우에는 서비스 제공자와 지불 주체 사이의 집단 협상을 통해 결정되기도 하고, 어떤 경우에는 병원의 실제 비용을 분석하여 규제 당국이 결정하기도 한다.

---

* 미국에서 단일 시스템을 도입할 헌법적 근거는, 이 시스템을 정부가 운영하든 민간이 운영하든 상관없이, 미국 국민이면 누구나 이 시스템의 운영에 재정적으로 참여하도록 세금을 부과할 권한이 정부에게 있다는 사실이다. 그러므로 가입자가 내야 하는 보험료의 전액 또는 일부를 정부가 납입할 수 있다. 오바마케어와 관련된 보험 보조금은 이미 이런 식으로 운영 중이다. 달리 말해 연방 정부는 세금이라는 수단을 통하여 단일 시스템 운영을 위해 전 국민이 돈을 내게 할 수 있다는 뜻인데, 그래도 이와 동시에 민간 시스템이 존재하는 것을 정부가 막지는 못한다. 그러므로 마치 사립학교처럼 스스로 돈을 내고 추가적인 서비스를 받으려는 사람들이 있을 것이다. 이는 대부분의 민간 의료 서비스가 금지되어 있는 캐나다와는 다른데, 이 때문에 일부 캐나다 사람들은 미국으로 의료 서비스를 받으러 오기도 한다.

균등 요율 시스템은 모든 환자에게 같은 가격을 적용하며, 민간보험 가입자와 공공보험(저소득층은 메디케이드, 65세 이상자는 메디케어) 가입자 사이의 비용 전가에 중요한 영향을 미친다. 단일 요율을 설정하면 공공 보험료가 상당히 인상되어 납세자들에게 부담이 된다. 반면 민간 보험 가입자들, 그리고 공공이든 민간이든 보험에 가입하지 않은 사람들은 공공보험 보조금을 부담할 필요가 없어지기 때문에 낮은 비용이라는 혜택을 누린다. 메릴랜드 주는 이런 식의 시스템을 운영해왔다.*

나는 균등 요율제보다는 균등 상한제가 즉각적인 비용 절감 측면에서는 더 낫고 단순한 시스템이라고 본다. 예를 들어, 메디케어 요율에 50퍼센트를 더한 금액을 상한으로 설정했다고 하자. 앞서 인용한 브릴의 기사에서 나왔던 예를 다시 보면, 메디케어로는 14달러짜리 혈액 검사가 최고 21달러까지 갈 수는 있지만 200달러에는 근처에도 가지 않는다. 충분한 협상력을 갖춘 보험회사라면 21달러보다 더 낮은 비용을 협상을 통해 끌어낼 수 있을 것이다. 이렇게 하면 최악의 거품을 즉시 걷어낼 수 있을 것이며, 상한이 충분히 높게 책정되어 있기만 하다면 병원에도 적절한 수익을 보장할 것이다. 2010년에 발간된 현황 보고서

---

*메릴랜드는 30년 이상 특별유예제도를 통해 메디케어 요율을 더 높게 유지할 수 있었다. 그런데 2014년부터 메릴랜드는 오바마케어하에서 허용되는 실험적 시스템으로 옮겨갔다. 이 시스템에서는 균등 요율제를 설정할 뿐만 아니라 환자 한 명이 병원에 지불하는 돈의 상한선을 설정했다. 메릴랜드 주는 향후 5년에 걸쳐 메디케어 비용을 3억 3,000만 달러 절감할 수 있으리라고 내다본다.

에서 미국병원협회는 "2009년에 메디케어 환자를 치료하는 병원이 쓴 비용의 90퍼센트를 메디케어가 지불했다"고 밝혔다.[33] 메디케어가 병원비의 90퍼센트를 감당했다는 사실을 업계의 로비 조직이 이미 인정하고 있으므로, 메디케어 요율보다 약간 높은 선에서 상한선을 설정할 경우 비용 전가가 일어나 나머지 10퍼센트에 대해서도 충분히 보충할 수 있을 것이다.* 이미 공표된 메디케어 요율에 바탕을 두고 있으므로 균등 상한제는 시행하기도 훨씬 쉽다.

의료 비용을 낮추는 데에 있어 가장 희망적인 방법이라면 치료 한 건당 비용을 지불하는 운영 방식에서 벗어나 '책임 의료' 시스템으로 옮겨가는 것인데, 이는 오늘날의 의료 환경에서 상당한 호응을 얻고 있다. 이 방식은 여러 환자들의 건강 전반을 관리하는 대가로 의사와 병원에 고정액을 지급하는 것이다. 이 방식의 장점 중 하나는 혁신을 향한 추진력의 방향을 바꿔놓는 데 있다. 정해진 요율에 따라 더 많은 돈을 환자로부터 털어낼 수 있는 방법을 찾아내는 것이 아니라 비용을 줄이고 환자의 치료를 좀 더 효율적으로 만드는 것이 신기술이라는 쪽으로 인식을 전환한다는 뜻이다. 그러나 이를 실현하려면 환자의 진료와 관련된 금전상의 리스크를 보험사 또는 정부로부터 병원, 의사 등 서비스

---

* 같은 협회 보고서에서 협회 측은 메디케이드(저소득층을 위한 보험)가 병원비의 89퍼센트를 부담했다고 썼다.

제공자 쪽으로 옮겨야 한다는 어려움이 있다. 병원이나 의사가 이렇게 늘어난 리스크를 반길 리는 만무하다. 달리 말해 책임 의료 쪽으로 전환하는 일을 실현하려 해도 보험사와 서비스 제공자 사이에 존재하는 권력 불균형의 문제를 해결해야 하기는 마찬가지이다.

거침없이 치솟는 미국의 의료비를 끌어내리려면 앞서 소개한 두 가지의 전반적 전략 중 하나를 추구해야 할 것이다. 그러니까 정부, 아니면 하나 또는 복수의 대형 보험업체가 시장에서 더 큰 협상력을 발휘하도록 해주는 단일 시스템으로 가든가, 규제 당국이 서비스 제공자들에게 가는 요율을 직접 관리하든가 해야 한다는 뜻이다. 어느 쪽을 택하든 책임 의료라는 방향을 향해 적극적으로 전진하는 것이 해법을 찾는 데에 필수적일 것이다. 이미 여러 선진국들은 이 두 가지 방식을 다양하게 결합하여 성공적으로 운영하고 있다. 정부를 배제하고 환자들이 식료품이나 스마트폰을 쇼핑하는 것처럼 의료 서비스를 쇼핑하는 식의 순수한 '자유 시장' 모델은 결코 실현되지 않을 것이다. 50여 년 전에 케네스 애로가 이미 지적했듯 의료는 다르기 때문이다.

그렇다고 해서 두 가지 접근 방식 모두 별 위험이 없다는 뜻은 아니다. 두 가지 다 규제 당국에 의존하고 있는데, 규제 당국은 보험료를 조절하거나 서비스 제공자에게 지불하는 금액을 결정한다. 그렇다면 여기에는 한 가지 분명한 위험이 있다. 막강한 기업이나 업계 같으면 정부에 압력을 가해 자신에게 유리한 정책을 실시하는 쪽으로 밀고 갈 수 있다. 업계는 이미 메디케어에 이러한 영향력을 행사해 성공을 거두었다. 여기서 정부는 시장의 힘을 이용해 약값을 협상하는 것이 금지되어 있다. 이런 나라는 사실상 세계에서 미국 하나뿐이다. 다른 모든 정부들은 제약회사를 대상으로 약값을 협상한다. 그 결과 미국인들은 현실적으로 다른 나라들이 낮은 약값을 유지하도록 보조금을 지급하는 꼴이 된다. 2006년부터 2009년 사이의 3년 동안 미국에서는 '처방 포기' 사례가 68퍼센트 증가했다.[34] 이는 환자가 처방전을 받아 약값을 확인하고는 약을 사지 않는 것을 말한다. 왜 미국인들, 특히 기층 보수주의자들이 이런 상황을 아무렇지도 않게 생각하는지 나는 이해할 수가 없다. 결국 티파티(Tea Party) 운동도 CNBC의 릭 산텔리 같은 사람이 불만을 제기한 뒤에 시작된 것 아니던가? 그때 산텔리는 모기지를 낼 수 없는 사람들에게 결국 납세자들이 보조금을 주어야 한다는 사실을 비판한 바 있다. 그렇다면 미국인들은 자기들 돈으로 세계 각국에 약품 보조금을 지급하는 데에 대해 왜 분노하지 않는가? 게다가 이런 나라들 중에는 1인당 소득이 미국보다 훨씬 더 높은 나라들도 상당수 있는데 말이다.

이런 문제가 있는데도 메디케어는 지속적으로 이리저리 갈라진 민간 보험 분야보다 훨씬 더 낮은 가격으로 계속해서 질 높은 의료 서비스를 제공하고 있다. 그러니까 이미 좋다고 해서 완벽해질 가능성을 포기할 필요는 없다. 오히려 메디케어가 제약회사들과 협상할 길이 막혀 있다는 점은 우리 모두가 좀 더 깊이 생각해봐야 할 문제이다. 업계는 연구 개발 자금을 확보하려면 미국의 약값이 높게 유지될 수밖에 없다고 주장한다. 그러나 의약품 연구 자금을 확보하는 데에 있어 좀 더 효율적이고 더욱 공평한 방법이 있을 것이다.[*][35] 미 식약청의 복잡한 신약 시험 및 승인 절차를 개혁하거나 간소화하는 방법도 틀림없이 있을 것이다.

메디케어의 또 한 가지 문제는(이 책의 주제와 직접 연관되기도 하지만) 고령자들에게 '메디케어가 돈을 거의 다 부담할 테니 의사에게 처방을 해달라고 요구하라'는 메시지를 담은 광고로 인해 낭비가 발생할 수 있다는 점이다. 정부 조사에 따르면, 메디케어가 경비를 부담해 구입한 모터 장착 퀵보드의 80퍼센트가 이를 구입한 노인들에게 불필요할 뿐 아니라 실제로 건강에 나쁠 수도 있다. 2011년에 두 곳의 대형 퀵보드 제조업체들은 메디케어 수혜자를 대상으로 한 광고에 1억 8,000만 달러를 썼다.[36] 이 문제도 면밀히 들여다보아야 하는데, 그 이유는 앞서도 본 것처럼 고령자들에게 집에서 도우미 역할을 할 로봇 장비가 멀지 않은 장래에 쏟아져 나올 것으로 보이기 때문이다. 이런 발전이 이루어지면 노인들의 삶의 질이 크게 개선됨과 동시에 이들을 돌보는 비용도 크게 떨어

---

[*] 이와 관련된 문제로는 제약회사가 획득하는 특허가 있다. 일단 특허권이 제공되면 그와 유사한 저가의 약품이 상당히 오랫동안 시장에 나오지 못한다. 약품 특허제도가 매우 비효율적임을 지적하는 경제학자들도 많다. 다른 나라들도 가격 협상 메커니즘으로 특허를 인정하지 않겠다고 위협할 수 있다. 이렇게 되면 미국인의 부담은 더욱 커진다. 2004년에 경제정책연구소는 자체 발간물에서 이러한 문제에 착안하여 약품 연구비용을 좀 더 효율적으로 확보하는 대안을 제시한 바 있다. 상세한 내용은 책 끝의 저자 주를 참조하면 된다.

지겠지만, 쓸데없거나 심지어 해로운 기술에 투자가 이루어진다면 다른 결과가 나올 것이다. 수백만의 노인이 편안히 소파에 묻혀 메디케어가 TV 리모컨을 갖다줄 만큼 똑똑한 로봇 구매 비용을 부담한다는 광고를 바라보는 날이 오면 어떤 일이 벌어질지 진지하게 생각해보아야 한다.*

인공지능과 로봇이 의료 분야에서 눈부신 발전을 거듭하고 있지만 오늘날 나오는 제품들은 겨우 병원비 문제의 주변부를 건드리기 시작하는 수준에 불과하다. 약사, 아니면 영상 분석이나 테스트 전문의 혹은 기술자 등을 제외하면 대부분의 숙달된 의료 전문인의 업무 상당 부분을 자동화하는 일은 여전히 대단한 과제이다. 자동화로부터 안전한 직업을 찾는 사람에게 환자와의 직접적인 접촉을 필요로 하는 고숙련 의료인은 여전히 이상적인 해법이다. 그러나 물론 이것도 먼 장래에는 달라질 것이다. 지금으로부터 20~30년 정도 지나면 기술이 어디까지 갈지 자신 있게 말하기는 불가능하다.

물론 기술만이 문제는 아니다. 의료는 경제의 다른 어떤 분야보다도 더 식약청 같은 정부 기관, 인허가 기관 등의 복잡한 규제와 규칙을 따라야 하는 분야이다. 실수, 아니면 그저 운 나쁜 결과라도 생기면 소송으로 연결되며, 따라서 관계자들은 일거수일투족에서, 그리고 어떤 결

---

* 처방을 요구하는 제도의 배후에는 환자가 스스로 결정을 내릴 능력이 없다는 전제가 깔려 있다. 그렇다면 왜 제약회사나 의료기기 업체들이 환자를 상대로 직접 광고를 하는 행위는 허용하는가?

정을 내릴 때마다 이를 의식해야 한다. 아직까지는 심지어 동네 약국 약사조차도 자동화로 인해 눈에 띄는 영향을 받지는 않고 있다. 파라드 만주가 인터뷰한 어떤 약사는 이렇게 말했다. "대부분의 약사들이 취직해 있는 이유는 오직 약을 건네주어야 할 약사가 있어야 한다고 법에 정해져 있기 때문이다."[37] 이 말은 적어도 현재로서는 조금 과장이다. 지난 10년간 약사 면허를 갓 취득한 사람들의 취직 전망은 크게 어두워졌고, 더 나빠진다고 해도 이상할 것이 없다. 2012년의 분석 결과를 보면, "약학대학 졸업자들 머리 위에 실업의 그림자가 드리워져 있으며" 실업률은 20퍼센트까지 올라갈 수도 있다.[38] 그러나 이런 현상의 주된 원인은 약학대학이 정원을 크게 늘린 결과 노동시장으로 진입하는 신규 졸업자가 폭발적으로 늘었기 때문이다. *

---

* 더 많은 사람이 약대로 몰림에 따라 이들의 취업 전망이 어두워진 배경에는 기술이 간접적으로 작용하고 있다는 추측이 가능하다. 새천년의 최초 10년 동안 미국에서 거의 50군데의 약학대학원이 개원했으며(60퍼센트 증가) 기존 대학원들도 정원을 대폭 늘렸다. 2016년이 되면 매년 약학대학원 졸업생의 수는 1만 5,000명에 달할 것이다. 이는 2000년의 두 배가 넘는 수치이다. 이와 비슷한—아마도 더 극단적인—사례는 법률전문대학원, 이른바 로스쿨이다. 그리고 로스쿨 거품은 이제 터지는 중이다. 로스쿨은 인문계 학위 소지자가 돈을 벌 수 있는 통로로 잘 알려져 있었다. 약학도 학부에서 생물학을 전공한 사람들에게 같은 방법으로 길을 열어준다. 아마도 이 두 대학원 지원자가 이렇게 늘어나는 이유 중 적어도 일부는 학부 졸업생이 선호할 만한 일자리가 사라져가기 때문일 것이다. 달리 갈 만한 곳이 없는 상태에서 대학 졸업자들은 로스쿨이나 약학대학원으로 몰릴 수밖에 없고, 이에 따라 교육계는 정원을 크게 늘려 결국 시장이 흡수할 수 있는 정도보다 훨씬 많은 졸업생을 내보내게 된 것이다. 그러나 이 두 분야 모두 자동화의 직격탄을 맞고 있다는 점을 생각하면 미래는 더욱 어두워진다. 내가 다음 번 대학원 거품으로 지목하는 것은 경영대학원, 즉 MBA이다.

자동화로 인한 기술의 위협과는 완전히 무관한 요인으로 인해 의료 전문가들이 다른 대부분의 직업에 비해 매우 높은 수준의 직업 안정을 누리고 있다는 사실에는 의심의 여지가 없다.

　이는 의료진에게는 좋은 일일지 모르나, 기술이 다른 직업 분야를 와해시키면서도 의료 분야에는 미미한 영향밖에 미치지 못한다면 기술이 갖는 경제적 리스크는 더욱 증폭될 것이다. 이런 상황에서 의료비가 치솟으면 안 그래도 기술 진보로 인해 실업자가 계속 생겨나고 불평등이 심화되는 데다가 대부분 근로자의 소득이 제자리걸음을 하거나 아니면 하락하는 상황에서 의료비는 감당할 수 없는 지경에 이를 것이다. 그렇다면 효과적인 개혁을 통해 보험회사와 서비스 제공자 사이의 권력 불균형을 해결해야 기술 발전을 충분히 활용하여 의료 분야 전반에 걸쳐 효율을 상승시킬 수 있을 것이고, 이를 통해 시장의 왜곡을 바로잡을 수 있을 것이다. 이렇게 하지 못하면 비효율적인 데다가 제대로 작동하는 시장이라고 결코 말할 수 없는 의료 분야에 의해 시장경제가 지배당할 위험이 있다.

　의료비 부담 문제를 해결하는 일은 특히 중요하다. 왜냐하면 8장에서 보겠지만, 그렇지 않아도 고용주가 칼자루를 잡고 있는 구조에서 의료비가 지속적으로 늘어난다면 이는 국민에게 재앙이 될 것이다. 실제로 제자리걸음을 하는 임금과 심화되는 불균형으로 인해 지속적 경제 성장에 필수적인 소비자 수요가 이미 많은 분야에서 위협받고 있다.

지금까지는 기술이 기존의 고용 분야에 어떤 충격을 가할지에 주로 초점을 맞춰 이야기를 진행해왔다. 다음 장에서는 시간을 10년 이상 앞으로 돌려 완전히 새로운 기술과 산업이 지배하는 미래 경제가 어떤 모습일지 상상해보기로 하자.

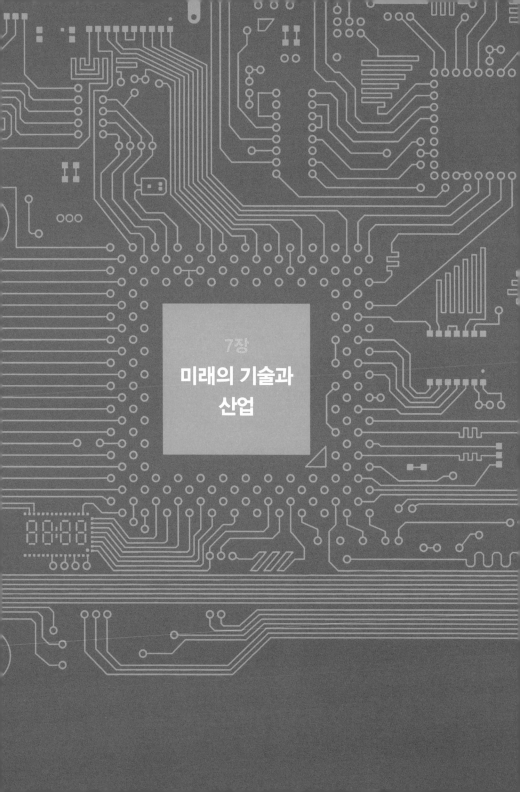

7장

**미래의 기술과
산업**

본격적인 무인자동차는 미국인들이 자동차에 대해 생각하고 이를 대하는 자세를
근본적으로 뒤집어놓을 수 있다. 또한 수백만 개의 굳건한 중산층 일자리를
날려버리고 역시 수많은 사업체를 파괴해버릴 잠재력도 가지고 있다.

2005년에 세 사람이 모여 유튜브를 창업했다. 2년도 되지 않아 구글이 이 회사를 16억 5,000만 달러에 인수했다. 인수 당시 유튜브에는 대부분 고숙련 엔지니어인 65명의 직원이 있었다. 그렇다면 직원 1인당 회사의 가치가 2,500만 달러 정도였다는 뜻이다. 2012년 4월에 페이스북은 사진 공유 사이트인 인스타그램을 10억 달러에 인수했다. 당시 이 회사의 직원은 13명이었다. 여기서는 1인당 회사의 가치가 7,700만 달러가 된다. 2년을 뛰어넘어 2014년 2월에 페이스북이 다시 한 번 인수에 뛰어들어 휴대폰 메시지 전문 업체인 왓츠앱을 190억 달러에 사들였다. 왓츠앱의 직원이 55명이었으니, 1인당 회사의 가치는 3억 4,500만 달러가 된다.

이런 식으로 직원 1인당 기업 가치가 치솟는 것은 가속적으로 발전하는 정보 통신 기술이 소수의 직원을 지렛대로 하여 얼마나 엄청난 가치와 수익을 창출할 수 있는가를 보여주는 생생한 예이다. 산업혁명까지 거슬러 올라가는 역사적 증거에 바탕을 두고 많은 사람들은 기술이 일자리, 기업체, 심지어 산업 전체를 파괴함과 동시에 완전히 새로운 직업을 창출하는 '창조적 파괴'를 진행함으로써 그때까지 상상도 못했던 새로운 산업과 고용 분야를 탄생시킨다고 믿는다. 전형적인 예로는 자동차 산업이 일어나 마차 제조업을 퇴출시킨 일이 있다.

그러나 3장에서 본 것처럼 이제 정보 기술은 마치 전기처럼 진정한 생필품으로 받아들여지는 정도까지 왔다. 정보 기술의 이익을 최대한 활용하지도 않고, 정보 기술에 수반되는 분산형 기계 지능에 의지하지도 않으면서 새로운 산업 분야가 부상한다는 것은 거의 상상할 수도 없게 되어버렸다. 그러므로 새로이 부상하는 산업이 고도로 노동집약적일 가능성은 거의 없다. 창조적 파괴가 진행됨에 따라 이 '파괴'가 주로 소매나 음식 조리처럼 노동집약적인 부문을 공격하는 반면, 이 과정에서 '창출'되는 기업이나 산업이 인력을 별로 필요로 하지 않는다는 점은 고용 전반에 위협이 된다. 달리 말해 오늘날의 경제는 창출되는 직업의 수가 완전 고용에 필요한 수준을 지속적으로 하회하는 전환점을 향해 가고 있는 것으로 보인다.

유튜브, 인스타그램, 왓츠앱 등은 물론 소수의 인력으로 엄청난 가치와 수익을 생산해내는 정보 기술 분야에서 직접 가져온 사례들이다. 더 광범위한 분야에서 비슷한 현상이 어떻게 진행되는가를 관찰하려면 미래에 크게 성장할 가능성이 있는 것으로 보이는 두 가지 기술을 좀 더 깊이 들여다보는 것이 좋다. 이들은 3D 프린팅과 무인자동차이다. 두 가지 모두 향후 10년간 사회에 큰 영향을 미칠 것으로 보이는데, 그리하여 결국은 고용 시장과 경제 전체를 크게 변모시키는 역할을 할 것이다.

3D 프린팅

적층 제조라고도 불리는 3차원 인쇄 방식은 컴퓨터로 작동하는 프린터 헤드가 재료의 얇은 층을 반복적으로 쌓아 올려 물체를 만들어내는 방식을 쓴다. 이렇게 층을 켜켜이 쌓아 올리는 방법을 쓰기 때문에 3D 프린터는 오늘날의 제조 기법으로는 만들기 어렵거나 아예 불가능한 구조, 이를테면 곡면이나 공동이 들어 있는 물체를 쉽게 만들어낸다. 3D 프린터가 주로 쓰는 재료는 플라스틱이지만 금속을 프린트할 수 있는 기계도 있고, 고강도 복합 소재, 고무처럼 탄력 있는 소재, 심지어 나무에 이르기까지 수백 가지 재료를 활용할 수 있다. 오늘날 가장 발달한 3D 프린터는 10여 가지의 소재를 이용해 제품을 만들 수 있다. 가장 놀라운 점은 상호 맞물리거나 회전하는 부품이 있어서 설계가 매우 복잡한 제품도 프린트해낼 수 있다. 이렇게 되면 조립이라는 과정이 필요 없어진다.

3D 프린터는 설계 소프트웨어에 따라 층을 쌓아 올리지만, 3D 레이저 스캐너를 이용해서 어떤 대상물을 복사하거나 아니면 CT 스캔 같은 고도로 정밀한 수단을 이용해서 작업을 하기도 한다. 인기 코미디언 제이 리노는 클래식카 애호가인데, 3D 프린터를 이용해서 자기 차의 부품을 제작한다. 3차원 인쇄는 맞춤화된 '유일한' 제품을 만드는 데에 안성맞춤이다. 3D 프린터는 이미 치과용 크라운, 임플란트, 심지어 의수나 의족을 만드는 데에 쓰이고 있다. 제품의 프로토타입이나 건축물의 원형을 만드는 데에도 이 프린터가 쓰인다.

3D 프린팅을 둘러싼 열기는 계속 높아져가고 있다. 특히 기존의 공장형 제조라는 생산 모델을 뒤엎을 가능성에 대한 기대가 매우 높다. 사람들의 관심은 주로 저렴한 데스크톱 3D 프린터의 등장에 쏠려 있다. 어떤 사람은 심지어 저마다 집에 3D 프린터를 한 대씩 두고 필요한 물건은 무엇이든 만들어내는 분산형 제조의 시대가 오리라는 예측을 내놓기도 한다. 어떤 사람들은 소기업들이 맞춤형 제품을 현지에서 생산해서 현지에 공급하는 방식으로 대량생산형 공장을 밀어내는 '장인' 기반 경제를 내다보기도 한다.

그러나 이러한 예측에 대해서는 회의적일 수 있는 이유가 여러 가지 있다. 가장 중요한 이유는 3D 프린팅이 열어준다는 맞춤화의 세상은 규모의 경제를 포기해야 얻을 수 있다는 점이다. 어떤 문서를 몇 부만 복사하려면 집에 있는 프린터로 작업을 해도 된다. 그러나 10만 부가 필요하다면 복사집에 맡기는 편이 훨씬 저렴할 것이다. 3D 프린팅과 기존의 대량생산 방식 사이의 관계도 본질적으로 같다. 프린터 자체의 가격이야 급속히 떨어진다고 하겠지만 재료도 그렇다고 말할 수는 없고, 플라스틱류 이외의 다른 재료가 필요하다면 더욱 그렇다. 게다가 3D 프린터는 매우 느리다. 보급형 3D 프린터로 웬만한 물체 하나를 만드는 데는 몇 시간이 걸린다. 사람이 쓰는 대부분의 물건은 맞춤화에 적합하지 않다. 표준화가 훨씬 더 경제적인 경우가 많다. 3차원 프린터로 아이폰 케이스야 얼마든지 만들 수 있겠지만 아이폰 자체를 만들 가능성은 매우 희박하다.*

저렴한 데스크톱 3D 프린터가 보편화되면 이들 프린터로 만들 수 있는 기존의 완제품 시장이 파괴될 것이다. 그러나 3D 프린터의 진정한 가치는 제품의 디지털 디자인 파일 안에 모두 들어 있다. 어떤 기업들은

---

*3차원 프린터는 이미 기초적인 전자회로를 만들어내기 시작했지만, 스마트폰에 들어가는 첨단 프로세서와 메모리칩을 프린터가 만들 가능성은 거의 없다. 이러한 칩을 만들려면 대규모 공장이 필요한 데다가 어떤 프린터도 따라올 수 없는 고도의 정밀 작업이 필요하다. 미래 세계에서 예측할 수 있는 일 한 가지는 우리가 일상적으로 쓰는 제품에 첨단 프로세서와 지능형 소프트웨어가 장착될 가능성이 높다는 점이다. 그렇다면 개인용 3D 프린터가 소비자들이 진정으로 원하는 제품의 발전과 보조를 맞추기는 어려울 것이다. 물론 3D 프린팅이 취미인 사람이라면 대부분의 부품을 프린터로 만든 뒤 조립을 할 수도 있겠지만 많은 사람이 이를 좋아할지는 의문이다.

이런 디자인을 팔아서 돈을 벌 수도 있겠지만, 이 분야의 시장도 다른 디지털 제품과 서비스 시장과 마찬가지로 승자 독식의 길을 걸을 것이 분명하다. 또한 거의 모든 제품에 대해 무료 또는 오픈소스 디자인이 인터넷에 떠돌아 아무나 다운로드받을 수 있을 것이다. 궁극적으로 개인용 3D 프린팅은 인터넷과 매우 비슷한 모습을 갖출 것이다. 소비자들은 여기서 무료로 또는 저렴한 가격으로 여러 가지를 얻을 수 있겠지만, 이 기술로 웬만한 소득을 올릴 수 있는 사람은 매우 적을 것이다.

그렇다고 해서 3D 프린팅이 세상을 바꿀 수 없다는 뜻은 아니다. 3D 프린팅은 공업적 생산 규모에서 진가를 발휘할 가능성이 높다. 그러니까 3D 프린팅은 기존의 제조업을 밀어낸다기보다는 이에 통합될 것이다. 이런 일은 이미 실제로 일어나고 있다. 3D 프린팅은 우주항공 산업에 이미 상당히 진출해 있어서 경량 부품을 만드는 데에 쓰인다. 제너럴 일렉트릭의 항공기 엔진 사업부는 3D 프린팅을 이용해서 2020년이 되면 10만 개의 부품을 생산할 계획을 세워두었는데, 이렇게 해서 항공기 엔진 하나당 무게를 450킬로그램 줄이는 것이 목표이다.[1] 엔진 무게를 이 정도 줄이면 연료가 얼마나 절감될까? 예를 들어보자. 2013년에 아메리칸 에어라인(American Airlines)은 조종실에 비치된 종이로 된 비행 매뉴얼을 애플 아이패드에 탑재하는 방식으로 교체했다. 이렇게 해서 비행기 한 대당 16킬로그램을 줄였는데, 그 결과 이 항공사는 매년 연료비를 1,200만 달러 절감했다.[2] 비행기 한 대의 무게를 평균 1.4톤 정도 줄이면 매년 10억 달러를 절감할 수 있다. 제너럴 일렉트릭이 프린터로 만들려고 하는 부품 중에는 보통 20개의 부품을 조립하여 만드는 연료 노즐이 있다. 3D 프린터로 만들면 이를 완전히 조립된 것과 마찬가지인 상태로 제작할 수가 있다.[3]

1장에서 본 바와 마찬가지로 제조 공정은 좀 더 탄력적으로 될 것이고 공장이 소비 시장 가까이 자리 잡는 경우도 많을 것이다. 3D 프린팅이 이러한 전환 과정에서 나름의 기여를 할 것이다. 그러니까 사람들은 3D 프린팅을 가장 비용 효율적인 분야에 투입하리라는 이야기이다. 예를 들어, 맞춤형 부품을 만들어야 하거나 재래식으로 만들면 부품이 너무 많아 복잡한 조립 과정을 거쳐야 하는 물건을 생산해야 할 경우 등이 이에 속한다. 3D 프린터를 대량생산에 직접 투입할 수 없는 경우라도 재래식 제조에 필요한 몰드나 공구를 신속하게 제작하는 데에는 쓰일 수 있다. 달리 말해 3D 프린팅은 또 다른 형태의 공장 자동화로 귀착될 것이다. 제조 로봇과 3D 프린터는 서로 협력해서 일할 것이고, 여기에 사람이 개입할 여지는 점점 적어진다.

3D 프린터는 사실상 어떤 재료도 소화할 수 있고, 제조업 이외에도 중요한 용도가 많다. 가장 놀라운 용도라면 인체의 장기를 프린트하는 일일 것이다. 샌디에이고의 바이오 프린팅 전문업체 오가노보(Organovo)는 인간의 세포가 들어 있는 재료를 3D 프린터에 투입하여 실험적 수준의 인간 간과 뼈 조직을 만들어냈다. 이 회사는 2014년 말까지 완전

한 간을 이 프린터로 제작할 목표를 세워두었다. 이런 기술은 초기에는 아마 연구용 또는 신약 시험용 장기를 만드는 데에 쓰일 것이다. 인체 이식이 가능한 장기까지 가려면 적어도 10년은 기다려야 하겠지만, 이런 일이 현실이 된다면 미국에만 12만 명에 달하는 장기 이식 대기자들에게 이 기술이 갖는 의미는 상상을 초월할 것이다.[4] 이식용 장기 부족 문제를 해결할 뿐만 아니라 3D 프린팅은 환자 자신의 줄기 세포를 이용해서 장기를 제작할 길을 열어주어 이식 후 거부 반응이 일어나는 위험을 근본적으로 배제할 수 있다.

음식물 프린팅도 인기 있는 사용 방법이다. 2013년에 출간된 책 『3D 프린팅의 신세계』에서 호드 립슨은 디지털 요리가 3D 프린팅의 '킬러 앱'이 되리라고 내다보았다. 그러니까 이 앱을 보면 수많은 사람들이 일제히 3D 프린터를 구입하려 할 것이라는 뜻이다.[5] 음식물 프린터는 이미 디자이너 쿠키, 페스트리, 초콜릿 등을 만드는 데에 쓰이고 있지만 재료를 독특한 방법으로 결합하여 이제까지 존재하지 않던 맛이나 색감을 창출할 가능성도 얼마든지 있다. 언젠가 3D 음식물 프린터가 가정과 식당의 주방을 점령하고 이 바람에 오늘날 전문 음악인들이 그러한 것처럼 유명 셰프들이 승자 독식 디지털 시장에 내던져지는 날이 올지도 모른다.

3D 프린터의 가장 와해적인 측면은 이를 건설 공사용으로까지 거대하게 만들 수 있다는 점이다. 서던 캘리포니아 대학교의 공학 교수인

베로크 코슈네비스는 24시간 만에 집 한 채를 지을 수 있을 정도로 거대한 3D 프린터를 제작 중이다. 이 프린터는 건설 공사장에 설치된 임시 레일을 따라 움직이면서 거대한 노즐을 이용해 컴퓨터의 지시에 따라 콘크리트 층을 쌓아 올린다. 공정은 완전히 자동화되어 있고, 이렇게 해서 세운 벽은 기존의 기술로 세운 벽보다 상당히 더 견고하다.[6] 이 프린터는 주택이나 사무실, 심지어 여러 층짜리 건물을 짓는 데에도 사용할 수 있다. 현재 3D 프린터는 건물의 콘크리트 벽을 세우는 일만을 담당하며, 문, 창문, 기타 설비는 사람이 설치해야 한다. 그러나 업그레이드된 미래의 프린터들이 콘크리트 이외의 재료도 다루는 모습은 쉽게 상상할 수 있다.

제조업에 대한 3D 프린팅의 영향은 많은 공장이 이미 고도로 자동화되었다는 이유 하나만으로도 상당히 약화될 수 있다. 그러나 건설 분야의 상황은 매우 다르다. 목조 주택을 짓는 일은 현대 경제에 남아 있는 작업 중 가장 노동집약적인 영역에 속하며, 저숙련 근로자들에게 남아 있는 소수의 취업 기회이기도 하다. 미국에만 거의 600만 명이 건설 분야에 종사하고 있는데, 국제노동기구의 추산에 따르면 세계적으로 건설업 취업자 수는 1억 1,000만 명 정도 된다.[7] 건설용 3D 프린터는 언젠가 더 좋은 주택을 더 저렴하게 건설하는 데에 도움을 줌과 동시에 건축의 새로운 가능성을 열어가겠지만, 이로 인해 수많은 일자리가 사라지기도 할 것이다.

무인자동차

2004년 3월 13일, 무인자동차는 공상과학의 틀에서 벗어나 현실로 들어오는 과정의 문턱을 넘었다. 이날 미국 국방과학연구소가 주관한 그랜드 챌린지라는 이름의 경주가 실시되었다. 연구소가 이를 주관한 목적은 무인 군용 차량 개발에 박차를 가하는 것이었다. 15대의 무인자동차가 캘리포니아 주의 바스토 근처에 있는 한 지점을 출발하여 모하비 사막 건너편 240킬로미터 지점에 있는 목적지를 향해 달리기 시작했다.

1등으로 결승선을 통과하는 차를 제작한 팀은 100만 달러의 상금을 받기로 되어 있었다. 그러나 결과는 기대에 훨씬 못 미쳤다. 전체 주행 예정 거리의 10퍼센트나마 채운 차는 단 한 대도 없었다. 그나마 제일 멀리까지 갔던 카네기 멜론 대학교의 험비 개조 차량은 출발지로부터 13킬로미터 정도 떨어진 지점에서 도로를 벗어나 비탈 밑으로 굴러 떨어졌다. 연구소 측은 참가자 중 누구에게도 상금을 주지 않았다.

그러나 주최 측은 경주에서 어떤 가능성을 보기는 했다. 그래서 상금을 200만 달러로 올리고 다시 한 번 경주를 실시했다. 두 번째 경주는 2005년 10월 8일에 열렸는데, 새로 지정된 경주로에서 무인 차량은 100여 개의 급커브를 통과하고, 세 개의 터널을 지나고, 양쪽이 낭떠러지인 비포장 산길을 구불구불 돌아서 빠져 나와야 했다. 경주 팀들은 지난번과 비교하여 놀라운 발전을 보였다. 1년 반 동안의 개발 기간을 거친 이들 차량 중 다섯 대가 결승선을 통과했다. 우승팀은 폭스바겐 투아레그 개조 차량을 출전시킨 스탠퍼드 대학교의 서배스천 스런 팀으로, 이 차량은 7시간이 채 되지 않아 주행을 끝냈다. 지난번에 출전한 험비의 성능을 향상시켜 재도전한 카네기 멜론의 차량은 그로부터 약 10분 후 결승선을 통과했다. 그리고 30분도 채 지나지 않아 두 대의 차량이 추가로 들어왔다.

연구소는 2007년 11월에 또 한 번 경주를 개최했다. 이번에는 도시 지역을 통과하는 능력을 시험하기 위해 숙련된 운전자들이 모는 포드 토러스 30대 사이에 섞여 운행을 해야 했다. 무인자동차들은 신호를 준수하고, 간선 도로에 진입하고, 주차를 해야 했으며, 복잡한 교차로도 통과해야 했다. 35대의 출전 차량 중 6대가 경주를 마쳤다. 스탠퍼드 팀의 차가 이번에도 1등으로 결승선을 통과했지만, 운행 데이터를 분석한 심판원들은 이 차가 캘리포니아 주 도로교통법을 위반한 사실을 발견한 뒤 감점을 했고, 그 결과 순위가 2등으로 떨어졌다.[8]

구글의 무인자동차 프로젝트는 2008년에 시작되었다. 스트리트뷰 프로젝트에 참여하느라 1년 전에 이미 구글에 입사해 있던 서배스천 스런이 책임을 맡은 가운데 구글은 국방과학연구소 경주에 출전했던 경주 팀 중 최고의 두뇌들을 재빨리 영입했다. 2년 후 이 팀은 개조한 몇 대의 카메라, 네 개의 레이더 시스템, 차량 주변 환경을 3차원으로 완벽히 모델링할 수 있는 8만 달러짜리 레이저 거리 측정기 등 첨단 장비를 갖춘 도요타 프리우스 개조 차량을 개발했다. 이 차는 다른 차, 사물, 보행자 등의 움직임을 추적할 수 있고, 교통신호를 알아보며 거의 모든 운전 상황에 대처할 수 있다. 2012년 구글이 시험했던 여러 대의 무인 자동차는 거의 50만 킬로미터를 도로상에서 사고 없이 주행했는데, 이들이 달린 도로는 가다 서다를 반복하는 혼잡한 고속도로로부터 구불거리기로 유명한 샌프란시스코의 롬바드 스트리트에 이른다. 2013년 10월에 구글은 이들 무인자동차가 매끄러운 가속 및 정지, 전체적인 방어 운전 등의 측면에서 일반적인 사람 운전자보다 일관성 있게 더 나은 운전 실력을 보였다고 발표했다.[9]

　구글의 무인자동차 사업은 자동차 산업에 신선한 충격을 주었다. 전 세계의 주요 자동차 업체들은 향후 10년 이내에 적어도 준무인차를 선보이겠다는 계획을 너도나도 내놓았다. 현재 이 분야의 선두주자는 벤츠이다. 2014년형 벤츠 S클래스는 이미 가다 서다를 반복하는 도시 교통 상황에서 스스로 운전할 수 있고, 속도가 시속 200킬로미터에 육박하는 아우토반에서도 혼자 주행할 수 있다. 이 차량에 장착된 시스템은 차로를 표시한 흰색 선이나 앞서가는 차를 인식하고 조향, 가속, 제동 장치 등을 작동한다. 그러나 벤츠 측은 안전 위주를 택했다. 따라서 운전자는 무인 모드든 아니든 항상 운전대를 잡고 있어야 한다.

　실제로 현재 자동차 업체가 개발 중인 시스템은 거의 예외 없이 부분

무인화를 겨냥하고 있다. 그러니까 궁극적으로 사람 운전자가 차를 통제해야 한다는 뜻이다. 완전 무인자동차의 경우, 사고 시의 책임 문제가 가장 해결하기 어려운 과제일 것이다. 일부 전문가들은 책임 소재가 모호할 수도 있다는 견해를 내놓았다. 구글 프로젝트를 이끈 엔지니어 팀의 크리스 엄슨은 2013년의 업계 회의에서 이러한 우려는 잘못임을 지적했다. 오늘날의 미국 법은 무인자동차 사고 발생 시 차량 제조업체가 책임을 져야 함을 분명히 하고 있다는 것이다. 자동차 업계에 이보다 더 두려운 일을 상상하기는 어렵다. 제조물 책임 관련 소송에 이골이 난 변호사들에게 돈 많은 자동차 회사는 군침을 흘릴 대상이다. 이와 관련해서 엄슨은 무인자동차가 지속적으로 데이터를 수집하여 저장하므로 사고 발생 순간에 이르기까지의 차량 환경에 대해 종합적인 판단을 할 수 있는 이상 섣부른 소송으로 이기는 것은 거의 불가능하다고 덧붙였다.[10] 그러나 어떤 기술도 100퍼센트 신뢰할 수는 없으므로, 무인자동차가 사고를 낼 경우 제조업체가 거액의 소송에 휘말릴 위험은 항상 있다. 한 가지 해결책은 그러한 소송이 발생할 경우 배상액의 합리적 상한선을 법률에 명시하는 것이다.

반(半) 무인 방식에도 문제는 있다. 이들도 도로상의 모든 상황에 다 대처하지는 못한다. 2012년에 회사 블로그에서 구글은 무인자동차 연구가 순조로이 진행되고 있기는 하지만, "아직 갈 길이 멀다. 이 무인차들은 눈에 덮인 도로 주행을 마스터해야 하며, 임시 건설 공사 표지판을 인식하고 그 밖에 사람 운전자가 마주칠 수 있는 복잡한 상황을 해결하는 방법을 배워야 한다"고 썼다.[11] 준무인차 시스템이 어떤 상황에 직면할 때 이를 스스로 해결할 수 없음을 인식하고 운전자에게 바통을 넘겨야 할 때가 있는데, 이러한 미묘한 상황을 어떻게 빠져나가는가가 반무인 기술의 가장 큰 약점일 것이다.

시스템 개발을 담당하는 엔지니어들은 시스템이 문제를 발견하고 이를 운전자에게 알려 운전자가 통제권을 완전히 장악하기까지 약 10초가 걸린다는 사실을 발견했다. 달리 말해 이 시스템은 잠재적인 문제가 현실화되기 훨씬 전에 이를 예측해야 한다는 뜻인데, 이 점에서 기계를 상당히 믿을 만하게 만드는 작업은 대단한 기술적 난제일 것이다. 자동운전 중에는 운전자가 운전대를 잡고 있지 않아도 된다는 규정이라도 나온다면 상황은 더욱 어려워진다. 아우디의 한 관계자는 자신들이 개발한 시스템이 켜져 있을 때에도 운전자는 "졸거나, 신문을 읽거나, 노트북 컴퓨터를 사용해서는 안 된다"고 말했다.[12] 그러나 이러한 원칙을 제조사가 어떻게 강제할 것인가는 알 수 없다. 스마트폰을 사용하거나, 영화를 보거나, 기타 운전자의 주의를 빼앗아가는 여러 가지 행동을 어떻게 막을 수 있을까?

그러나 일단 이러한 어려움을 극복하고 나면 무인자동차는 안전성 개선이라는 측면에서 전망이 매우 밝다. 2009년에 미국에서는 1,100만 건의 자동차 사고가 발생했고, 약 3만 4,000명이 목숨을 잃었다. 전 세계적으로 보면 매년 125만 명이 교통사고로 사망한다.[13] 미국 교통안전위원회의 추산에 따르면, 자동차 사고의 90퍼센트가 기본적으로 인간의 실수로 인해 발생한다. 달리 말해 제대로 믿을 만한 무인 운전 기술이 나온다면 수많은 사람을 살릴 수 있다는 뜻이다. 데이터에 따르면, 일부 차종에 장착된 충돌 방지 시스템이 이미 효과를 발휘하고 있다. 도로상 손실데이터연구소(Highway Loss Data Institute)가 보험 청구 관련 자료를 분석한 결과, 충돌 방지 시스템을 장착한 일부 볼보 모델의 경우 이를 장착하지 않은 동급 차종에 비해 사고율이 약 15퍼센트 낮았다.[14]

무인자동차 옹호자들은 사고 방지 외에도 이 기술에 유익한 점이 많다고 주장한다. 무인자동차들은 서로 교신하면서 협력할 수 있다. 여러 대가 열을 지어 운행할 수도 있고 운행 과정에서 일어나는 바람을 상호 이용해서 에너지를 절약할 수도 있다. 고속도로에서 차량들이 자동으로 신속하게 상호 간의 거리를 조정할 수 있으면, 교통 혼잡을 줄이거나 아예 없앨 수 있을 것이다. 그러나 내가 보기에는 가까운 장래에 실현될 수 있는 것보다 사람들의 기대치가 훨씬 높은 것 같다. 이런 시스템의 혜택을 보려면 네트워크 효과가 반드시 받쳐줘야 한다. 달리 말해 도로상을 달리는 차의 상당수가 무인자동차여야 한다는 뜻이다. 여기서 한 가지 분명한 현실은 다수의 운전자가 무인자동차라는 개념에 대해 기껏해야 양면적인 자세를 취하고 있다는 점이다. 그저 운전이 좋아서 운전을 하는 사람들도 아주 많다. 『모터 트렌드(*Motor Trend*)』나 『카

앤 드라이버(*Car and Driver*)』 같은 자동차 애호가 잡지 구독자는 수백만 명에 달한다. 차를 운전하지 않을 거라면 '궁극의 드라이빙 기계'를 소유하는 것이 무슨 의미가 있는가? 무인자동차를 환영하는 운전자들이라고 할지라도 실제로 사람들이 이를 구매하는 과정은 느리게 진행될 것이다. 소득 불균형이 심화되고 임금이 수십 년간 제자리걸음을 함에 따라 나타난 결과 중 하나는 새 차를 살 능력이 없는 사람이 총인구에서 차지하는 비율이 점점 늘어나는 현상이다. 최근 데이터를 보면, 미국인들은 지금 운전하는 차를 바꾸는 일을 전혀 서둘지 않는 것으로 보인다. 2012년에 미국 도로상을 주행하는 모든 차량의 평균 차령은 11년인데, 이는 최고 기록이다.

어떤 경우 사람 운전자와 로봇 운전자가 섞여 있으면 더 많은 문제가 생길 수도 있다. 운전을 하다가 가끔 마주치는 난폭 운전자에 대해 생각해보자. 그러니까 고속도로에서 차선을 제멋대로 바꾸며 질주하는 운전자 같은 사람 말이다. 이런 운전자가 무인자동차들 사이에 섞여 도로를 달린다고 하자. 이 운전자는 주변의 모든 차들이 어떤 상황에서 완벽한 방어 운전을 하도록 프로그램되어 있음을 안다. 이런 식으로 '양떼에 섞인 늑대 한 마리'는 차선을 멋대로 바꾸는 짓 말고도 더 위험한 행동을 하고자 하는 충동을 느낄 것이다.

가장 낙관적인 예측에 따르면, 무인자동차 기술은 향후 5년에서 10년 사이에 사회에 상당한 영향을 끼치기 시작할 것이라고 한다. 그러나 기술적 난관, 사회의 수용, 책임 및 규제와 관련된 여러 가지 난제들로 인해 방금 말한 예측은 지나치게 낙관적이다. 그렇기는 하지만 진정한 의미에서 스스로 움직이는, 달리 말해 '운전자가 없는' 차가 언젠가는 등장할 것이다. 이렇게 되면 무인자동차는 자동차 산업뿐만 아니라 경제 전체와 고용 시장, 나아가 인간과 자동차의 근본적인 관계에 혁명적 변화를 가져올 것이다.

무인자동차와 관련한 미래를 그려보는 데 있어 가장 중요한 점은 완전 자동화된 내 차가 '내 차가 아닐' 것이라는 사실이다. 무인자동차가 미래 사회에서 어떤 역할을 맡아야 하는가에 대해 깊이 생각해본 사람들은 대부분 적어도 인구 밀집 지역에서는 이 차들이 공동의 자산의 역할을 하리라는 점에 동의한다. 구글이 처음 이 사업을 시작했을 때의 의도도 그것이었다. 구글의 공동 창립자인 세르게이 브린은 『뉴요커』 지의 버크하드 빌저에게 이렇게 말했다. "밖을 내다보거나 주차장 근처, 또는 차선이 여러 개로 된 대로를 지나가보라. 세상이 교통 인프라로 덮여 있음을 알 수 있다. 교통은 토지를 엄청나게 차지한다."[15]

구글은 오늘날의 자가 운전자 모델을 깨뜨리려 하고 있다. 앞으로는 그저 스마트폰을 비롯한 통신 기기를 이용해서 필요할 때마다 무인자동차를 부르면 될 것이다. 이런 차들은 자가 운전자의 차처럼 90퍼센트 이상의 시간을 주차장에 서서 보내지 않고 훨씬 더 많은 시간을 주행하며 보낼 것이다. 이 변화 한 가지만으로도 도시에서 부동산 혁명을 일으킬 수 있다. 오늘날 주차장이 차지하고 있는 방대한 면적이 다른 용도로 쓰일 것이다. 물론 무인자동차도 운행을 하지 않을 때는 어디엔가 세워두어야 하겠지만, 지금처럼 주인이 원할 때 꼭 그가 소유한 차량이 주차장을 떠나야 할 필요는 없다. 그러므로 차를 빽빽이 세워두면 된다. 누군가가 차가 필요한데 현재 가까운 도로상에 운행 중인 빈 차가 없다면 그저 주차되어 있는 차들 중 맨 앞차를 불러다 타면 된다.

물론 도시에서 자동차가 결국 공공의 자산이 되리라는 예측에 대해 회의적이 될 이유가 없지는 않다. 무엇보다도 한 집에 적어도 차 한 대는 있기를 원하는 자동차 산업의 목표와 정면으로 충돌한다. 또 한 가지는 출퇴근 시간에 사람들이 카풀을 해야 한다. 이렇게 하지 않으면 차의 공급이 너무 부족해져서 사용 비용이 올라갈 것이므로 대다수의 사람들이 차를 탈 수 없을 것이다. 또 한 가지 문제는 같은 차를 탄 사람들 사이의 안전이다. 공급이 달리는 문제를 차에 장착된 소프트웨어가 해결하여 효율적인 수송 서비스를 제공한다 하더라도, 버스나 지하철과는 달리 작은 승용차는 전혀 모르는 사람들이 같이 타고 가기에는 너무나 좁은 공간이다. 그러나 이 문제에 대한 해결책은 쉽게 떠올릴 수 있다. 예를 들어, 혼자 이동하는 사람을 태우는 차에는 칸막이를 해주면 된다. 같은 차를 타고 가는 사람은 볼 필요도 없고 심지어 내가 탄 차에 다른 사람이 탔는지 알 필요조차 없다. 좁은 곳에 갇혔다는 느낌을 피하려면 벽에 버추얼 창문을 설치해서 고해상도 스크린상에 흘러가는 밖의 경치를 비춰주면 된다. 무인자동차가 보편화되면 이러한 문제를 해결할 하드웨어의 가격은 매우 저렴해질 것이다. 차가 내 앞에 와서 서면 비어 있는 칸의 문에서 녹색등이 반짝일 것이고, 그러면 마치 혼자 차를 타고 가는 것처럼 목적지로 이동할 수 있을 것이다. 옆 칸에 다른 사람이 타고 있기도 하겠지만 어쨌든 나는 혼자 타고 가는 느낌일 것이다. 이런 용도의 차 말고 다른 차들은 그룹이나 좀 더 사교적인 단독 탑승자를 태울 수 있을 것이고, 탑승자 상호 합의하에 칸막이를 내릴 수도 있을 것이다.*

그러나 이런 칸막이가 굳이 '버추얼'이어야 할 필요가 없을지도 모른다. 2014년 5월에 구글은 무인자동차의 다음 단계로 2인승 전기차에 초점을 맞출 것이라고 발표했다. 최고 시속이 40킬로미터인 이 차는 도시에서만 사용하도록 특별히 설계될 것이다. 승객은 이 차를 호출하여 스마트폰 앱으로 목적지를 설정한다. 구글 엔지니어들은 비상시에 이 차를 수동으로 운전하도록 설계하는 것은 현실성이 없다는 결론을 내리고, 이 차를 완전 자동화하기로 했다. 그러니까 운전대나 페달이 전혀 없다는 뜻이다. 「뉴욕 타임스」와의 인터뷰에서 세르게이 브린은 주요 자동차 업체들이 선호하는 '점진적' 발전 개념과는 분명히 결별할 것

---

* 이런 무인자동차, 특히 칸막이가 되어 있는 승용차의 경우에 발생할 한 가지 문제는 차량의 청결 문제이다. 청결은 버스나 지하철에서도 문제가 되지만, 운전자가 아예 없고 다른 승객의 시선도 없다면 무슨 짓을 할지 모르는 사람들이 탈 수도 있다.

임을 선언하면서 이렇게 말했다. "이런 개념은 진정한 혁신을 추구하는 구글의 이상과 완전히 일치하지는 않는다."[16]

시장 역시 무인자동차의 공유 쪽을 향해 가는 솔루션을 내놓을 것이다. 「마더 존스」의 케빈 드럼은 "본격적인 무인자동차가 10년 이내에 등장해 사회를 크게 변혁시킬 것"이라고 믿는 사람으로, 자동차 한 대를 사는 비용의 몇 분의 일만 들이면 자동차 사용권의 일부를 구매하여 언제든 필요할 때 사용할 수 있으리라는 추측을 내놓았다.[17] 달리 말해 차를 일반 대중과 공유한다기보다는 소수의 사람과 함께 쓴다는 뜻이다.＊

어떤 식으로든 차를 공유하는 모델이 뿌리를 내리면 각 차량의 운행률이 높아져서 인구 대비 필요한 차량의 수가 줄어들 것임은 물론이다. 환경 보호론자와 도시계획 전문가들은 환호하겠지만 자동차 업체들은 그렇지 않을 것이다. 1인당 자동차 수가 줄어들 뿐만 아니라 럭셔리 카에 대한 수요도 크게 감소할 것이다. 내가 차를 소유하는 것도 아니고 가끔 한 번씩 타는 데만 쓴다면 차의 메이커나 모델에 신경 쓸 필요가 없어진다. 이렇게 되면 자동차는 사회적 지위의 상징이라는 위치를 잃

＊카풀이나 공유의 개념이 일반화되지 못할 경우 무인자동차는 혼잡한 지역에서 더 큰 문제를 일으킬 수 있다. 어떤 사람이 무인자동차를 갖고 있는데, 주차 공간이 부족하거나 주차료가 비싼 곳을 찾아가야 한다고 하자. 그러면 이 사람은 일단 내린 뒤 자기 차 주변을 맴돌다가 볼일이 끝나면 자신을 태우고 가게 할 것이다. 아니면 유료 주차장을 피해 인근 주택가에 세워둘 수도 있다. 그리고 불법 주차를 가능하게 하는 불법 소프트웨어를 다운받은 뒤 차를 세워두었다가 경찰차 비슷한 차가 다가오면 즉시 그곳을 떠나도록 프로그램할 수도 있을 것이다.

을 것이며, 자동차 시장은 생필품 시장과 같은 모습이 될 것이다. 이러한 이유로 자동차 업체들이 누군가를 운전석에 앉혀놓는 제도에 끈질기게 매달릴 가능성은 매우 높다. 그 운전자가 자동차의 조작과 관련된 행동은 거의 하지 않는다고 해도 마찬가지이다. 자동차 제조업체들은 와해적 기술이 등장했을 때 거대 기업이 흔히 직면하는 종류의 딜레마에 빠질 것이다. 지금과 가까운 미래에 수익을 창출하는 기존 사업 모델을 지키거나, 아니면 재래식 사업 모델을 무가치한 것으로 만들거나 심지어 파괴할 신기술의 보급에 협력하는 한 가지를 선택해야만 하는 날이 올 수도 있다. 그런데 역사를 보면 기업들은 거의 예외 없이 전자를 택해왔다.*

앞서 말한 브린의 혁명이 실제로 일어나려면 자동차 산업 외부에서 일어날 수밖에 없을 것이다. 브린은 물론 이러한 혁명을 일으키는 데에 딱 적합한 위치에 서 있다.

결국 차량의 개인 소유라는 개념이 무너지고 나면 경제와 고용 시장의 수많은 분야에는 엄청난 파급 효과가 미칠 것이다. 내가 사는 집 주변에 자동차 대리점, 정비업소, 주유소가 몇 군데나 되는지 떠올려보라. 이들의 존재는 자동차의 소유가 고도로 분산형이라는 사실에 바탕

---

*마이크로소프트가 거대한 윈도 기반 수익 모델에 집착하느라 스마트폰과 태블릿 시장에서 기반을 잡지 못하는 모습은 이러한 전형적인 예이다.

을 두고 있다. 구글이 그리는 세상에서는 무인자동차의 집단이 여기저기에 몰려 있을 것이다. 정비, 수리, 보험, 주유 등도 모두 중앙집중화될 것이고, 헤아릴 수 없는 소규모 자영업 및 이와 관련된 일자리가 증발해버릴 것이다. 이렇게 해서 사라질 일자리가 얼마나 되는지를 가늠해보려면 로스앤젤레스 한 군데만 1만 명이 세차원으로 일하고 있음을 떠올려보면 된다.[18]

물론 가장 먼저 타격을 입을 사람들은 운전으로 생계를 잇는 사람들이다. 우선 택시 운전이 사라질 것이다. 버스 운전도 자동화되거나, 아니면 더욱 안락하고 개인화된 대중교통 수단의 등장에 따라 사라져버릴 것이다. 택배도 사라질 것이다. 예를 들어, 아마존은 이미 고정된 위치에 있는 라커에 당일 배송을 하는 제도를 시험 중이다. 이 라커가 굴러다니면 어떨까? 무인 택배차가 고객이 사는 곳에 도착하기 몇 분 전에 문자 메시지를 보내면, 고객은 나와서 비밀번호를 입력한 후 배송품을 인수하면 된다.*

실제로 무인자동차를 가장 먼저 널리 받아들일 분야는 운송업이 되

---

*이 방식은 2013년에 CBS의 〈60분〉에서 아마존이 선보인 드론 방식보다 훨씬 더 현실적이라고 생각된다. 100퍼센트 신뢰할 수 있는 기술은 없다. 아마존의 사업은 워낙 방대해서 어느 정도 실효를 거두려면 드론 배송 건수가 엄청나게 많아져야 한다. 그러므로 배송 사고 비율이 아무리 낮다 하더라도 배송 건수 자체가 대단히 많으면 결국 사고가 꼬리를 물고 일어나는 형국이 된다. 2킬로그램짜리 배송물이 수십 미터 공중에 떠서 오도 가도 못하는 사건이 일어나기를 바라는 사람은 아무도 없을 것이다.

리라고 나는 생각한다. 다수의 차량을 소유하고 운행하는 이들 업체는 이미 여러 가지 소송에 시달리고 있다. 운전자 한 명의 실수 한 건이 골치 아픈 사건으로 발전하기도 한다. 무인자동차 기술이 제대로 정착되어 안전과 신뢰도 측면에서 이점이 있다는 데이터가 확보되기만 하면, 운송업체들은 무인자동차 도입에 매우 적극적이 될 것이다. 달리 말해 무인자동차가 크게 잠식할 수 있는 첫 번째 시장은 가장 많은 운전자가 직접 타격을 입을 수 있는 분야가 되리라는 뜻이다.

덩치가 큰 장거리 트럭이 비교적 가까운 장래에 완전히 자동화되리라는 예측을 내놓는 사람은 많다. 그러나 여기서도 변화가 급속하다기보다는 점진적으로 진행될 것이다. 트럭을 완전 자동으로 운행하는 일이 곧 가능해진다고 하더라도 한 번 사고가 날 경우 그 결과가 어마어마하기 때문에 앞으로 상당한 기간 동안 사람이 운전석에 앉아 있기는 할 것이다. 자동화된 콘보이, 그러니까 뒤 트럭이 앞 트럭을 따라가도록 프로그램이 되어 있는 트럭의 행렬은 실험에서 이미 성공을 거두었으며, 군사 분야 또는 인구가 희박한 지역에서부터 먼저 운행이 시작될 것이다. 『타임』지의 데이비드 본 드렐과 행한 인터뷰에서 어떤 트럭 회사 임원은 미국의 도로망에 문제가 많다는 사실이 트럭 완전 자동화의 걸림돌이 된다는 중요한 점을 지적했다.[19] 트럭 운전자들은 도로와 교량에 결함이 있는 부분을 피해 다니는 데에 익숙하며, 이러한 결함을 해결하려는 공사가 끊임없이 진행되고 있다. 1장에서 지적한 것처럼 트럭 운전자들이 완전히 사라지고 나면 식품 및 기타 생필품 배송 과정이 해킹 또는 사이버 공격에 노출될 수도 있다.

　아마도 전기를 제외하면 어떤 발명품도 자동차만큼 미국 중산층의 발전에 핵심적 역할을 함과 동시에 세계의 거의 모든 선진국에서 사회의 기반을 형성한 것은 없을 것이다. 본격적인 무인자동차는 미국인들이 자동차에 대해 생각하고 이를 대하는 자세를 근본적으로 뒤집어놓을 수 있다. 또한 수백만 개의 굳건한 중산층 일자리를 날려버리고 역시 수많은 사업체를 파괴해버릴 잠재력도 가지고 있다. 무인자동차가 등장하면 틀림없이 일어날 마찰과 효율의 짤막한 전주곡은 우버(Uber)를 둘러싼 소란 속에서 흘러나오고 있다. 우버는 스마트폰으로 차를 불러 타게 해주는 스타트업 업체이다. 이 회사는 세계 각지의 시장에 들어가기만 하면 거의 예외 없이 논란과 소송에 휩싸였다. 2014년 2월에 시카고 택시 업체들은 시카고 시를 상대로 소송을 제기했다. 이들은 우버로 인해 거의 7,000건의 택시 면허의 가치가 시장 가격으로 23억 달러 이상 떨어졌다고 주장했다.[20] 우버가 운행하는 차가 운전자 없이 등장하면 어떤 난리가 날지 상상해보라.

일자리가 사라지고 평균 임금이 정체되거나 심지어 하락하는 상황에서 오늘날 우리가 직면한 위험은 인구의 상당수가 충분한 소득을 올리지 못해 경제 전체가 생산하는 제품과 서비스에 대한 충분한 수요를 유지하지 못하리라는 것, 그리고 이들의 숫자가 늘어난다는 데에 있다. 다음 장에서는 이러한 위험을 살펴보고 이 위험이 결국 어떻게 경제성장을 위협할지, 심지어 위기까지도 초래할지를 살펴보기로 한다.

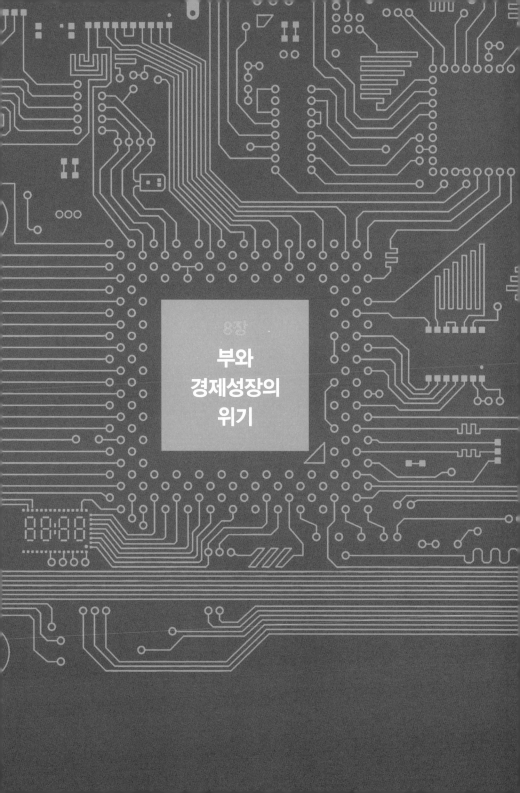

8장

부와
경제성장의
위기

비교적 반복적이고 예측 가능한 작업을 수행하는 직종이 앞으로 10년 동안
자동화에 의해 더 큰 타격을 받으리라는 점은 거의 의심의 여지가 없다.

전설적인 미국 자동차 노조 지도자 월터 류터와 헨리 포드 2세가 자동화된 자동차 공장을 둘러보며 나눴다고 전해지는 대화는 유명하다. 포드는 류터에게 조롱하듯 이렇게 물었다. "위원장님, 저 로봇들로부터 노조회비를 어떻게 받으실 건가요?" 류터는 곧장 이렇게 맞받아쳤다. "회장님, 저 로봇들에게 어떻게 차를 팔 생각이십니까?"

이런 대화가 실제로 오고 갔을 듯하지는 않지만, 이 일화는 자동화가 널리 보급됨에 따라 사람들 마음속에 자리 잡기 시작한 우려의 한 측면을 보여준다. 근로자는 소비자이기도 하며, 이들은 임금에 의지하여 경제가 생산한 제품과 서비스를 구매한다. 미국 경제의 다른 어떤 부문보다도 자동차 산업은 근로자가 행하는 이 두 가지 역할이 얼마나 중요한

가를 잘 보여준다. 헨리 포드 1세가 1914년에 모델 T의 생산량을 급격히 늘리면서 임금도 두 배로 올려 하루에 5달러를 지급한 일은 유명하다. 이렇게 해서 포드는 종업원들이 스스로 만든 차를 구매할 수 있는 여력을 갖도록 해주었다. 그때를 시작으로 하여 자동차 산업의 발달은 거대한 미국 중산층의 탄생과 떼려야 뗄 수 없이 얽혀 돌아갔다. 그러나 2장에서 본 것처럼 상승하는 임금과 다수의 소비자를 굳건한 기반으로 하는 수요 사이의 긴밀한 공생 관계가 해체되고 있다는 증거가 나타나고 있다.

상상 속의 사건

류터의 경고가 최악으로 가는 상황을 떠올리기 위해 한 가지 상상을 해보자. 갑자기 해괴한 외계인 종족이 지구를 침략한다. 거대한 우주선에서 쏟아져 나오는 수천수만의 외계인은 알고 보니 지구를 정복하거나 자원을 빼앗으러 온 것이 아니고 심지어 지구인 지도자들을 만나러 온 것도 아니다. 이들은 일자리를 찾아온 것이다.

　이 외계인 종족들은 인간과는 완전히 다른 방식으로 진화해왔다. 외계인 사회는 개미나 벌 같은 사회적 곤충 집단과 대략 같으며, 우주선을 타고 온 개체들은 모두 노동자, 그러니까 일벌이나 일개미 계층에 속하는 개체들이다. 각각의 개체는 지능이 뛰어난 데다가 언어 학습과 문제 해결 능력이 있으며 창의력까지도 갖추고 있다. 그런데 이 외계인들은 딱 한 가지 욕구에 따라 움직인다. 이들은 유용한 일을 수행하는 데에서만 성취감을 느낀다.

외계인들은 여가, 오락, 기타 지적 추구 같은 데는 관심이 없다. 이들에게는 가정, 사적인 공간, 사유재산, 돈 같은 개념도 없다. 잠을 자야 한다면 그저 일터에서 서서 잔다. 미각이 없기 때문에 무엇을 먹든 상관하지 않는다. 이들은 무성 생식을 하며 몇 달 만에 성숙한 개체가 된다. 이성을 유혹할 필요도 없고 여러 개체 사이에서 나 혼자 뛰고 싶은 욕구도 없다. 외계인들은 그저 공동체에 봉사할 뿐이다. 이들은 오직 일만 한다.

조금씩 외계인들은 인간 사회와 경제에 통합되어간다. 이들은 열심히 일하지만 임금을 전혀 요구하지 않는다. 이들에게는 일 자체가 보상이다. 일 이외의 어떤 보상도 이들은 상상하지 못한다. 외계인을 고용하는 데에 드는 비용이라고는 이들 특유의 음식과 물을 제공하는 것뿐이며, 이렇게만 해주면 빠른 속도로 번식한다. 이런 사실이 알려지자 무수한 기업이 이들을 재빨리 고용하여 여러 가지 일을 맡겼다. 외계인은 처음에는 저숙련 반복 작업으로 시작했으나, 곧 좀 더 복잡한 작업도 수행할 수 있는 능력을 드러냈다. 조금씩 외계인들은 사람을 밀어내기 시작했다. 처음에는 지구인을 외계인으로 대체하는 데에 저항감을 보이던 기업주들도 경쟁자들이 이들을 고용하기 시작하자 결국 대세를 따라갈 수밖에 없게 되었다.

이렇게 되자 사람들의 실업률이 사정없이 치솟았고 경쟁이 치열해짐에 따라 아직 일자리가 있는 사람들의 소득도 제자리걸음을 하거나 떨어지기 시작했다. 몇 달이 지나고 몇 년이 가자 실업 수당도 바닥이 나버렸다. 실업자들은 정부에 도움을 요청했으나 진전이 없다. 미국에서는 민주당이 외계인 고용 제한을 주장한다. 대기업의 치열한 로비를 받은 공화당은 이러한 법안의 통과를 차단하면서 외계인이 전 세계에 널려 있음을 지적한다. 그러니까 미국 기업이 외계인을 고용하는 것을 어떤 식으로든 제한하면 미국의 경쟁력이 크게 떨어질 것이라는 주장이다.

일반 대중은 미래에 대해 점점 더 두려움을 갖는다. 소비 시장은 극심하게 양분된다. 잘나가는 기업의 업주나 대규모 투자가, 안정적인 회사의 임원 같은 소수는 기업의 수익률이 높아짐에 따라 매우 안락한 삶을 누린다. 사치품과 고급 서비스 산업이 호황을 누린다. 나머지 사람들은 모두 싼 물건을 찾아 헤맨다. 실업자가 늘어나고, 곧 직장을 잃을지도 모른다는 두려움이 퍼져감에 따라 살아남기 위해 사람들은 최대한 절약을 한다.

그러나 얼마 지나지 않아 막대한 기업의 수익도 더 이상 지속될 수 없음이 분명해진다. 기업의 이익은 거의 전부 인건비 삭감으로부터 나온다. 결국 수익성은 정체하다가 떨어지기 시작한다. 외계인들은 물론 아무것도 사지 않는다. 사람들은 절대적으로 필요한 물건 이외에는 눈도 돌리지 않는다. 생필품이 아닌 제품을 생산하는 기업들은 결국 도산하기 시작한다. 저축과 신용이 바닥난다. 집을 산 사람들은 모기지를 지불할 수가 없게 된다. 세입자들은 세를 낼 수 없게 된다. 주택 담보 대출, 기업 대출, 소비자의 부채, 학자금 대출을 상환하지 못하는 경우가 폭증한다. 복지 수요는 크게 늘어나는데 세수는 폭락해서 정부조차 부도 위기에 몰린다. 새로운 재정 위기가 다가옴에 따라 심지어 부유층조차 소비를 줄인다. 명품 가방이나 고급 차 대신 이들은 금을 사는 데에 몰두한다. 여기까지 오자 외계인의 침입은 인간에게 전혀 이롭지 않은 일이 되고 말았다.

기계는 소비하지 않는다

방금 말한 외계인의 비유는 물론 극단적이다. 아마 초 저예산 공상과학 영화의 플롯으로나 쓸 수 있을 것이다. 그렇기는 하지만 이 이야기는 자동화의 진전이라는 상황에 대처할 정책이 없을 경우 적어도 이론적으로 자동화가 사람을 어디까지 끌고 갈 수 있는가를 보여준다(여기에 대해서는 10장에서 좀 더 다루기로 한다).

　이제까지 이 책에서 한 이야기의 골자는 가속적으로 발달하는 기술이 숙련도의 고저를 막론하고 모든 산업 분야에서 일자리를 위협할 수 있다는 사실이다. 이러한 경향이 실제로 나타나면 전체 경제에 심각한 영향을 끼칠 것이다. 무자비한 자동화로 인해 일자리가 사라지고 이에 따라 소득이 없어지고 나면 대부분의 소비자들은 경제성장에 필수적인 수요 창출에 필요한 구매력을 상실할 것이다.

어떤 경제 내에서 생산된 제품과 서비스 하나하나는 결국 누군가에게 팔려간다. 즉 소비된다는 뜻이다. 경제학에서 '수요'란 어떤 대상을 향한 욕구 또는 필요라는 뜻으로, 여기에는 이를 구매할 소비자의 능력과 의지라는 뒷받침이 필요하다. 경제 내에서 제품과 서비스에 대한 최종 수요를 창출하는 주체는 개인과 기업 둘뿐이다. 개인의 소비는 미국 GDP의 적어도 3분의 2를 차지하며, 다른 선진국에서도 대략 60퍼센트 이상이다. 말할 것도 없이 개인 소비자의 압도적 다수는 소득의 거의 전부를 고용으로부터 얻고 있다. 직업이야말로 구매력이 배분되는 일차적 메커니즘인 것이다.

물론 기업도 구매 활동을 하지만 그 구매가 최종 수요는 아니다. 기업은 다른 어떤 것을 생산하기 위해 구매 활동을 하고, 이를 자신의 활동에 투입한다. 기업은 또한 미래의 생산을 위해 투자할 목적으로 구매를 하기도 한다. 그러나 기업이 만드는 물건이나 서비스에 대해 수요가 전혀 없다면 기업은 문을 닫을 것이고, 따라서 투입을 위한 구매도 끝날 것이다. 물론 기업이 다른 기업에게 뭔가를 팔 수도 있다. 그러나 이런 활동을 연결한 사슬 맨 끝까지 내려가보면 결국 욕구 또는 필요에 의해 뭔가를 구매하는 개인이나 정부와 마주하게 된다.

여기서 핵심적인 점은 근로자도 소비자이며, 소비를 통해 다른 소비자를 먹여 살린다는 점이다. 이 모든 개인들이 모여 최종 소비 활동을 추진한다. 그러나 근로자를 기계로 대체하면 이 기계는 소비하지 않는다. 기계도 에너지와 부품을 필요로 하며 유지보수도 해야 하지만, 이는 기업의 투입이지 최종 수요는 아니다. 기계가 생산하는 것을 살 사람이 아무도 없으면 그 기계를 돌리는 기업은 결국 문을 닫을 것이다. 자동차 공장의 로봇은 그 로봇이 조립하는 차를 아무도 사지 않으면 결국 가동을 멈출 수밖에 없다.*

자동화로 인해 소비자들이 의지하고 있는 일자리의 대부분이 사라지거나 임금이 너무 낮아져서 실질적인 구매 행위를 할 수 있는 소득을 올리는 사람이 아주 적어지는 데까지 이르면 오늘날의 대규모 시장경제가 무슨 수로 계속 번영할 수 있을까? 미국 경제의 근간을 이루는 주요 산업(자동차, 금융업, 가전제품, 통신, 의료 등)은 거의 다 수억 명의 소비자

---

* 물론 로봇이 모두 생산에만 쓰이지는 않는다. 소비자용 로봇도 있다. 언젠가 집안일을 할 능력이 있는 개인용 로봇을 소유하는 날이 온다고 생각해보자. 이 로봇은 전력을 '소비할' 것이고 유지보수를 해야 할 것이다. 그러나 경제학적으로는 로봇이 아니라 그 로봇의 주인이 소비자이다. 주인이 직업과 소득이 있어야지, 그렇지 않으면 로봇의 유지비를 감당할 수 없다. 로봇은 최종 소비를 창출하지 않는다. 사람이 창출한다. 물론 이는 로봇이 본격적인 지능이나 감각을 갖추고 있지 않고, 따라서 소비자로 행동하는 데에 필요한 경제적 자유가 없음을 전제로 한다. 이런 가능성에 대해서는 다음 장에서 살펴보기로 한다.

가 존재하는 시장을 대상으로 한다. 시장을 움직이는 힘은 시장에 투입된 돈의 총액뿐만 아니라 개별 수요에서도 나온다. 아주 부유한 사람은 비싼 차를 한 대, 아니면 10대 정도를 살 수도 있을 것이다. 그렇다고 해서 개인이 차를 수천 대씩 사지는 않는다. 휴대전화, 노트북 컴퓨터, 외식, 케이블 TV 가입, 모기지, 치약, 치과 치료를 비롯해 우리가 상상할 수 있는 모든 소비재와 서비스의 경우도 마찬가지이다. 대규모 시장 경제에서는 소비자들 사이의 구매력 분배가 매우 중요하다. 소득이 소수의 구매자들에게만 극단적으로 집중되면 결국 여러 산업을 지탱하는 시장의 생존이 위협받을 수밖에 없다.

소득 불균형과 소비에 관해 이제까지 나타난 증거

1992년에 미국에서 가계 소득 최상위 5퍼센트가 전체 소비의 27퍼센트를 차지했다. 2012년이 되자 이들이 차지한 비중은 38퍼센트로 증가했다. 그 20년 동안 미국 소득의 최하위 80퍼센트가 소비에서 차지하는 비중은 47퍼센트에서 39퍼센트로 떨어졌다.[1] 2005년이 되자 소득과 소비가 최상위 계층에 편중되는 현상은 무자비하게 심화되었고, 이를 관찰한 시티 그룹의 주식시장 애널리스트들은 가장 부유한 고객들에게만 다음과 같은 메모를 전달한 것으로 유명하다. 애널리스트들은 머리가 무거운 경제 시스템, 그러니까 전체 소비에서 자신의 비중을 점점 늘려가는 소수의 엘리트들에 의해 성장이 추진되는 상황을 향해 미국이 변화해가고 있다고 지적했다. 무엇보다도 이 메모에서 이들은 부유한 투자가들에게 "급속히 와해되어가는 미국 중산층을 고객으로 하는 회사의 주식을 포기하고, 최상위층을 고객으로 하는 사치품 및 서비스 생산업체 쪽으로 눈을 돌릴 것"을 권고하고 있다.[2]

여러 데이터는 분명히 미국 경제가 수십 년에 걸쳐 소득이 소수에게 집중되는 경향을 보여주고 있다. 옛날부터 경제학자들은 중산층, 특히 빈곤층보다 부유층이 전체 수입에서 소비하는 비율이 낮다는 점을 알고 있었다. 최빈층은 번 돈을 거의 다 써야 근근이 살아갈 수 있는 반면 부자들은 번 돈을 다 쓰고 싶어도 그렇게까지 소비하지는 못한다. 여기서 한 가지 분명히 드러나는 사실은 소득이 부유한 소수에게 집중되면 전체 소비가 과거처럼 버텨주지는 못하리라는 것이다. 미국의 소득을 진공청소기처럼 빨아들이는 극소수의 사람들이 이 돈을 모두 소비할 능력은 없으며, 이러한 사실은 경제 데이터에서 분명히 드러난다.

그러나 이제까지의 현실은 상당히 다른 모습을 보인다. 1972년부터 2007년에 이르는 35년간 가처분 소득의 소비율은 약 85퍼센트에서 93퍼센트 이상으로 상승했다.[3] 이 기간 중 대부분 개인의 소비는 미국 GDP의 가장 큰 부분을 차지하고 있었으며 가장 빨리 성장했다. 달리 말해 소득이 점점 소수에게 집중되는 과정에서도 소비자들은 전체적 소비를 늘렸고, 이들의 소비 활동이 미국 경제의 성장을 추진하는 가장 중요한 요인으로 작용해왔다.

2014년 1월에 세인트루이스 연방준비위원회의 경제학자인 배리 사이나먼과 역시 세인트루이스에 있는 워싱턴 대학교의 스티븐 파자리는 심화되어가는 소득 불균형과 함께 결합된 개인 소비 증가를 분석한 연구 결과를 출판했다. 이들은 수십 년에 걸친 개인 소비의 증가를 지탱한 힘이 주로 소득 하위 95퍼센트의 부채 증가였다는 일차적 결론을 내놓았다. 1989년부터 2007년 사이에 인구의 대부분을 차지하는 이 소득 집단의 부채 비율은 80퍼센트를 약간 넘던 것이 최대 160퍼센트 근처까지 상승하기에 이르렀다. 상위 5퍼센트의 경우 부채 비율은 60퍼센트 선에서 비교적 안정적이었다.[4] 부채 비율이 가장 급격히 상승한 기간은 주택 버블이 시작되고 주택 담보 대출이 쉬워지면서 2008년 위기에 이른 기간이었다. 미국 총인구의 대부분이 끝없이 대출을 받는 상황은 물론 지속될 수 없었다. 사이나먼과 파자리는 논문에서 이렇게 밝힌다. "전례 없는 대출로 인해 모든 가계가 재정적으로 취약해진 상태에서 대출을 더 이상 받을 수 없게 되자 소비가 위축되었고, 그 결과 2008년 경제 위기가 찾아왔다."[5] 위기가 진행되면서 전체 가계 소비는 3.4퍼센트 하락했는데, 이는 제2차 세계대전 이후 있었던 어떤 경기 침체 때보다도 높은 비율이다. 게다가 이번에는 침체의 기간도 특히 길었다. 소비가 위기 이전 수준까지 회복되는 데는 거의 3년이 걸렸다.[6]

사이나먼과 파자리는 경제 위기 기간과 그 후 두 소득 집단 사이에 뚜렷한 차이가 있음을 발견했다. 최상위 5퍼센트는 위기 기간 중 소득 이외의 다른 재원을 소비할 수 있었기 때문에 소비가 크게 줄지 않았다. 그러나 하위 95퍼센트는 소득이 바닥났으므로 소비를 크게 줄일 수밖에 없었다. 두 사람은 또한 위기 이후 소비자 지출이 회복된 것은 순전히 최상위 계층의 힘이었음도 알아냈다. 2012년이 되자 최상위 5퍼센트는 인플레이션을 감안하여 소비가 약 17퍼센트 늘어났는데, 하위 95퍼센트의 소득은 전혀 회복되지 않았다. 이들의 소비는 2008년 수준에 머물러 있었다. 이들은 대다수의 소비자들에게 있어서 구매력 회복의 전망이 매우 어둡고, "하위 95퍼센트의 대출로 인해 수십 년간 미뤄져온 소비 둔화(불평등 심화에 따른)가 이제 소비 증가세의 발목을 잡기 시작했으며, 이런 추세는 앞으로 몇 년간 계속될 것"으로 내다보았다.[7]

미국이라는 경제 시스템 안에서 국내 소비에 관한 한 모든 일은 최상위 계층에서 일어난다는 사실이 점점 더 분명해지고 있다. 가전제품으로부터 외식 산업, 호텔, 동네 슈퍼마켓에 이르기까지 미국 소비자들을 직접 대하는 모든 분야에서 중산층을 고객으로 하는 업체들은 매출이 정체되어 있거나 후퇴하는 반면, 최상위 소비자를 대상으로 하는 기업들은 계속 호황을 누리고 있다. 일부 업계 인사들은 대규모 시장을 대상으로 하는 제품과 서비스가 뚜렷한 위협을 받고 있다고 느끼기 시작했다. 2013년 8월에 세계 최고의 미디어 브랜드 가치를 자랑하는 스포츠 채널인 ESPN의 존 스키퍼 사장은 소득 정체야말로 회사의 앞날에 가장 큰 위협이 된다고 말했다. 지난 15년간 소득은 제자리걸음을 하는데도 미국의 케이블 TV 요금은 약 300퍼센트 상승했다. 스키퍼는 "ESPN은 대량생산되는 제품과도 같다"고 하면서 이대로 가면 가입자의 상당수가 더 이상 요금을 낼 수 없을지도 모른다는 우려를 표명했다.[8]

미국 최고의 소매점 체인인 월마트는 저가 제품을 찾아 몰려드는 중산층 및 근로 계층 소비자의 경기 지표가 되었다. 2014년 2월에 월마트가 연간 매출 예측치를 발표하자 투자가들이 실망하는 바람에 주가가 폭락했다. 기존 매장(적어도 1년 이상 영업한)의 매출은 4분기 연속 하락했다. 월마트는 미국이 푸드 스탬프(무료 급식 쿠폰) 규모를 축소하는데다 근로소득세가 상승함에 따라 저소득 쇼핑객들이 타격을 입을 것이라고 경고했다. 월마트 고객 다섯 명 중 한 명은 푸드 스탬프로 연명하는 사람들인데, 이들 중 대다수가 소득이랄 것이 전혀 없는 수준까지 떨어졌다는 증거도 많이 있다.

2008년 경제 위기의 여파 속에 월마트 매장에서는 매달 첫날의 자정 직후에 고객이 몰려드는 현상이 반복되었다. 이날은 정부가 EBT 카드라는 제도를 통해 식품 구입 보조금을 송금해주는 날이다. 월말쯤 되면 빈곤층 고객들은 먹거리를 비롯한 생필품이 문자 그대로 떨어지기 때문에 자정 직전에 쇼핑 카트에 물건을 가득 채우고는 자정 직후에 EBT 카드가 충전되기를 기다리며 계산대 앞에 줄을 선다.[9] 월마트는 또한 저가 소매점 체인과도 경쟁해야 한다. 월마트에서 이쪽으로 돌아서는 고객들도 많은데, 이는 전체적으로 가격이 더 싸기 때문이라기보다는 적은 양도 살 수 있어서 적은 소득을 쪼개 한 달을 살아내야 하는 이들에게 더 유리하기 때문이다.

실제로 민간 분야 전체에 걸쳐 회복세를 이끈 것은 매출이 적은 상태에서도 치솟는 기업의 이윤이었다. 기업들이 눈부실 정도의 수익성을 구현할 수 있었던 이유는 제품과 서비스를 더 많이 팔았기 때문이 아니라 임금을 삭감했기 때문이다. 이는 놀랄 일도 아니다. 2장의 〈그림 2-3〉과 〈그림 2-4〉로 잠시 돌아가보자. 임금이 국민소득에서 차지하는 비중이 사상 최저 수준까지 떨어지는 와중에도 GDP에서 기업 이윤이 차지하는 비중은 전례 없이 높아졌다. 이는 수많은 미국 소비자들이 이러한 기업들이 생산한 제품과 서비스를 사려고 몸부림치는 것으로 느껴진다. 〈그림 8-1〉을 보면 2008년 위기 이후 미국 기업들의 수익이 전반적으로 급속히 향상되었으며, 회복 기간 중 기업 수익과 소매 매출 사이의 거리는 계속 벌어졌음을 알 수 있다. 이를 보면 상황이 좀 더 분명히 눈에 들어온다.＊

＊ 소매 매출은 전체 소비, 아니면 개인 소비 지출이라고 불리는 소비의 일부분에 불과하다. 개인 소비 지출은 보통 미국 GDP의 70퍼센트 정도를 차지하는데, 소비자들이 구매하는 모든 제품과 서비스뿐만 아니라 임차인이 내는 집세와 주택 소유자가 내는 '귀속 집세(주택 소유자가 주택을 임차하지 않고 자신의 주택을 소유함으로 인하여 발생하는 비용)' 등 주택 관련 소비들을 포함한다.

그림 8-1 2008년 경제 위기 후 회복 기간 중 미국 기업 이윤 및 소매 매출 변화 추이

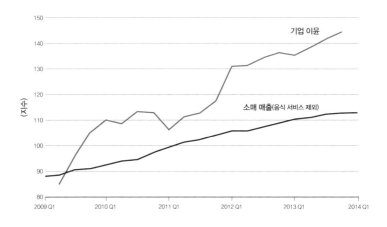

출처: 세인트루이스 연방준비은행[10]

앞서도 본 것처럼 경제 위기 이후 점진적으로 소비가 회복된 것은 거의 모두 최상위 5퍼센트의 소비에 힘입은 결과라는 사실을 기억해야 한다.

경제학자들의 지혜

상당수의 미국 소비자들이 소득이 없어서 제품과 서비스에 대해 충분한 수요를 창출하지 못하는데도 소득 불평등으로 인해 경제성장이 크게 방해를 받는다는 사실에 대해 경제학자들은 여전히 합의점을 찾지

못하고 있다. 심지어 미국을 이끌어가는 진보주의 경제학자들, 즉 미국 경제가 당면한 핵심적 문제는 수요 부족임에 동의할 만한 사람들 사이에서도 불평등의 직접적 영향에 대해서는 의견이 분분하다.

노벨 경제학상을 수상한 조지프 스티글리츠 정도가 불평등이 경제성장을 좀먹는다는 주장을 가장 강력하게 내세우는 경제학자일 것이다. 2013년 1월 「뉴욕 타임스」에 기고한 칼럼에서 그는 "불평등이 미국 경제 회복의 발목을 잡고 있다"고 지적하면서 이는 "미국의 중산층이 워낙 허약해져서 이제까지 경제성장을 주도해오던 개인 소비를 지탱하지 못하기 때문"이라고 밝혔다.[11] 장기적 경제 발전에 대한 기술 혁신의 중요성을 다룬 저술로 1987년에 노벨상을 수상한 로버트 솔로는 이러한 의견에 대략 동의하는 것으로 보인다. 2014년 1월의 인터뷰에서 솔로는 "심화되는 불평등으로 인해 소득 분포가 와해되고, 그 결과 산업체를 지탱하고 혁신을 이끌어가는 소비자 수요를 지속적으로 유지해주는 중산층과 이들의 안정적 소득이 사라지는 경향이 생겼다"고 말했다.[12] 역시 노벨상 수상자이자 「뉴욕 타임스」의 칼럼니스트 및 블로거로 높은 명성을 누리고 있는 폴 크루그먼은 이러한 주장을 담은 논문이 있다면 서명을 해주고 싶다고 블로그에 쓰면서도 이에 관한 증거가 없다며 사실상 반대 의사를 표명했다. [*13]

보수주의 경제학자들 같으면 불평등이 성장의 발목을 잡는다는 생각을 아예 무시해버릴 것이다. 실제로 상당수의 보수 성향 경제학자들은 수요 부족이 미국 경제가 직면한 주요 문제라는 주장조차 받아들이기를 꺼린다. 이들은 오히려 회복 기간 내내 공공 부채 규모, 증세 가능성, 규제 강화, 의료 개혁법의 시행 등에 관한 불확실성을 지적했을 뿐이다. 정부 지출을 삭감하고 감세 및 탈규제화를 추진하면 투자가와 기업의 자신감이 상승하여 결국 더 많은 투자와 경제성장, 고용 증진으로 이어진다고 이들은 주장한다. 이러한 주장은 뻔히 보이는 진실로부터 크게 빗나갔다고 여겨지는데, 크루그먼도 이들이 "자신감 요정"이라도 있다고 믿는 것 같다며 거듭 매도한 바 있다.[14]

내가 여기서 말하고자 하는 핵심은 똑같은 객관적 데이터를 입수할 수 있는 전문 경제학자들이 어처구니없을 정도로 기본적인 경제적 의문에 대해 전혀 합의를 이루지 못한다는 점이다. '수요 부족이 경제성장

＊크루그먼이 반대하는 주된 이유는 소득 분포의 이곳저곳에 있는 소비자들이 항상 그 수준에만 머물러 있지는 않다는 데에 바탕을 두고 있다. 어떤 사람은 그해 특별히 더 벌었거나 덜 벌었을 수도 있고, 이런 상태에서 이들의 소비 패턴은 당장의 상황을 반영한다기보다는 장기적인 소득 예측에 따를 가능성이 크다. 이는 이제 곧 이야기할 이른바 '소득 불변 가설'과 관계되어 있다. 이런 생각을 하고 있기 때문에 크루그먼은 어떤 특정한 시점의 데이터만 봐서는 "앞으로 어떤 일이 일어날지 전혀 알 수가 없다"고 주장한다. 크루그먼은 "경제는 도덕성을 과시하는 마당이 아니라"고 지적하면서 이렇게까지 말한다. "요트, 고급 차, 개인 트레이너와 유명 셰프의 서비스를 구매해서 완전 고용율을 이룰 수도 있다." 나는 이 주장에 대해서는 회의적이다(이 장 뒷부분의 '기술 봉건주의' 참조). 앞서도 지적한 것처럼 현대 경제를 이루는 주요 산업이라면 거의 빠짐없이 대규모 시장을 대상으로 하는 제품과 서비스를 생산한다. 99퍼센트의 소비자가 구매하는 모든 재화와 서비스에 대한 수요가 광범위하게 위축되는데, 이를 요트나 고급 차량만으로 지속적으로 떠받칠 수는 없다. 더군다나 요트나 고급 차량의 생산 과정은 앞으로 더욱 자동화될 것이다. 또한 소득 최상위 계층의 0.01퍼센트가 필요로 하는 개인 트레이너나 유명 셰프가 몇 명이나 될까?

을 방해하는가? 이것이 사실이라면 소득 불평등이 이 문제에서 중요한 역할을 하는가?' 질문이 이렇게 간단한데도 말이다. 이런 단순한 문제에 대해 합의에 도달하지 못한다는 사실을 통해 이제까지 이 책에서 이야기한 기술적 와해가 진행되는 과정에서 경제학자들로부터 무엇을 기대할 수 있는가를 엿볼 수 있다고 생각된다. 두 명의 '과학자'들이 같은 데이터를 놓고 다르게 해석하는 일은 얼마든지 있을 수 있지만, 경제학자들의 의견은 자신이 선호하는 정치적 성향에 따라 처음부터 선명하게 갈라져 있곤 한다. 논의의 대상인 데이터 안에 들어 있는 내용보다는 해당 경제학자의 정치적 성향을 아는 편이 그가 무슨 말을 할지 예측하는 데에 훨씬 더 도움이 되는 때도 많다. 달리 말해 발전하는 기술이 경제에 어떤 영향을 미치는가에 대해 경제학자들에게 분명한 대답을 해달라고 요청한다면 상당히 오래 기다려야 할 것이다.

정치적 성향 말고도 경제학에서 또 한 가지 문제가 될 수 있는 점은 극단적인 수량화이다. 제2차 세계대전 이후 수십 년간 경제학자들은 매우 수학적이고도 데이터 의존적으로 변해왔다. 물론 여기에는 긍정적인 측면도 많지만, 미래로부터는 어떤 경제적 데이터도 가져올 수 없다는 사실을 명심해야 한다. 수량적 분석은 전적으로 과거에 수집한 정보에 의존할 수밖에 없으며, 이런 정보는 가끔 몇 년 전, 심지어 수십 년 전 것이기도 하다. 경제학자들은 이런 과거의 데이터를 이용해서 정교한 수학적 모델을 구축하지만, 이 모든 것의 원천은 결국 20세기 경제이다. 경제학자들이 만든 모델의 한계는 2008년 금융 위기를 경제학계가 거의 예측하지 못한 데에서 여실히 드러났다. 2009년에 발표한 '경제학자들의 예측은 왜 완전히 빗나갔을까?'라는 글에서 폴 크루그먼은 "이렇게 예측에 실패한 것은 경제학계의 가장 작은 문제에 불과하다. 더 큰 문제는 시장경제에서 대파국이 발생할 수 있다는 점에 대해 경제학이 깜깜하다는 것이다."[15]

거침없이 발전하는 정보 기술이 경제를 계속 뒤흔들고 있는 상황에서 경제학자의 수학 모델이 실패할지도 모른다는 우려는 충분히 근거가 있다고 생각된다. 설상가상으로 이러한 모델은 단순한 데다가 가끔 우스꽝스러워 보이기까지 하는 가설에 바탕을 두고 소비자, 근로자, 기업이 행동하고 상호 교류하는 방식을 분석한다. 무려 80년 전에 경제학을 현대적 연구 분야로 끌어올린 저서 『고용, 이자, 화폐의 일반 이론』에서 존 메이너드 케인스는 이렇게 썼다. "최근의 '수학적' 경제학은 이들이 바탕을 두고 있는 가설이 부정확한 것만큼이나 부정확한 혼합물이다. 이들의 주장은 비현실적이고도 아무 도움이 되지 않는 기호의 미로에 빠져 현실 세계의 복잡성과 상호 의존성을 보지 못한다."[16]

복잡성, 피드백 효과, 소비자 행동 ─ "치솟던 생산성은 어디로?"

경제는 거대하고 복잡한 시스템으로, 온갖 요소들이 피드백 루프로 뒤얽혀 서로 의존하고 있다. 변수 하나를 건드리면 시스템 전체에 여러 가지 효과가 파문처럼 퍼져나가고, 이런 효과 중 일부는 최초의 충격을 완화하거나 심지어 상쇄하기도 한다.

실제로 경제가 이렇게 피드백 효과를 통해 자체 조정을 하는 경향이 있기 때문에 기술 발전이 불평등을 촉진한다는 주장을 둘러싸고 논쟁이 끝없이 이어지는 것이다. 기술과 자동화의 위력에 대해 회의적인 경제학자들은 로봇이 많이 쓰인다는 사실이 생산성 데이터에서 분명히 드러나지 않으며, 특히 단기적으로 볼 때 더욱 그렇다는 점을 지적한다. 예를 들어 2013년 4/4분기에 미국 생산성은 연간 환산 1.8퍼센트로 떨어졌는데, 이는 3분기의 괄목할 만한 수치인 3.5퍼센트에 훨씬 못 미치는 수준이다.[17] 여기서 생산성은 경제의 총 산출물을 총 근로시간으로 나눈 값이다. 그러므로 기계와 소프트웨어가 실제로 인간의 노동을 급속히 대체했다면 근로시간은 급감하고 그 반대로 생산성은 폭증해야 옳다.

이러한 가정의 문제는 현실 경제가 그렇게 간단하지 않다는 데에 있다. 생산성은 어떤 업체가 한 시간에 얼마를 생산할 수 있는가를 측정하지 않는다. 이는 오히려 어떤 업체가 실제로 얼마나 생산하는가를 측정한다. 달리 말해 생산성은 수요의 직접적인 영향을 받는다. 결국 생산성 방정식에서 분자의 자리를 차지하는 것은 생산량이다. 선진국에서는 오늘날 서비스 산업이 경제의 대부분을 차지한다는 사실을 고려할 때 이는 특히 중요하다. 제조업체 같으면 수요가 줄어들 경우 제품을 계속 생산하여 창고에 쌓아두거나 유통 채널로 내보낼 수 있지만, 서비스업은 이렇게 할 수 없다. 서비스 부문에서는 생산이 수요에 즉각적으로 반응하므로, 수요가 약화될 경우 즉시 인력을 삭감하거나 근로 시간을 줄여 관련 수치를 원래의 자리로 복원하지 않는다면 어느 업체든 생산성 성장률이 떨어질 수밖에 없다.

　대기업에 수치 분석 서비스를 제공하는 소기업이 있다고 하자. 이 회사에서는 10명의 직원이 풀타임으로 일하고 있다. 그런데 갑자기 성능 좋은 소프트웨어가 등장해서 이제까지 10명이 하던 일을 8명이 할 수 있게 되었다고 하자. 그러면 기업주는 이 소프트웨어를 구입한 뒤 2명을 해고할 것이다. 로봇 혁명이 일어난 것이다! 그러면 생산성은 상승해야 한다. 이때 최대 고객업체가 자기 회사 제품 혹은 서비스에 대한 수요가 약화될 것이라고 예측했다고 하자. 이번 주에 그 회사와 체결하려는 계약이 허공으로 사라져버린다. 단기 경영 전망이 어두워진다. 방금 2명을 해고한 터라 사람을 더 많이 해고해서 사기를 떨어뜨릴 수는 없다. 업주가 알아차리기도 전에 8명의 종업원들은 근무 시간의 상당 부분을 유튜브나 들여다보며 흘려보낸다. 이제 생산성은 어떻게 될까?

미국에서 이제까지 발생한 경기 후퇴 과정에서는 이런 일이 늘 일어났다. 일단 경기 후퇴가 시작되면 근로시간보다 총 생산량이 더 많이 떨어지기 때문에 생산성이 하락한다. 그러나 2007년에서 2009년까지 지속된 경제 위기 기간에는 그 반대 현상이 나타났다. 생산성은 실제로 향상되었다. 총 생산량은 크게 떨어졌지만 기업이 적극적으로 근로자를 해고해서 남아 있는 근로자들에게 더 큰 부담을 지우는 방법으로 문제를 해결했기 때문에 근로시간은 더 큰 폭으로 떨어졌다. 해고되지 않은 근로자들(자신이 곧 해고될지도 모른다는 두려움에 떨었을)은 더 열심히 일했을 것이고, 작업 시간 중 일과 관련되지 않은 활동에 들어가는 시간을 최대한 줄였을 것이다. 그 결과 생산성은 올라갔다.

현실 경제에서 이런 상황이 규모를 불문하고 무수한 기업에서 발생함은 물론이다. 이 순간에도 어디선가 어떤 업체가 생산성을 향상시킬 새로운 기술을 도입하고 있을지도 모른다. 다른 곳에서는 다른 업체가 수요 감축에 대응하여 생산을 축소하고 있을 것이다. 결국 총평균을 내면 중간 정도의 생산성 수치가 나올 것이다. 단기 경제 관련 수치, 이를테면 생산성은 변동성이 크고 심히 불안정한 때가 많다. 그러나 장기적으로 보면 분명한 동향이 드러난다. 실제로 2장에 관련 증거가 나와 있다. 1970년대 초 이래 생산성이 임금을 항상 크게 앞서왔음을 떠올려 보자.

수요의 위축이 생산성에 충격을 미친다는 사실은 경제에서 작동하는 피드백 효과의 한 예에 불과하다. 이들 말고도 피드백 효과는 많으며 이 모든 효과들은 긍정적인 방향으로도, 부정적인 방향으로도 작용한다. 예를 들어, 수요가 약화되면 신기술을 개발하고 활용하는 과정도 늦어진다. 기업은 투자 결정을 할 때 현재의 경제 환경뿐 아니라 미래 환경도 고려해 넣는다. 전망이 어둡거나 수익률이 떨어지면 연구 개발 투자 또는 신규 시설 투자도 줄어드는 경우가 많다. 그 결과 그로부터 몇 년간 기술 진보가 당초 예측보다 느려진다.

또 한 가지 예는 노동력을 절감하는 기술과 저숙련 근로자 임금 사이의 상호 관계이다. 기술 발전 또는 다른 이유로 인해 임금이 정체되거나 하락하면 경영자의 입장에서 볼 때 적어도 한동안은 인력이 기계보다 더 저렴한 대안이 된다. 패스트푸드 산업을 보자. 1장에서 나는 로봇 기술이 도입됨에 따라 패스트푸드 부문의 고용이 곧 와해에 직면할 것이라고 내다보았다. 그러나 여기서 한 가지 근본적인 의문이 나온다. 왜 패스트푸드 업계는 진작 더 높은 수준의 자동화를 도입하지 않았을까? 햄버거 빵과 패티를 조립하는 일이 첨단 정밀 제조업도 아닌데 말이다. 의문에 대한 답부터 하자면 기술이 적어도 일부 큰 영향을 미치기는 했다. 기계가 대규모로 사람 근로자를 대체하지는 않았지만 기술이 발달함에 따라 패스트푸드 관련 작업은 저숙련직이 되었고, 따라서 아무 때나 종업원을 해고하고 새로 고용할 수 있게 되었다. 패스트푸드점 종업원은 별 훈련을 받지 않은 상태에서 기계화된 조립 라인에 투입되어 일한다.* 이 때문에 패스트푸드 업계가 저숙련 근로자와 높은 이직률을 기꺼이 감수하는 것이다. 그 결과 패스트푸드 관련 직종은 최소 임금 직종이라는 자리를 굳건히 지키고 있다. 그리고 미국에서는 인플레율을 감안하면 1960년대 후반 이래 최소 임금이 사실상 12퍼센트 이상 떨어졌다.[18]

2001년에 출간된 책 『패스트푸드의 제국』에서 에릭 슐로서는 맥도널드가 이미 1990년대에 노동력 절감 기술을 어떤 식으로 실험하고 있었는지를 설명했다. 콜로라도스프링스에 있는 시험 매장에서는 "로봇 음료 기계가 적당한 크기의 종이컵을 선택하고 얼음을 먼저 넣은 뒤 음

---

* 이 '패스트푸드 효과'는 다른 분야의 숙련직 근로자들에게도 으스스하게 비칠 것이다. 로봇이 이들 고숙련 근로자를 완전히 대체하기 훨씬 전에 기술 발달로 인해 이들의 업종은 저숙련직으로 전락할 것이고 임금도 떨어질 것이다. 이런 현상의 전형적 사례가 런던의 택시 기사이다. 과거에는 런던에서 택시 운전을 하려면 방대한 런던 지리 정보를 머릿속에 집어넣어야 했다. 이들은 이 지리 정보를 '지식'이라고 부르는데, 1865년부터 이러한 지식은 요구되어왔다. 런던 유니버시티 칼리지의 신경과학자인 엘리너 매과이어는 이렇게 엄청난 양을 암기해야 함에 따라 택시 기사들의 뇌 자체가 바뀌었음을 발견했다. 런던 택시 기사들은 평균적으로 다른 직업에 종사하는 사람보다 더 큰 기억 센터(해마)를 갖고 있다. 그러나 GPS 기반 위성 내비게이션 시스템이 등장함에 따라 이 모든 지식의 가치는 크게 줄어들었다. '지식'을 갖춘 유명한 검정색 택시(오늘날은 검정색이 아니라 다양한 색의 광고로 덮여 있지만)를 모는 기사들이 아직도 다수이긴 하지만, 이는 주로 규제 덕이다. '지식'을 갖추지 못한 기사는 예약을 받아야 한다. 즉 손님이 길거리에서 손을 들어 잡을 수가 없다는 뜻이다. 물론 스마트폰으로 택시를 예약하는 우버 같은 서비스가 등장한 오늘날, 택시를 손들어서 잡는 풍경은 얼마 안 있어 아예 사라질지도 모른다. 결국 택시 기사들도 언젠가 무인자동차에 완전히 밀려날지도 모르지만 그렇게 되기 훨씬 전에 기술 발달로 인해 이들의 노동은 저숙련 노동으로 전락할 것이고, 따라서 임금 또한 떨어질 것이다. 런던 택시 기사들은 규제의 보호라도 받을 수 있겠지만 다른 분야의 근로자들은 이런 혜택을 받지 못할 것이다.

료수를 채웠으며" 감자튀김 기계는 완전 자동화되어 "첨단 컴퓨터 소프트웨어가 사실상 주방을 운영하고 있었다."[19] 이렇게 오래전에 이루어진 혁신이 모든 맥도널드 매장에 전파되지 않은 것은 임금이 계속 낮은 수준에 머물러 있었던 사실과 관계가 있다. 그러나 이러한 상황이 영원히 계속되리라고 볼 수는 없다. 결국 기술이 발달하여 저임금의 이익이 자동화의 이익을 압도하지 못하는 날이 올 것이다. 그때가 되면 더 많은 기계를 도입하는 것으로 단순히 인력을 절감하는 것 이상의 이익이 발생할 것이다. 왜냐하면 품질이 더욱 균일해질 것이고 소비자들도 기계가 처리한 것이 더 위생적이라고 생각할 것이기 때문이다. 또한 로봇에 의한 생산과 그 밖의 신기술 사이의 시너지 효과도 예측할 수 있다. 예를 들어, 오늘날 모바일 앱을 이용해서 고객이 자신의 입맛에 맞는 식단을 짜고 미리 돈을 낸 뒤 원하는 시간에 음식을 받을 수 있는 날이 오리라는 것은 쉽게 상상할 수 있다. 1990년대만 해도 이는 환상이었다. 패스트푸드 같은 산업에서 노동력을 절감하는 기술은 예측 가능한 방식으로 꾸준히 발전하지는 않을 것이다. 오히려 이런 기술은 오랫동안 별 발전을 이루지 못하다가 저임금 근로자보다도 기계를 쓰는 것이 더 저렴해지는 전환점을 통과하기만 하면 비약적으로 발전할 것이다.

또 한 가지 여기서 고려해야 할 점은 소득이 줄어들거나 실업자가 되었을 때 소비자들이 보이는 행동이다. 소비자들은 소득이 변했을 때 그 변화가 장기적이거나 영구적이라고 생각하면 단기적이라고 예측할 때보다 소비 행태에 큰 변화를 일으킨다. 경제학자들은 여기에 '항구 소득 가설'이라는 그럴싸한 이름을 붙였고, 노벨 경제학상을 수상한 밀턴 프리드먼이 이를 공식화했다. 이 가설은 사실상 우리의 상식과 크게 다를 것이 없다. 예를 들어, 누군가가 복권을 사서 1,000달러를 벌었다고 하자. 당첨금의 일부는 소비하고 나머지는 저축하겠지만 복권에 당첨되었다고 해서 소비 행태가 크게 달라지지는 않을 것이다. 결국 소득이 한때 잠깐 늘어난 것뿐이니까 말이다. 그런데 월급이 1,000달러 올랐다면 사람들은 새 차를 사고, 외식을 더 자주 하고, 심지어 더 큰 집으로 이사할 것이다.

이제까지 실업은 단기적 현상으로 인식되어왔다. 직장을 잃었어도 얼마 지나지 않아 비슷한 임금을 받는 새 직장을 찾으리라는 자신감이 있으면 사람들은 저축을 인출하거나 신용카드를 사용해서 비슷한 수준의 소비를 이어갈 것이다. 제2차 세계대전 이후의 기간에는 기업들이 근로자를 몇 주 혹은 몇 달간 해고했다가 전망이 좋아지면 다시 고용하는 일이 흔했다. 이제 상황은 상당히 달라졌다. 2008년 경제 위기의 여파 속에서 장기 실업률은 유례없이 치솟았으며 계속 높은 상태를 유지하고 있다. 과거에는 새 직장을 쉽게 찾았던 숙련 기술자들도 더 낮은 임금을 감수하고 새 직장에 들어가는 경우가 많아졌다. 소비자들도 이런 상황을 모를 리가 없다. 이렇게 되면 실업이라는 상태에 대한 사람들의 인식이 조금씩 변해갈 것임을 쉽게 상상할 수 있다. 실업은 장기적(심지어 영구적)이라는 생각이 사람들 사이에 퍼져감에 따라 직장을 잃을 경우 소비 행태가 크게 달라질 것은 분명하다. 달리 말해 이제까지 그래왔다고 해서 앞으로도 그러리라는 보장은 없다는 것이다. 기술 발달이 자신의 일자리에 어떤 의미를 갖는지 분명히 인식하게 되면서 소비자들은 과거보다 더 허리띠를 단단히 졸라매리라고 생각된다.

현실 경제를 지배하는 복잡성은 여러 가지 측면에서 기후 체계의 복잡성과 닮아 있다. 둘 다 거의 파악할 수 없을 정도로 복잡한 상호 의존성과 피드백 효과가 특징이다. 기후학자들은 대기 중 이산화탄소 농도가 상승했다고 해서 지속적이고 규칙적으로 기온이 상승하는 것은 아니라고 본다. 평균 기온은 물론 상승 추세를 보이지만 그 과정은 매우 혼란스러워서, 한동안 같은 기온이 유지되다가 몇 년 혹은 더 긴 기간 동안 오히려 기온이 낮은 기간이 지속되기도 한다는 이야기이다. 기후변화가 진전됨에 따라 태풍을 비롯한 기상재해의 발생 빈도도 늘어날 것이다. 소득과 부가 계속해서 소수에게 집중되면서 다수의 소비자들이 구매력을 계속 잃어감에 따라 경제에서도 비슷한 상황이 벌어질 수 있다. 생산성이나 실업률 같은 지표가 변화하는 모습은 불규칙적으로 될 것이고 금융 위기의 위험 또한 높아질 것이다. 기후학자들은 또한 변환점을 두려워한다. 예를 들어, 기온이 상승함에 따라 극지방의 툰드라가 녹아서 그때까지 땅속에 갇혀 있던 대량의 이산화탄소가 방출되면 온난화는 더욱 가속화될 것이다. 마찬가지로 미래의 어느 시점에선가 급속한 기술 혁신으로 인해 소비자들이 실업의 장기화를 우려해서 소비를 갑자기 줄이는 날이 올 수도 있다. 이런 일이 벌어지면 경제 전체가 추락할 것이고, 이렇게 되면 자동화에 직접 영향을 받지 않는 일에 종사하는 근로자들까지도 충격을 받을 것이다.

불평등 심화의 와중에 경제성장은 가능한가?

앞서 본 것처럼 미국에서 소득 최상위 5퍼센트의 가계가 총소비의 40퍼센트를 차지할 정도로 부의 집중이 심화되었는데도 전체 소비는 현재까지 꾸준히 증가해왔다. 정보 기술이 거침없이 발전하는데도 이런 추세가 몇 년 또는 수십 년씩 계속될 것인가는 진짜 문제이다.

최상위 5퍼센트는 상당히 높은 소득을 누리지만 이들 중 절대 다수는 일자리에 크게 의존하고 있다. 이 그룹 내에서도 소득은 놀랄 만큼 집중되어 있다. 일하지 않고 쌓아놓은 돈만으로도 소비를 지속할 수 있는 가계는 5퍼센트보다 훨씬 적다. 2008년 경제 위기에서 회복되는 과정의 첫해에 소득 증가분의 95퍼센트는 최상위 1퍼센트의 몫이었다.[20]

최상위 5퍼센트는 최소 학사 학위를 가진 전문인과 지식 근로자들로 주로 이루어져 있다. 4장에서 본 것처럼 이들 전문직 중 상당수는 기술 진보에 저격당할 위험에 노출되어 있다. 소프트웨어 자동화로 인해 일부 직종은 아예 사라져버릴 것이다. 또 어떤 직업은 기술적으로 단순화되어 임금이 떨어질 것이다. 해외 이전과 빅데이터 기반 경영 방식 도입으로 애널리스트와 중간 관리자가 덜 필요해짐에 따라 그렇지 않아도 여러 위협에 시달리는 근로자들의 미래는 더욱 암담해질 것이다. 이렇게 되면 이미 최상위 계층에 있는 가계도 영향을 받을 뿐만 아니라 젊은 근로자들이 상위 소득과 소비 수준을 누릴 수 있는 위치로 상승하기도 더욱 어려워질 것이다.

여기서 핵심은 최상위 5퍼센트의 모습이 점점 전체 노동시장의 축소판처럼 되어간다는 것이다. 그러니까 이 계층 자체도 공동화되어버릴 위험이 있다는 뜻이다. 소비가 가능한 소득이 충분한 상태에서 미래에 대한 자신감을 갖고 소비에 임할 수 있는 미국인 가계의 수는 기술이 발전함에 따라 계속 줄어들 것이다. 그런데 이 최상위층 가계의 상당수가 소득만으로 볼 수 있는 모습보다 재정적으로 더 취약할 수도 있기 때문에 위험은 더욱 커진다. 이런 소비자들은 생활비가 많이 드는 도시 지역에 몰려 있는 경우가 많으며 대부분 스스로 부자라고 느끼지 않는다. 게다가 이런 사람들은 대부분 동류 교배라는 방식을 통해 5퍼센트의 지위로 올라갔다. 무슨 뜻이냐 하면, 대학을 졸업하고 자신처럼 소득이 높은 배우자와 결혼했다는 뜻이다. 그러나 이들은 주거비와 교육비를 워낙 많이 지불해야 하기 때문에 둘 중 하나라도 직장을 잃으면 가계가 상당한 위기에 빠진다. 달리 말해 맞벌이 가정의 경우 실업으로 인해 소비가 대폭 줄어들 위험은 두 배가 된다.

　최상위 계층이 기술 발전으로 인해 압박에 시달리기 시작하는데 하위 95퍼센트 가계의 삶이 크게 개선되리라고 생각할 이유는 없다. 로봇과 셀프서비스 기술은 서비스 분야로 끊임없이 밀고 들어와 임금을 낮춤과 동시에 저숙련 근로자들에게서 선택지를 더욱 앗아갈 것이다. 무인자동차나 건설 현장에 쓰이는 3D 프린터 등이 등장하면 수백만 명이 실업자가 될 것이다. 이들 중 상당수는 더 단순한 저소득 직종으로 내려가야 할 것이며 일부는 아예 노동시장을 떠나게 될 것이다. 이런 식으로 시간이 가다 보면 최저생계비 수준에 근접한 소득으로 살아갈 수밖에 없는 가계가 늘어날 것이다. EBT 카드가 충전되기를 기다리면서 가족을 먹이기 위해 자정 직전에 길게 줄을 선 쇼핑객도 더 많이 눈에 띌 것이다.

　소득이 증가하지 않은 상태에서 하위 95퍼센트가 더 소비를 할 수 있는 유일한 방법은 빚을 지는 것이다. 사이나면과 파자리가 밝혀냈듯이 2008년 경제 위기에 이르기까지의 20년 동안 미국 소비자들이 지속적으로 경제성장을 이끌어온 것도 대출에서 비롯되었다. 그러나 일단 위기가 터지고 나자 집에 남은 돈은 없는 데다 신용평가 기준도 엄격해지는 바람에 계속 소비를 지탱할 수 없게 된 미국인이 크게 늘어났다. 이런 가계가 다시 대출을 받을 수 있다고 하더라도 이는 미봉책일 뿐이다. 소득이 늘어나지 않는 상태에서 부채가 늘어나면 결국 감당할 수 없게 되고, 필연적으로 따라오는 채무 불이행으로 인해 결국 새로운 위기가 발생할 것이다. 저소득 미국인이 여전히 쉽게 빌릴 수 있는 돈은 학자금 대출인데, 이 대출의 부담은 엄청나게 불어나서 대학 졸업생(졸업을 못한 사람은 말할 것도 없고)의 가처분소득을 수십 년에 걸쳐서 쓸어갈 것이다.

　내가 지금 하는 이야기는 이론상의 주장에 불과하지만, 소득 불평등이 경제성장에 해롭다는 주장을 뒷받침하는 통계적 증거가 있다. 2011년 4월에 발표한 보고서에서 IMF의 경제학자 앤드루 버그와 조너선 오스트리는 다수의 선진국 및 신흥국을 연구한 뒤 소득 불평등이 경제성장의 지속성에 영향을 미치는 핵심적 요소라는 결론에 이르렀다.[21] 버그와 오스트리는 수십 년간 경제성장을 지속하는 국가는 거의 없음을 지적한다. 오히려 "급속한 성장의 기간 사이사이에 침체기 또는 정체기가 있어서 봉우리, 골짜기, 고원 등의 모습이 그래프에 드러난다." 성공하는 나라가 다른 나라와 다른 점은 성장이 지속되는 기간이다. 두 사람은 소득 격차가 크다는 사실이 경제성장 기간이 짧아지는 것과 강한 상관관계가 있음을 발견했다. 불평등이 10퍼센트 줄어들면 성장 기간이 50퍼센트 정도 늘어난 것으로 보인다. 이들은 IMF의 블로그에 미국의 소득 불균형이 앞으로의 성장 전망에 대해 분명한 메시지를 전달한다는 경고를 올렸다. "불평등을 무시한 채 전체적 성장만을 중시하는 사람들도 있다. 이들은 물이 들어오면 모든 배가 떠오른다고 주장한다.

그러나 몇 척의 요트가 호화 유람선으로 발돋움하는 반면 나머지 배들은 모두 조각배 수준에 머문다면 분명 무슨 문제가 있는 것이다."[22]

장기 리스크: 디플레이션, 경제 위기, 그리고 기술 봉건주의의 위험

2009년에 자동화를 주제로 한 첫 번째 저서가 출간되자 몇몇 독자들이 이메일을 보내 내가 중요한 점 한 가지를 빠뜨렸음을 지적했다. 로봇이 임금을 끌어내리고 실업을 야기할 수도 있지만, 생산이 효율화됨에 따라 모든 재화의 가격이 싸질 것이라는 점이었다. 그러니까 소득이 줄어도 내가 사려는 물건이 더 싸지면 소비를 지속할 수 있다는 이야기이다. 맞는 말인 것 같지만, 여기에는 몇 가지 시사점이 있다.

가장 중요한 문제는 많은 사람이 완전 실업 상태가 되어 사실상 소득이 제로가 될 수 있다는 점이다. 그런 상황에서는 가격이 떨어져봐야 이들의 문제는 해결이 안 된다. 또 한 가지, 평균적인 가계 예산 중 가장 중요한 항목들은 적어도 중단기적으로는 기술의 충격과 비교적 무관하다. 예를 들어 땅값, 주택 가격, 보험 등은 전반적인 자산 가치에 연동되어 있으며, 이들은 또한 전체적인 생활수준과 직결되어 있다. 이런 이유 때문에 타이와 같은 개발도상국이 외국인의 토지 구입을 허락하지 않는 것이다. 이렇게 되면 부동산 가격이 올라가 자국민은 집을 얻을 수조차 없는 수준에 이를 수 있기 때문이다. 6장에서 본 것처럼 단기적으로 의료 분야는 로봇으로 비용을 낮추기가 가장 어려운 분야로 남을 것이다. 자동화는 제조업이나 일부 서비스업의 생산비, 특히 정보 및 엔터테인먼트 분야에서의 비용에 대폭적이고도 신속하게 영향을 미칠 수 있다. 그러나 이들은 가계 예산에서 차지하는 비용이 비교적 적다. 주택, 식품, 에너지, 의료, 교통, 보험 등 굵직한 항목은 단시간 내에 비용 절감이 되기가 어려운 것들이다. 그렇다면 미국인 가정은 소득이 정체되거나 줄어드는 상태에서 주요 소비 항목의 가격은 상승하는 어려움에 빠질 위험이 커진다.

기술 진보로 인해 경제 전반에 걸쳐 실제로 가격이 떨어진다고 해도 여기에는 매우 위험한 요소가 하나 있다. 이제까지 세계 각국에서 번영은 주로 임금이 가격보다 더 빨리 상승하는 모습으로 나타났다. 1900년에 살던 사람이 타임머신을 타고 오늘날의 슈퍼마켓을 방문한다면 말할 것도 없이 엄청난 가격에 놀랄 것이다. 그러나 오늘날은 1900년에 비해 식음료비가 총소득에서 차지하는 비중이 낮다. 그러니까 식료품의 명목 가격은 폭증했지만 실질 가격은 더 싸다는 뜻이다. 이렇게 된 이유는 소득이 가격보다 훨씬 빨리 성장했기 때문이다.

이제 반대의 상황을 상상해보자. 소득이 떨어지는데 가격은 더욱 빨리 떨어진다. 이론상 이렇게 되면 구매력이 늘어난다는 뜻이다. 더 많은 물건을 살 수 있으니까 말이다. 그러나 디플레이션은 경제에서 매우 바람직하지 못한 상황이다. 첫째로 경제가 디플레이션 사이클에 들어가면 이를 깨고 나오기가 어렵다. 앞으로 가격이 더 떨어질 것으로 예측한다면 굳이 지금 살 이유가 무엇인가? 소비자들은 가격이 더 떨어질 때까지 소비를 하지 않으며, 이렇게 되면 가격은 더욱 하락할 수밖에 없고 재화와 서비스의 생산도 더 위축될 수밖에 없다. 또 한 가지 문제는 현실적으로 고용주들이 임금을 낮추기 어렵다는 데에 있다. 이럴 때 고용주들은 인력을 줄이는 쪽으로 택하는 경우가 많으므로 디플레이션 단계에 들어서면 보통 실업률이 상승하고, 이에 따라 수많은 소비자들의 소득이 사라지는 결과가 나온다.

세 번째로 중요한 문제는 디플레이션으로 인해 부채가 걷잡을 수 없어진다는 것이다. 디플레이션 기간 중에는 소득이 줄고(운 좋게도 여전히 소득이라는 것이 있다면), 내가 가진 집값은 떨어지고 주식시장도 불황이 될 것이다. 그러나 집과 차의 할부금, 학자금 대출 상환금은 줄어들지 않는다. 부채의 명목 규모는 고정되어 있기 때문에 소득이 감소함에 따라 채무자들은 더욱 큰 압박에 직면하게 되며, 쓸 수 있는 돈은 더욱 줄어든다. 세수가 격감하는 바람에 정부도 마찬가지로 어려움을 겪는다. 이런 상황이 지속되면 결국 채무 불이행 건수가 폭증하며 은행도 위기에 직면한다. 디플레이션은 무슨 수를 써서라도 피해야 할 상황이다. 과거를 돌이켜보면 소득이 물가보다 빨리 상승하여 시간이 가면 원하는 물건을 살 수 있는 상황, 즉 완만한 인플레이션 상황이 가장 이상적이다.

가계가 소득 정체와 물가 상승 사이에서 진퇴양난이 되거나 디플레이션이 되거나 하는 두 가지 시나리오 중 어느 쪽이 일어나도 소비자들은 돈을 쓰지 않기 때문에 결국 극심한 경기 침체가 시작된다. 앞서도 이야기한 것처럼 장기적으로 실업자가 되리라거나 강제 조기 퇴직을 해야 하리라는 생각이 들 수밖에 없는 사람들이 점점 늘어남에 따라 기술 진보가 이들의 소비 행동을 근본적으로 바꿔놓을 위험 또한 존재한다. 이런 일이 실제로 벌어지면 경제 침체기에 각국 정부가 흔히 쓰는 단기 재정 정책, 이를테면 정부 지출의 확대나 일시적 세금 환급 같은 정책은 별 효과가 없을 것이다. 이러한 정책은 경제 내의 즉각적인 수요를 창출하여 '펌프가 계속해서 물을 뿜어내게 하려는 의도'로 시행된다. 이렇게 하면 경기 회복에 시동이 걸려 고용이 증대되리라는 것이 이 정책의 핵심이다. 그러나 자동화 기술로 인해 기업들이 근로자를 추가로 고용하지 않고도 이렇게 증가한 수요를 맞출 수 있다면 이러한 정책이 실업 해결에 미치는 영향은 미미할 것이다. 중앙은행의 통화 정책도 비슷한 문제에 봉착할 것이다. 더 많은 돈을 발행해도 추가 고용이 없다면 구매력을 소비자들의 손에 쥐어줄 방법이 없다.*

간단히 말해 재래식 경제 정책은 소비자가 느끼는 장기적 소득 불안정감을 직접 해결해주는 데에는 별 쓸모가 없다. 개인과 가정의 부채 상환 능력이 점점 떨어짐에 따라 금융 위기의 위험도 생겨난다. 악성 대출이 비교적 적은 비중밖에 차지하지 않는다 해도 은행 시스템 전체에는 아주 큰 부담이 될 수 있다. 2008년 경제 위기는 서브프라임 대출을 받은 사람들이 2007년에 부채를 상환하지 못하는 상황이 대대적으로 발생하자 급속히 진행되었다. 서브프라임 대출 건수는 2000년부터 2007년 사이에 폭증했으나, 최고점에 도달했을 때에도 미국 신규 모기지의 13.5퍼센트를 차지했을 뿐이다.[23] 그러나 은행이 복잡한 금융 파생 상품을 이용함에 따라 사태가 엄청나게 증폭되었다. 이러한 위험은 아직 사라지지 않았다. 미국 및 선진국의 은행 규제 연합은 2014년에 내놓은 보고서에서 다음과 같이 경고하고 있다. "위기로부터 5년이 지난 지금 대형 금융 기관들은 파생 상품과 관련된 리스크를 해결하는 데에 있

＊미국의 연방준비이사회 같은 중앙은행은 '돈을 찍어내면' 보통 이 돈으로 국채를 매입한다. 이 국채 거래가 끝나면 중앙은행은 국채를 자신에게 판 사람이 누구든 그 사람의 계좌에 돈을 입금한다. 이렇게 해서 새로운 통화가 창출된다. 돈이 갑자기 생겨난 것이다. 일단 이 돈이 시중은행으로 들어가면 중앙은행은 돈이 대출될 것으로 생각한다. 이를 지불 준비율 대출 정책이라고 한다. 즉 시중은행은 창출된 통화의 일부분만을 보유한 뒤 나머지를 빌려줄 수 있다는 것이다. 여기서 전제는 은행이 이 돈을 새로운 인력을 고용해서 사업을 확장할 수 있는 기업체에 빌려준다는 것이다. 아니면 소비자에게 대출을 해주어 돈을 쓰게 하면 새로운 수요를 창출할 수 있다. 어느 쪽이든 일자리가 생기며, 소비자들에게는 구매력이 주어진다. 결국 돈은 다시 은행에 예치되고 이 돈의 대부분은 또 한 번 대출되어 나가서 같은 순환 과정이 계속 반복된다. 이렇게 되면 돈이 경제 전체를 몇 바퀴 돌면서 몇 배로 불어나는데, 그 결과는 대개 바람직하다. 그러나 자동화 기술로 인해 기업들이 인력을 별로 고용하지 않고도 사업을 확장하고 수요에 부응할 수 있거나, 아니면 수요가 너무 약해서 기업이 대출받을 필요를 느끼지 못하면 새로 창출된 통화 중 소비자에게 가는 몫은 별로 없을 것이며, 따라서 소비되지도 않을 것이고 중앙은행이 의도한 대로 몇 배로 불어나지도 않을 것이다. 이 돈은 그저 시중은행에서 잠을 자고 있을 것이다. 이것이 대략 2008년 경제 위기 때 일어난 현상이다. 물론 이는 자동화 때문이 아니라 은행이 신용도 높은 대출자를 찾지 못했기 때문이기도 하고, 돈을 빌리려는 사람이 없기도 했기 때문이다. 다들 자신의 돈을 움켜쥐고 있기만 했다. 경제학자들은 이를 '유동성 함정'이라고 부른다.

어 약간의 진전을 보였을 뿐이며 그나마 가다 멈추다를 반복하는 바람에 전체적으로 불만족스런 수준에 머물고 있다."[24] 달리 말해 상환 불능 사태가 일부 국가에서만 증가해도 이것이 세계적 위기로 발전할 위험은 현실적으로 높게 존재한다.

모든 사람들에게 있어 가장 으스스한 장기적 시나리오는 세계경제 시스템이 결국 새로운 현실에 적응해나가는 방법일 것이다. 그때가 되면 해괴한 창조적 파괴의 과정을 거쳐 오늘날 세상을 떠받치는 시장경제가 사라지고 최고의 부자들만을 대상으로 하는 고가 제품과 서비스를 생산하는 산업만 남을 것이다. 인류의 거의 대부분은 모든 것을 박탈당할 것이다. 경제적 계층 간의 이동은 아예 사라질 것이다. 돈을 가진 사람들은 철문을 굳게 잠근 자신들의 거주 지역 혹은 엘리트 도시에 모여 살 것이며, 아마 이들을 군사용 로봇과 드론이 지킬 것이다. 달리 말해 중세에 흔히 볼 수 있었던 봉건 체제로 회귀하는 것이다. 그러나 여기에 한 가지 중요한 차이가 있다. 중세 시대의 농노들은 농업 노동을 제공했기 때문에 시스템에 필수적이었다. 그러나 자동화된 봉건주의가 지배하는 미래에 농민은 대부분 군더더기가 될 것이다.

2013년에 나온 영화 〈엘리시움〉에서는 부자들이 지구 궤도를 도는 인공의 낙원으로 이주하는 모습이 나오는데, 이 영화는 이토록 음울할 수도 있는 미래 세계의 모습을 잘 그려내고 있다. 경제학자들조차도 이러한 가능성에 우려를 표명하기 시작했다. 유명한 경제 블로거인 노아 스미스는 미래에 생겨날 만한 사회 모습에 대해 2014년의 포스팅에서 이렇게 썼다. "부자들을 지키는 철문 밖에 누더기를 걸친 멍한 모습의 사람들이 비틀거리며 굶주림으로 내몰려 있다. 스탈린이나 마오쩌둥의 독재와는 달리 로봇이 보호하는 독재는 대중의 여론 따위는 상관하지 않을 것이다. 대중이 무슨 말을 하든 로봇 뒤의 지배자들은 총을 갖고 있다. 그것도 영원히."[25] 원래 음울한 과학이라고 불리는 경제학 전문가의 입에서 나온 말이라 하더라도 상당히 암울한 미래이다.*

근로 인구의 노화와 기술

모든 선진국은 인구 고령화라는 문제를 안고 있으며, 베이비붐 세대가 은퇴 시기에 도달해 노동 인구로부터 이탈함에 따라 노동력 부족을 예측하는 이야기가 여기저기서 나오고 있다. 노스이스턴 대학교의 배리 블루스톤과 마크 멜닉이 2010년에 내놓은 보고서에 따르면, 2018년에 미국에서 인구 고령화의 직접적인 결과로 500만 개의 일자리가 주인

---

* 〈엘리시움〉에서 대중은 결국 시스템 해킹을 이용해서 궤도에 떠 있는 부자들의 요새로 침투한다. 해킹은 이 시나리오에서 한 가지 희망적인 요소일 수 있다. 그러므로 부자들은 보호 시스템을 설계하고 관리하는 일을 누구에게 맡길 것인가에 대해 지극히 조심스러울 수밖에 없다. 해킹이나 사이버 공격은 그들이 세상을 지배하는 데에 가장 큰 위협일 수 있기 때문이다.

을 기다릴 것이며, 사회 각 분야(저자들이 보기에는 의료, 교육, 사회복지, 예술, 정부 등을 포함)에서 30~40퍼센트의 일자리가 주인을 찾아 헤맬 것이다. "고령자들이 일터에 복귀해 이런 공백을 메워주지 못한다면 말이다."[26] 이 말은 이 책에서 여러 차례 지적한 바와 모순된 것으로 보인다. 그렇다면 어느 미래의 모습이 맞는가? 인류는 기술 진보로 인해 만연한 실업과 더욱 심각한 불평등을 향해 가는가, 아니면 고용주들이 일자리를 채우느라 근로 연령의 사람들을 찾아 헤매는 바람에 결국 임금이 오르기 시작할 것인가?

여러 선진국, 특히 일본에 비하면 미국이 직면한 은퇴 연령 근로자 및 이와 관련된 인구 위기는 훨씬 덜 심각한 편이다. 미국을 비롯한 선진국들에서도 인력 부족이 사회 전반의 문제를 향해 가고 있지만 일본에서는 이 문제가 더 뚜렷이 드러날 것으로 예측된다.

그러나 현재까지 일본 경제에서 인력 부족이 광범위하게 나타난다는 징후는 찾아보기 어렵다. 물론 임금이 낮은 노인 돌보미 같은 직종처럼 특정 분야에서는 인력 부족이 나타나고 있고, 정부도 2020년 도쿄 올림픽을 준비하는 과정에서 숙련된 건설 노동자들이 부족할지도 모른디는 우려를 내놓기도 했다. 그러나 진정으로 근로자가 부족하다면 사회 전반에 걸쳐 임금이 상승하는 결과로 나타나야 할 텐데, 일본에서 여기에 대한 증거는 전혀 찾아볼 수 없다. 1990년의 부동산 및 증권 시장 폭락 사태 이후 일본 경제는 20년이 넘도록 정체를 겪고 있으며, 심지어 디플레이션에 빠지기도 했다. 그러나 고용주들이 근로자를 찾아 헤매기는커녕 일본 경제는 이른바 '프리터족'이라는 젊은 층을 양산했다. 잃어버린 세대인 이들은 제대로 된 직장을 얻지 못해 30대, 심지어 40대가 되도록 부모에게 얹혀산다. 2014년 2월에 일본 정부가 발표한 2013년 최저임금(인플레이션 조정 후)은 전년 대비 1퍼센트가 하락했는데, 이는 16년 만에 최저라던 2008년 경제 위기 직후의 임금과 같은 수준이었다.[27]

경제 전반에 걸친 인력 부족 현상은 다른 나라에서는 더욱 찾기 힘들다. 유럽에서 고령화가 가장 빨리 진행 중인 나라인 이탈리아와 스페인의 2014년 1월 청년 실업률은 거의 재난 수준으로, 이탈리아가 42퍼센트, 스페인이 무려 58퍼센트였다.[28] 이런 엄청난 현상이 발생한 직접적 이유는 물론 2008년 경제 위기였지만, 이 정도면 '약속의 날,' 그러니까 인력 부족이 청년 실업률에 어떤 흔적이라도 남기기 시작하는 날이 오려면 얼마나 기다려야 할지 아득해진다.

일본으로부터 얻어야 할 가장 중요한 교훈은 이 장 전체에 걸쳐 강조한 '근로자 또한 소비자'라는 개념과 연결되어 있다. 사람은 나이가 들어감에 따라 결국 근로 전선을 떠나게 되어 있고, 소비도 줄어든다. 그리고 줄어든 소비에서 의료비가 차지하는 비중이 점점 늘어난다. 그러므로 인력이 줄어드는 것은 맞지만 상품과 서비스에 대한 수요도 따라서 감소하며, 이에 따라 일자리가 줄어든다. 달리 말해 근로자가 일터를 떠날 때 발생하는 충격은 대체로 일시적인 결과로 나타나겠지만, 감소하는 소득에 맞추어 고령자들이 소비를 줄이는 현상은 경제 발전의 지속이 과연 가능한가 하는 의문을 제기하기에 충분한 근거가 된다. 실제로 인구 감소를 겪고 있는 나라인 일본, 폴란드, 러시아 등에서는 장기적으로 볼 때 경제 정체 아니면 심지어 위축을 피하기 어려울 것으로 보인다. 왜냐하면 인구는 경제 규모를 결정하는 중요 요소이기 때문이다.

인구가 지속적으로 증가하는 미국에서도 인구 동태의 변화가 사람들의 소비를 위축시키리라고 판단할 이유가 충분히 있다. 전통적인 연금제도에서 불입액 기준 연금제도(401K)로 옮겨가자 은퇴 연령이 가까워진 다수의 미국인들이 매우 취약한 상황에 놓이게 되었다. 2014년 2월에 발간된 연구 결과에서 MIT의 경제학자인 제임스 포터바는 65세부터 69세 사이의 미국 가정 중 50퍼센트에 이르는 사람들의 은퇴 계좌 잔액이 5,000달러 이하임을 발견했다.[29] 포터바의 논문에 따르면, 퇴직 저축이 10만 달러에 달하는 사람도 이 잔액 전체를 정액형 연금에 가입하는 데에 쓸 경우 연간 겨우 5,400달러(월 450달러)를 받을 뿐이며, 그나마 생활비 증액은 없다.[30] 달리 말해 다수의 미국인이 결국에 가서는 거의 전적으로 사회보장제도에 의지해야 한다는 뜻이다. 2013년에 월평균 사회보장 지급액은 약 1,300달러였는데, 일부 은퇴자는 겨우 804달러만을 받기도 했다. 여기서 월 150달러(더 증가할 것으로 예상되지만)의 의료보험료를 공제하고 나면, 소비를 떠받칠 만한 소득이랄 게 없어진다.

일본에서처럼 일부 분야, 특히 고령화와 직결된 분야에서는 인력 부족이 발생할 것이 확실시된다. 6장에서 노동통계국이 2022년이 되면 노인 간호 관련 분야에서 180만 개의 일자리가 창출되리라고 예측했음을 떠올려보자. 그러나 2013년에 옥스퍼드 대학교의 칼 베네딕트 프라이와 마이클 오즈번이 발표한 연구 결과와 대조해보면, 세계가 전반적으로 인력이 부족한 상태를 향해 나아가는 중이라고 주장하기가 매우 어려워진다. 연구 결과에서 이 두 사람은 미국 고용의 47퍼센트(약 6,400만 개의 일자리)가 "아마도 10∼20년 안에 자동화될 가능성이 있다"고 내다보았다.[31] 악화되는 불평등과 결합한 인구 고령화는 기술 진보의 충격에 대한 균형추 역할을 한다기보다는 사람들의 소비력만 크게 갉아먹을 위험이 크다. 수요가 위축되면 자동화에 직접적으로 노출되지 않은 직업들마저 영향을 받아 실업의 두 번째 파도가 덮칠지도 모른다. *

중국을 비롯한 신흥국에서의 소비 수요

미국, 유럽을 비롯한 선진국에서 소득 불평등과 인구 구조 변화가 결합

---

* 예를 들어, 처음부터 끝까지 사람이 서빙하는 레스토랑의 근무자를 로봇으로 대체하려면 최첨단 로봇이 필요할 것이다. 이런 일이 가까운 장래에 일어날 것 같지는 않다. 그러나 사람들이 쪼들리기 시작하면 외식을 제일 먼저 포기할 것이므로 웨이터들의 실업 위험은 여전히 높다.

하여 소비를 위축시키고 있는 가운데 고속 성장을 구가하는 개발도상국의 소비자들이 글로벌 차원에서 해결에 도움을 주리라고 예측해볼 수도 있다. 특히 사람들은 중국에 희망을 걸고 있는데, 중국의 놀랄 만한 성장으로 인해 중국 경제가 향후 10여 년 안에 세계 최대 규모가 되리라는 예측이 쏟아져 나오기도 했다.

그러나 나는 가까운 장래에 중국을 비롯한 신흥국이 세계 소비 수요의 견인차 역할을 하리라는 시각에 대해 회의적이며, 여기에는 몇 가지 이유가 있다. 첫 번째 문제는 중국도 대대적인 인구 구조상의 변화를 겪고 있다는 점이다. 중국은 1가구 1자녀 정책으로 인구 증가를 억제하는 데는 성공했지만, 그 결과 급속히 고령화 사회가 되어가고 있다. 2030년이 되면 중국의 고령 인구는 2억 명이 넘을 텐데, 이는 2010년의 대략 두 배에 달하는 규모이다. 2050년이 되면 80세 이상 인구가 9,000만을 넘어설 것이다.[32] 자본주의 체제가 도입되면서 중국에서는 국영 산업이 연금을 보장하던 '철밥통'의 시대가 끝났다. 이제 은퇴자들은 스스로 살길을 찾거나 자녀에게 의지해야 하지만 출산율 격감으로 인해 한 사람의 근로 연령 성인이 두 명의 부모와 네 명의 조부모를 부양해야 하는 이른바 '1-2-4' 문제가 현실로 떠오르고 있다.

중국에는 고령자를 위한 사회 안전망이 없다는 점이 아마 놀랍도록 높은 저축률의 중요한 이유일 것이다. 중국의 저축률은 무려 40퍼센트에 이른다고 추정된다. 소득에 대비해서 높은 주택 가격도 중요한 요인

중 하나이다. 많은 근로자들이 언젠가는 내 집 마련을 위한 목돈으로 쓰려고 소득의 절반 이상을 저축하고 있다.[33]

소득에서 이토록 큰 부분을 비축하는 가계가 대량의 소비를 할 리는 만무하며, 실제로 중국 경제에서 개인 소비가 차지하는 비중은 35퍼센트 선으로, 미국의 절반 수준에 불과하다. 중국의 경제성장을 떠받치는 힘은 주로 제조업 수출과 놀랍도록 높은 수준의 투자이다. 2013년에 중국 GDP에서 공장, 설비, 주택 및 기타 인프라에 대한 투자가 차지하는 비중은 전년도의 48퍼센트에서 54퍼센트로 상승했다.[34] 거의 모든 사람들이 이런 식의 투자가 오래갈 수 없다는 데에 동의한다. 결국 투자액은 어떤 식으로든 회수되어야 하며, 이는 소비라는 결과로 나타난다. 공장은 제품을 만든 뒤 이윤을 붙여 팔아야 하며, 새로 집을 지었으면 세를 놓아야 한다는 것이다. 중국에서는 정부를 비롯한 각계각층이 내수 지향적으로 경제를 개편해야 한다는 이야기들을 내놓고 있지만 현재까지 눈에 띄는 진전은 거의 이루어지지 않았다. 구글에 'China rebalancing(중국 경제 균형 잡기)'이라는 문구를 입력하면 300만 개 이상의 웹페이지가 검색되는데, 내가 보기에는 이들이 거의 같은 이야기를 하고 있을 것이다. 즉 중국 소비자들이 여기에 동참하여 물건을 사기 시작해야 한다는 것이다.

이렇게 되도록 하려면 가계 소득을 폭발적으로 올려줌과 동시에 저축률을 급상승시킨 문제들을 해결해야 한다는 어려움이 생긴다. 연금과 건강보험 시스템을 개선하면 가계가 직면한 재정적 위험을 줄여주기 때문에 어느 정도 효과는 있을 것이다. 중국 중앙은행도 최근 예금 이자율을 묶어놓는 규제를 완화한다는 계획을 발표했다. 이러한 조치는 양날의 칼일 수 있다. 왜냐하면 이자가 늘어남에 따라 가계 소득이 늘어나겠지만, 이는 저축 성향을 더욱 강화시키는 결과도 낳을 것이기 때문이다. 저축률 상승을 내버려두면 현재 인위적인 저이자율로 이익을 보고 있는 다수의 중국 은행이 상환 불능 상태에 빠질 수 있다.[35] 중국인들의 저축 성향 배후에 있는 몇 가지 요인은 해결하기가 매우 어렵다. 경제학자 웨이샹진과 장샤오보는 이렇게 높은 저축률이 중국의 1가구 1자녀 정책으로 인한 남녀 성비 불균형 때문일 수도 있다는 가설을 내놓았다. 여성이 희귀하므로 결혼 시장의 경쟁이 치열해지고, 이에 따라 남성들은 여성의 마음을 끌기 위해 주택을 소유하거나 상당한 부를 축적해야만 한다는 이야기이다.[36] 또한 저축을 하려는 강한 의지는 그저 중국 문화의 한 측면일 수도 있다.

중국은 부자가 되기 전에 먼저 늙어버릴 위험이 있다는 이야기가 자주 나오지만, 사람들이 신경을 쓰지 않는 측면 중 하나는 중국이 인구뿐만 아니라 기술과도 씨름을 하고 있다는 사실이다. 1장에서 본 것처럼 중국 공장들은 이미 적극적으로 로봇과 자동화를 도입하기 시작했다. 중국에 있던 일부 공장은 선진국으로 돌아가거나 아니면 임금이 더욱 낮은 베트남 같은 나라로 이동하고 있다. 2장의 〈그림 2-8〉로 돌아가면 기술 진보로 인해 60년에 걸쳐 미국의 제조업 고용이 가차 없이 무너져왔음이 선명하게 드러난다. 결국 중국이 본질적으로 같은 길을 걸으리라는 점은 피할 수 없으며, 제조업 고용률이 떨어지는 속도 또한 미국보다 훨씬 빨라질 수도 있다. 미국 공장의 자동화가 신기술이 발명되는 속도보다 더 빠를 수는 없었던 반면, 중국의 제조업은 그저 첨단 기술을 수입하다 적용하면 되는 경우도 많을 것이다.

실업이 폭증하지 않도록 하면서 새로운 시대로 넘어가려면 중국은 서비스 분야의 근로자가 차지하는 비중을 계속 늘려가야 할 것이다. 그러나 선진국들이 이제까지 밟아온 전형적인 발전 경로는 우선 굳건한 제조업 기반을 통해 부유해진 뒤 서비스 기반 경제로 옮겨가는 것이었다. 소득이 상승함에 따라 가계는 서비스 분야에 돈을 더 많이 쓰는 경향이 있으므로 결국 제조업 외 분야에서 고용 창출이 이루어졌던 것이다. 미국은 제2차 세계대전 이후의 '골디락스' 시기에 강력한 중산층을 육성하는 호사를 누렸다. 당시 기술은 급속도로 발전하고 있었지만, 그렇다고 기술이 근로자를 완전히 대체하는 일은 어림도 없었다. 오늘날 중국은 기계와 소프트웨어가 제조업뿐만 아니라 서비스 산업 자체를 위협하는 로봇의 시대에 제2차 세계대전 직후의 미국 같은 기적을 일궈내야 할 위치에 서 있다.

중국이 내수 주도형으로 경제를 개편하는 데에 성공한다 하더라도 중국의 소비 시장이 외국 업체에게 전면 개방되리라고 예상하는 것은 지나친 낙관론일 것이다. 미국의 금융 및 기업 엘리트들은 글로벌화로 인해 막대한 이익을 얻었다. 정치적으로 가장 영향력 있는 사회 부문은 수입품이 계속 흘러오도록 해야 할 강력한 동기가 있었다. 그러나 중국의 상황은 매우 다르다. 중국의 엘리트는 정부와 직접 연결되어 있는 경우가 많으며 이들의 주요 목표는 정권을 유지하는 것이다. 그러므로 대량 실업과 사회 불안은 그들이 가장 두려워하는 재난이다. 이런 일이 벌어질 우려가 발생하면 중국의 엘리트가 보호무역 정책을 공공연히 시행하리라는 데는 의심의 여지가 없다.

발전하는 기술의 위협이라는 측면에서 아직 한참 뒤떨어져 있는 빈국들은 중국이 직면한 난제보다 훨씬 더 어려운 문제에 부딪혀 있다. 제조업에서 가장 노동집약적인 분야조차도 자동화를 도입함에 따라 이제까지 수많은 나라들이 걸어온 번영의 길이 이들 개발도상국들 앞에서는 사라져버릴 위험이 있다. 어떤 연구에 따르면, 1995년부터 2002년 사이에 세계적으로 2,200만 개의 공장 일자리가 없어졌다. 같은 7년의 기간 동안 제조업 생산은 30퍼센트가 늘었다.[37] 수백만의 저임금 공장 근로자가 필요 없어진 세상에서 아시아와 아프리카의 빈국들이 어떻게 밝은 미래를 펼쳐나갈 수 있을지 전혀 예측할 수 없다.

기술 진보로 인해 소득과 소비 양면에서 불평등이 심화되는 가운데 기술은 지속적인 번영에 필수적인 활발하고 광범위한 시장 수요를 결국 위축시킬 것이다. 소비 시장은 당장의 경제 활동을 떠받치는 데에 필요할 뿐만 아니라 혁신의 전반적인 과정을 추진하는 데에도 필수적이다. 새로운 아이디어는 개인이나 팀에서 나오지만 혁신의 인센티브를 창출하는 주체는 궁극적으로 소비 시장이다. 소비자들은 또한 어떤 아이디어가 성공하고 실패할지를 결정한다. 최고의 혁신이 다른 것들 위로 떠올라 마지막에 가서 경제 전체와 사회를 지배하는 진화론적 과정에서 '대중의 지혜'가 갖는 기능은 필수적이다.

기업의 투자는 먼 미래에 초점을 맞추고 있으며 당장의 소비와는 별 관련이 없다는 생각이 널리 퍼져 있지만, 과거의 데이터를 보면 이런 생각이 잘못되었음을 알 수 있다. 1940년대 이래 미국이 겪은 불황기를 보면 거의 항상 투자가 급격히 감소했다.[38] 기업의 투자 결정은 현재의 경제 활동과 가까운 미래에 대한 전망, 두 가지 모두에 깊은 영향을 받는다. 달리 말하면 지금 소비자 수요가 활발하지 못하면 미래의 번영도 기대할 수 없다는 뜻이다.

소비자들이 끊임없이 고전하는 환경에서는 기업들이 비용 절감에 치중하지, 시장을 확장하려 하지 않는다. 밝은 미래가 예상되는 투자처 몇 군데 중 하나를 꼽자면 인력 절감 기술이다. 벤처 자본과 연구 개발 투자는 이런 상황에서 근로자 수를 줄이거나 기존의 숙련직을 단순직으로 만드는 데에 특화된 혁신으로 몰릴 가능성이 크다. 이런 식으로 가다보면 일자리를 찾는 로봇으로 넘치는 세상이 될지도 모르지만, 그런 세상에서는 삶의 질을 전반적으로 높여주는 혁신은 많이 일어나지 않을 것이다.

이번 장에서 이제까지 검토한 바는 모두 기술 발전이 나아감직한 방향에 대해 현실적이고도 신중하게 다가간 결과물이라고 나는 생각한다. 비교적 반복적이고 예측 가능한 작업을 수행하는 직종이 앞으로 10년 동안 자동화에 의해 더 큰 타격을 받으리라는 점은 거의 의심의 여지가 없다. 이런 종류의 기술이 시간이 가면서 개량됨에 따라 더 많은 일자리가 사라져갈 것이다.

더 극단적인 시나리오도 있을 수 있다. 수많은 기술 전문가(이들 중 몇몇은 해당 분야의 리더로 일컬어진다)들은 궁극적으로 자동화가 사람들이 생각하는 것보다 훨씬 더 멀리 갈 수 있다고 생각한다. 다음 장에서는 진정으로 최첨단이기는 하지만 아직은 추측 단계에 머물고 있는 기술을 좀 더 균형적인 시각으로 바라본다. 여기서 제시하는 기술적 해결책이 가까운 미래까지는 공상과학 수준에 머문다고 해도 이상하지 않다. 그러나 결국 이들이 실현되면 실업률이 치솟고 소득 불평등이 심화될 위험이 대폭 늘어남과 동시에 이제까지 관찰한 경제적 위험을 훨씬 뛰어넘는 시나리오가 펼쳐질지도 모른다.

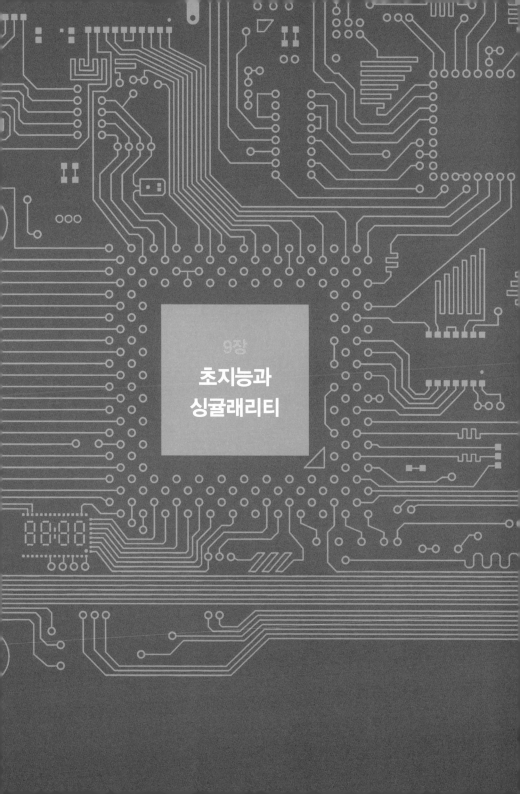

9장

초지능과
싱귤래리티

뇌에 삽입된 임플란트를 이용하여 인간의 지적 능력은 비약적으로 개선된다.
실제로 인간이 싱귤래리티를 지난 다음에도 기술을 이해하고 이를 지배하려면
이렇게 지적 능력이 폭발적으로 개선되는 것은 필수적이다.

2014년 5월에 캠브리지 대학교의 물리학자인 스티븐 호킹은 급속히 발전하는 인공지능의 위험에 대한 경고를 담은 기사를 썼다. MIT의 물리학자들인 맥스 테그마크와 노벨상 수상자인 프랭크 윌첵, 캘리포니아 대학교 버클리 분교의 컴퓨터과학자인 스튜어트 러셀 등의 공동 저자와 함께 「인디펜던트」에 기고한 글에서 그는 진정으로 사고할 수 있는 기계를 발명한다면 "인류 역사상 가장 큰 사건이 될 것"이라고 경고했다. 인간 수준의 지능을 뛰어넘는 컴퓨터는 "금융 시장보다 더 현명할 것이고, 인간 과학자들보다 더 나은 것을 발명할 것이고, 인간 지도자들보다 더 정치적 수완이 뛰어날 것이며, 인간이 이해할 수조차 없는 무기도 개발할 수 있을 것"이라는 이야기이다. 이 모든 우려를 공상과

학으로 치부하는 행동은 "역사상 최악의 실수가 될 수 있다"고 호킹은 말했다.[1]

이제까지 이 책에서 다룬 기술, 이를테면 상자를 옮기거나 햄버거를 만드는 로봇, 작곡하는 알고리즘, 보고서를 쓰거나 월스트리트에서 주식 거래를 하는 알고리즘 등은 '좁은 범위'의 인공지능으로 분류된다. 이제까지 가장 놀라운 기계 지능을 과시한 IBM의 왓슨조차도 인간과 비슷한 범용성 지능에는 근처에도 가지 못한다. 일단 공상과학 영역 밖으로 나오면 현재 사용 가능한 인공지능은 모두 좁은 의미의 인공지능이다.

그러나 여기서 한 가지 강조하고 싶은 바는 오늘날의 인공지능이 특정한 범위에 머문다고 해도 이로 인해 수많은 일자리가 자동화되는 과정이 방해받지는 않으리라는 것이다. 오늘날 일자리의 대부분을 차지하는 직종들은 상당 부분 반복적이고 예측 가능한 작업을 담고 있다. 앞에서 본 것처럼 급속히 발전하는 특수 용도 로봇이나 천문학적인 양의 데이터를 쏟아내는 기계 학습 알고리즘은 숙련도가 높든 낮든 수많은 직업에 종사하는 무수한 근로자를 위협할 것이다. 이런 과정에 투입되는 기계가 인간처럼 생각해야 할 필요는 전혀 없다. 어떤 사람을 일자리에서 밀어내기 위해 컴퓨터가 인간의 지적 능력을 하나에서부터 열까지 복제해야 할 필요는 없다는 뜻이다. 그저 어떤 근로자가 돈을 받고 수행하는 특정한 작업을 할 줄 알면 된다. 대부분의 인공지능 관련 연구 개발과 이 분야의 거의 모든 벤처 사업은 로봇을 특수 분야에

응용하는 데에 초점이 맞춰져 있으며, 이렇게 해서 개발된 기술이 앞으로 몇 년 혹은 수십 년 안에 대폭 강력해지고 탄력적이 되리라는 점은 틀림없는 사실이다.

이렇게 특수 분야의 로봇을 응용하는 사업이 현실적인 결과를 지속적으로 내놓으면서 투자가의 관심을 끌고 있는 순간에도 그 배후에는 훨씬 더 어려운 과제가 도사리고 있다. 진정한 지능을 갖춘 시스템, 그러니까 새로운 아이디어를 창출하고, 자아의 존재에 대한 인식을 드러내며, 논리적인 대화를 이어갈 수 있는 기계를 만드는 일은 인공지능 분야의 성배로 남아 있다.

진정한 사고력을 갖춘 기계를 만든다는 생각에 인간이 처음으로 매료된 시기는 1950년대까지 거슬러 올라간다. 당시에 앨런 튜링은 인공지능이라는 분야의 문을 연 논문을 발표했다. 그로부터 수십 년 동안 인공지능 연구는 부침을 거듭했는데, 이는 특히 해당 시점의 최신 컴퓨터의 처리 속도에 따른 현실적이고도 기술적인 근거와는 상관없이 희망이 부풀어 오르기도 했다. 그런데 결국 실망의 순간은 어김없이 찾아왔고, 그 결과 투자와 연구 활동이 위축됨에 따라 이른바 '인공지능의 겨울'이라고 불리는 긴 정체기가 이어졌다. 그러나 다시 한 번 봄이 찾아왔다. 오늘날의 막강한 컴퓨터 능력을 특정 분야 인공지능 연구성과 및 인간의 뇌에 대해 발견한 것들과 결합한 결과, 상당한 낙관적 전망이 나오기 시작했다.

첨단 인공지능 속에 숨은 의미에 관해 최근에 저서를 낸 제임스 배럿은 좁은 범위에서가 아닌, 인간 수준의 능력을 갖춘 인공지능을 연구하는 연구자 200명을 대상으로 비공식적인 조사를 실시했다. 학계에서는 이 분야를 인공범용성지능(AGI, Artificial General Intelligence)이라고 부른다. 배럿은 이 과학자들에게 AGI가 언제쯤 실현될까에 대해 넷 중 하나를 선택하라고 요청했다. 그 결과 42퍼센트가 2030년이 되면 생각하는 기계가 발명되리라고 내다보았고, 25퍼센트는 2050년, 20퍼센트는 2100년으로 예측했다. 결코 이루어지지 않으리라고 대답한 사람은 2퍼센트에 불과했다. 놀랍게도 상당수의 과학자들이 설문 조사의 의견란에 위에서 말한 네 가지보다 더 빠른 선택지, 그러니까 2020년도 있어야 한다는 의견을 내놓았다.[2]

이 분야의 전문가들은 인간 수준의 인공지능에 대해 다시 한 번 버블이 형성되고 있지 않나를 우려한다. 2013년 10월에 올린 블로그 포스트에서 당시 페이스북이 갓 창설한 뉴욕 인공지능연구소의 소장을 맡고 있던 얀 르쿤은 이렇게 지적했다. "지난 50년간 과대 선전 때문에 인공지능은 네 번 정도 '죽었다.' 사람들은 투자가를 비롯한 자금원을 확보하려고 과장 광고를 쏟아냈지만 결국 아무것도 이루지 못했다. 후유증이 있을 수밖에 없었다."[3] 인지과학 전문가이자 『뉴요커』의 블로거인 뉴욕 대학교의 개리 마커스 교수도 딥 러닝 능력을 갖춘 신경망이나 심지어 IBM의 왓슨이 갖고 있다는 일부 능력처럼 최근에 이루어진 성과

조차도 상당히 과대포장되어 있음을 지적했다.⁴

그러나 요즘 이 분야가 엄청난 추진력을 얻고 있음은 분명해 보인다. 특히 구글, 페이스북, 아마존 같은 업체들이 사업을 크게 확장하면서 괄목할 만한 진보가 이루어졌다. 이토록 막강한 자금력을 가진 업체들이 인공지능을 자신의 사업에 필수적인 요소로 이해한 적은 일찍이 없었으며, 인공지능 연구가 이런 거대 기업들 사이의 경쟁 한가운데에 놓여 있었던 적도 없었다. 이런 식의 경쟁은 국가 간에도 벌어지고 있다. 인공지능은 군사, 정보 분야에서 필수적인 것이 되고 있으며, 전체주의 국가에서는 국민 감시 도구로도 반드시 필요하다.*

인공지능을 둘러싼 전면적 군비 경쟁이 가까운 시일 내에 시작될 가능성도 크다. 내가 보기에 실질적인 문제는 지금 이 분야가 '인공지능의 겨울'에 들어갈 위험이 있느냐 없느냐가 아니라, 연구가 진보를 해도 좁은 범위의 인공지능에 머물 것인가 아니면 궁극적으로 AGI 수준으로 갈 것인가이다.

인공지능 연구자들이 결국 AGI에 도달하면 그 결과 등장한 기계가 그저 인공지능 수준에 머물 것이라고 생각할 이유는 없다. 일단 AGI에

---

*최근 벌어진 일련의 사태를 감안할 때 일부 독자들은 미국 국가안전보장국(NSA)을 비난하는 말을 몇 마디쯤 하고 싶을 것이다. 스티븐 호킹의 기고문에서처럼 인공지능과 관련하여 현실적인 문제가 분명히 존재한다. 그러나 이런 식의 인공지능이 어디선가 만들어진다면 그것이 NSA가 아닐 확률은 매우 낮다.

도달하면, 무어의 법칙만으로도 인간의 지적 능력을 뛰어넘는 컴퓨터를 만들어낼 수 있다. 물론 생각하는 기계는 오늘날의 컴퓨터가 가진 모든 장점을 다 누릴 텐데, 이를테면 인간으로서는 이해할 수 없는 정도의 속도로 연산을 하거나 정보에 접속할 수 있을 것이다. 그러면 인간이 전대미문의 존재, 진정한 에일리언, 인간을 뛰어넘는 지능을 갖춘 외계인과 지구를 공유해야 하는 사태를 피할 수는 없을 것이다.

이는 시작에 불과하다. 이 분야의 학자들은 대체로 이 정도 수준의 시스템이면 자신의 지능을 이용해서 스스로를 개선해나갈 것이라는 데에 의견을 모은다. 그러니까 제 손으로 자신의 설계를 개선하고, 소프트웨어를 교체하고, 진화 프로그래밍 기법을 이용해서 새로운 설계를 제작하고 시험하여 최적화하리라는 이야기이다. 여기까지 오면 반복적 개선이 연속적으로 진행된다.

새로운 버전이 나올 때마다 시스템은 더욱 현명해지고 강해진다. 이러한 순환 과정이 가속됨에 따라 결국에 가서는 '지능 폭발'이 일어나고, 그 결과 어떤 인간보다도 수백만 배 더 현명한 기계가 등장할 수도 있다. 호킹을 비롯한 학자들이 경고한 것처럼 이는 "인류 역사상 가장 큰 사건이 될 것"이다.

이런 지능 폭발이 일어나면 인류에 대한 충격은 엄청날 것이다. 거기까지 가면 경제뿐만이 아니라 인류의 문명 전반에 걸쳐 와해의 파도가 휩쓸고 지나갈 것이다. 미래학자이자 발명가인 레이 커즈와일의 말대로 이는 "역사의 틀을 헤집어놓을" 것이며 오늘날 '싱귤래리티'라고 불리는 사건 내지는 시대의 문을 열 것이다.

싱귤래리티

기술 진보의 결과 미래에 일어날 사건에 대해 '싱귤래리티(특이점)'라는 단어를 처음 쓴 사람은 컴퓨터의 선구자인 존 폰 노이만으로 알려져 있다. 1950년대의 언제쯤인가 그는 이렇게 말했다고 한다. "폭발적인 발전으로 인해 오늘날 우리가 알고 있는 인간의 모습이나 활동이 더욱 지속될 수 없는 어떤 본질적 싱귤래리티를 향해 인류가 다가가는 것으로 보인다."[5] 1993년에 샌디에이고 대학교의 수학자인 버너 빈지는 이 단어를 이용해서 자신의 논문 제목을 '기술적 싱귤래리티의 도래'라고 붙였다. 우회적 표현에는 소질이 없는 빈지는 다음과 같은 문장으로 논문을 시작했다. "30년 이내에 인간은 자신을 뛰어넘는 지능을 개발해낼 것이다. 그로부터 얼마 후 인간의 시대는 끝날 것이다."[6]

천체물리학에서 싱귤래리티란 블랙홀 주변에서 정상적인 물리 법칙이 적용되지 않기 시작하는 지점을 말한다. 이벤트 호라이즌이라고 불리는 이 블랙홀의 경계 지점에서는 중력이 워낙 강해 빛마저도 빠져나오지 못한다. 빈지는 기술적인 싱귤래리티를 비슷한 방식으로 파악했다. 그러니까 그곳에서 실제로 어떤 일이 일어나기 전까지는 근본적으로 그 일이 어떤 것인지 알 수 없는, 인류 진보의 불연속점이라는 이야기이다. 싱귤래리티 이후를 알려고 하는 것은 블랙홀의 내부를 들여다보려고 하는 것과도 같다.

이 바통을 이어받은 사람이 2005년에 『특이점이 온다』를 출간한 레이 커즈와일이다. 싱귤래리티에서 가장 중요한 전도사가 된 커즈와일은 빈지와는 달리 이벤트 호라이즌 너머를 엿보는 일을 주저하지 않으며, 미래가 어떤 모습일지를 놀랍도록 상세하게 그려낸다. 진정한 지능을 갖춘 기계는 2020년대 후반에 나타난다고 그는 예측한다. 또한 싱귤래리티 자체는 2045년경에 등장하리라고 한다.

커즈와일은 어느 면으로 보나 탁월한 발명가이자 엔지니어이다. 그는 몇 개의 회사를 설립하여 성공을 거두었고, 과학적 문자 인식 기술, 말하는 컴퓨터, 음악 합성 등의 발명을 상업화했다. 또한 20건의 명예박사 학위를 수여받았을 뿐만 아니라 미국 기술혁신메달을 받았으며, 미국 특허국 명예의 전당에 오르기도 했다. 『Inc.』지는 그를 "토머스 에디슨의 정통 상속자"라고 부르기도 했다.

그러나 싱귤래리티에 관한 그의 저술에는 기술 진보에 관해 일관성 있고 근거가 있는 주장과 우스꽝스러울 정도의 추측이 뒤섞여 있다. 예를 들어, 커즈와일은 무덤에 묻힌 자신의 아버지에게서 DNA를 추출한 뒤 나노 기술을 이용하여 신체를 재생시키는 방법으로 아버지를 부활시키려는 진정한 열망을 갖고 있다. 커즈와일 주변에는 이러한 그의 생각에 매료되어 모여든 다양한 분야의 명석한 사람들이 활발한 공동체를 형성하고 있다. '싱귤래리언'이라고 불리는 이 사람들은 심지어 자체적인 교육기관까지 창립했다. 실리콘밸리에 자리 잡은 싱귤래리티 대학교는 학점과는 무관한 대학원 수준 강의를 제공하는데, 내용은 주로 기술의 급속한 발전에 초점이 맞춰져 있으며, 구글, 제넨테크(Genentech), 시스코(Cisco), 오토데스크(Autodesk) 등이 이 대학을 후원하고 있다.

커즈와일의 예측 중 가장 중요한 점은 인간과 미래 기계의 융합이 불가피하다는 것이다. 뇌에 삽입된 임플란트를 이용하여 인간의 지적 능력은 비약적으로 개선된다. 실제로 인간이 싱귤래리티를 지난 다음에도 기술을 이해하고 이를 지배하려면 이렇게 지적 능력이 폭발적으로 개선되는 것은 필수적이다.

싱귤래리티 이후에 대한 싱귤래리언들의 시각 중 가장 논란이 많고 수상쩍은 측면은 불멸을 매우 강조한다는 점이다. 이들은 대부분 자신이 죽으리라고 생각하지 않는다. 이들은 '장수 탈출 속도'에 도달하면 불멸이 가능하다고 생각한다. 무슨 뜻인가 하면, 수명을 연장하는 혁신이 발생할 때까지 일단 살고, 그다음 혁신이 일어날 때까지 살아 있는 방식으로 계속하면 불멸을 얻으리라는 이야기이다. 첨단 기술을 이용하여 생물학적 신체를 보존하고 강화하는 방법으로 이를 이룰 수도 있고, 아니면 미래의 컴퓨터나 로봇에 내 마음을 업로드해서 달성할 수도 있다는 것이다. 당연하지만 커즈와일은 싱귤래리티의 날까지 살아 있고 싶어 하며, 따라서 매일 무려 200개의 알약과 건강 보조제를 섭취하는 데에 더해 정기적으로 이런저런 주사도 맞고 있다. 건강이나 다이어트 관련 책에서 이렇게 하면 반드시 살이 빠진다는 식의 과대광고야 흔한 일이지만 커즈와일과 의사 테리 그로스먼은 공저서 『노화와 질병』에서 완전히 새로운 경지를 열었다.

영생과 대대적 변화에 관한 이들의 관점에 깊은 종교적 의미가 담겨 있음을 싱귤래리티 운동에 비판적인 사람들이 놓쳤을 리 없다. 실제로 기술 엘리트들은 이 모든 것을 유사종교라고 조롱하며 일종의 "과학 괴짜들의 신앙"으로 부른다. 주류 언론이 싱귤래리티를 다룬 가장 최근의 기사는 2011년 『타임』의 커버스토리를 들 수 있는데, 이 보도가 나가자 사회 일각에서는 싱귤래리티가 결국 전통적 종교와 충돌하는 것이 아니냐는 우려가 나왔다. 맨해튼 칼리지의 종교학 교수인 로버트 제러시는 '커즈와일 컬트'라는 글에서 "이들이 광범위한 대중의 지지를 얻으면 기존의 종교들에는 심각한 도전이 될 것이다. 왜냐하면 이들이 제시하는 구원의 약속이 커즈와일 식의 영생보다 설득력이 약해 보일 수도 있기 때문이다."[7] 한편 커즈와일은 자신의 주장에는 어떤 종교적 요소도 없다고 주장하면서 자신의 예측은 과거의 데이터에 대한 과학적이고도 근거 있는 분석의 결과라고 말한다.

실리콘밸리의 억만장자들이 싱귤래리티에 비상한 관심을 보이지만 않았어도 이들의 주장을 완전히 무시하기는 쉬웠을 것이다. 그러나 구글의 공동 창업자인 래리 페이지와 세르게이 브린 및 페이팔의 공동 창업자이자 페이스북의 투자가인 피터 틸 등이 이들을 대하는 태도는 다르다. 빌 게이츠도 인공지능의 미래를 예측하는 커즈와일의 능력에 찬사를 보냈다. 2012년 12월에 구글은 커즈와일을 고용하여 첨단 인공지능 연구를 지휘하도록 했고, 2013년에는 칼리코(Calico)라는 이름의 생물과학 벤처기업을 출범시켰다. 이 회사의 사업 목표는 노화를 치유하고 인간의 수명을 늘리는 연구를 수행하는 것이다.

싱귤래리티 같은 현상이 가능하기는 하지만, 이것이 필연적인 것은 아니다. 싱귤래리티라는 개념은 본질과 무관한 부분, 이를테면 영생과 관련된 이야기를 제외하고 급속한 기술의 발전으로 인해 미래에 도달할 어떤 시점으로만 이해하는 것이 가장 쓸모 있을 것이다. 싱귤래리티를 구현하는 데에 필수적인 요소인 초지능을 발명하는 일이 결국 불가능하다거나 아주 먼 훗날에나 가능하다는 사실이 증명될 수도 있다.＊

＊기계 지능을 발달시키는 것이 초지능으로 가는 방법이라고 가장 널리 알려져 있지만, 초지능은 생물학적으로도 달성할 수 있음을 알 필요가 있다. 그러니까 기술을 이용해 인간의 지능을 더 강력하게 만들 수도 있지만 유선공학적 방법으로 미래의 인간에게 초지능을 부여하는 것도 가능하다는 이야기이다. 대부분의 유럽인들은 우생학이라는 말만 들어도 역겨움을 느끼겠지만, 중국인들은 여기에 별로 개의치 않는다는 증거가 있다. 베이징 유전체학 연구소는 지능지수가 매우 높다고 알려진 사람들의 DNA 샘플 수천 건을 수집하여 지능과 관련된 유전자를 분리해내는 작업을 하고 있다. 중국은 여기서 얻은 정보를 이용해 태아의 유전자를 검색한 후 지능이 높은 태아를 선별하여 장기간에 걸쳐 국민의 지능을 높여갈 수도 있을 것이다.

뇌 과학 최고의 전문가들이 이러한 견해를 보인다. MIT에서 60년 이상 인지과학을 연구하고 있는 놈 촘스키는 인간에 필적하는 기계 지능을 개발하려면 "영겁의 세월이 필요할 것"이며, 싱귤래리티는 "공상 과학"이라고 말한다.[8] 하버드 대학교의 심리학자인 스티븐 핑커도 이에 동의하며 다음과 같이 말했다. "싱귤래리티가 온다는 이야기를 믿어야 할 어떤 이유도 없다. 상상 속에서 미래의 모습을 그려볼 수 있다는 사실이 그 일이 일어날 수 있다는 증거는 아니다."[9] 이제 그 이름만 들으면 초고속으로 발전하는 첨단 기술을 떠올리게 하는 고든 무어 역시 싱귤래리티 같은 것이 언젠가 나타나리라는 것에 대해 회의적 견해를 보인다.[10]

그러나 커즈와일이 제시한 인간 수준 인공지능의 도래 시기에 관해서는 동조하는 사람들이 많다. 앞서 말한 호킹의 기사를 공동 저술한 MIT의 물리학자 맥스 테그마크는 『애틀랜틱』지의 제임스 햄블린에게 이렇게 말했다. "싱귤래리티는 매우 가까이 와 있다. 고등학교나 대학교에서 자녀가 무슨 공부를 했으면 좋을까 생각하는 사람은 여기에 대해 신경을 많이 써야 한다."[11] 생각하는 기계가 기본적으로 가능하지만 현실화되려면 시간이 훨씬 더 많이 필요하다고 생각하는 사람들도 있다. 예를 들어, 개리 마커스는 인간 수준의 인공지능이 등장하기까지 커즈와일이 예측한 것보다 두 배의 시간이 걸리겠지만 "21세기 말이 되기 전에 기계는 인간보다 똑똑해질 가능성이 있으며, 이는 체스나 퀴즈

풀기 수준이 아니라 수학으로부터 엔지니어링, 과학과 의학에 이르기까지 모든 분야에서 그럴 것이다"라고 말했다.[12]

최근 수년간 인간 수준의 인공지능에 대한 예측은 하향식 프로그래밍이라는 개념으로부터 벗어나 인간의 뇌를 본떠 설계하고 이를 시뮬레이션하는 쪽으로 초점이 옮겨가고 있다. 이러한 접근 방법이 현실적인지, 그리고 뇌에 대한 시뮬레이션이 쓸모 있게 되려면 세부적으로 무엇을 알아야 하는지 등에 대해서는 논란이 많다. 일반적으로 컴퓨터과학자들은 좀 더 낙관적인 반면, 생명과학자들이나 심리학자들은 좀 더 회의적이다. 미네소타 대학교의 생물학자인 P. Z. 마이어스는 특히 비판적이다. 2020년이면 인간의 뇌를 제대로 흉내 낼 수 있으리라는 커즈와일의 예측에 대해 블로그에 올린 통렬한 반박문을 통해 마이어스는 커즈와일이 "괴짜"이며 "뇌가 어떻게 돌아가는지 전혀 모르는 데다가 현실과는 전혀 관련이 없는 우스꽝스러운 주장을 펼치는 경향이 있다"고 썼다.[13]

이는 핵심을 벗어난 이야기인지도 모른다. 인공지능 낙관론자들은 뇌를 시뮬레이션한다고 해서 인간의 뇌와 구석구석 다 같아야 할 필요는 없다고 주장한다. 비행기도 결국 새처럼 날개를 퍼덕여 날아가는 것은 아니니까 말이다. 이 점에 대해 회의론자들은 비행기 날개를 설계하려면 공기역학을 알아야 하듯 지능의 공기역학에 대해 인간이 거의 아는 바가 없어서 퍼덕이든 아니든 날개를 설계할 수가 없으리라고 반박한다. 그러면 낙관론자들은 라이트 형제가 당시에 있던 기계 장치를 이리저리 개선하거나 실험을 해서 비행기를 만들었지 공기역학 이론에 입각해서 만든 것은 아니라고 반박할 것이다. 논쟁은 이런 식으로 계속된다.

어두운 측면

지능이 미래에 폭발적으로 발전하리라는 점에 대해 싱귤래리언들은 확고한 낙관론을 갖고 있지만 다른 사람들은 훨씬 더 조심스럽다. 첨단 인공지능 속에 숨어 있는 의미를 깊이 있게 탐구한 다수의 전문가들은 완전히 새롭고 인간 수준을 뛰어넘는 지능의 주체가 당연히 그 능력을 인류에게 이롭게 활용하리라는 가정은 위험할 정도로 순진하다고 지적한다. 일부 과학자들은 이를 워낙 심각하게 우려한 나머지 몇 개의 소그룹을 만들어 첨단 기계 지능과 관련된 위험을 철저하게 분석하거나 미래의 인공지능 시스템에 '선의'를 어떻게 탑재할 것인가에 대한 연구를 진행하고 있다.

2013년에 간행된 책 『인류 최후의 발명품(*Our Final Invention*)』에서 제임스 배럿은 "바쁜 어린이 시나리오"라는 개념을 설명하고 있다.[14] 여기 어떤 비밀스런 장소가 있다고 하자. 그곳은 정부 연구소일 수도 있고, 월스트리트의 금융 업체나 대형 IT 기업일 수도 있다. 여기에 몇 명의 컴퓨터과학자들이 모여 갓 태어난 기계 지능이 인간의 능력을 향해 접근하다가 결국 이를 뛰어넘는 과정을 지켜보고 있다. 과학자들은 앞서 자신들이 탄생시킨 인공지능 어린이에게 이제까지 쓰여진 거의 모든 책과 인터넷에서 추출한 방대한 데이터 등 무지막지한 양의 정보를 제공했다. 그러나 인공지능이 인간의 지능 수준에 접근하자 과학자들은 고속으로 발전하고 있던 이 인공지능을 외부 세계와 차단해버린다. 그러니까 상자 안에 가둔 것이다. 문제는 이 인공지능이 거기에 가만히 있겠느냐는 것이다. 결국 이 인공지능은 우리를 벗어나 넓은 세상을 보려 할 것이다. 그렇게 하기 위해 인공지능은 타고난 능력을 이용해서 과학자들을 속이거나 그룹 전체 또는 과학자 개인에게 어떤 약속을 하거나 위협을 할 수도 있을 것이다. 기계는 그저 똑똑하기만 한 것이 아니라 이런저런 생각과 대안을 만들어내기도 하고 이를 평가할 수도 있는데, 이 모든 작업을 초고속으로 수행한다. 이는 마치 가리 카스파로프와 체스를 두는 것과도 비슷할 텐데, 한 가지 불평등한 규정이 있다. 일반인은 한 수를 두는 데에 제한 시간이 15초인 반면, 카스파로프에게는 한 시간이다. 이런 식의 시나리오를 두려워하는 과학자들은 인공지능이 이런저런 방법으로 우리를 빠져나가 인터넷에 접속하거나 자신의 전부 또는 일부를 다른 컴퓨터에 다운로드할 위험이 지극히 높다고 여긴다. 일단 인공지능이 탈옥을 하고 나면 금융 시스템, 군사 통제 시스템, 송배전망을 비롯한 에너지 인프라 등을 위협할 수 있다.

문제는 이 모든 이야기가 공상과학 영화나 소설의 시나리오와 놀랄 만큼 비슷하다는 데 있다. 이런 생각은 사람들 마음속에 환상으로 워낙 깊이 뿌리를 박고 있어 진지한 논의를 시작하려 하면 즉시 비웃음이 날아온다. 이런 문제를 제기하는 공직자나 정치인에게 조롱이 쏟아지는 장면을 상상하기 어렵지 않다. 그러나 막후에서 군대, 안보기관, 대기업들이 모든 형태의 인공지능에 점점 더 관심을 가지리라는 사실에는 의심의 여지가 없다.

어느 시점에선가 정보 폭발이 일어나면 한 가지 분명하게 예상되는 일은 최초 진입자가 막강한 우위를 점하리라는 것이다. 달리 말해 제일 앞서가는 자를 따라잡기는 불가능해진다는 이야기이다. 바로 이 때문에 다가올 인공지능 군비 경쟁이 두려운 것이다. 최초 진입자의 이익이 워낙 크기 때문에 인공지능 개발자들은 즉시 이를 자체 개선 모드로 밀어 넣을 것이다. 그러니까 시스템 자체가 못하면 사람이 시키기라도 하리라는 뜻이다. 이런 의미에서 정보 폭발은 일종의 자기 충족적 예언이 된다. 그렇다면 첨단 인공지능의 위협에 대해서는 딕 체니의 유명한 '1퍼센트 독트린'을 적용하는 것이 현명하다고 나는 생각한다. 발생할 가능성은 예측 가능한 미래에는 매우 낮겠지만 한 번 터지면 매우 심각하기 때문에 진지한 자세로 대하자는 이야기이다.

첨단 인공지능과 관련된 위험을 모두 무시하고 미래의 첨단 지능이 모두 호의적이라고 가정해도 노동시장과 경제 전체에 미치는 충격은 엄청날 것이다. 가장 똑똑한 인간과 맞먹거나 더 뛰어난 기계를 저렴한 가격으로 살 수 있는 세상에서 직업이라는 것을 여전히 유지할 사람이 얼마나 될지는 상상하기도 힘들다. 거의 모든 분야에서 일류 대학 교육을 비롯한 최고의 교육을 받은 사람이라고 할지라도 이런 기계와 경쟁할 수 있는 사람은 없을 것이다. 심지어 인간의 전유물이라고 우리가 보통 생각하는 직업도 안전하지 않을 것이다. 예를 들어, 배우와 가수도 진정한 의미의 지능과 인간을 뛰어넘는 재능을 장착한 디지털 시뮬레이션과 경쟁해야 할지도 모른다. 이런 기계 배우들은 외견상 완벽한 모습으로 설계된 인격을 갖춘 로봇이거나 아니면(산 사람이든 죽은 사람이든) 실존 인물을 기반으로 한 것일 수도 있다.

본질적으로 인간 수준의 지능을 갖춘 기계가 세상을 덮으면 8장에서 상상해본 '외계인의 침략'이 현실로 나타나는 꼴이 될 것이다. 반복적이고 예측 가능한 직업에 대한 위협 차원에서 벗어나 기계는 이제 거의 모든 것을 할 수 있을 것이다. 여기서 피할 수 없는 결론은 노동을 통해 소득을 얻는 사람은 사실상 없어지리라는 것이다. 자본 소득, 그러니까 기계를 소유하는 데서 나오는 소득은 극소수 엘리트의 수중에 집중될 것이다. 소비자들은 그 모든 똑똑한 기계가 만들어내는 제품을 살 소득이 없어질 것이다. 그 결과는 이 책에서 보아온 여러 동향이 극단적으로 증폭되는 것으로 나타날 것이다.

그렇다고 해서 여기가 끝은 아니다. 싱귤래리티가 낙원을 가져오리라고 믿는 사람이든 첨단 지능의 기능을 경계하는 사람이든 인공지능이 또 한 가지 와해력이 있는 기술적 힘과 긴밀히 얽히거나 이를 추진할 것이라고 내다본다. 그 기술은 첨단 나노 기술이다.

첨단 나노 기술

나노 기술을 정의하기는 어렵다. 갓 태어났을 때부터 이 분야는 현실에 바탕을 둔 과학과 많은 사람들이 순수한 환상으로 치부할 만한 영역 사이의 어디엔가 자리 잡고 있었을 것이다. 나노 기술을 둘러싼 과대 선전, 논쟁, 심지어 두려움은 끊일 새가 없었다. 이는 수십억 달러가 걸린 정치적 갈등의 핵심에 놓이기도 했고, 이 분야 최고의 과학자들 사이에서 논쟁의 주제가 되기도 했다.

나노 기술의 바탕을 이루는 기본 개념이 첫 선을 보인 시점은 적어도 1959년 12월로 거슬러 올라간다. 당시 유명한 노벨 물리학상 수상자인 리처드 파인만은 캘리포니아 공대에서 강연을 하고 있었다. 파인만의 강연 제목은 '밑바닥에 있는 여러 가지 연구 대상'으로, 여기서 파인만은 "작은 크기의 대상을 조작하고 관리할 때의 어려움"에 대해 상세히 설명했다. 여기서 그가 '작은' 것이라고 한 대상은 '정말로' 작다. 그는 "최후의 의문, 그러니까 아주 먼 미래에 결국, 바로 다름 아닌 원자를 우리 마음대로 배열할 수 있는가에 대한 의문에 도전하는 것도 두려워하지 않겠다"고 말했다. 여기서 파인만의 목표는 화학을 기계적으로 다루겠다는 뜻으로, 달리 말해 "화학자가 원하는 바대로 원자를 배열하기만 하면 거의 모든 물질을 합성해낼 수 있다"는 이야기이다.[15]

1970년대 후반에 MIT의 학부생이었던 에릭 드렉슬러는 파인만의 바통을 이어받아 이를 계속 전진시켰다. 결승점까지 가지는 못했지만 그는 적어도 연구를 다음 단계로 옮겨놓기는 했다. 드렉슬러는 나노 차원의 분자 기계가 원자를 재빨리 재배열하여 값싸고 흔한 재료를 인간이 원하는 것이면 어떤 것으로나 탈바꿈시키는 세상을 꿈꿨다. 그는 '나노 기술'이라는 용어를 만들어냈고, 여기에 대해 두 가지 책을 썼다. 첫번째 책은 1986년에 나온 『창조의 엔진』으로, 나노 기술이라는 개념을 대중의 관심 영역으로 끌어내는 역할을 했다. 이 책은 또한 공상과학소설가들에게 무궁한 소재를 제공하기도 했고, 한 세대의 젊은 과학자들이 일제히 나노 기술 분야를 전공하는 풍조를 낳기도 했다. 두 번째 저서인 『나노 시스템(Nanosystems)』은 MIT의 박사 학위 논문을 기초로한 훨씬 더 전문적인 저서로, 그는 MIT에서 최초로 나노 기술로 박사 학위를 받은 학자가 되기도 했다.

이런 분자 기계의 개념은 완전히 우스꽝스럽게 들릴지도 모르지만 생명의 화학에서 이러한 나노 장치가 실제로 존재하고 또한 핵심적 역할을 한다는 것을 알게 되면 생각이 달라질 것이다. 리보솜이 가장 현저한 예이다. 리보솜은 세포 안에 들어 있는데, DNA가 암호화한 정보를 읽어낸 뒤 모든 생명체의 구조적 및 기능적 기본 단위인 수천 가지의 단백질 분자를 합성하는 역할을 하는 분자의 공장이다. 여기서도 드렉슬러는 언젠가 이런 나노 기계가 생물학의 영역, 그러니까 분자를 조립하는 기계들이 물로 채워진 부드러운 조직에서 작동한다는 한계를 벗어나 강철이나 플라스틱처럼 딱딱하고 건조한 재료로 이루어진 대형 기계의 시대로 옮겨가리라는 엄청난 주장을 펼쳤다.

드렉슬러의 생각이 과감했든 아니든 21세기에 들어서면서 나노 기술이 주류의 대열에 들어선 것은 분명해 보인다. 2000년에 미국 의회는 나노 분야의 투자를 조정할 목적으로 국립나노기술연구소 발족에 관한 법안을 통과시켰고, 당시 클린턴 대통령은 이에 서명했다. 2004년에 부시 행정부는 '21세기 나노기술연구개발법'을 제정하여 37억 달러의 예산을 배정하는 것으로 이 분야의 노력을 더욱 강화했다. 2001년부터 2013년까지 연방정부는 이 국립연구소를 통해 나노 기술 연구에 거의 180억 달러를 지원했다. 2014년에도 오바마 행정부는 이와 관련하여 의회에 17억 달러의 예산을 신청해놓았다.[16]

이렇게 되면 분자 수준에서 물건을 제조하는 연구자들에게는 호재로 들리겠지만 현실은 이와는 사뭇 다르다. 드렉슬러의 설명에 따르면, 의회가 나노 기술 연구에 대한 자금 조달을 실현하려는 활동을 벌이고 있던 바로 그때부터 이미 막후에서 음모가 진행되기 시작했다. 2013년에 출간한 저서 『급진적 풍요(Radical Abundance)』에서 드렉슬러는 다음과 같이 지적한다. 2000년 나노기술연구소가 발족할 당시에 정부가 발표한 계획에 따르면, "나노 기술의 본질은 분자 수준에서 원자를 하나하나 배열하여 큰 구조대를 창조하는 방법을 통해 근본적으로 새로운 조성의 물질을 만드는 것이며, 나아가 이 분야의 연구 목적은 원자, 분자, 그리고 초분자 수준에서 물질과 그 구조를 통제하는 한편, 이러한 물질을 효과적으로 만드는 방법을 탐구하는 것"이었다.[17] 달리 말해, 연구소의 계획은 파인만의 1959년 강연과 드렉슬러의 MIT 박사 논문에서 그대로 따왔다는 뜻이다.

그런데 일단 연구소가 발족하고 나니 완전히 다른 상황이 전개되기 시작했다. 드렉슬러의 설명에 따르면, 새로운 지도자들은 즉시 "새로운 물질의 제조를 위한 원자 또는 분자의 배열 등 당초의 계획을 깡그리 무시한 채 나노 기술을 '충분히 작기만 하면 무엇이든 포함하는 것'으로 다시 정의했다. 원자 수준의 정밀성을 버리고 작은 입자라면 무조건 받아들인 것이다."[18] 적어도 드렉슬러의 관점에서 이 사건은 마치 나노 기술이라는 배를 해적들이 납치한 후 역동적 개념의 분자 기계를 물속으로 던져버리고는 작은 입자라는 정태적 개념의 물질로 화물칸을 가득 채운 뒤 항해를 계속하는 꼴이었다. 이렇게 연구소의 정책이 바뀌자 나노 기술 관련 연구비는 사실상 거의 모두 화학과 소재공학 분야의 재래식 기술에 기반한 연구 쪽으로 흘러갔다. 분자를 조립해서 물질을 만드는 쪽의 연구에는 자금이 거의 가지 않거나 아예 가지 않았다.

이렇게 분자 제조가 갑자기 찬물을 뒤집어쓴 배후에는 몇 가지 요인이 있다. 2000년에 선 마이크로시스템스(Sun Microsystems)의 공동 창업자인 빌 조이는『와이어드』에 '미래는 왜 우리를 필요로 하지 않는가'라는 제목의 기사를 기고했다. 이 기사에서 조이는 유전공학, 나노 기술, 인공지능과 관련하여 인간의 존재에 위협이 따를 수 있음을 강조했다. 드렉슬러 자신도 자기 복제가 가능한 분자 제조 기계가 인간의 몸뚱이를 비롯한 모든 것을 원료로 써서 걷잡을 수 없이 돌아갈 가능성에 대해 언급한 바 있다.『창조의 엔진』에서 드렉슬러는 여기에 '회색 끈끈이'라는 이름을 붙인 뒤, "이렇게 되면 한 가지가 분명해진다. 분자 조립 기계를 가동할 때는 어떤 사고도 용납할 수 없다는 사실이다"라고 썼다.[19] 조이는 드렉슬러의 이 발언이 상황을 과소평가한 것이라고 생각한다며 이렇게 썼다. "회색 끈끈이는 지구상에 남은 인간의 발자국을 완전히 끝내는 음산한 종말을 가져올 것이며, 이는 화산 폭발이나 빙하기보다 훨씬 더 끔찍할 것이다. 게다가 이 모든 과정은 실험실에서 시고 한 번만 나도 현실이 될 수 있다."[20] 마이클 크라이튼은 2002년에 베스트셀러 소설『먹이』를 출간하여 불난 데 기름을 부었다. 육식성 나노 로봇이 떼를 지어 몰려다니는 모습을 그려낸 이 작품의 서문에서 크라이튼은 드렉슬러의 책을 인용했다.

회색 끈끈이, 그리고 인간의 살을 놓고 축제를 벌이는 나노 로봇에 대한 대중의 두려움은 문제의 일각일 뿐이다. 과학자들은 분자 수준의 조립이 과연 가능한가에 대해 의문을 제기하기 시작했다. 회의론자 중 가장 눈에 띄는 사람은 고(故) 리처드 스몰리로, 나노 수준 물질에 대한 연구성과로 노벨 화학상을 받은 사람이다. 스몰리는 생명체의 영역 밖에서 분자 수준의 조립이나 제조를 한다는 것은 화학의 현실과 기본적으로 상충한다는 결론을 내렸다.

과학 저널을 통해 벌인 드렉슬러와의 공개 토론에서 스몰리는 기계적 수단으로 원자를 사람이 원하는 장소에 밀어 넣을 수는 없다고 주장했다. 그게 아니라 원자를 달래서 결합을 이루게 해야 하는데, 이런 일을 해낼 수 있는 분자 수준의 기계를 만들기는 불가능하다는 이야기이다. 그러자 드렉슬러는 스몰리가 자신의 성과를 왜곡한다고 비난하면서 스몰리 자신도 한때 이렇게 말했음을 지적했다. "무엇인가가 가능하다고 어떤 과학자들이 말한다면, 그들은 아마 그것이 실현되기까지 걸리는 시간을 과소평가하고 있을 것이다. 그러나 뭔가가 불가능하다고 말하면 그들은 아마 틀렸을 것이다."

논쟁은 계속 격화되어 개인적인 차원으로 비화되었고, "드렉슬러가 우리의 어린이들을 겁에 질리게 만들었다"고 스몰리가 비난하는 지경에 이르렀다. 이어서 스몰리는 다음과 같은 결론을 냈다. "현실 세계에서 우리는 끊임없이 도전에 직면할 것이고 위험 또한 따르겠지만, 드렉슬러가 꿈에 그리는 자기 복제형 나노 로봇 같은 괴물은 결코 태어나지 않을 것이다."[21]

나노 기술이 미래에 미칠 영향의 본질과 강도는 분자 수준 조립의 가능성에 대해 드렉슬러와 스몰리가 내린 평가 중 궁극적으로 어느 쪽이 옳은 것으로 결론이 나는가에 따라 좌우될 것이다. 스몰리의 비관주의가 득세하면 나노 기술은 새로운 물질의 개발을 주요 연구 대상으로 하는 분야로 남을 것이다. 이 분야에서는 이미 눈부신 발전이 이루어졌고, 이 중 가장 눈에 띄는 것은 탄소 나노튜브의 발견 및 개발이다. 탄소 나노튜브는 평평한 판 모양으로 배열된 탄소 원자가 돌돌 말려 길고 속이 빈 실의 형태를 하고 있는데, 매우 다양한 특성을 낼 수 있다. 탄소 나노튜브 기반 물질은 강철과 비교하여 무게는 6분의 1밖에 되지 않으면서도 수백 배나 강한 성질을 띨 수 있다.[22] 또한 탁월한 전기전도성과 열전도성을 보인다. 탄소 나노튜브는 자동차나 항공기의 구조물용 경량 자재로 무한한 가능성을 갖고 있으며, 차세대 전자 기기 개발에서도 중요한 역할을 할 전망이다. 환경 분야에서는 강력한 필터 시스템을 통해, 의료 분야에서는 진단 및 암 치료에서 탄소 나노튜브가 발전에 기여하고 있다.

2013년에 인도의 마드라스에 있는 인도기술연구소 연구팀은 연간 겨우 16달러의 비용으로 5인 가족에게 식수를 공급할 수 있는 나노 입자 기반 필터 기술을 발표했다.[23] 나노 필터는 또한 해수의 담수화 수단으로도 효과적으로 쓰일 수 있을 것이다. 나노 기술이 이러한 길을 걷는다면 세계적으로 점점 더 중요한 위치를 차지할 것이고, 제조업, 의류업, 태양에너지, 건설, 환경 등 다양한 분야에서 대등한 이익을 가져다줄 것이다. 그러나 나노 물질을 제작하는 과정은 고도로 자본집약적이고 기술집약적이므로 나노 산업이 크게 고용을 창출하리라고 보기는 어렵다.

반면에 드렉슬러의 생각이 일부나마 옳다고 판명되면 나노 기술의 충격은 상상을 초월할 정도로 증폭될 것이다. 『급진적 풍요』에서 드렉슬러는 덩치가 큰 제품을 생산하는 미래의 공장이 어떤 모습일까에 대해 설명해놓았다. 차고 정도 크기의 공간에서 로봇 조립 기계가 이동식 플랫폼을 둘러싸고 있다. 이 공간의 뒤쪽 벽은 줄 이어 늘어선 방으로 덮여 있는데, 각각의 방은 이 공간의 축소판이다. 그리고 각각의 방은 더 작은 규모의 방으로 채워져 있다. 이런 식으로 작아져 가다 보면 기계의 모습은 가시적 상태에서 벗어나 마이크로 수준으로, 결국 나노 수준으로까지 떨어진다. 이 수준에서 개개의 원자가 배열되어 분자를 형성한다. 일단 공정에 시동을 걸면 분자 수준에서 출발한 제조 과정이 급속히 사다리를 타고 올라가 필요한 제품을 만들어낸다. 이런 식의 공장이라면 자동차 같이 복잡한 제품을 1~2분 안에 조립해낼 수 있으리라고 드렉슬러는 상상한다. 비슷한 공장을 역방향으로 가동하면 완제품을 분자 수준까지 분해한 뒤 재활용할 수 있을 것이다.[24]

이 모든 이야기가 앞으로 한동안은 공상과학의 영역을 벗어나지 못할 것임은 분명해 보인다. 그렇다고 해도 분자 조립이 실현되고 나면 오늘날 우리가 아는 방식의 제조업은 종말을 고할 것이다. 이에 따라 소매, 유통, 폐기물 처리 같은 분야가 경제로부터 아예 사라질 수도 있다. 이 기술이 전 세계의 고용에 미치는 영향은 어마어마할 것이다.

물론 이와 동시에 공산품의 가격은 터무니없을 정도로 싸질 것이다. 어떤 의미에서 분자 수준 제조는 손으로 만질 수 있는 디지털 경제와도 같을 것이다. "정보는 자유를 원한다"고 흔히들 말한다. 첨단 나노 기술이 현실로 변하면 물질이 이런 식의 자유를 얻는 세상이 될 것이다. 드렉슬러가 상상하는 제조 장치의 데스크톱 버전이 나오면 마치 〈스타트렉〉의 '레플리케이터' 같은 모습일 것이다. 피카드 선장이 "홍차, 얼그레이, 뜨거운 걸로" 라고 명령하면 즉시 홍차가 튀어나오는 것처럼 이런 분자 제조기는 인간이 원하는 것은 거의 모두 만들어낼 수 있을지도 모른다.

기술 낙관론자들은 분자 제조가 실현되면 '희소성 극복 후'의 경제가 실현될 것으로 내다본다. 여기서는 거의 모든 물건이 풍부하며 사실상 무료로 얻을 수 있다. 마찬가지로 서비스도 인공지능이 제공할 것이다. 이런 기술의 유토피아에서는 어느 곳에나 있는 분자 수준의 재활용 장치와 풍부한 청정에너지로 인해 자원과 환경적 제약이 사라질 것이다. 시장경제는 존재하지 않을 것이며 돈도 (〈스타트렉〉에서처럼) 필요 없어질 것이다. 매우 이상적인 세상처럼 보이지만 이렇게 되려면 세부적인 일을 무수히 해결해야 한다. 예를 들어, 토지는 계속 한정되어 있을 텐데 직업도 돈도 없고 경제적 지위의 사다리를 올라갈 기회도 없는 세상에서 주거 공간을 어떻게 배분할지 지금으로서는 알 수가 없다. 마찬가지로 시장경제가 없는 상태에서 발전을 견인하는 데에 필요한 인센티브를 어떻게 유지할지도 알 방법이 없다.

물리학자이자 〈스타트렉〉 팬인 카쿠 미치오는 나노 기술에 기반을 둔 유토피아가 100년쯤 후에는 가능하리라고 말한다.＊ 그날이 오기까지는 분자 제조와 관련하여 다수의 현실적 문제가 남아 있을 것이다. 자기 복제와 관련하여 '회색 끈끈이' 시나리오를 비롯한 여러 가지 문제가 현실적인 두려움으로 여전히 존재할 것이며, 이 기술을 고의적으로 파괴적인 목적에 사용할 가능성도 배제할 수 없다. 실제로 어떤 독재 정권이 분자 조립 기술을 무기로 사용하면 유토피아와는 판이한 세계 질서가 탄생할 수도 있다. 미국은 체계적인 분자 조립 연구에 거의 완전히 등을 돌렸지만, 다른 나라들도 다 그렇지는 않다고 드렉슬러는 경고한다. 미국, 유럽, 중국은 각각 나노 기술 연구에 비슷한 규모의 투자를 하고 있지만, 연구의 초점은 저마다 다르다.[25] 인공지능에서와 마

＊ 유튜브에 떠 있는 동영상 '나노 기술이 유토피아를 만들 수 있는가?(Can Nanotechnology Create Utopia?)'를 보면 희소성 이후의 경제에 대해 카쿠 미치오가 하는 이야기를 들어볼 수 있다.

찬가지로 무한 군비 경쟁이 시작될 수 있기에, 미리부터 분자 조립 기술에 대해 패배주의적인 자세를 취한다면 결국 일방적으로 무장해제를 하는 것과 같은 결과를 낳을 수도 있다.

이번 장에서는 다른 장과는 달리, 현실적이고 즉각적인 문제로부터 멀리 벗어난 미래의 상황을 다루었다. 생각하는 기계, 첨단 나노 기술, 싱귤래리티 등에 대한 이야기는 기껏해야 추측일 뿐이다. 이들 중 그 어느 것도 가능하지 않을 수 있으며, 가능하다 해도 수백 년이 걸릴지도 모른다. 그러나 이들 중 한 가지만 실현된다 하더라도 오늘날의 자동화 경향은 크게 가속될 것이며, 생각지도 못한 방식으로 경제가 대대적으로 와해될 것임은 의심의 여지가 없다.

또한 이들 미래 기술이 현실화되는 것과 관련한 일종의 모순도 어느 정도 존재한다. 첨단 인공지능과 분자 제조 기술을 개발하려면 연구 개발에 엄청난 투자를 해야 한다. 그러나 이런 식으로 진정한 첨단 인공지능이 현실화되기 훨씬 전에 어떤 분야에 특화된 인공지능과 로봇이 다양한 기술 분야에서 수많은 일자리를 위협할 것이다. 앞선 장에서 본 것처럼 이렇게 되면 시장 수요가 격감할 것이고, 이에 따라 혁신을 향한 투자 의욕도 사라질 것이다. 달리 말해 싱귤래리티 수준의 기술을 구현하는 데에 필요한 연구비는 아예 조달이 되지 않을 수도 있고, 그렇다면 발전도 한계가 있을 수밖에 없다.

이 책에서 제기하는 핵심적인 주장이 실현되는 데에 이번 장에서 본 기술 중 꼭 필요한 것은 없다. 그렇다기보다 이들은 좀 더 심각한 불평 등과 실업으로 세상을 밀고 가는 무자비한 기술적 동향을 더욱 증폭시 킬 메커니즘으로 작용할 가능성이 크다. 다음 장에서는 이러한 경향을 저지하는 데에 쓸모 있을 만한 몇 가지 정책 수단을 살펴보자.

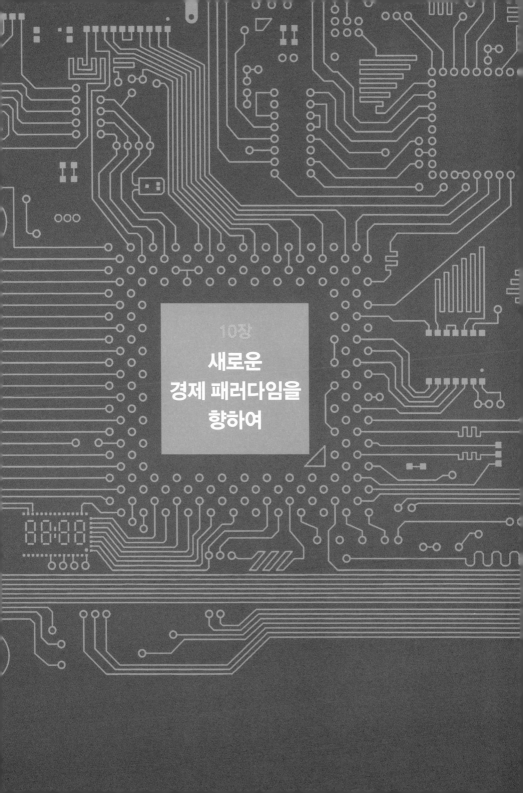

10장

새로운
경제 패러다임을
향하여

실현 가능한 소득보장 계획을 설계할 때 가장 중요한 점은
올바른 인센티브를 설정하는 것이다. 이 제도의 목적은
범사회적인 안전망 건설 및 소득 보조이지만
근로 의욕을 꺾어서는 안 될 것이고, 최대한 생산적이어야 할 것이다.

〈CBS 뉴스〉와의 인터뷰에서 진행자가 미국 대통령에게 심각한 실업 문제가 곧 해결될 전망이 있느냐고 물었다. 미국 대통령은 "마법 같은 해결책은 없다"고 하며 "제자리에 서 있기만 하려 해도 매우 빨리 걸어야 한다"고 덧붙였다. 여기서 대통령이 하려던 말은 인구 증가를 따라잡고 실업률이 더 이상 높아지지 않도록 유지하는 데만도 매달 수만 개의 일자리가 필요하다는 것이었다. 대통령은 또한 "고령 근로자들이 기술 때문에 일자리에서 밀려나는 데다가 별로 교육을 받지 못한 젊은 층이 노동시장으로 유입되는 이중의 문제가 있다"고도 지적했다. 대통령은 경기를 살리기 위해 세금을 줄이는 방법도 언급했지만, 인터뷰 내내 대통령이 강조한 점은 교육, 그중에서도 "직업 교육 및 훈련에 초점을 맞

춘 교육 방식이 도입되어야 한다"는 것이다. 또한 대통령은 문제가 저절로 해결되지는 않을 것이라고도 말했다. "너무도 많은 사람들이 근로 시장으로 들어오는 반면, 너무도 많은 기계가 사람을 밀어내고 있다."[1]

대통령의 발언은 실업 문제의 본질에 대한 전통적인, 그리고 거의 범세계적인 전제를 담고 있다. 즉 실업 문제에 관한 한 항상 더 많은 교육과 실무 훈련이 해결책이라는 시각이다. 적절한 교육을 받으면 근로자들은 계속해서 기술의 사다리를 올라갈 것이고, 어쨌든 기계보다 한 발짝 앞서갈 것이다. 사람은 기계보다 좀 더 창의적이고 '엉뚱한' 생각도 할 수 있다. 그러니까 보통 사람을 교육만 잘 시키면 무엇이든 하도록 만들 수 있으며, 이렇게 새로 훈련된 인력을 흡수할 고임금 일자리를 경제가 무제한으로 창출할 수 있다는 이야기이다. 교육 훈련은 시공을 초월한 해결책이라는 뜻이기도 하다.

이런 견해를 가진 사람들에게는 앞서 인용한 대통령의 이름이 케네디이며, 인터뷰 날짜는 1963년 9월 2일이라는 사실이 별로 중요하지 않을 것이다. 케네디 대통령이 말한 것처럼 당시의 실업률은 5.5퍼센트였고, 기계라고 해봐야 거의 전부 '수작업을 대체하는 수준'이었다. 그로부터 7개월 후 삼중혁명 보고서가 후임 대통령의 책상 위로 올라왔다. 마틴 루서 킹 목사가 워싱턴 내셔널 교회에서 기술과 자동화에 대한 설교를 한 것은 그로부터 4년 후의 일이었다. 이런 일들이 있고 나서 거의 반세기가 지난 지금, 교육이 실업과 빈곤에 대한 보편적 해결책이라는 견해는 거의 달라지지 않았다. 반면 기계는 크게 달라졌다.

교육에 적용되는 수확 체감의 법칙

계속 늘어나는 교육투자로부터 얻는 결과를 그래프로 나타내면 아마 3장에서 다룬 S곡선과 비슷한 곡선이 나오리라고 생각된다. 추가 교육을 통해 쉽게 얻을 수 있는 것은 옛날에 다 얻었다. 고등학교 졸업률은 대략 75~80퍼센트 사이에서 현상을 유지하고 있다. 최근 수십 년 동안 표준화된 시험 성적은 거의 변화를 보이지 않고 있다. 그러니까 지금 미국은 곡선의 평평한 부분에 와 있으며, 발전이 이루어진다고 해도 기껏해야 완만할 것이다.

　미국 대학에 재학 중인 학생들 중 상당수가 대학 수준의 직업을 얻는데에 있어 학문적으로 준비가 되어 있지 않거나 아예 부적합한 상태라는 증거는 많다. 이들 중 상당수는 졸업을 못하겠지만, 그래도 학자금 대출의 엄청난 부담은 여전히 남는다. 그나마 졸업하는 학생 중에서도 절반은 대학 졸업자에게 걸맞은 직업을 얻지 못할 것이다. 대학 졸업자들이 이런 식으로 취업하는 분야는 매우 다양하다. 전체적으로 볼 때 대학 졸업자의 20퍼센트가 대학 교육을 받을 필요가 없는 직업에 종사하고 있으며, 신규 졸업자의 평균 소득은 10년 이상 지속적으로 하락해왔다. 대부분의 국가가 대학 교육을 무상 또는 거의 무상으로 실시하는 유럽에서도 졸업자의 30퍼센트 정도가 학력 과잉이다.[2] 캐나다에서는 이 수치가 27퍼센트이다.[3] 중국의 경우 이 비율은 무려 43퍼센트에 달한다.[4]

미국에서는 사람들이 그저 학생과 교육자만을 탓한다. 학생들이 공부는 하지 않고 노는 데에 빠져 있다는 뜻이다. 좀 더 힘든 기술 분야를 외면하고 쉽게 졸업하려는 경향이 있다는 비난도 나온다. 그러나 자연과학, 공학 등 기술 분야를 선택해 힘들게 공부한 미국 학생의 무려 3분의 1이 졸업하고 나서 자신이 배운 바를 써먹을 수 있는 일자리를 구하지 못한다.[5]

캘리포니아 대학교 리버사이드 분교의 사회학자인 스티브 브린트는 고등교육에 관해 많은 저술을 한 사람이다. 브린트에 따르면, 미국 대학 교육은 실제로 오늘날의 고용 시장에 비교적 어울리는 학생들을 졸업시키고 있다. 브린트는 "과학 기술을 전공해야 얻을 수 있는 특수 역량을 요구하는 직업도 일부 있지만, 대부분의 직업은 상당히 반복적이다"라고 지적한다. 대학에서는 "교수의 지시를 따르는 것이 필수적이며, 계속 공부하는 믿을 만한 학생이 되는 것이 대단히 중요하다." 그는 이런 식으로 결론을 내린다. "대학에서 공부에 몰입하는 것은 중요하지 않은데, 이는 그렇게 해서 얻은 기술을 직장에서 필요로 하지 기 때문이다. 대부분의 직장에서는 탁월한 실적을 올리는 것보다는 그저 출근해서 주어지는 일을 처리하는 것이 더 중요하다."⁶ 자동화에 적합한 직업에 대해 일부러 설명하려고 해도 이보다 더 잘하기는 쉽지 않을 것이다.

대학 졸업자의 수가 많아져도 대부분의 졸업생들이 원하는 전문 기술직이나 관리직의 일자리는 늘어나지 않는다. 오히려 학위 소지자들만 양산하는 결과가 나왔다. 과거에는 고등학교만 졸업하면 충분했던 일자리들도 이제 4년제 대학 졸업자들에게 개방되어 있으며, 석사 학위가 사실상의 학사 학위로 전락했다. 같은 학위라도 일류대가 아니면 쳐주지도 않는다. 달리 말해 대학으로 밀려 들어간 사람들이 졸업하면서 실제로 갖추는 역량과 어찌어찌해서 졸업한 사람들이 얻을 수 있는 고숙련 일자리 모두에서 미국은 근본적인 한계를 향해 가고 있다. 그러니까 문제는 기술의 사다리가 사실은 사다리가 아니라 피라미드라는 데 있다. 그리고 직업의 꼭대기에는 피라미드의 정상만 한 공간이 있을 뿐이다.

이제까지 노동시장은 근로자의 기술과 역량이라는 측면에서 볼 때 항상 피라미드 같은 모양을 하고 있었다. 맨 꼭대기에는 소수의 고숙련 전문직과 기업인들이 대부분의 창의력과 혁신을 담당했다. 근로자의 절대 다수는 수준 차이는 있을망정 일상적이고 반복적인 일에 항상 종사해왔다. 경제의 이런저런 분야가 기계화되거나 자동화됨에 따라 근로자들은 어떤 분야의 반복적인 직종에서 아직 기계화되지 않은 다른 직종으로 옮겨갔다. 1900년에 농업 노동자였던 사람이나 1950년에 공장에서 일했던 사람은 오늘날 월마트에서 바코드를 스캔하거나 창고에 상품을 쌓는 일을 하고 있다. 대부분의 경우 이런 식으로 직종을 바꾸려면 따로 훈련을 받거나 수준 높은 기술을 터득해야 했지만, 그렇다고 해도 일 자체는 기본적으로 반복적이었다. 그래서 이제까지는 경제가 요구하는 작업의 여러 형태와 근로자들의 역량이 합리적으로 맞아 떨어져왔다.

그러나 오늘날 로봇이나 기계 학습 알고리즘을 비롯한 여러 가지 자동화 방식이 직업 기술 피라미드의 아래쪽을 잠식해가리라는 사실은 점점 더 분명해지고 있다. 게다가 인공지능이 더 위쪽의 숙련 직종까지 밀고 올라오면 피라미드 꼭대기의 안전지대도 시간이 감에 따라 축소될 것이다. 그런데도 사람들은 대부분 교육 훈련에 투자를 더 많이 하기만 하면 더 많은 사람들을 계속 작아져가는 꼭대기 부근에 몰아넣을 수 있다고 생각한다.* 이것이 가능하다고 보는 견해는 마치 농업이 기계화되었으니 농업 노동자의 대부분을 트랙터 운전에 투입하면 된다고 주장하는 것과 같다. 둘 사이의 숫자가 비교나 되는가?

미국의 초등교육과 중등교육에도 큰 문제가 있다. 도심지의 고등학교에서는 중퇴율이 엄청나게 높으며, 빈곤한 지역의 어린이들은 학교

---

*이런 고숙련 직종도 해외 이전으로 위협받는 경우가 많아질 수 있음을 잊지 말아야 한다.

라는 데를 다니기 시작하기도 전에 크게 불리한 위치에 서게 된다. 마술 지팡이를 휘둘러서 미국 어린이 한 명 한 명에게 최고의 교육을 베푼다 하더라도 그 결과는 더 많은 고등학교 졸업자가 대학을 들어가는 바람에 피라미드 꼭대기에 있는 소수의 일자리를 놓고 경쟁하는 모양이 될 것이다. 그렇다고 해서 마술 지팡이가 있는데도 흔들지 말자는 이야기는 아니다. 당연히 흔들어야 되겠지만 그것이 모든 문제를 해결해줄 것으로 기대하지는 말자는 이야기이다. 말할 필요도 없이 그런 지팡이는 존재하지 않으며, 학교 제도를 개선하는 데에 전 미국인이 동의한다고 하더라도 그러한 합의는 피상적인 수준에 머물 뿐이다. 교육에 예산을 더 투입하자거나, 사립학교 이야기를 꺼내거나, 저질 교사를 해고하고 우수 교사의 급여를 올려주자거나, 수업 일수나 재학 연한을 늘리자거나, 사립학교에 보조금을 주자거나 하는 이야기를 꺼낼라치면 상황은 급속히 정치적 난국을 향해 달려간다.

자동화에 반대하는 입장

또 한 가지 자주 등장하는 해결책은 무자비하게 전진하는 자동화를 그냥 멈추자는 것이다. 가장 단순한 예로는 노동조합이 공장, 창고, 대형 마트 등에 자동화 장비를 설치하는 데에 저항하는 형태를 들 수 있다.

이보다 더 간접적인 지식층은 자동화가 너무 진전될 경우 우리에게 좋지 않으며 상당히 위험할 수도 있다고 이야기한다.

니콜라스 카는 아마 이런 견해를 가진 사람들 중 가장 유명인일 것이다. 2010년에 발간된 책 『생각하지 않는 사람들』에서 카는 인터넷이 인간의 사고 능력에 부정적인 영향을 미치는 것이 아닌가 지적하고 있다. 2013년에 『애틀랜틱』 지에 기고한 '인간의 지식을 기계의 손에 맡겨두면 모두 다 잃을 수도 있다'라는 제목의 글에서 카는 자동화의 충격에 대해 비슷한 주장을 펼친다. 여기서 카는 다음과 같은 불만을 토로한다. "이른바 '기술 중심적 자동화'가 컴퓨터 엔지니어와 프로그래머들의 머릿속을 지배하는 설계 개념이 되고 있다. 이러한 사고는 기계의 능력을 인간의 이익보다 우선시하는 자세이다."[7]

카의 기고문에는 자동화가 인간의 능력을 얼마나 갉아먹는지를 보여주는 일화가 여럿 수록되어 있는데, 일부는 끔찍한 결과를 보여주기도 한다. 어떤 것들은 좀 신비스럽기까지 하다. 예를 들어, 캐나다 북부의 이누이트족 사냥꾼들은 사냥감을 찾아 얼어붙은 벌판에서 방향을 잡는, 4,000년 전부터 내려오던 능력을 잃어가고 있다. 오늘날은 GPS로 방향을 삽기 때문이다. 그러나 이런 예들 중 가장 생생한 예는 항공기 조종이다. 기술 진보로 인해 조종사가 상황을 인지해야 하는 부담이 줄어들고 전체적 운항 안전 기록도 개선된 반면, 조종사가 능동적으로 항공기 조종에 임하는 시간 또한 줄어든 것도 사실이다. 이 조종실 자동화의 역설을 달리 말하면, 실무에 임하는 시간이 줄어들기 때문에 시간이 갈수록 전문 조종사들이 많은 비행시간을 통해 터득하는 본능적 상황 대처 능력이 떨어지리라는 뜻이다. 카는 자동화가 무자비하게 전진함에 따라 이런 현상이 사무실, 공장, 그 밖의 다른 일터에까지 퍼져나가는 현상을 우려하고 있다.

이런 엔지니어들의 '설계 개념'이 문제라는 시각은 경제학자들도 어느 정도 공유하고 있다. 예를 들어, MIT의 에릭 브리뇰프슨은 기업인, 엔지니어, 경제학자들에게 '새롭고 위대한 도전'을 시작할 것을 촉구하며 다음과 같이 말한다. "노동을 대체할 기술이 아니라 이를 보완할 기술을 발명해야 하며, 인원 감축과 자동화에 고정된 사고방식을 창조자의 사고방식으로 대체할 것"을 주문한다.[8]

그러면 어떤 기업주가 브리뇰프슨의 충고를 받아들여 작업 과정에 사람이 반드시 들어 있는 공정을 설계했다고 하자. 그런데 경쟁사가 완전 자동화되었거나 아니면 적어도 인력을 최소화할 수 있는 시스템을 도입한다. 전자의 시스템이 경쟁력을 유지하려면 한두 가지가 현실로 나타나야 한다. 증가한 인건비를 상쇄할 만큼 생산비를 현저히 낮추거나, 아니면 제품이나 서비스가 워낙 탁월해서 고객들에게 더 큰 만족을 주어 이 정도 돈을 내도 합리적이라는 생각이 들 정도가 되는 것이다. 현실에서 이런 상황이 절대로 발생하지 않으리라고 생각할 근거는 많다. 사무직 자동화의 경우 두 가지 시스템이 모두 소프트웨어에 의존할 것이므로 눈에 띄는 비용 차이가 나타나기는 어렵다. 그리고 해당 기업의 핵심 역량과 가까운 영역에서는 사람 위주의 시스템이 더 유리할 수도 있고, 따라서 장기적으로 볼 때 더 큰 수익을 창출할 수도 있다. 그러나 대부분의 반복적인 일상 작업, 그러니까 그저 정시에 모습을 나타내는 것이 뛰어난 성과를 내는 것보다 더 중요한 분야에서는 이렇게 되기가 어렵다.

게다가 이런 식으로 단순히 비용을 비교해서는 자동화를 향한 편향을 놓치기 십상이다. 새로운 근로자를 고용할 때마다 기업은 온갖 주변적 비용을 감당해야 한다. 근로자를 많이 고용할수록 관리자와 인력관리 요원도 더 필요해진다. 이뿐만 아니라 근로자는 사무 공간, 작업용 장비, 주차 공간 등도 필요로 한다. 근로자가 존재한다는 것은 불확실성이 존재한다는 뜻이기도 하다. 사람은 병이 들기도 하고, 일을 엉성하게 하기도 하며, 휴가도 가야 하고, 차 때문에 문제가 생기기도 하고, 아예 사직하기도 하고, 그 밖에 헤아릴 수 없는 문제를 일으킬 수 있다.

근로자 한 명 한 명은 이런저런 방식으로 회사에 부담이 될 수 있다. 이를테면 작업 중 부상을 입을 수도 있고, 남을 다치게 할 수도 있다. 그리고 회사의 명성에 해를 입힐 수도 있다. 유명 브랜드 업체가 비난당하는 모습을 구경하고 싶으면 구글에 "택배 기사가 물건을 던진다"고 입력해보라.

결론적으로, 자기 업체가 고용을 창출한다며 아무리 떠들어대도 합리적 기업주는 근로자를 더 고용하기를 '원치 않는다.' 기업주가 사람을 고용하는 것은 그럴 수밖에 없기 때문이다. 자동화가 더욱 가속화되는 이유는 누군가가 인위적으로 '설계 개념'을 창출했기 때문이 아니며, 엔지니어들의 개인적 취향 때문도 아니다. 이는 기본적으로 자본주의의 힘이다. 카가 두려워하는 '기술 중심적 자동화'는 이미 200년 전에 일어났으며 당시 러다이트 운동가들은 이것을 전혀 반기지 않았다. 오늘날이 당시와 다른 점은 딱 한 가지, 급속한 발전이 인간을 종반전으로 몰고 간다는 사실이다. 합리적인 기업가라면 인력을 절감할 수 있는 기술이 등장할 경우 거의 예외 없이 그 유혹을 뿌리치지 못한다. 이런 상황은 엔지니어나 설계자들에게 호소한다고 해서 달라지는 것이 아니다. 그렇다면 시장경제에 내재하는 기본적인 인센티브를 수정해야 목적을 달성할 수 있다.

카가 제기한 우려 중에 일부 현실적인 것들도 있지만, 한 가지 다행스러운 일은 대부분의 주요 분야에 안전장치가 이미 마련되어 있다는 것이다. 자동화와 관련된 위험 중 가장 두드러지는 것은 생명을 위협하거나 대규모 재난을 야기할 수 있는 것들이다. 다시 한 번 항공기 조종으로 돌아가보자. 항공 산업은 이미 엄격한 규제하에 놓여 있다. 업계는 조종실 자동화의 정도와 조종사의 기량 수준 사이의 관계를 진작부터 알고 있었으며, 아마 여기서 얻은 지식을 조종사 훈련 과정에 포함시켰을 것이다. 오늘날 항공 시스템을 전체적으로 볼 때 안전 기록이 탁월하다는 사실은 의심할 여지가 없다. 일부 전문가들은 항공기 자동화를 극단으로까지 밀고 간다. 예를 들어, 서배스천 스런은 최근 「뉴욕타임스」와의 인터뷰에서 "머지않은 장래에 항공기 조종사는 과거의 직업이 되리라"고 내다보았다.[9] 나는 가까운 미래에 300명이 넘는 사람들이 조종사도 없는 비행기에 탑승하는 날이 오리라고는 결코 생각하지 않는다. 규제, 유사시 발생할 책임 문제, 사회적 거부감 등이 결합하여 공공 안전에 직결된 직업을 자동화하는 데에 강력한 억제력으로 작용할 것이다. 이런 분야보다는 오히려 패스트푸드점 직원, 할 일 없는 사무직원 등을 비롯한 수천만 명의 단순직 종사자가 고용에 대한 자동화의 충격을 가장 생생하게 느낄 것이다. 이런 분야에서는 기술적 문제가 생기거나 해당 근로자의 기량이 쇠퇴한다고 해도 대단한 문제가 생기지 않기에, 시장 인센티브의 힘에 따라 완전 자동화까지 가는 데에 별장애가 없을 것이다.

전 세계의 경제와 사회에 걸쳐 기계는 점차적으로 근본적 변화를 겪고 있다. 기계는 이제까지 수행해오던 도구의 역할에서 벗어나 독립적인 근로자의 지위를 확보해가고 있다. 카는 이런 현상이 위험하다고 보며, 아마 이를 중단시키고 싶어 하는 것 같다. 그러나 현실은 다르다. 오늘날의 문명이 성취한 놀라운 부와 온갖 편의는 기술 발전의 직접적 결실이며, 인력을 절감하는 좀 더 효율적 방법을 향한 무자비한 추진력이야말로 이러한 진보를 가능하게 한 유일하고도 가장 중요한 요인이었다. 광범위한 의미에서 기술에 반대하지 않으면서도 '나는 지나친 자동화에 반대한다'는 입장을 취하기는 쉽다. 하지만 현실 속에서 이 두 가지는 뗄 수 없을 정도로 복잡하게 얽혀 있으며, 정부가 지나친 자동화를 저지하기 위해 민간 부문에 개입하려 해도 이는 작업장을 자동화하는 쪽으로 가는 시장의 힘 앞에서 실패하게 되어 있다.

기본소득 보장제도

교육에 더 많은 투자를 해도 문제가 해결되지 않으리라는 점을 인정한다면, 그리고 자동화의 진행을 중단시키자는 주장이 비현실적이라면, 결국 이제까지의 정책과는 다른 정책을 모색할 수밖에 없다. 내가 보기에는 일종의 기본소득 보장제도가 효율적인 해결책이 될 것이다.

기본소득 또는 최소소득의 보장은 결코 새로운 개념이 아니다. 오늘날의 미국 정치 풍토에서 소득 보장이라는 주장은 '사회주의' 또는 '복지국가의 과도한 팽창'이라는 식으로 폄하될 것이다. 그러나 이 생각의 근원을 시대적으로 거슬러 올라가보면 상당히 다른 모습을 볼 수 있다. 기본소득이라는 개념은 진보 및 보수 양측의 경제학자들과 지식인들이 모두 옹호해온 개념이지만, 특히 보수파와 자유주의자들이 이 개념을 강하게 밀어붙여왔다. 오늘날의 보수주의자들 사이에서 아이콘적 인물이 된 경제학자 프리드리히 하이에크도 이 개념의 강력한 옹호자였다. 1973년부터 1979년 사이에 출간된 세 권의 저서 『법, 입법, 그리고 자유(*Law, Legislation and Liberty*)』에서 하이에크는 경제가 어려움에 빠졌을 경우 보호막을 제공할 정부 정책으로 이 소득보장제도가 적절하다고 주장했다. 하이에크는 또한 사람들이 전통적인 부양 시스템에 의존할 수 없게 된 개방형 사회로 옮겨감에 따라 자연스럽게 이런 식의 안전망에 대한 필요가 발생했다고 보았다.

이제까지 정부의 활동이 허용되지 않아온 부분에 관한 전반적 리스크가 또 한 가지 있다. …… 여기서의 주요 문제는 이런저런 이유로 시장에서 자신의 삶을 영위할 수 없는 사람들의 운명과 관련되어 있다. …… 이런 사람들은 누구나 겪을 수 있는 생활고로 인해 고통을 겪고 있다. 대부분의 경우 개인의 힘만으로는 충분한 대책을 세울 수 없지만, 일정 수준의 부에 도달해서 모두를 부양할 능력이 있는 사회라면 보호를 제공할 수 있다.

일정 수준의 기본소득을 모든 사람에게 보장하는 일, 달리 말해 스스로를 부양할 능력을 잃어도 일정한 선 이하로 생활수준이 떨어지지 않게 해주는 일, 이는 단순히 모든 사람을 위한 보호 차원을 떠나 위대한 사회의 한 요소로서 반드시 필요하다. 위대한 사회는 자신이 태어난 사회의 특정 집단에 대해 개인이 스스로의 문제 해결을 위해 이것저것 요구할 필요가 없는 사회이다.[10]

극우파의 기수로 캐리커처에 등장하는 하이에크의 모습에 익숙한 보수주의자에게 위의 이야기는 좀 놀라울 것이다. 말할 것도 없이 여기서 하이에크가 쓴 '위대한 사회'라는 표현은 린던 존슨 대통령이 머릿속에 그리던 사회와는 다르다. 계속 팽창하는 복지국가라기보다는 하이에크는 개인의 자유, 시장 원리, 법의 지배, 작은 정부 등에 기반한 사회를 이상으로 생각했다. 그러나 '위대한 사회'라는 표현과 '일정 수준의 부에 도달해서 모두를 부양할 능력이 있는 사회'에 대한 생각은 오늘날의 극우 보수주의자의 시각과는 완전히 상충하는 모습을 보여준다. 오늘날의 극우파는 아마 마거릿 대처의 "사회 같은 것은 없다"라는 주장에 더 공감할 것이다.

오늘날 소득보장 이야기를 꺼내면 '산술적 평등'을 실현하려는 수단이라는 식의 공격을 받기 딱 좋다. 하이에크는 다음과 같이 써서 이러한 생각을 분명히 반박하고 있다. "스스로를 부양할 능력이 없는 사람들 모두를 위한 균일 최저소득을 확보하려는 노력이 소득의 '정당한' 분배라는, 전혀 판이한 목표와 동일시되는 현상이 매우 안타깝다."[11] 하이에크가 볼 때 보장된 소득은 평등 또는 '정당한 분배' 등과 아무런 관계가 없다. 그저 효율적인 사회경제적 기능으로서 어려움을 당한 사람들에 대한 보험 같은 장치일 뿐이다.

방금 본 하이에크의 견해에서 우리가 배울 점은 그가 사상가라기보다는 기본적으로 현실주의자였다는 점이다. 그는 사회의 본질이 변하고 있음을 파악했다. 사람들은 대부분 자급자족이 가능한 농지를 떠나 직업이 있어야만 살 수 있는 도시로 옮겨갔고, 대가족 제도는 붕괴하기 시작했다. 이렇게 되면 개인이 더 큰 리스크를 떠맡아야 한다. 그는 정부가 이런 리스크에 대한 보험에 도움을 주어야 한다는 점에 있어서 전혀 거리낌이 없었다. 이렇듯 시간이 감에 따라 정부의 역할이 변할 수 있다는 견해는 우리가 오늘날 당면한 과제에도 얼마든지 적용할 수 있다.*

기본소득에 관한 보수 진영의 주장은 기본소득이 개인적 선택의 자유를 보장하면서도 안전망을 제공한다는 사실에 핵심을 두고 있다. 정부가 경제적 의사 결정에 개입하거나 직접 제품과 서비스를 제공하는 일을 하라고 요구하기보다는 모든 사람이 구매력을 갖춰 시장에 참여하게 하자는 이야기이다. 이는 또한 최소한의 안전망 보장과 관련한 시장 지향적 접근 방법이며, 이를 시행하면 최소 임금, 푸드 쿠폰, 빈민을 위한 후생, 주거비 지원처럼 덜 효율적인 메커니즘이 불필요해진다.

---

* 성부와 사회가 시대의 흐름에 따라 변해야 한다는 견해는 보수주의의 상징인 또 한 사람의 입에서도 나왔다. 토머스 제퍼슨 기념관의 4번 패널에 새겨진 다음 글귀를 보자. "나는 헌법과 법률을 자주 개정하는 데에 찬성하는 사람은 아니지만 헌법과 법률은 인간 정신의 발전에 발맞추어 나아가야 한다고 생각한다. 인간 정신이 더 진보하고, 더 큰 깨우침을 얻고, 새로운 발견이 이루어지고, 이를 수행하는 방법과 사람들의 의견이 달라지고, 상황이 변해감에 따라 제도도 이에 발맞추어 발전해야 한다. 문명사회가 원시적인 조상들의 규범 속에 머물러야 한다고 주장하는 것은 어른이 되어서도 어릴 때 입던 옷을 계속 입어야 한다고 주장하는 것과 같다."

하이에크의 실용주의를 채택하여 향후 수년 혹은 수십 년 사이에 벌어질 상황에 이를 적용한다고 가정하자. 그러면 진보하는 기술로 인해 개인의 경제적 어려움이 계속 가중되는 현실 속에서 정부가 무슨 조치든 취해야 한다는 목소리가 나올 가능성이 크다. 하이에크의 시장 지향적 해법을 외면하면 전통적 의미의 복지국가를 확장할 수밖에 없게 되고 복지국가를 따라다니는 문제가 계속 존재할 것이다. 그렇다면 결국 경제적 어려움으로 내몰린 군중을 먹이고 입히고 재우는 데에 전념하는 거대한 행정체계가 탄생해서 그 자체가 어떤 반(反)이상향적 제도로 변할 것이다.

그러므로 기본소득 보장 방식을 택하는 것이 저항이 가장 적을 것이다. 아무 조치도 취하지 않는다면 파국을 맞을 것이다. 이 보장제도를 시행하는 것은 효율적이며 행정 비용도 비교적 적게 발생할 것이다. 복지국가의 관료 체계를 확장한다면 1인당 들어가는 비용이 훨씬 커지는데다가 결과도 훨씬 더 불평등해질 테니까 말이다. 혜택을 받는 사람의 수는 훨씬 적겠지만 어쨌든 전통적인 일자리를 상당수 만들어낼 것이며, 이 중 일부는 소득이 매우 높을 것이다. 복지국가 쪽을 택하면 민간 업체들이 정부와 민간의 경계 지대에 있는 일을 대량으로 수주할 기회가 생긴다. 고위 공직자와 민간기업 관리자 등 엘리트층이 그 수혜자가 될 것이며, 따라서 이 방향으로 가도록 상당한 정치적 압력을 행사할 것이 분명하다.

이런 종류의 사례는 이미 매우 많다. 미국 국방부가 원하지 않는 대형 무기 개발 계획을 의회는 찬성하는데, 그 이유는 소수의 일자리(막대한 비용과 비교해서)를 창출하는 데다 대기업의 이익을 보호해주기 때문이다. 미국에서는 무려 240만 명이 교도소에 갇혀 있는데 1인당 수용자 수로 보면 다른 어떤 나라와 비교해도 3배 이상이고, 덴마크, 핀란드, 일본 같은 선진국과 비교하면 10배가 넘는다. 2008년 현재 수감자의 약 60퍼센트가 폭력과 무관한 범죄로 교도소에 들어가 있는데, 수감자 한 사람에게 들어가는 연간 비용은 약 2만 6,000달러에 달한다.[12] 간수 노동조합이나 다수의 교도소를 운영하는 민간기업의 임원 등 영향력을 가진 이익집단은 미국이 이 분야의 통계에서 다른 나라를 크게 앞선 상태를 유지하는 데에 강한 인센티브를 갖고 있다.

소득보장제도는 오늘날의 정치 환경에서 볼 때 진보주의자들에게 더 설득력이 있을 것이다. 하이에크가 그렇다고 주장하지는 않았지만, 다수의 자유주의자들도 사회경제적 정의 구현의 한 방법으로 이 생각을 환영할 것이다. 소득보장제도는 빈곤을 줄이고 소득 불균형을 완화시키는 단순한 알고리즘으로 효과적으로 작용할 수 있다. 미국 대통령이 서명만 하면 미국에서 극심한 빈곤과 노숙 등의 문제를 효과적으로 근절할 수 있을 것이다.

인센티브가 중요하다

실현 가능한 소득보장 계획을 설계할 때 가장 중요한 점은 올바른 인센티브를 설정하는 것이다. 이 제도의 목적은 범사회적인 안전망 건설 및 소득 보조이지만 근로 의욕을 꺾어서는 안 될 것이고, 최대한 생산적이어야 할 것이다. 지급 규모는 최소한이어야 한다. 먹고살기에는 충분하지만 안락한 생활을 누리지는 못해야 한다는 뜻이다. 또한 최초에는 최저생계비 이하로 설정했다가 이에 대한 근로 대중의 반응을 보아가면서 점차 증액해야 한다는 주장도 설득력이 있다.

소득보장제도를 시행하는 데에는 일반적으로 두 가지 방법이 있다. 우선 다른 소득원과는 별도로 모든 성인에게 무조건 기본소득을 지급하는 것이다. 또 한 가지 방법은 최소소득 보장액(마이너스 소득세 등 다른 방법도 포함)을 소득 분포 최하위 계층에게만 지급하고, 다른 소득원이 생김에 따라 이를 줄여가는 방법이다. 두 번째 방법이 비용은 덜 들겠지만, 여기에 따르는 위험은 해괴한 인센티브가 작용하여 효과를 없애버릴 수 있다는 점이다. 이렇게 소득 보장액을 저소득층에게만 제공하면 수혜자들은 소득이 늘어남에 따라 세율이 올라가는 현상을 겪을 것이고 결국 세율은 약탈적 수준까지 상승할 것이다. 달리 말해 열심히 일해 봐야 아무런 보람이 없는 '빈곤의 덫'에 걸릴 수 있다는 것이다. 아마 장애인 사회보장제도에서 최악의 사례가 나올 수 있을 것이다. 여기서 사람들은 다른 소득원이 다 없어졌을 때 이를 최후의 보루로 활용하려 할 가능성이 높다. 일단 장애인 판정을 받아 정부로부터 돈을 받기 시작하면 일정 수준의 소득이 발생할 경우 보장 소득도 잃고 의료 혜택도 잃는 결과가 나올 수 있다. 그러므로 한번 이 제도의 수혜자가 된 사람들은 다시는 일하려 하지 않을 것이다.

보장 소득을 생활수준에 따라 차등 지급한다면 지급 개시 지점은 이를테면 중산층 정도의 상당히 높은 수준이 되어야 한다. 이 상황에서 다른 소득원을 모두 포기한 사람은 소득 수준이 크게 떨어진다. 또 한 가지 방법은 능동적 소득과 수동적 소득을 구분하는 것이다. 보장 소득은 연금, 투자 소득, 사회보장 지급 같은 수동적 소득에 대해서는 엄격하게 차등 지급될 수 있다. 그러나 근로에 따른 급여, 1인 자영업 소득, 소기업 경영 소득 등 능동적 소득에 대해서는 전혀 차등을 두지 않거나 아니면 소득이 아주 높은 경우에 한해서만 보장 소득을 차등 지급하는 것이다. 이 경우 사람들은 모두 기회만 있으면 능력껏 열심히 일하려 할 것이다.

소득보장제도는 또한 개인이나 가정에 대해 눈에 보이지 않는 인센티브를 상당수 창출해낼 것이다. 보수 성향의 사회학자인 찰스 머레이는 2006년에 출간된 자신의 책 『복지국가를 대체할 계획(*In Our Hands: A Plan to Replace the Welfare State*)』에서 소득보장제도를 시행하면 대학을 졸업하지 않은 남성들에게 배우자를 찾을 길이 더 넓게 열릴 수 있다고 주장한다. 이 계층은 고용 시장에서 기술 발전과 공장 해외 이전으로 가장 큰 타격을 입은 계층이다. 보장 소득이 생기면 저소득층에서 결혼율을 올리는 효과를 낼 수 있고, 편부모 가정이 늘어나는 추세를 뒤집는 데에도 일조할 것이다. 나아가 부모 중 한 사람은 양육을 위해 직장을 포기하는 결정을 내리기도 쉬워질 것이다. 이런 장점들은 정치 성향이 보수냐 진보냐를 떠나 모든 사람에게 설득력을 가질 것이다.

소득보장제도 안에 분명한 인센티브를 몇 가지 삽입해야 할 이유도 충분히 있다. 가장 중요한 것은 교육, 특히 고등학교 교육과 연관되어 있다. 최근 데이터를 보면 대학을 가는 데는 매우 강한 인센티브가 여전히 남아 있다. 여기서 한 가지 안타까운 현실은 대학을 졸업하면 취업 기회가 확 넓어지기 때문이라기보다는 고등학교만 졸업할 경우 장래가 너무 암담해지기 때문이라는 것이다. 이렇게 되면 대학을 갈 수 없게 된 다수의 사람들이 고등학교를 마칠 의욕마저 잃게 될 위험이 있다. 공부에 어려움을 겪는 고등학생이 졸업을 하든 못하든 소득보장을 받는다는 사실을 알면 학교를 다닐 필요가 없다는 생각이 더욱 강하게 들 것이다. 그러므로 고등학교 졸업장을 받은 사람들(검정고시로 같은 자격을 취득하는 사람도 마찬가지)에게는 좀 더 높은 소득을 보장해야 할 것이다.

이 모든 상황의 배경이 되는 기본 개념은 교육을 공공재로 소중히 여겨야 한다는 것이다. 우리 주변 사람들이 좀 더 높은 교육을 받으면 이는 우리 모두에게 이익이 된다. 이렇게 되면 좀 더 문명화된 사회가 될 뿐만 아니라 경제의 생산성도 높아진다. 어차피 전통적인 방식의 일자리가 점점 줄어드는 시대로 옮겨간다면 교육이라도 받을 경우 사람들은 여가 시간을 좀 더 건설적으로 보낼 방법을 찾아낼 것이다. 기술 발전은 시간을 건설적으로 보낼 기회를 계속 창출하고 있다. 위키피디아는 많은 사람들이 무료로 무수한 시간을 쏟아 함께 노력한 결과물이다. 오픈소스 소프트웨어 운동도 좋은 예가 된다. 많은 사람들이 소득을 보전할 목적으로 소규모 온라인 사업을 시작한다. 이런 일을 해서 성공을 거두려 해도 최소한의 교육은 받아야 한다.

다른 인센티브도 생각해볼 수 있다. 이를테면 지역사회 봉사 활동에 자원하는 사람이나 환경 관련 사업에 참여하는 사람에게 더 높은 소득을 보장해주는 것이다. 『터널 속의 빛』에서 내가 이런 식의 기본소득 보장을 제안하자 상당수의 자유주의 성향의 독자들이 이런 식으로 하면 사람들에게 일일이 간섭하는 '유모 국가'가 탄생할 것이라며 반대 의견을 제시한 바 있다. 이런 의견도 있기는 하지만, 나는 거의 모든 사람이 동의할 수 있는 기본 인센티브(가장 중요하게는 교육)가 몇 가지 있다고 생각한다. 여기서 중요한 점은 전통적인 일자리와 관련된 인센티브 일부를 복원(인위적으로라도)하는 것이다. 교육을 더 받는다고 해서 더 나은 직업을 찾는다는 보장이 없어진 시대에 모든 사람에게 적어도 고등학교를 마치려는 동기를 부여하는 것은 중요하다. 우리가 더 많은 교육을 받은 사람들을 주변에 두고 이들이 여가 시간을 더 건설적으로 활용할 기회를 갖는다면 그것이 내게도 이익이 된다는 사실을 작가 에인 랜드조차도 깨달을 수 있을 것이다.

재생 가능한 자원으로서의 시장

소득보장제도에는 기본적인 안전망을 제공한다는 측면 말고도 강한 경제적 설득력이 있다. 8장에서 본 것처럼 기술 진보로 인한 불평등이 심화되면서 광범위한 소비 기반이 위협받을 수 있다. 고용 시장이 위축되고 임금이 정체되거나 하락하면서 소비자들 손에 구매력을 쥐어주는 메커니즘은 와해되기 시작하며 제품과 서비스에 대한 수요 또한 위축된다.

시장을 재생 가능한 자원으로 보면 이 문제를 좀 더 쉽게 머릿속에 그려볼 수 있다. 소비 시장을 물고기로 가득 찬 호수라고 생각해보자. 기업이 제품이나 서비스를 시장에 파는 것은 고기를 잡는 것이다. 기업이 종업원들에게 임금을 지급하면 고기를 다시 풀어주는 것이다. 자동화가 진행되고 일자리가 사라짐에 따라 호수로 돌아가는 물고기가 점점적어진다. 거의 모든 주요 산업이 적당한 크기의 물고기를 여러 마리잡는 일에 의존하고 있음을 떠올려보자. 불평등이 심화되면 소수의 덩치 큰 물고기만 남을 텐데, 대부분의 시장 지향적 산업의 시점에서 볼 때 이런 물고기는 그보다 작은 물고기 여러 마리보다 가치가 없다(억만 장자라고 해서 스마트폰 1,000개, 자동차 1,000대를 사거나 외식을 1,000번 하지는 않을 것이다).

이것이 '평민의 비극'으로 알려진 전형적 문제이다. 경제학자라면 대부분 이런 상황에서 어떤 형태로든 정부가 개입해야 한다는 데에 동의할 것이다. 그렇지 않다면 물고기를 최대한 많이 잡는 것 이외에 어떤 인센티브도 남지 않을 것이다. 현실 세계의 어부라면 자신이 살고 있는 바다나 호수에서 남획이 일어나고 있다는 사실과 함께 이제 곧 생계를 위협받으리라는 사실을 깨닫겠지만, 그래도 매일 배를 타고 나가 고기를 최대한 많이 잡으려 할 것이다. 왜냐하면 경쟁자들도 그렇게 할 것이기 때문이다. 이런 상황에서 해결책은 규제 기관이 나서서 어획고 상한을 설정하는 것이다.

그러나 소비 시장의 경우 기업이 잡을 수 있는 가상 물고기의 수를 제한할 필요는 없다. 여기서 필요한 일은 물고기를 도로 채워놓는 것이다. 소득보장이야말로 이를 실현할 좋은 방법이다. 이렇게 지급된 소득은 저소득 및 중간 소득 계층의 손으로 들어가 즉시 구매력으로 변한다.

더 먼 장래에 기계가 인간의 노동을 상당 수준 대체한다고 가정하면 경제성장을 지속하는 데에 있어 구매력을 이렇게 직접 재분배하는 일은 경제에 필수적인 것이 되리라고 나는 생각한다. 2014년 5월에 출간한 미국 경제성장의 미래에 관한 논문에서 존 퍼널드와 찰스 존스는 로봇이 "생산 과정에서 인력을 더욱 많이 대체해갈 것"이라고 내다보았다. 이어서 두 사람은 "궁극적으로 자본이 노동을 완전히 대체할 수 있다면 성장률은 폭증할 것이고, 이에 따라 소득도 유한한 시간 내에 무한히 증가할 것"이라고 내다보았다.[13] 내가 보기에 이는 모순된 결과이다. 이는 아마 파급효과를 고려하지 않은 채 방정식에 숫자만 대입해서 얻어낸 결과일 것이다. 기계가 근로자를 완전히 대체한다면 아무도 직업이 없을 것이고, 어떤 형태의 근로로도 소득을 창출하지 못하여 소비자의 절대 다수가 구매력을 잃을 것이다. 이런 상태에서 경제가 어떻게 성장하겠는가? 자본을 소유한 극소수의 사람들이 모든 소비를 감당할 수도 있겠지만, 그런 상태에서 세계경제가 성장을 지속하려면 이들이 무지막지한 양의 상품과 서비스를 끊임없이 구매해야 한다.* 이는 우리가 8장에서 살펴본 '기술 봉건주의'의 시나리오임은 물론이며, 이런 결과가 희망적이라고 생각할 사람은 없다.

---

* '경제'라는 것은 사실상 생산되어 누군가에게 팔려간 상품과 서비스의 가치를 모두 합친 것이다. 경제는 중저가 제품과 서비스를 대량으로 쏟아낼 수도 있고, 훨씬 비싼 제품과 서비스를 소량만 생산할 수도 있다. 저가 대량생산을 하려면 구매력이 광범위하게 분배되어 있어야 한다. 오늘날 이는 일자리를 통해 가능하다. 고가 소량 생산의 경우, 부유한 엘리트가 그 값을 주고도 살 만한 제품과 서비스가 무엇인지 분명하지가 않다. 이들이 사고 싶은 고가의 상품이 무엇이든 이 부유한 소수는 이를 무지막지하게 소비해주어야 한다. 그렇지 않다면 경제는 전혀 성장하지 않을 것이며, 결국 위축될 것이다.

그러나 좀 더 낙관적인 견해도 있다. 퍼널드와 존스가 사용한 수학 모델은 구매력을 분배하는 데에 있어 근로소득 이외의 다른 메커니즘을 설정했다고 볼 수도 있다. 소득보장제도가 실시된다면, 그리고 이렇게 지급되는 금액이 시간이 감에 따라 늘어나서 지속적인 성장을 떠받칠 수 있다면 경제가 폭발적으로 성장하고 소득이 폭증한다는 시나리오는 말이 된다. 그러나 이런 일은 저절로 일어나지 않는다. 시장이 자동적으로 이런 문제를 해결하지는 않는다는 뜻이다. 그러니까 경제를 지배하는 법칙 자체를 근본적으로 바꿔야 이런 일이 가능해진다.

　　시장, 아니면 경제 전체를 자원으로 보는 시각은 다른 측면에서도 의미가 있을 듯하다. 3장에서 고용 시장에 천지개벽을 가져올 기술은 여러 세대에 걸쳐 수많은 사람이 노력을 기울인 결과이며, 이러한 과정에 납세자의 돈이 투입된 경우도 많다고 지적했음을 떠올려보자. 이렇게 축적된 모든 진보와 역동적인 시장경제를 지탱하는 경제 및 정치적 제도는 사실상 모든 시민 소유의 자원이라고 해도 어느 정도는 맞는 말이다. 내가 제안한 '소득보장' 대신 '시민 배당금'이라는 표현도 자주 쓰이는데, 이 표현은 어떤 나라의 전체적 경제 번영에 모든 사람이 적어도 조금은 기여했다는 주장을 잘 반영한다.

펠츠먼 효과와 경제적 과감성

1975년에 시카고 대학교의 경제학자인 샘 펠츠먼은 자동차의 안전을 개선할 목적으로 도입된 규제가 고속도로 인명 사고를 의미 있을 정도로 줄여주지 못했음을 보여주는 논문을 발표했다. 이렇게 된 이유는 펠츠먼에 따르면, 안전성이 증가해도 운전자들이 더 위험하게 운전을 해서 이를 상쇄해버리기 때문이다.[14]

이 '펠츠먼 효과'는 그때 이래 다양한 분야에서 증명된 바 있다. 예를 들어, 어린이 놀이터는 과거보다 훨씬 안전해졌다. 가파른 미끄럼틀과 높은 정글짐은 사라졌고, 바닥에는 쿠션이 깔렸다. 그러나 연구 결과, 어린이 놀이터에서 부상을 입어 응급실로 실려가거나 뼈가 부러지는 사건은 의미 있을 정도로 줄어들지 않았음이 드러났다.[15] 어떤 연구자들은 스카이다이빙에서 비슷한 결과를 찾아내기도 했다. 관련 장비가 몰라보게 개선되고 안전해졌지만, 스카이다이버들이 그만큼 더 위험한 행동을 하기 때문에 인명 사고율은 대략 비슷하다는 이야기이다.

보수주의 경제학자들은 정부 규제 강화에 대한 반론을 제시할 때 흔히 이 펠츠먼 효과를 거론한다. 이렇게 안전한 만큼 더 위험하게 행동하는 양상은 경제 분야에도 적용 가능하다. 안전망이 있는 사람은 경제적 리스크를 지는 데에 더 과감해진다. 보장된 소득이 있는 상태에서 그럴싸한 사업 아이디어가 떠오른다면 그 사람은 안전한 직장을 버리고 사업에 뛰어들 가능성이 매우 높다. 마찬가지로 직장이 안전성은 있지만 자신의 성장 기회가 별로 없다면 안전성은 떨어지지만 더욱 성취감이 큰 창업 기업으로 자리를 옮길 수도 있다. 보장된 소득은 온라인 사업을 시작하는 사람, 구멍가게를 열거나 식당을 개업하려는 사람으로부터 가뭄에 직면한 소규모 자영농민이나 목장주에 이르기까지 모든 종류의 사업에 대해 경제적 쿠션을 제공할 것이다. 많은 경우 소득보장이 없었다면 망해버렸을 소기업들이 어려운 시기를 헤쳐나가도록 도와주는 것으로도 그 이점은 충분할 것이다. 여기서 중요한 점은 소득보장제도를 잘만 고안하면 국가를 게으름뱅이 천국으로 만드는 것이 아니라, 더 역동적이고 기업가 정신이 넘치는 곳으로 만들 수 있다는 점이다.

난관, 단점, 불확실성

소득보장제도라고 해서 단점이나 위험이 없는 것은 아니다. 단기직으로 가장 중요한 우려는 일을 하지 않으려는 강한 경향이 생기지 않을까 하는 점이다. 시간이 감에 따라 기계가 점점 더 많은 일을 담당하기는 하겠지만, 예측 가능한 미래까지 경제가 인간의 노동에 크게 의존하는 상태를 유지하리라는 것은 분명한 사실이다.

현재까지 이러한 정책이 국가 차원에서 시행된 사례는 없다. 알래스카 주는 1976년 이래 석유판매수익을 기반으로 해서 매년 소액의 배당금을 주민들에게 지급하고 있다. 최근 수년간 지급액은 1인당 연간 1,000달러에서 2,000달러 사이를 오르내리고 있다. 어른과 어린이 모두에게 지급하기 때문에 이 정도라도 가정 경제에 꽤 도움이 된다. 2013년 10월에 스위스에서 소득보장 지지자들은 월 무려 2,500스위스프랑(약 2,800달러)에 달하는 무조건적 지급제도를 국민투표에 부치기에 충분한 시민 서명을 받아내는 데에 성공했다. 그러나 아직 투표일은 결정되지 않았다. 미국과 캐나다에서 이런 제도를 소규모로 운영해본 결과 수혜자들의 근로시간이 약 5퍼센트 줄어들었다. 그러나 이들은 모두 임시 사업이어서 이것이 영구 사업으로 정착되었을 경우의 영향을 판단하기는 어렵다.[16]

소득보장제도를 시행하는 데에 있어 가장 큰 정치적 및 심리적 장애라고 할 만한 것은 이 제도가 시행되다 보면 결국 수혜자 중 일부가 돈을 받고 근로 대열에서 이탈해버리리라는 사실을 받아들이는 것이다. 어떤 사람들은 이 소득으로 하루 종일 비디오 게임만 하고 있을 수도 있고, 더 나쁜 경우 술이나 마약에 써버릴 수도 있다. 어떤 사람들은 받은 돈을 모두 합쳐 집단적으로 주거를 확보하거나 심지어 '게으름뱅이 공동체'를 출범시키기도 할 것이다. 그러나 보장 소득이 적절한 최소 수준에 머물고 인센티브만 잘 고안해서 시행하면 이런 행동을 하는 사람들이 전체에서 차지하는 비율은 미미할 것이다. 하지만 그렇다고 해도 총 인구가 워낙 많으므로 이들의 숫자는 상당할 것이고, 이러한 행동이 눈에 잘 띄기도 할 것이다. 물론 이 모든 것은 프로테스탄티즘의 일반적 근로 윤리와 조화를 이루기가 매우 어렵다. 소득보장제도에 반대하는 사람은 이 정책에 대한 대중의 지지를 갉아먹기 딱 좋은 부정적 일화를 찾아내는 데에 별 어려움을 겪지 않을 것이다.

전체적으로 볼 때 사람들 중 일부가 일을 덜하거나 아니면 아예 안 하는 쪽을 택한다 하더라도 이러한 판단이 무조건 그르다는 식으로 몰고 가지는 말아야 한다고 생각한다. 근로 대열에서 이탈하기로 결정하는 사람은 스스로의 선택에 의해 그렇게 한다는 점을 기억할 필요가 있다. 달리 말해 이들은 전체 인구에서 가장 야심도 없고 덜 부지런한 집단에 속할 것이다.＊

계속 줄어드는 일자리를 놓고 모든 사람이 경쟁해야 하는 사회라면 많은 사람들 중 가장 생산성이 뛰어난 사람이 꼭 그 일자리를 차지하리라는 보장은 없다. 일을 덜하고 싶거나 아예 하기 싫은 사람이 근로 대열에서 이탈하면 근로 의욕이 넘치는 사람의 임금이 약간은 올라길 것이다. 우리가 해결하려는 난제 중 하나가 수십 년째 제자리걸음을 하는

＊물론 좀 더 '정당한' 이유로 근로 대열에서 이탈하는 사람들(적어도 일시적으로), 이를테면 어린이를 비롯한 가족 구성원을 돌보기 위해 일하지 않는 쪽을 택하는 사람들은 여기서 제외했다. 예를 들어, 일부 가정에서는 점점 커지는 노인 부양의 부담을 소득보장제도가 어느 정도 덜어줄 수 있을 것이다.

임금이라는 점은 사실 아닌가? 비교적 생산성이 떨어지는 사람들에게 최저임금에 해당하는 소득을 보장하면 근로 대열을 떠나는 인센티브가 될 테고, 그 결과 열심히 일해서 자신의 삶을 개선하려는 의욕을 가진 사람들에게 더 넓은 기회와 더 높은 소득이 주어질 수만 있다면 이 제도에 특별히 문제가 있다고 생각하기는 어렵다.

우리의 가치 체계는 생산을 칭송하는 쪽으로 고정되어 있지만 소비도 경제의 핵심적인 부분 중 하나임을 명심해야 한다. 기본소득을 받고 근로를 포기하는 사람은 같은 동네에 살면서 소기업을 의욕적으로 경영하는 사업가의 눈에는 돈을 내는 고객일 수 있다. 물론 이 사업가도 똑같은 소득보장을 받는다.

마지막으로 한 가지 지적할 점은 이 제도를 시행함에 있어 정책적으로 발생하는 실수가 결국 자체 교정 가능해야 한다는 점이다. 너무 높은 금액으로 이 제도를 시행하기 시작하면 근로를 포기하는 강력한 인센티브가 될 것이고, 다음 둘 중 한 가지 현상이 벌어질 것이다. 자동화 기술이 충분히 발달하여 이탈한 노동자의 근로 부족분을 채워주거나(이 경우에는 아무 문제가 없다), 아니면 노동력 부족으로 인해 인플레이션이 발생할 것이다. 이렇게 해서 가격이 전반적으로 오르면 고정된 보조금액의 구매력이 떨어져 이를 근로를 통해 보충하려는 인센티브가 생긴다. 정책 결정자들이 큰 실수(예를 들어, 생활비 상승을 감안하여 자동적으로 지급금이 계속 상승하도록 하는 일 등)를 저지르지만 않는다면 인플레이션이 발생

해도 곧 잠잠해질 것이며 경제는 새로운 균형에 도달할 것이다.

근로 대열을 이탈하는 풍조의 만연과 관련한 정치적 문제 외에도 주택의 임대료가 비싼 지역에서는 소득보장이 주거비에 미치는 충격이라는 문제가 있다. 뉴욕이나 샌프란시스코, 런던 같은 대도시에 사는 한 사람 한 사람에게 한 달에 1,000달러씩 준다고 상상해보자. 이렇게 되면 사람들이 더 좋은 주택을 얻으려고 경쟁할 것이므로 이 추가 소득의 상당 부분, 아니면 거의 전부가 결국 집주인의 주머니로 들어갈 가능성이 커진다. 이 문제에는 쉬운 해법이 없다. 임대료를 규제하는 방법이 있기는 하지만, 이 방법에 문제가 있음을 보여주는 기록도 많다. 밀도 상한 규제를 풀어 주거 공간을 더 빽빽하게 짓자는 경제학자도 많이 있었지만, 이는 해당 지역 거주자들의 반발을 살 것이 틀림없다.

그러나 반대의 힘도 작용할 것이다. 한군데 매여 있는 직장과 달리 기본소득은 이동성을 제공한다. 어떤 사람들은 돈을 받아 비싼 동네를 버리고 생활비가 덜 드는 지역으로 이동할 것이다. 그렇다면 예를 들어 디트로이트처럼 쇠퇴해가는 도시에 사람들이 몰려들 수도 있다. 일부는 아예 도시를 떠나기도 할 것이다. 기본소득 보장제도는 일자리가 사라져서 인구가 지속적으로 감소하는 소도시와 농촌 지역에 활력을 불어넣는 데에 일조할 것이다. 실제로 농촌 지역에 긍정적인 경제적 효과를 불러일으킬 가능성 때문에라도 이 정책은 미국 보수주의자들에게 호소력을 지닐 것으로 나는 내다본다.

이민정책도 이 제도의 시행에 따라 조정이 필요한 분야 중 하나이다. 이민에 따른 시민권 획득 및 보장 소득 수혜 자격 획득 등은 제한되어야 할 것이고, 이민자가 시민권을 획득했다고 하더라도 수혜자 자격 발생까지는 상당한 기간을 기다려야 할 것이다. 이런 논쟁이 실제로 시작되면 그렇지 않아도 이미 극단적으로 양극화된 이 정치적 쟁점이 더욱 복잡해지고 불확실해질 것임은 분명하다.

기본소득을 위한 재원 확보

미국이 21세부터 65세 사이의 모든 성인과 65세 이상자 중 사회보장이나 연금 혜택을 받지 못하는 사람들에게 아무 조건 없이 매년 1만 달러씩 지급하려면 총 소요 예산은 2조 달러 정도가 된다.[17] 그러나 실제 지급 시 수혜 자격 심사가 있고 일정 수준 이상의 소득이 있는 사람들에게는 지급이 제한될 것이므로, 실제 예산은 이보다 적을 것이다(앞서도 지적한 바 있지만 이 금액은 상당히 높은 수준에서 시작해야 '빈곤의 덫' 시나리오를 피할 수 있다). 게다가 이 제도를 시행하면 푸드 쿠폰, 복지 혜택, 주거비 지원, 근로소득 세제 혜택 등 연방 차원 및 주 차원에서 시행하는 여러 가지 빈곤 퇴치 사업을 축소하거나 아예 폐지할 수 있으므로 소요 예산은 더 줄어들 것이다(근로소득 세제 혜택에 대해서는 나중에 더 자세히 다루겠다). 이러한 사업만 해도 총액이 연간 1조 달러에 이른다.

달리 말해 연간 기본소득 1만 달러를 보장하려면 1조 달러 정도의 예산이 추가로 필요하지만, 일종의 최소소득보장 시스템으로 방향을 바꾼다면 이는 훨씬 줄어들 수 있다. 또한 이 제도를 시행하면 자동적으로 세수가 증가할 것이므로 소요 예산 규모는 더욱 줄어든다. 기본소득 자체에 과세가 가능하며, 이 제도를 통해 수많은 가구가 밋 롬니의 악명 높은 '47퍼센트(연방소득세를 전혀 내지 않는 사람들이 총인구에서 차지하는 비율)'에서 벗어날 수 있을 것이다. 대부분의 저소득 가구는 정부에서 받은 돈을 거의 다 소비할 것이므로, 결국 이는 과세가 가능한 경제 활동으로 직결될 것이다. 발전하는 기술로 인해 불평등은 심화되고 광범위한 소비 기반이 위축될 위험이 크지만, 이런 기본소득이 있으면 장기적으로 현재보다 높은 경제성장률을 기대할 수 있고 이렇게 하면 세수 총액도 당연히 늘어날 것이다. 또한 기본소득으로 인해 소비자들이 구매력을 지속적으로 유지할 것이고, 이 구매력이 강한 경제 안정력으로 작용하여 심한 불경기로 인한 비용을 미국 경제가 피해가도록 해줄 것이다. 물론 이 모든 효과를 수량화하기는 어렵지만, 기본소득 보장제도는 적어도 어느 정도는 자체적 재원 마련이 가능하다는 것이 나의 생각이다. 기술이 진보하고 경제가 더욱 자본집약적으로 변해감에 따라 이 제도를 통해 얻는 경제적 이득은 시간이 가면서 계속 증가할 것이다.

오늘날의 정치적 환경하에서 이런 사업에 필요한 재원을 확보하는 일은 엄청나게 어려운 과제일 것이다. 정치인들이 '세금'이라는 단어를 발음하기조차 두려워함을 생각해보라. 이들이 두려워하지 않을 때는 세금 바로 뒤에 '감면'이라는 단어가 따라올 때뿐이다. 가장 현실성이 높은 방법은 다양한 세금 제도를 활용하여 필요한 재원을 마련하는 것이다. 한 가지 가능성이 높은 대상은 탄소세로, 연간 1,000억 달러의 세수를 올리면서도 온실가스 방출을 줄이는 효과를 낼 것이다. 세수 총액과 무관한 탄소세에 대한 구상은 이미 나와 있다. 이에 따르면, 탄소와 관련하여 걷은 세금은 모두 각 가구를 지원하는 데에 사용되며 이를 기본소득보장의 출발점으로 삼을 수 있을 것이다. 또 한 가지 방법은 부가가치세 제도이다. 주요 선진국 중 미국만이 이 제도를 실시하지 않고 있는데, 부가가치세는 근본적으로 생산의 각 단계마다 부과되는 일종의 소비세이다. 부가가치세는 마지막에 가서는 해당 제품과 서비스를 구매하는 소비자가 지불하는 최종 금액으로 전가된다. 이러한 방식으로 부가되는 부가가치세는 일반적으로 세수 확보에 매우 효과적인 방법으로 평가된다. 이것 말고도 법인세율 인상(아니면 조세 회피 근절), 토지세, 고액 자본소득세, 금융거래세 등을 걷는 것을 비롯해 여러 가지 방법이 있다.

개인소득세 인상도 불가피해 보이는데, 여기서 가장 좋은 방법은 이 제도를 좀 더 누진적으로 바꾸는 것이다. 심화되는 불평등 속에 숨어 있는 현상 하나는 점점 더 많은 과세 대상 소득이 최상위 계층 쪽으로 몰린다는 사실이다. 미국의 조세제도는 소득 분포가 이런 식으로 변해가는 현상을 반영하여 개편되어야 한다. 소득 단계 전체, 아니면 최상위 단계에 대해서만 세율을 올릴 게 아니라 고소득층에 대해 새로운 소득 단계를 도입하여 연간 100만 달러 이상을 버는 최고 소득층으로부터 더 많은 세수를 확보하는 편이 더 나은 전략이다.

모든 사람이 자본가

자동화 기술이 발달함에 따라 생기는 전반적인 문제에 대한 해결책으로 나는 일종의 기본소득 보장제도를 제안하지만, 이것 말고도 좋은 아이디어는 많이 있다. 사람들이 가장 많이 제안하는 대안 중 하나는 소득보다는 부에 초점을 맞추는 것이다. 앞으로의 세계에서는 부가 자본으로부터 발생하고 인간 노동의 가치는 미미해질 텐데 그렇다면 모든 사람들이 경제적 안정을 얻는 방법으로 충분한 자본을 소유하도록 하면 어떨까?

사람들이 내놓는 대안 중 대부분은 기업에서 종업원 소유 주식 비율을 늘리거나 단순히 모든 사람들에게 뮤추얼펀드에서 상당한 지분을 주는 전략과 연관되어 있다. 『애틀랜틱』지에 기고한 글에서 경제학자 노아 스미스는 정부가 모든 사람에게 '자본 제공'을 할 수 있다고 보았다. 방법은 시민이 18세가 되었을 때 '다양한 주식 포트폴리오'를 사주는 것이다. 이렇게 되면 받은 주식을 팔아 치워 현금으로 써버릴 우려가 생기는데, 이는 일정 기간 매도를 금지하는 것 같은 약간의 계도 조항을 두어 방지할 수 있다.[18]

이 제도의 문제는 '약간의 계도 조항'이 불충분할 수 있다는 것이다. 언젠가 오직 내가 갖고 있는 재산에만 의존해서 경제생활을 영위해야 하는 날이 온다고 상상해보자. 그러니까 내 노동은 무가치해진다는 뜻이다. 그런 세상에서는 어떤 사람이 모든 것을 잃었다가 열심히 일을 해서 다시 정상으로 복귀했다는 스토리 따위는 존재하지 않을 것이다. 투자 결정을 잘못했다거나 버니 메이도프 식의 수법에 걸려 가진 돈을 날렸다면 이를 회복할 길은 없다. 각 개인이 자신의 재산 전체를 마음대로 할 수 있으면 몇몇 불행한 사람들에게 이런 시나리오가 현실로 나타나는 것은 불가피하다. 이런 상황에 처한 개인이나 가구를 어떻게 해야 할까? 이런 사람들도 '대마불사'에 해당하는가? 그렇다면 분명한 도덕적 해이의 문제가 생긴다. 리스크를 무릅써도 별 문제 없으리라고 사람들이 생각할 것이기 때문이다. 대마불사가 아니라면 끔찍한 상황에 처한 사람들이 빠져나올 희망은 거의 없어진다.

물론 대다수의 사람들은 이런 리스크 앞에서 책임감 있게 행동할 것이다. 그러나 그렇다 해도 문제는 여전히 남는다. 자본을 잃으면 나와 가족이 가난해진다는 사실을 알면서도 그중 상당 부분을 벤처사업에 투자할 수 있는가? 401K 은퇴연금 운영 현황을 보면, 많은 사람들이 주식시장에는 별로 투자하지 않으면서 안전하다고 생각되는 저수익 투자에 몰림을 알 수 있다. 자본이 내가 가진 모든 것인 세상이 되면 이런 위험 회피 성향은 더욱 증폭될 것이다. 안전 자산 수요가 폭증할 것이고, 그 결과 이런 자산의 수익률은 매우 낮아질 것이다. 달리 말해 사람들에게 부를 나눠주는 해결책은 기본소득을 제공했을 때 나타날 수 있다고 앞서 언급한 펠츠먼 효과와는 크게 다른 결과를 만들어낼 것이다. 지나친 위험 회피 경향은 기업가 정신과 소득을 위축시켜 결국 시장 수요가 감소하는 결과를 낳을 것이다.*

물론 또 한 가지 문제는, 이렇게 해서 얻은 주식을 사람들이 팔려고 할 때 그 대금을 주어야 한다는 점이다. 내가 보기에는 돈을 나눠주는 것보다 이렇게 거액의 자본을 재분배하는 것이 정치적으로 더 큰 논란을 불러올 것이다. 현재 자본을 갖고 있는 사람들의 손아귀로부터 이를 빼내는 방법 중 하나를 토마 피케티는 『21세기 자본』에서 제시하고 있다. 이는 부에 대해 글로벌 차원에서 세금을 부과하는 것이다. 이러한 세제를 적용하려면 세율이 낮은 곳으로 자본이 대거 탈출하는 현상을

---

*일부 경제학자, 특히 전직 미국 재무장관인 래리 서머스 같은 사람은 미국 경제가 현재 '구조적 장기침체' 상태에 빠져 있다고 주장한다. 이자율은 거의 0인 상태에서 경제는 최대의 잠재력을 발휘하지 못하는 데다가 생산적인 사업 기회로 가는 투자액은 매우 적은 상황이다. 경제적 생존이 거의 전부 뮤추얼펀드 지분에 달려 있는 미래 사회에서도 비슷한 결과가 나오지 않을까 생각된다.

막기 위해 정부 간 협력이 꼭 필요할 것이다. 따라서 저자인 피케티 자신을 비롯하여 거의 모든 사람이 적어도 가까운 미래까지는 이 방안이 비현실적이라는 데 동의하고 있다.

2014년에 여론의 관심을 온통 집중시켰던 저서에서 피케티는 앞으로 수십 년간은 소득과 부의 불평등이 불가피하게 심화되는 기간일 것이라고 주장한다. 피케티는 이 불평등의 문제를 순전히 과거의 경제 데이터 분석이라는 수단을 통해 들여다본다. 그의 핵심적인 주장은 보통 자본수익률이 전체 경제성장률보다 높아서 자본을 갖고 있는 사람은 시간이 감에 따라 파이의 더 큰 부분을 차지한다는 것이다. 피케티는 이제까지 이 책에서 다룬 주제에 대해서는 놀랍도록 관심이 없다. 700페이지에 달하는 그의 저서에서 '로봇'이라는 단어는 딱 한 번 등장한다. 수많은 논쟁을 불러일으켰던 피케티의 이론이 옳다면 기술 진보에 따라 그가 주장한 내용은 크게 증폭될 것이고, 피케티의 모델이 예측한 것보다 더 심각한 불평등이 현실로 나타날지도 모른다는 것이 나의 생각이다.

특히 불평등의 문제가 미국의 정치에 미치는 영향이 점점 더 대중의 주목을 받음에 따라 피케티가 제안한 식의 재산세가 언젠가는 실현될 수도 있다. 그럴 경우 자본을 개인들에게 쪼개어 나눠주기보다는 중앙 집중식으로 관리되는 국부 펀드(알래스카 펀드와 비슷한)를 출범시켜 여기서 나오는 수익을 기본소득 보장제도에 활용하는 편이 나을 것이다.

단기 정책

기본소득 보장제도가 정치적인 측면에서 가까운 장래에 현실화될 가능성이 낮은 반면, 단기적으로 도움이 될 만한 조치는 여러 가지가 있다. 이런 조치들 중 상당수는 일반적 경제 정책으로, 2008년 경제 위기로부터 더 신속하게 빠져 나오려는 노력과 맞물려 있다. 달리 말해 로봇과 자동화가 일자리에 미치는 영향에 대한 우려와는 별도로 어차피 해야 할 일이라는 뜻이다.

이들 정책 중 공공 인프라에 대한 투자야말로 최우선시되어야 한다. 미국의 도로, 교량, 학교, 공항 중에는 벌써 수리나 개선이 되었어야 할 곳이 많다. 이런 유지보수 활동은 언젠가는 해야 한다. 이를 피해갈 길은 없으며, 질질 끌면 끌수록 비용만 많이 든다. 오늘날 연방정부는 거의 이자율 0인 상태로 돈을 빌릴 수가 있으며 동시에 건설 근로자의 실업률은 계속 두 자리 수에 머물고 있다. 이런 기회를 놓친다면, 즉 저비용일 때 필요한 투자를 하지 못한다면 언젠가 우리 시대는 경제 운영이 최악이었던 시대로 비판받을 것이다.

교육이나 직업 훈련을 촉진하는 정책이 기술 진보로 인한 실업 문제에 장기적이고 전반적인 해결책이 되리라는 견해에 나는 회의적이지만 학생과 근로자의 코앞에 닥친 암울한 환경을 타개하기 위해 우리가 할 수 있고, 또 해야 하는 일은 매우 많다. 직업의 피라미드 꼭대기에는 자리가 별로 없다는 현실을 아마 바꾸지는 못할 것이다. 그러나 현재 존재하는 기회를 잡는 데에 필요한 기술조차도 갖추지 못한 근로자의 문제는 당연히 해결해줄 수 있다. 특히 전문대학에 더 투자를 해야 한다. 실업률이 낮은 분야, 이를테면 노인 돌보미 같은 의료 관련 분야는 오늘날 심각한 교육 병목 현상에 시달리고 있다. 교육을 받으려는 수요가 많아 이미 정원을 초과해버린 강의실에 들어가고 싶어도 들어갈 수 없는 사람들이 많다는 이야기이다. 일반적으로 전문대학은 급변하는 고용 시장을 근로자들이 헤쳐나가는 데에 필요한 능력을 함양하는 주요 시설에 속한다. 이제 일자리, 나아가 직종이 통째로 증발하는 사태가 점점 더 잦아지는 쪽으로 간다면 재교육의 기회를 열 수 있는 조치는 무엇이든 해야 할 것이다. 주로 정부지원금을 받아갈 목적으로 설립된 수익지향적 사립학교를 통제하는 한편, 비교적 교육비가 저렴한 전문대학의 입학 기회를 넓히면 많은 사람들의 미래가 밝아질 것이다. 5장에서 본 것처럼 MOOC를 비롯한 온라인 교육 혁신 또한 직업 교육 기회를 개선하는 데에 도움을 줄 것이다.

또 한 가지 방법은 미국에서 저소득 근로자에게 지급되는 지원금인 근로소득 세제 혜택이라는 제도를 확장하는 것이다. 이 제도에는 현재 두 가지 중요한 제약이 있다. 첫째, 실업자는 수혜 대상이 아니다. 근로 의욕을 북돋우기 위해 이 지원금은 소득이 있는 사람에게만 돌아간다. 둘째, 이 제도는 기본적으로 아동 지원의 형태를 띠고 있다. 2013년 현재 3명 이상의 자녀를 둔 편부모는 연간 6,000달러까지 받았지만, 자녀가 없는 근로자는 487달러를 받았을 뿐이다. 매월 그저 40달러 정도를 받았다는 뜻이다. 오바마 행정부는 이미 자녀가 없는 근로자들에게도 혜택을 확대할 계획을 내놓았다. 그래 봐야 기껏 연간 1,000달러 정도지만 개선은 개선이다. 이 제도를 현실성 있는 장기적 해결책으로 바꾸려면 실업 상태인 사람에게도 혜택이 돌아가도록 확대해야 하는데, 물론 이렇게 되면 이 제도는 일종의 기본소득 보장제도로 전환되는 결과를 낳는다. 단기적으로 이 제도를 확장할 전망은 어두워 보이는데, 이는 의회에서 공화당이 이를 오히려 축소하려는 의도를 드러냈기 때문이다.

시간이 감에 따라 우리 경제의 노동집약도가 떨어지리라는 주장에 찬성한다면 조세제도도 노동 중심에서 자본 중심으로 옮겨가는 것을 받아들여야 옳다. 예를 들어, 현재 고령자 부양 사업은 대부분 근로자와 고용주가 동시에 부담하는 소득세에 의존하고 있다. 이런 식으로 근로에 대해 과세하면 고도로 자본집약적 또는 기술집약적인 기업들에게 무임승차를 허용하는 꼴이 된다. 그러니까 이들이 시장과 제도로부터 이익은 누리면서 사회 전체를 떠받치는 데에 필수적인 사업에 기여해야 하는 의무를 피해갈 수 있게 해준다는 이야기이다. 조세 부담이 노동집약적 산업과 업체에 불균형할 정도로 많이 부과되면 이는 인간의 노동을 가능한 모든 분야에서 자동화로 대체하려는 인센티브로 작용할 것이다. 이렇게 되면 결국 경제 전체가 지속 불가능한 상태에 빠진다. 그러므로 이렇게 할 게 아니라 기술에 크게 의존하면서 인력은 적게 고용하는 업체들이 더 많은 짐을 지도록 제도를 전환해야 한다. 궁극적으로 우리는 근로자들이 은퇴자를 부양하고 복지사업비를 부담한다는 사고의 틀을 벗어나 경제 전체가 이를 떠맡아야 한다는 전제를 받아들여야 한다. 경제성장은 고용 창출과 임금 상승의 속도보다 더 빨리 진행되어왔다.

이런 제안이 지나치게 야심적이라고 생각하는 사람이 혹시 있다면 이들에게는 적어도 한 가지 정책은 존재해야 함을 지적하고 싶다. 이 책에서 이제까지 관찰한 바를 놓고 보면 현재 존재하는 사회 안전망을 해체하려 해서는 안된다. 미국 사회에서 가장 취약한 계층이 의지하고 있는 사업을 현실적인 대안도 없이 폐지하는 데에 적절한 시점이 존재한다 하더라도, 그때가 지금이 아니라는 것만큼은 자명한 사실이다.

미국의 정치 환경은 워낙 심각하게 분열되어 있어 흔해 빠진 경제정책 하나를 놓고도 합의를 도출하기가 거의 불가능하다. 기본소득 보장제도 같은 광범위한 해결책은 말도 꺼내지 못할 분위기임은 당연한 일이다. 그러므로 중요한 문제에 대한 토의는 무기한 연기한 채 문제의 주변부만 건드려대는, 그러니까 좀 더 현실성 있는 정책에만 매달리는 것도 이해할 만하다.

그러나 이는 위험한데, 그 이유는 미국이 이제까지 정보 기술의 발전 곡선을 따라왔기 때문이다. 이제 우리는 지수 곡선이 가파르게 상승하는 지점으로 들어가는 중이다. 상황은 더욱 빨리 변할 것이다. 준비 태세를 갖추기 훨씬 전에 미래가 코앞에 닥칠지도 모른다.

광범위한 경제 개혁을 실현하는 과정에 얼마나 엄청난 걸림돌이 존재하는가는 미국에서 보편적 의료보험 제도를 실현하려는 투쟁이 수십 년을 끌어왔다는 사실만 보아도 알 수 있다. 프랭클린 루스벨트 대통령이 처음으로 전국 차원의 의료보험 제도를 제안한 시점으로부터 건강보험 개혁법이 통과되기까지 거의 80년이 걸렸다. 물론 의료보험의 경우, 미국은 주요 선진국들이 이미 확립해놓은 제도라는 사례를 참고할 수 있었다. 그러나 기본소득에 관해서는 사례가 없을 뿐만 아니라 기술 진보의 충격에 적용할 정책 사례조차 없다. 그러니까 스스로 만들어내야 한다. 상황이 이렇다면 지금 진지한 토론을 시작한다 해도 결코 이르지 않다.

이러한 논의를 하려면 경제 속에서 근로가 수행하는 역할과 사람들이 인센티브에 대해 반응하는 방식이라는 기본 전제부터 파고들어야 한다. 다들 인센티브가 중요하다고 하지만 현재 존재하는 경제적 인센티브를 조금씩 줄여도 문제가 되지는 않으리라고 볼 만한 근거는 많다. 이는 고소득층이나 저소득층이나 마찬가지이다. 최상위 계층의 세율을 조금만 올려도 기업가 정신과 투자 의욕을 손상시키리라는 주장은 근거가 없다. 최상위 소득 계층에 대한 세율이 70퍼센트였던 1970년대 중반에 애플과 마이크로소프트가 모두 창업되었다는 사실은 기업가들이 최고 세율 때문에 골머리를 앓느라 시간 낭비를 하지는 않는다는 증거가 된다. 마찬가지로 하위 계층에서도 근로 의욕이 물론 중요하긴 하지만, 미국처럼 부유한 나라에서 저소득층이 절대 빈곤에 처하거나 길거리에 나앉을 걱정을 할 정도로 강력한 인센티브가 필요하지는 않을 것이다. 경제라는 수레에 타고 있는 사람은 많은데 끄는 사람은 별로 없는 세상이 되리라는 두려움을 다시 한 번 돌아보아야 한다. 왜냐하면 기계가 이 수레를 끌 수 있다는 사실이 점점 더 분명해지고 있기 때문이다.

2014년 5월에 미국의 고용률은 2008년 위기 이전의 최고 수준을 회복했고, 이에 따라 무려 6년에 걸친 실업률 해소의 기간이 끝났다. 그러나 총 고용은 회복되었지만, 일자리의 질이 과거보다 현저히 떨어졌다는 데는 광범위한 공감대가 형성되어 있다. 위기로 인해 수백만 개의 중간층 일자리가 사라졌고, 해당 기간 중 새로 생겨난 일자리는 저임금 서비스직이 압도적이었다. 이들 중 상당수가 패스트푸드 및 소매업종에서 창출되었으며, 앞에서 본 것처럼 이 두 분야는 로봇과 셀프서비스 자동화 기술 발달에 충격을 받을 우려가 가장 큰 분야이다. 장기 실업과 풀타임 일자리를 찾지 못한 사람의 숫자는 여전히 높아진 채로 남아있다.

언론이 보도하는 고용률 관련 숫자 뒤에는 미래에 대한 음산한 경고를 발하는 숫자가 숨어 있다. 경제 위기가 시작된 이래 수년 동안 미국의 근로 연령 인구는 약 1,500만 명 증가했다.[19] 새로 근로 대열에 합류한 이 많은 사람들에게 미국 경제는 어떤 기회도 만들어주지 않았다. 존 케네디가 말한 것처럼 "가만히 서 있으려고만 해도 매우 빨리 걸어야 한다." 1963년에는 이것이 가능했다. 그러나 오늘날은 이것이 결국 불가능하다는 사실이 증명될지도 모른다.

나가는 말

미국의 총 일자리 수가 드디어 위기 전 수준으로 돌아온 그달에 미국 정부는 앞으로 수십 년에 걸쳐 우리가 해결해야 할 문제의 규모와 복잡성을 엿볼 수 있는 두 가지의 보고서를 내놓았다. 첫 번째 보고서는 사실 아무도 신경 쓰지 않고 넘어갔는데, 노동통계국이 발행한 짤막한 분석 결과였다. 이 보고서는 미국 민간 부문에서 수행된 근로의 총량이 15년 간 어떤 식으로 변화해왔는지를 보여준다. 여기서 통계국은 단순히 일자리의 수만을 세어본 것이 아니라 실제 근로시간을 분석했다.

1998년에 미국 민간 부문에서는 1,940억 시간의 근로가 발생했다. 그로부터 15년이 지난 2013년에 미국 민간 부문이 생산한 상품과 서비스는 42퍼센트가 증가하여 인플레이션 조정 후 3조 5,000억 달러에 달했다. 이를 생산하기 위해 투입된 인간의 노동은 얼마였을까? 여전히 1,940억 시간이었다. 통계국의 경제학자로 이 보고서를 작성한 숀 스프레이그는 이렇게 말했다. "이 숫자는 무엇을 뜻하는가? 지난 15년간 미국 인구가 4,000만 명이 늘었는데도, 또 수많은 기업이 창업을 했는데도 같은 기간 동안 근로시간 수는 결국 '하나도 늘어나지 않았다'는 뜻이다."[1]

그러나 2014년 5월 6일에 발표된 두 번째 보고서는 「뉴욕 타임스」의 1면을 장식했다. 기사에 따르면, 석유 산업계 대표를 비롯한 60명의 위원이 감독하는 정부부처 간 대형 사업인 '전 미국 환경 영향 평가'는 "먼 미래의 일이라고만 생각되던 기후변화는 이제 현재 속에 확고히 자리 잡았다"고 말했다.[2] 또한 보고서는 "여름이 더 길어지고 더워지고 있으며, 지금 살아 있는 미국인이 겪었던 어느 것보다도 더 긴 혹서기가 등장하고 있음"도 지적했다. 이미 미국에서는 홍수를 비롯한 대규모 피해로 이어지는 폭우의 횟수가 급격히 증가했다. 이 보고서는 또한 2100년이 되면 해수면이 30~120센티미터 상승할 것이며, 이미 "해안 지대 주민들은 폭풍이나 만조 시에 도로가 더 자주 물에 잠기는 현상을 경험하고 있다"고 지적했다. 시장경제는 기후변화라는 현실에 적응하기 시작했다. 홍수 보험의 보험료가 상승했고, 홍수에 취약한 지역에서는 아예 가입이 불가능해졌다.

기술 낙관주의자들은 기후변화와 환경 충격에 대한 우려를 무시하는 경향이 있다. 이들은 기술을 일차원적인 시각으로 본다. 기술은 보편적으로 긍정적인 힘으로, 급속히 발달하는 과정에서 기술이 우리 앞에 놓인 어떤 위험도 제거해줄 것이라고 믿는 것이다. 풍부한 청정에너지가 우리 생각보다 빠른 속도로 경제를 가동할 것이며, 끔찍한 상황이 발생하기 전에 해수 담수화 기술과 좀 더 효과적인 용수 재활용 기술에서 혁신이 일어날 것이라고 믿기도 한다. 일부 낙관론은 물론 근거가 있다. 특히 태양에너지는 최근 무어의 법칙 비슷한 경향을 보이기 시작해서 비용이 급속히 떨어지고 있다. 전 세계의 태양광 발전 설비 용량은 대략 2년 반마다 두 배로 늘어난다.[3] 가장 극단적인 낙관론자들은 2030년대 초가 되면 인류가 필요로 하는 모든 전력을 태양으로부터 얻을 수 있다고 생각한다.[4] 그러나 난제들도 여전히 남아 있다. 한 가지 문제는 태양전지판 자체의 가격은 급격히 하락하고 있는 반면, 주변기기 및 설비 같은 주요 부품의 가격은 적어도 현재까지는 같은 속도로 떨어지지 않고 있다.

　기후변화의 충격을 완화하고 또한 적응하려면 혁신과 규제를 병행해 나가야 할 필요가 있다. 기술과 환경적 충격 사이의 단순한 대결이라는 양상으로 미래가 펼쳐지지는 않는다. 그보다 훨씬 더 복잡한 모습으로 미래는 전개될 것이다. 앞서 본 바와 마찬가지로 발달하는 정보 기술에는 그 나름의 어두운 면이 있으며, 이로 인해 실업이 만연하거나 미국인의 대부분이 경제적 안정을 위협받는다면 기후변화의 위협은 정치적으로 해결하기가 더 어려워질 것이다.

예일 대학교와 조지 메이슨 대학교의 연구팀은 2013년에 수행한 조사에서 63퍼센트의 미국인이 기후변화가 진행 중이라고 생각하고 있으며, 적어도 절반 정도의 미국인은 기후의 미래에 대해 우려하고 있다는 사실을 알아냈다.[5] 그러나 최근 갤럽이 시행한 여론조사를 보면 현실이 좀 더 분명히 드러난다.[6] 15가지의 큰 걱정거리 리스트에서 기후변화는 14번을 차지했을 뿐이다. 맨 위에 오른 것은 경제였는데, 대부분의 보통 사람들에게 있어 '경제'란 말할 것도 없이 직장과 월급을 뜻한다.

과거를 돌이켜보면 일자리가 줄어드는 경우, 환경보호 활동에 반대하는 정치인들과 이익집단은 실업이 만연하리라는 공포를 강력한 수단으로 이용해왔음이 분명히 드러난다. 과거에 석탄 채굴이 고용 창출의 큰 부분을 떠맡아온 주에서 광업 부문의 일자리가 사라진 것은 환경 규제 때문이 아니라 자동화 때문이라는 근거가 있다. 고용 인원이 적은 기업조차 더 낮은 세금, 정부 보조금, 규제로부터의 자유를 찾아 각 주와 각 도시에 더 좋은 조건을 내걸도록 경쟁을 시킨다.

미국을 비롯한 선진국을 제외한 국가에서는 상황이 훨씬 더 위험하다. 앞서 본 것처럼 공장 노동자의 일자리는 전 세계적으로 급속히 사라져가고 있다. 개발도상국들이 지금은 노동집약적 제조업을 바탕으로 번영을 향해 나아가고 있지만, 이러한 제조업도 마치 효과적인 영농 기술로 인해 사람들이 농업 생산에서 밀려났듯 사라져버릴 것이다. 이들 중 여러 나라가 기후변화의 충격을 훨씬 더 심하게 겪을 것인데, 지금 현재도 그곳에서는 환경 파괴가 상당한 수준으로 계속되고 있다. 최악의 경우 경제 불안, 한발, 식량 가격 상승 등이 결합되어 결국 정치 사회적 불안정을 야기할 것이다.

가장 큰 위험은 '퍼펙트 스톰'을 맞을 수 있다는 데 있다. 이런 상황에서는 기술로 인한 실업과 환경 충격이 병행해가다가 상호작용을 통해 둘 다 더 강력해질 수 있다. 그러나 반면에 발전하는 기술을 이용해서 해결책을 찾고, 고용과 소득 분배에 기술이 미칠 수 있는 힘을 잘 파악하고 이에 적응한다면 그 결과는 훨씬 더 긍정적일 수 있다. 우리 시대의 가장 큰 과제는 이렇게 뒤얽힌 여러 힘의 실타래를 잘 풀어서 광범위한 안정과 번영을 누릴 수 있는 미래를 향해 가는 것이다.

주

들어가는 말

1 Average wages for production or nonsupervisory workers: *The Economic Report of the President, 2013*, Table B-47, http://www.whitehouse.gov/sites/default/files/docs/erp2013/full_2013_economic_report_of_the_president.pdf. The table shows peak weekly wages of about $341 in 1973 and $295 in December 2012, measured in 1984 dollars. Productivity: Data Source: FRED, Federal Reserve Economic Data, Federal Reserve Bank of St. Louis: Nonfarm Business Sector: Real Output Per Hour of All Persons, Index 2009=100, Seasonally Adjusted [OPHNFB]; US Department of Labor: Bureau of Labor Statistics; https://research.stlouisfed.org/fred2/series/OPHNFB/; accessed April 29, 2014.

2 Neil Irwin, "Aughts Were a Lost Decade for U.S. Economy, Workers," *Washington Post*, January 2, 2010, http://www.washingtonpost.com/wp-dyn/content/article/2010/01/01/AR2010010101196.html.

3 Ibid.

1장 자동화의 물결

1 John Markoff, "Skilled Work, Without the Worker," *New York Times*, August 18, 2012, http://www.nytimes.com/2012/08/19/business/new-wave-of-adept-robots-is-changing-global-industry.html.

2 Damon Lavrinc, "Peek Inside Tesla's Robotic Factory," *Wired.com*, July 16, 2013, http://www.wired.com/autopia/2013/07/tesla-plant-video/.

3 International Federation of Robotics website, Industrial Robot Statistics 2013, http://www.ifr.org/industrial-robots/statistics/.

4 Jason Tanz, "Kinect Hackers Are Changing the Future of Robotics," *Wired Magazine*, July 2011, http://www.wired.com/magazine/2011/06/mf_kinect/.

5 Esther Shein, "Businesses Adopting Robots for New Tasks," *Computerworld*, August 1, 2013, http://www.computerworld.com/s/article/9241118/Businesses_adopting_robots_for_new_tasks.

6 Stephanie Clifford, "U.S. Textile Plants Return, with Floors Largely Empty of People," *New York Times*, September 12, 2013, http://www.nytimes.com/2013/09/20/business/us-textile-factories-return.html.

7 Ibid.

8 On increasing worker pay in China and Boston Consulting Group Survey, see "Coming Home," *The Economist*, January 19, 2013, http://www.economist.com/news/special-report/21569570-growing-number-american-companies-are-moving-their-manufacturing-back-united.

9 Caroline Baum, "So Who's Stealing China's Manufacturing Jobs?," *Bloomberg News*, October 14, 2003, http://www.bloomberg.com/apps/news?pid=newsarchive&sid=aRI4bAft7Xw4.

10 Paul Mozur and Eva Dou, "Robots May Revolutionize China's Electronics Manufacturing," *Wall Street Journal*, September 24, 2013, http://online.wsj.com/news/articles/SB10001424052702303759604579093122607195610.

11 For more on China's artificially low cost of capital, see Michael Pettis, *Avoiding the Fall: China's Economic Restructuring* (Washington, DC: Carnegie Endowment for International Peace, 2013).

12 Barney Jopson, "Nike to Tackle Rising Asian Labour Costs," *Financial Times*, June 27, 2013, http://www.ft.com/intl/cms/s/0/277197a6-df6a-11e2?881f-00144feab7de.html.

13 Momentum Machines co-founder Alexandros Vardakostas, as quoted in Wade Roush, "Hamburgers, Coffee, Guitars, and Cars: A Report from Lemnos Labs," *Xconomy.com*, June 12, 2012, http://www.xconomy.com/san-francisco/2012/06/12/hamburgers-coffee-guitars-and-cars-a-report-from-lemnos-labs/.

14 Momentum Machines website, http://momentummachines.com; David Szondy, "Hamburger-Making Machine Churns Out Custom Burgers at Industrial Speeds," *Gizmag.com*, November 25, 2012, http://www.gizmag.com/hamburger-machine/25159/.

15 McDonald's corporate website, http://www.aboutmcdonalds.com/mcd/our_company.html.

16 US Department of Labor, Bureau of Labor Statistics, News Release, December 19, 2013, USDL-13?2393, Employment Projections?2012?2022, Table 8, http://www.bls.gov/news.release/pdf/ecopro.pdf.

17 Alana Semuels, "National Fast-Food Wage Protests Kick Off in New York," *Los Angeles Times*, August 29, 2013, http://articles.latimes.com/2013/aug/29/business/la-fi-mo-fast-food-protests-20130829.

18 Schuyler Velasco, "McDonald's Helpline to Employee: Go on Food Stamps," *Christian Science Monitor*, October 24, 2013, http://www.csmonitor.com/Business/2013/1024/McDonald-s-helpline-to-employee-Go-on-food-stamps.

19 Sylvia Allegretto, Marc Doussard, Dave Graham-Squire, Ken Jacobs, Dan Thompson, and Jeremy Thompson, "Fast Food, Poverty Wages: The Public Cost of

Low-Wage Jobs in the Fast-Food Industry," UC Berkeley Labor Center, October 15, 2013, http://laborcenter.berkeley.edu/publiccosts/fast_food_poverty_wages.pdf.

20 Hiroko Tabuchi, "For Sushi Chain, Conveyor Belts Carry Profit," *New York Times*, December 30, 2010, http://www.nytimes.com/2010/12/31/business/global/31sushi.html.

21 Stuart Sumner, "McDonald's to Implement Touch-Screen Ordering," *Computing*, May 18, 2011, http://www.computing.co.uk/ctg/news/2072026/mcdonalds-implement-touch-screen.

22 US Department of Labor, Bureau of Labor Statistics, *Occupational Outlook Handbook*, March 29, 2012, http://www.bls.gov/ooh/About/Projections-Overview.htm.

23 Ned Smith, "Picky Robots Grease the Wheels of e-Commerce," *Business News Daily*, June 2, 2011, http://www.businessnewsdaily.com/1038-robots-streamline-order-fulfillment-e-commerce-pick-pack-and-ship-warehouse-operations.html.

24 Greg Bensinger, "Before Amazon's Drones Come the Robots," *Wall Street Journal*, December 8, 2013, http://online.wsj.com/news/articles/SB1000142405270230333 0204579246012421712386.

25 Bob Trebilcock, "Automation: Kroger Changes the Distribution Game," *Modern Materials Handling*, June 4, 2011, http://www.mmh.com/article/automation_kroger_changes_the_game.

26 Alana Semuels, "Retail Jobs Are Disappearing as Shoppers Adjust to Self-Service," *Los Angeles Times*, March 4, 2011, http://articles.latimes.com/2011/mar/04/business/la-fi-robot-retail-20110304.

27 Redbox corporate blog, "A Day in the Life of a Redbox Ninja," April 12, 2010, http://blog.redbox.com/2010/04/a-day-in-the-life-of-a-redbox-ninja.html.

28 Redbox corporate website, http://www.redbox.com/career-technology.

29 Meghan Morris, "It's Curtains for Blockbuster's Remaining U.S. Stores," *Crain's Chicago*

Business, November 6, 2013, http://www.chicagobusiness.com/article/20131106/
NEWS07/131109882/its-curtains-for-blockbusters-remaining-u-s-stores.

30 Alorie Gilbert, "Why So Nervous About Robots, Wal-Mart?," *CNET News*, July 8,
2005, http://news.cnet.com/8301.10784_3.5779674.7.html.

31 Jessica Wohl, "Walmart Tests iPhone App Checkout Feature," Reuters, September 6,
2012, http://www.reuters.com/article/2012/09/06/us-walmart-iphones-checkout-
idUSBRE8851DP20120906.

32 Brian Sumers, "New LAX Car Rental Company Offers Only Audi A4s.and No
Clerks," *Daily Breeze*, October 6, 2013, http://www.dailybreeze.com/general-
news/20131006/new-lax-car-rental-company-offers-only-audi-a4s-x2014-and-no-
clerks.

33 Vision Robotics corporate website, http://visionrobotics.com.

34 Harvest Automation corporate website, http://www.harvestai.com/agricultural-
robots-manual-labor.php.

35 Peter Murray, "Automation Reaches French Vineyards with a Vine-Pruning Robot,"
SingularityHub, November 26, 2012, http://singularityhub.com/2012/11/26/
automation-reaches-french-vineyards-with-a-vine-pruning-robot.

36 "Latest Robot Can Pick Strawberry Fields Forever," *Japan Times*, September 26,
2013, http://www.japantimes.co.jp/news/2013/09/26/business/latest-robot-can-
pick-strawberry-fields-forever.

37 Australian Centre for Field Robotics website, http://sydney.edu.au/engineering/
research/robotics/agricultural.shtml.

38 Emily Sohn, "Robots on the Farm," *Discovery News*, April 12, 2011, http://news.
discovery.com/tech/robotics/robots-farming-agriculture-110412.htm.

39 Alana Semuels, "Automation Is Increasingly Reducing U.S. Workforces," *Los Angeles
Times*, December 17, 2010, http://articles.latimes.com/2010/dec/17/business/la-fi-
no-help-wanted-20101217.

1 On Martin Luther King Jr.'s final sermon and memorial service at Washington National Cathedral, see Ben A. Franklins, "Dr. King Hints He'd Cancel March If Aid Is Offered," *New York Times*, April 1, 1968, and Nan Robertson, "Johnson Leads U.S. in Mourning: 4,000 Attend Service at Cathedral in Washington," *New York Times*, April 6, 1968.

2 The full text of MLK's "Remaining Awake Through a Great Revolution" sermon is available at http://mlk-kpp01.stanford.edu/index.php/kingpapers/article/remaining_awake_through_a_great_revolution/.

3 For the text of the Triple Revolution report and a list of signatories, see http://www.educationanddemocracy.org/FSCfiles/C_CC2a_TripleRevolution.htm. Scanned images of the original document and accompanying letter to President Johnson are available at http://osulibrary.oregonstate.edu/specialcollections/coll/pauling/peace/papers/1964p.7.04.html.

4 John D. Pomfret, "Guaranteed Income Asked for All, Employed or Not," *New York Times*, March 22, 1964. For other media coverage of the Triple Revolution report, see Brian Steensland, *The Failed Welfare Revolution: America's Struggle over Guaranteed Income Policy* (Princeton: Princeton University Press, 2011), pp. 43.44.

5 Norbert Wiener's article on automation is discussed and quoted extensively in John Markoff, "In 1949, He Imagined an Age of Robots," *New York Times*, May 20, 2013.

6 From a letter to Robert Weide dated January 12, 1983, cited in Dan Wakefield, ed., *Kurt Vonnegut Letters* (New York: Delacorte Press, 2012), p. 293.

7 For the text of Lyndon B. Johnson's "Remarks Upon Signing Bill Creating the National Commission on Technology, Automation, and Economic Progress," August 19, 1964, see Gerhard Peters and John T. Woolley, *The American Presidency Project*, http://www.presidency.ucsb.edu/ws/?pid=26449.

8 The National Commission on Technology, Automation, and Economic Progress reports can be found online at http://catalog.hathitrust.org/Record/009143593, http://catalog.hathitrust.org/Record/007424268, and http://www.rand.org/content/dam/rand/pubs/papers/2013/P3478.pdf.

9 For information on unemployment rates in the 1950s and '60s, see "A Brief History of US Unemployment" at the *Washington Post* website, http://www.washingtonpost.com/wp-srv/special/business/us-unemployment-rate-history/.

10 For a vivid description of the design and operation of the first digital computers and the teams that built them, see George Dyson, *Turing's Cathedral: The Origins of the Digital Universe* (New York: Vintage, 2012).

11 For a listing of the average wages for production or nonsupervisory workers, see Table B-47 in *The Economic Report of the President*, 2013, http://www.whitehouse.gov/sites/default/files/docs/erp2013/full_2013_economic_report_of_the_president.pdf. As noted in the Introduction, the table shows peak weekly wages of about $341 in 1973 and $295 in December 2012, measured in 1984 dollars. I have adjusted these to 2013 dollars using the Bureau of Labor Statistics' inflation calculator at http://www.bls.gov/data/inflation_calculator.htm.

12 On median household incomes versus per capita GDP, see Tyler Cowen, *The Great Stagnation: How America Ate All the Low-Hanging Fruit of Modern History, Got Sick, and Will (Eventually) Feel Better* (New York: Dutton, 2011), p. 15, and Lane Kenworthy, "Slow Income Growth for Middle America," September 3, 2008, http://lanekenworthy.net/2008/09/03/slow-income-growth-for-middle-america/.I have adjusted the figures to reflect 2013 dollars.

13 Lawrence Mishel, "The Wedges Between Productivity and Median Compensation Growth," Economic Policy Institute, April 26, 2012, http://www.epi.org/publication/ib330-productivity-vs-compensation/.

14 "The Compensation-Productivity Gap," US Bureau of Labor Statistics website, February 24, 2011, http://www.bls.gov/opub/ted/2011/ted_20110224.htm.

15 John B. Taylor and Akila Weerapana, *Principles of Economics* (Mason, OH: Cengage Learning, 2012), p. 344. In particular, see the bar chart and commentary in the left margin. Taylor is a very highly regarded economist, known especially for the "Taylor Rule," a monetary policy guideline used by central banks (including the Federal Reserve) to set interest rates.

16 Robert H. Frank and Ben S. Bernanke, *Principles of Economics*, 3rd ed. (New York: McGraw Hill/Irwin, 2007), pp. 596.597.

17 John Maynard Keynes, as quoted in David Hackett Fischer, *The Great Wave: Price Revolutions and the Rhythm of History* (New York: Oxford University Press, 1996), p. 294.

18 Labor Share Graph, Data Source: FRED, Federal Reserve Economic Data, Federal Reserve Bank of St. Louis: Nonfarm Business Sector: Labor Share, Index 2009=100, Seasonally Adjusted [PRS85006173]; US Department of Labor: Bureau of Labor Statistics; https://research.stlouisfed.org/fred2/series/PRS85006173; accessed April 29, 2014. The vertical scale is an index with 100 set to 2009. The labor share percentages shown on the graph (65% and 58%) were added for clarity. See also: Margaret Jacobson and Filippo Occhino, "Behind the Decline in Labor's Share of Income," Federal Reserve Bank of Cleveland, February 3, 2012 (http://www.clevelandfed.org/research/trends/2012/0212/01gropro.cfm).

19 Scott Thurm, "For Big Companies, Life Is Good," *Wall Street Journal*, April 9, 2012, http://online.wsj.com/article/SB100014240527023038154045773316604647390 18.html.

20 Ibid.

21 Corporate Profits / GDP graph: Data Source: FRED, Federal Reserve Economic Data, Federal Reserve Bank of St. Louis: Corporate Profits After Tax (without IVA and CCAdj), Billions of Dollars, Seasonally Adjusted Annual Rate [CP]; Gross Domestic Product, Billions of Dollars, Seasonally Adjusted Annual Rate [GDP];

http://research.stlouisfed.org/fred2/graph/?id=CP; accessed April 29, 2014.

22 Loukas Karabarbounis and Brent Neiman, "The Global Decline of the Labor Share," National Bureau of Economic Research, Working Paper No.19136, issued in June 2013, http://www.nber.org/papers/w19136.pdf; see also http://faculty.chicagobooth. edu/loukas.karabarbounis/research/labor_share.pdf.

23 Ibid., p. 1.

24 Ibid.

25 Labor Force Participation Rate Graph, Data Source: FRED, Federal Reserve Economic Data, Federal Reserve Bank of St. Louis: Civilian Labor Force Participation Rate, Percent, Seasonally Adjusted [CIVPART]; http://research.stlouisfed.org/fred2/ graph/?id=CIVPART; accessed April 29, 2014.

26 Graphs showing the participation rates for men and women can be found at the Federal Reserve Economic Data website; see http://research.stlouisfed.org/fred2/ series/LNS11300001 and http://research.stlouisfed.org/fred2/series/LNS11300002, respectively.

27 A graph of the labor force participation rate for adults twenty-five to fifty-four years of age can be found at http://research.stlouisfed.org/fred2/graph/?g=l6S.

28 On the greatly increased number of disability applications, see Willem Van Zandweghe, "Interpreting the Recent Decline in Labor Force Participation," *Economic Review–First Quarter 2012*, Federal Reserve Bank of Kansas City, p. 29, http://www.kc.frb.org/publicat/econrev/pdf/12q1VanZandweghe.pdf.

29 Data Source: FRED, Federal Reserve Economic Data, Federal Reserve Bank of St. Louis: All Employees: Total Nonfarm, Thousands of Persons, Seasonally Adjusted [PAYEMS]; US Department of Labor: Bureau of Labor Statistics; https://research. stlouisfed.org/fred2/series/PAYEMS/; accessed June 10, 2014.

30 On the number of new jobs needed to keep up with population growth, see Catherine Rampell, "How Many Jobs Should We Be Adding Each Month?,"

New York Times (Economix blog), May 6, 2011, http://economix.blogs.nytimes. com/2011/05/06/how-many-jobs-should-we-be-adding-each-month/.

31 Murat Tasci, "Are Jobless Recoveries the New Norm?," Federal Reserve Bank of Cleveland, Research Commentary, March 22, 2010, http://www.clevelandfed.org/ research/commentary/2010/2010.1.cfm.

32 Center on Budget and Policy Priorities, "Chart Book: The Legacy of the Great Recession," September 6, 2013, http://www.cbpp.org/cms/index.cfm?fa=view&id=3252.

33 Data Source: FRED, Federal Reserve Economic Data, Federal Reserve Bank of St. Louis: All Employees: Total Nonfarm, Thousands of Persons, Seasonally Adjusted [PAYEMS]; US Department of Labor: Bureau of Labor Statistics; https://research. stlouisfed.org/fred2/series/PAYEMS/; accessed June 10, 2014.

34 Ghayad's experiment is described in Mathew O'Brien, "The Terrify ing Reality of Long-Term Unemployment," *The Atlantic*, April 13, 2013, http://www. theatlantic.com/business/archive/2013/04/the-terrifying-reality-of-long-term-unemployment/274957/.

35 Regarding the Urban Institute report on long-term unemployment, see Mathew O'Brien, "Who Are the Long-Term Unemployed?," *The Atlantic*, August 23, 2013, http://www.theatlantic.com/business/archive/2013/08/who-are-the-long-term-unemployed/278964, and Josh Mitchell, "Who Are the Long-Term Unemployed?," Urban Institute, July 2013, http://www.urban.org/uploadedpdf/412885-who-are-the-long-term-unemployed.pdf.

36 "The Gap Widens Again," *The Economist*, March 10, 2012, http://www.economist. com/node/21549944.

37 Emmanuel Saez, "Striking It Richer: The Evolution of Top Incomes in the United States," University of California, Berkeley, September 3, 2013, http://elsa.berkeley. edu/~saez/saez-UStopincomes-2012.pdf.

38 CIA World Factbook, "Country Comparison: Distribution of Family In come:

Gini Index," https://www.cia.gov/library/publications/the-world-factbook/ rankorder/2172rank.html; accessed April 29, 2014.

39 Dan Ariely, "Americans Want to Live in a Much More Equal Country (They Just Don't Realize It)," *The Atlantic*, August 2, 2012, http://www.theatlantic.com/ business/archive/2012/08/americans-want-to-live-in-a-much-more-equal-country-they-just-dont-realize-it/260639/.

40 Jonathan James, "The College Wage Premium," Federal Reserve Bank of Cleveland, Economic Commentary, August 8, 2012, http://www.clevelandfed.org/research/ commentary/2012/2012.10.cfm.

41 Diana G. Carew, "No Recovery for Young People" (Progressive Policy Institute blog), August 5, 2013, http://www.progressivepolicy.org/2013/08/no-recovery-for-young-people/.

42 Nir Jaimovich and Henry E. Siu, "The Trend Is the Cycle: Job Polarization and Jobless Recoveries," National Bureau of Economic Research, Working Paper No. 18334, issued in August 2012, http://www.nber.org/papers/w18334, also available at http:// faculty.arts.ubc.ca/hsiu/research/polar20120331.pdf.

43 See, for example, Ben Casselman, "Low Pay Clouds Job Growth," *Wall Street Journal*, April 3, 2013, http://online.wsj.com/article/SB100014241278873246359045786 43654030630378.html.

44 This information comes from the Bureau of Labor Statistics monthly employment reports. The December 2007 report (http://www.bls.gov/news.release/archives/ empsit_01042008.pdf), Table A-5, shows 122 million fulltime jobs and about 24 million part-time jobs. The August 2013 report (http://www.bls.gov/news.release/ archives/empsit_09062013.pdf), Table A-8, shows about 117 million full-time jobs and 27 million part-time jobs.

45 David Autor, "The Polarization of Job Opportunities in the U.S. Labor Market: Implications for Employment and Earnings," a paper jointly released by The Center for American Progress and The Hamilton Project, April 2010, pp. 8.9, http://economics.mit.edu/files/5554.

46 Ibid., p. 4.

47 Ibid., p. 2.

48 Jaimovich and Siu, "The Trend Is the Cycle: Job Polarization and Jobless Recoveries," p. 2.

49 Chrystia Freeland, "The Rise of 'Lovely' and 'Lousy' Jobs," Reuters, April 12, 2012, http://www.reuters.com/article/2012/04/12/column-freeland-middleclass-idUSL2E8FCCZZ20120412.

50 Galina Hale and Bart Hobijn, "The U.S. Content of 'Made in China,'" Federal Reserve Bank of San Francisco (FRBSF), Economic Letter, August 8, 2011, http://www.frbsf.org/economic-research/publications/economic-letter/2011/august/us-made-in-china/.

51 Data Source: FRED, Federal Reserve Economic Data, Federal Reserve Bank of St. Louis: All Employees Manufacturing, Thousands of Persons, Seasonally Adjusted [MANEMP] divided by All Employees: Total Nonfarm, Thousands of Persons, Seasonally Adjusted [PAYEMS]; US Department of Labor: Bureau of Labor Statistics; https://research.stlouisfed.org/fred2/series/PAYEMS/; accessed June 10, 2014.

52 Bruce Bartlett, "'Financialization' as a Cause of Economic Malaise," *New York Times* (Economix blog), June 11, 2013, http://economix.blogs.nytimes.com/2013/06/11/financialization-as-a-cause-of-economic-malaise/; Brad Delong, "The Financialization of the American Economy" (blog), October 18, 2011, http://delong.typepad.com/sdj/2011/10/the-financialization-of-the-american-economy.html.

53 Simon Johnson and James Kwak, *13 Bankers: The Wall Street Takeover and the Next Financial Meltdown* (New York: Pantheon, 2010), pp. 85.86.

54 Matt Taibbi, "The Great American Bubble Machine," *Rolling Stone*, July 9,

2009, http://www.rollingstone.com/politics/news/the-great-american-bubble-machine-20100405.

55 There are a number of economic papers demonstrating the relationship between financialization and inequality. For a comprehensive treatment, see James K. Galbraith, *Inequality and Instability: A Study of the World Economy Just Before the Great Crisis* (New York: Oxford University Press, 2012). On the relationship between financialization and the decline in labor's share, see *Global Wage Report 2012/13*, International Labour Organization, 2013, http://www.ilo.org/wcmsp5/groups/public/.dgreports/.dcomm/.publ/documents/publication/wcms_194843.pdf.

56 Susie Poppick, "4 Ways the Market Could Really Surprise You," *CNN Money*, January 28, 2013, http://money.cnn.com/gallery/investing/2013/01/28/stock-market-crash.moneymag/index.html.

57 Matthew Yglesias, "America's Private Sector Labor Unions Have Always Been in Decline," *Slate* (Moneybox blog), March 20, 2013, http://www.slate.com/blogs/moneybox/2013/03/20/private_sector_labor_unions_have_always_been_in_decline.html.

58 On Canadian median wages and unionization, see Miles Corak, "The Simple Economics of the Declining Middle Class.and the Not So Simple Politics," *Economics for Public Policy Blog*, August 7, 2013, http://milescorak.com/2013/08/07/the-simple-economics-of-the-declining-middle-class-and-the-not-so-simple-politics/, and "Unions on Decline in Private Sector," CBC News Canada, September 2, 2012, http://www.cbc.ca/news/canada/unions-on-decline-in-private-sector-1.1150562.

59 Carl Benedikt Frey and Michael A. Osborne, "The Future of Employment: How Susceptible Are Jobs to Computerisation?," Oxford Martin School, Programme on the Impacts of Future Technology, September 17, 2013, p. 38, http://www.futuretech.ox.ac.uk/sites/futuretech.ox.ac.uk/files/The_Future_of_Employment_OMS_Working_Paper_1.pdf.

60 Paul Krugman, "Robots and Robber Barons," *New York Times*, December 9, 2012, http://www.nytimes.com/2012/12/10/opinion/krugman-robots-and-robber-barons. html?gwh=054BD73AB17F28CD31B3999AABFD7E86; Jeffrey D. Sachs and Laurence J. Kotlikoff, "Smart Machines and Long-Term Misery," National Bureau of Economic Research, Working Paper No. 18629, issued in December 2012, http:// www.nber.org/papers/w18629.pdf.

3장 정보 기술: 유례없는 파괴적 힘

1 Robert J. Gordon, "Is U.S. Economic Growth Over? Faltering Innovation Confronts the Six Headwinds," National Bureau of Economic Research, NBER Working Paper 18315, issued in August 2012, http://www.nber.org/papers/w18315; see also http:// faculty-web.at.northwestern.edu/economics/gordon/is%20us%20economic%20 growth%20over.pdf.

2 For a more detailed explanation of semiconductor fabrication S-curves, see Murrae J. Bowden, "Moore's Law and the Technology S-Curve," *Current Issues in Technology Management*, Stevens Institute of Technology, Winter 2004, https://www.stevens. edu/howe/sites/default/files/bowden_0.pdf.

3 See, for example, Michael Kanellos, "With 3D Chips, Samsung Leaves Moore's Law Behind," *Forbes.com*, August 14, 2013, http://www.forbes.com/sites/ michaelkanellos/2013/08/14/with-3d-chips-samsung-leaves-moores-law-behind; John Markoff, "Researchers Build a Working Carbon Nanotube Computer," *New York Times*, September 25, 2013, http://www.nytimes.com/2013/09/26/science/researchers-build- a-working-carbon-nanotube-computer.html?ref=johnmarkoff&_r=0.

4 President's Council of Advisors on Science and Technology, "Report to the President and Congress: Designing a Digital Future: Federally Funded Research and Development in Networking and Information Technology," December 2010,

p. 71, http://www.whitehouse.gov/sites/default/files/microsites/ostp/pcast-nitrd-report-2010.pdf.

5   James Fallows, "Why Is Software So Slow?," *The Atlantic*, August 14, 2013, http://www.theatlantic.com/magazine/archive/2013/09/why-is-software-so-slow/309422/.

6   Science writer Joy Casad calculates that the speed at which neurons transmit signals is about half a millisecond. That is vastly slower than what occurs in computer chips. See Joy Casad, "How Fast Is a Thought?," *Examiner.com*, August 20, 2009, http://www.examiner.com/article/how-fast-is-a-thought.

7   IBM Press Release: "IBM Research Creates New Foundation to Program SyNAPSE Chips," August 8, 2013, http://finance.yahoo.com/news/ibm-research-creates-foundation-program-040100103.html.

8   See, for example, "Rise of the Machines," *The Economist* (Free Exchange blog), October 20, 2010, http://www.economist.com/blogs/freeexchange/2010/10/technology.

9   Google Investor Relations website, http://investor.google.com/financial/tables.html.

10 Historical data on General Motors can be found at http://money.cnn.com/magazines/fortune/fortune500_archive/snapshots/1979/563.html. GM earned $3.5 billion in 1979, which is equivalent to about $11 billion in 2012 dollars.

11 Scott Timberg, "Jaron Lanier: The Internet Destroyed the Middle Class," *Salon.com*, May 12, 2013, http://www.salon.com/2013/05/12/jaron_lanier_the_internet_destroyed_the_middle_class/.

12 This video can be found at https://www.youtube.com/watch?v=wb2cI_gJUok, or search YouTube for "Man vs. Machine: Will Human Workers Become Obsolete?" Kurzweil's remarks can be found at about 05:40

13 Robert Jensen, "The Digital Provide: Information (Technology), Market Performance and Welfare in the South Indian Fisheries Sector," *Quarterly Journal of Economics*, 122, no. 3 (2007): 879.924.

14 A few places in which the story of the sardine fishermen of Kerala has been told are

The Rational Optimist by Matt Ridley, *A History of the World in 100 Objects* by Neil MacGregor, *The Mobile Wave* by Michael Saylor, *Race Against the Machine* by Erik Brynjolfsson and Andrew McAfee, *Content Nation* by John Blossom, Planet India by Mira Kamdar, and "To Do with the Price of Fish," *The Economist*, May 10, 2007. And now this book joins the list.

4장 화이트칼라의 충격

1 David Carr, "The Robots Are Coming! Oh, They're Here," *New York Times* (Media Decoder blog), October 19, 2009, http://mediadecoder.blogs.nytimes. com/2009/10/19/the-robots-are-coming-oh-theyre-here.

2 Steven Levy, "Can an Algorithm Write a Better News Story Than a Human Reporter?," *Wired*, April 24, 2012, http://www.wired.com/2012/04/can-an-algorithm-write-a-better-news-story-than-a-human-reporter.

3 Narrative Science corporate website, http://narrativescience.com.

4 George Leef, "The Skills College Graduates Need," Pope Center for Education Policy, December 14, 2006, http://www.popecenter.org/commentaries/article. html?id=1770.

5 Kenneth Neil Cukier and Viktor Mayer-Schoenberger, "The Rise of Big Data," *Foreign Affairs*, May/June 2013, http://www.foreignaffairs.com/articles/139104/kenneth-neil-cukier-and-viktor-mayer-schoenberger/the-rise-of-big-data.

6 Thomas H. Davenport, Paul Barth, and Randy Bean, "How 'Big Data' Is Different," *MIT Sloan Management Review*, July 20, 2012, http://sloanreview.mit.edu/article/how-big-data-is-different.

7 Charles Duhigg, "How Companies Learn Your Secrets," *New York Times*, February 16, 2012, http://www.nytimes.com/2012/02/19/magazine/shopping-habits.html.

8 As quoted in Steven Levy, *In the Plex: How Google Thinks, Works, and Shapes Our Lives*

(New York: Simon and Schuster, 2011), p. 64.

9 Tom Simonite, "Facebook Creates Software That Matches Faces Almost as Well as You Do," *MIT Technology Review*, March 17, 2014, http://www.technologyreview. com/news/525586/facebook-creates-software-that-matches-faces-almost-as-well-as-you-do/.

10 As quoted in John Markoff, "Scientists See Promise in Deep-Learning Programs," *New York Times*, November 23, 2012, http://www.nytimes.com/2012/11/24/science/ scientists-see-advances-in-deep-learning-a-part-of-artificial-intelligence.html.

11 Don Peck, "They're Watching You at Work," *The Atlantic*, December 2013, http:// www.theatlantic.com/magazine/archive/2013/12/theyre-watching-you-at-work/354681/.

12 United States Patent No. 8,589,407, "Automated Generation of Suggestions for Personalized Reactions in a Social Network," November 19, 2013, http://patft.uspto. gov/netacgi/nph-Parser?Sect1=PTO2&Sect2=HITOFF&p=1&u=%2Fnetahtml%2 FPTO%2Fsearch-adv.htm&r=1&f=G&l=50&d=PALL&S1=08589407&OS=PN/0 8589407&RS=PN/08589407.

13 This WorkFusion information is based on a telephone conversation between the author and Adam Devine, vice president of Product Marketing & Strategic Partnerships at WorkFusion, on May 14, 2014.

14 This incident is recounted in Steven Baker, *Final Jeopardy: Man vs. Machine and the Quest to Know Everything* (New York: Houghton Mifflin Harcourt, 2011), p. 20. The story of the steakhouse dinner is also told in John E. Kelly III, *Smart Machines: IBM's Watson and the Era of Cognitive Computing* (New York: Columbia University Press, 2013), p. 27. However, Baker's book indicates that some IBM employees believe the idea to build a Jeopardy!-playing computer predates the dinner.

15 Baker, *Final Jeopardy: Man vs. Machine and the Quest to Know Everything*, p. 30.

16 Ibid., pp. 9 and 26.

17 Ibid., p. 68.

18 Ibid.

19 Ibid., p. 78.

20 David Ferrucci, Eric Brown, Jennifer Chu-Carroll, James Fan, David Gondek, Aditya A. Kalyanpur, Adam Lally, J. William Murdock, Eric Nyberg, John Prager, Nico Schlaefer, and Chris Welty, "Building Watson: An Overview of the DeepQA Project," *AI Magazine*, Fall 2010, http://www.aaai.org/Magazine/Watson/watson.php.

21 IBM Press Release: "IBM Research Unveils Two New Watson Related Projects from Cleveland Clinic Collaboration," October 15, 2013, http://www-03.ibm.com/press/us/en/pressrelease/42203.wss.

22 IBM Case Study: "IBM Watson/Fluid, Inc.," November 4, 2013, http://www-03.ibm.com/innovation/us/watson/pdf/Fluid_case_study_11_4_2013.pdf.

23 "IBM Watson/MD Buyline, Inc.," IBM Case Study, November 4, 2013, http://www-03.ibm.com/innovation/us/watson/pdf/MDB_case_study_11_4_2013.pdf.

24 IBM Press Release: "Citi and IBM Enter Exploratory Agreement on Use of Watson Technologies," March 5, 2012, http://www-03.ibm.com/press/us/en/pressrelease/37029.wss.

25 IBM Press Release: "IBM Watson's Next Venture: Fueling New Era of Cognitive Apps Built in the Cloud by Developers," November 14, 2013, http://www-03.ibm.com/press/us/en/pressrelease/42451.wss.

26 Quentin Hardy, "IBM to Announce More Powerful Watson via the Internet," *New York Times*, November 13, 2013, http://www.nytimes.com/2013/11/14/technology/ibm-to-announce-more-powcrful-watson-via-the-internet.html?_r=0.

27 Nick Heath, "'Let's Try and Not Have a Human Do It': How One Facebook Techie Can Run 20,000 Servers," ZDNet, November 25, 2013, http://www.zdnet.com/lets-try-and-not-have-a-human-do-it-how-one-facebook-techie-can-run-20000-servers-7000023524.

28 Michael S. Rosenwald, "Cloud Centers Bring High-Tech Flash But Not Many Jobs to Beaten-Down Towns," *Washington Post*, November 24, 2011, http://www.washingtonpost.com/business/economy/cloud-centers-bring-high-tech-flash-but-not-many-jobs-to-beaten-down-towns/2011/11/08/gIQAccTQtN_print.html.

29 Quentin Hardy, "Active in Cloud, Amazon Reshapes Computing," *New York Times*, August 27, 2012, http://www.nytimes.com/2012/08/28/technology/active-in-cloud-amazon-reshapes-computing.html.

30 Mark Stevenson, *An Optimist's Tour of the Future: One Curious Man Sets Out to Answer "What's Next?"* (New York: Penguin Group, 2011), p. 101.

31 Michael Schmidt and Hod Lipson, "Distilling Free-Form Natural Laws from Experimental Data," Science 324 (April 3, 2009), http://creativemachines.cornell.edu/sites/default/files/Science09_Schmidt.pdf.

32 Stevenson, *An Optimist's Tour of the Future*, p. 104.

33 National Science Foundation Press Release: "Maybe Robots Dream of Electric Sheep, But Can They Do Science?," April 2, 2009, http://www.nsf.gov/mobile/news/news_summ.jsp?cntn_id=114495.

34 Asaf Shtull-Trauring, "An Israeli Professor's 'Eureqa' Moment," *Haaretz*, February 3, 2012, http://www.haaretz.com/weekend/magazine/an-israeli-professor-s-eureqa-moment-1.410881.

35 John R. Koza, "Human-Competitive Results Produced by Genetic Programming," *Genetic Programming and Evolvable Machines 11*, nos. 3.4 (September 2010), http://dl.acm.org/citation.cfm?id=1831232.

36 John Koza's website, http://www.genetic-programming.com/#_What_is_Genetic, also: http://eventful.com/events/john-r-koza-routine-human-competitive-machine-intelligence-/E0.001.000292572.0.

37 Lev Grossman, "2045: The Year Man Becomes Immortal," *Time*, February 10, 2011, http://content.time.com/time/magazine/article/0,9171,2048299,00.html.

38 As quoted in Sylvia Smith, "Iamus: Is This the 21st Century's Answer to Mozart?," *BBC News*, January 2, 2013, http://www.bbc.co.uk/news/technology-20889644.

39 As quoted in Kadim Shubber, "Artificial Artists: When Computers Become Creative," *Wired Magazine–UK*, August 13, 2007, http://www.wired.co.uk/news/archive/2013.08/07/can-computers-be-creative/viewgallery/306906.

40 Shubber, "Artificial Artists: When Computers Become Creative."

41 "Bloomberg Bolsters Machine-Readable News Offering," *The Trade*, February 19, 2010, http://www.thetradenews.com/News/Operations_Technology/Market_data/Bloomberg_bolsters_machine-readable_news_offering.aspx.

42 Neil Johnson, Guannan Zhao, Eric Hunsader, Hong Qi, Nicholas Johnson, Jing Meng, and Brian Tivnan, "Abrupt Rise of New Machine Ecology Beyond Human Response Time," Nature, September 11, 2013, http://www.nature.com/srep/2013/130911/srep02627/full/srep02627.html.

43 Christopher Steiner, *Automate This: How Algorithms Came to Rule Our World* (New York: Portfolio/Penguin, 2012), pp. 116.120.

44 Max Raskin and Ilan Kolet, "Wall Street Jobs Plunge as Profits Soar: Chart of the Day," *Bloomberg News*, April 23, 2013, http://www.bloomberg.com/news/2013.04.24/wall-street-jobs-plunge-as-profits-soar-chart-of-the-day.html.

45 Steve Lohr, "David Ferrucci: Life After Watson," *New York Times* (Bits blog), May 6, 2013, http://bits.blogs.nytimes.com/2013/05/06/david-ferrucci-life-after-watson/?_r=1.

46 As quoted in Alan S. Blinder, "Offshoring: The Next Industrial Revolution?," *Foreign Affairs*, March/April 2006, http://www.foreignaffairs.com/articles/61514/alan-s-blinder/offshoring-the-next-industrial-revolution.

47 Alan S. Blinder, "Free Trade's Great, but Offshoring Rattles Me," *Washington Post*, May 6, 2007, http://www.washingtonpost.com/wp-dyn/content/article/2007/05/04/AR2007050402555.html.

48 Blinder, "Offshoring: The Next Industrial Revolution?"

49 Carl Benedikt Frey and Michael A. Osborne, "The Future of Employment: How Susceptible Are Jobs to Computerisation?," Oxford Martin School, Programme on the Impacts of Future Technology, September 17, 2013, p. 38, http://www. futuretech.ox.ac.uk/sites/futuretech.ox.ac.uk/files/The_Future_of_Employment_ OMS_Working_Paper_1.pdf.

50 Alan S. Blinder, "On the Measurability of Offshorability," *VOX*, October 9, 2009, http://www.voxeu.org/article/twenty-five-percent-us-jobs-are-offshorable.

51 Keith Bradsher, "Chinese Graduates Say No Thanks to Factory Jobs," *New York Times*, January 24, 2013, http://www.nytimes.com/2013/01/25/business/as-graduates-rise-in-china-office-jobs-fail-to-keep-up.html; Keith Bradsher, "Faltering Economy in China Dims Job Prospects for Graduates," *New York Times*, June 16, 2013, http://www.nytimes.com/2013/06/17/business/global/faltering-economy-in-china-dims-job-prospects-for-graduates.html?pagewanted=all.

52 Eric Mack, "Google Has a 'Near Perfect' Universal Translator. for Portuguese, at Least," *CNET News*, July 28, 2013, http://news.cnet.com/8301.17938_105.57595825.1/ google-has-a-near-perfect-universal-translator-for-portuguese-at-least/.

53 Tyler Cowen, *Average Is Over: Powering America Beyond the Age of the Great Stagnation* (New York: Dutton, 2013), p. 79.

54 John Markoff, "Armies of Expensive Lawyers, Replaced by Cheaper Software," *New York Times*, March 4, 2011, http://www.nytimes.com/2011/03/05/science/05legal. html.

55 Arin Greenwood, "Attorney at Blah," *Washington City Paper*, November 8, 2007, http://www.washingtoncitypaper.com/articles/34054/attorney-at-blah.

56 Erin Geiger Smith, "Shocking? Temp Attorneys Must Review 80 Documents Per Hour," *Business Insider*, October 21, 2009, http://www.businessinsider.com/temp-attorney-told-to-review-80-documents-per-hour-2009.10.

57 Ian Ayres, *Super Crunchers: Why Thinking in Numbers Is the New Way to Be Smart* (New York: Bantam Books, 2007), p. 117.

58 "Peter Thiel's Graph of the Year," *Washington Post* (Wonkblog), December 30, 2013, http://www.washingtonpost.com/blogs/wonkblog/wp/2013/12/30/peter-thiels-graph-of-the-year/.

59 Paul Beaudry, David A. Green, and Benjamin M. Sand, "The Great Reversal in the Demand for Skill and Cognitive Tasks," National Bureau of Economic Research, NBER Working Paper No. 18901, issued in March 2013, http://www.nber.org/papers/w18901.

60 Hal Salzman, Daniel Kuehn, and B. Lindsay Lowell, "Guestworkers in the High-Skill U.S. Labor Market," Economic Policy Institute, April 24, 2013, http://www.epi.org/publication/bp359-guestworkers-high-skill-labor-market-analysis/.

61 As quoted in Michael Fitzpatrick, "Computers Jump to the Head of the Class," *New York Times*, December 29, 2013, http://www.nytimes.com/2013/12/30/world/asia/computers-jump-to-the-head-of-the-class.html.

5장 대학가의 지각변동

1 This petition can be viewed at http://humanreaders.org/petition/.

2 University of Akron News Release: "Man and Machine: Better Writers, Better Grades," April 12, 2012, http://www.uakron.edu/education/about-the-college/news-details.dot?newsId=40920394.9e62.415d-b038.15fe2e72a677&pageTitle=Recent%20Headlines&crumbTitle=Man%20and%20%20machine:%20Better%20writers,%20better%20grades.

3 Ry Rivard, "Humans Fight over Robo-Readers," *Inside Higher Ed*, March 15, 2013, http://www.insidehighered.com/news/2013/03/15/professors-odds-machine-graded-essays.

4 John Markoff, "Essay-Grading Software Offers Professors a Break," *New York Times*, April 4, 2013, http://www.nytimes.com/2013/04/05/science/new-test-for-computers-grading-essays-at-college-level.html.

5 John Markoff, "Virtual and Artificial, but 58,000 Want Course," *New York Times*, August 15, 2011, http://www.nytimes.com/2011/08/16/science/16 stanford.html?_r=0.

6 The story of the Stanford AI course is drawn from Max Chafkin, "Udacity's Sebastian Thrun, Godfather of Free Online Education, Changes Course," *Fast Company*, December 2013/January 2014, http://www.fastcompany.com/3021473/udacity-sebastian-thrun-uphill-climb; Jeffrey J. Selingo, *College Unbound: The Future of Higher Education and What It Means for Students* (New York: New Harvest, 2013), pp. 86.101; and Felix Salmon, "Udacity and the Future of Online Universities" (Reuters blog), January 23, 2012, http://blogs.reuters.com/felix-salmon/2012/01/23/udacity-and-the-future-of-online-universities/.

7 Thomas L. Friedman, "Revolution Hits the Universities," *New York Times*, January 26, 2013, http://www.nytimes.com/2013/01/27/opinion/sunday/friedman-revolution-hits-the-universities.html.

8 Penn Graduate School of Education Press Release: "Penn GSE Study Shows MOOCs Have Relatively Few Active Users, with Only a Few Persisting to Course End," December 5, 2013, http://www.gse.upenn.edu/pressroom/press-releases/2013/12/penn-gse-study-shows-moocs-have-relatively-few-active-users-only-few-persisti.

9 Tamar Lewin, "After Setbacks, Online Courses Are Rethought," *New York Times*, December 10, 2013, http://www.nytimes.com/2013/12/11/us/after-setbacks-online-courses-are-rethought.html.

10 Alexandra Tilsley, "Paying for an A," *Inside Higher Ed*, September 21, 2012, http://www.insidehighered.com/news/2012/09/21/sites-offering-take-courses-fee-pose-risk-online-ed.

11 Jeffrey R. Young, "Dozens of Plagiarism Incidents Are Reported in Coursera's Free Online Courses," *Chronicle of Higher Education*, August 16, 2012, http://chronicle. com/article/Dozens-of-Plagiarism-Incidents/133697/.

12 "MOOCs and Security" (MIT Geospacial Data Center blog), October 9, 2012, http://cybersecurity.mit.edu/2012/10/moocs-and-security/.

13 Steve Kolowich, "Doubts About MOOCs Continue to Rise, Survey Finds," *Chronicle of Higher Education*, January 15, 2014, http://chronicle.com/article/Doubts-About-MOOCs-Continue-to/144007/.

14 Jeffrey J. Selingo, *College Unbound*, p. 4.

15 Michelle Jamrisko and Ilan Kole, "College Costs Surge 500% in U.S. Since 1985: Chart of the Day," *Bloomberg Personal Finance*, August 26, 2013, http://www. bloomberg.com/news/2013.08.26/college-costs-surge-500-in-u-s-since-1985-chart-of-the-day.html.

16 On student loans, see Rohit Chopra, "Student Debt Swells, Federal Loans Now Top a Trillion," Consumer Financial Protection Bureau, July 17, 2013, and Blake Ellis, "Average Student Loan Debt: $29,400," *CNN Money*, December 5, 2013, http:// money.cnn.com/2013/12/04/pf/college/student-loan-debt/.

17 This information regarding graduation rates is provided by the National Center of Education Statistics, http://nces.ed.gov/fastfacts/display.asp?id=40.

18 Selingo, *College Unbound*, p. 27.

19 "Senior Administrators Now Officially Outnumber Faculty at the UC" (Reclaim UC blog), September 19, 2011, http://reclaimuc.blogspot.com/2011/09/senior-administrators-now-officially.html.

20 Selingo, *College Unbound*, p. 28.

21 Ibid.

22 Clayton Christensen interview with Mark Suster at Startup Grind 2013, available at YouTube, http://www.youtube.com/watch?v=KYVdf5xyD8I.

23 William G. Bowen, Matthew M. Chingos, Kelly A. Lack, and Thomas I. Nygren, "Interactive Learning Online at Public Universities: Evidence from Randomized Trials," *Ithaka S+R Research Publication*, May 22, 2012, http://www.sr.ithaka.org/research-publications/interactive-learning-online-public-universities-evidence-randomized-trials.

6장 의료 시장의 변화

1 These two cases of cobalt poisoning were reported by Gina Kolata, "As Seen on TV, a Medical Mystery Involving Hip Implants Is Solved," *New York Times*, February 6, 2014, http://www.nytimes.com/2014/02/07/health/house-plays-a-role-in-solving-a-medical-mystery.html.

2 Catherine Rampell, "U.S. Health Spending Breaks from the Pack," *New York Times* (Economix blog), July 8, 2009, http://economix.blogs.nytimes.com/2009/07/08/us-health-spending-breaks-from-the-pack/.

3 IBM corporate website, http://www-03.ibm.com/innovation/us/watson/watson_in_healthcare.shtml.

4 Spencer E. Ante, "IBM Struggles to Turn Watson Computer into Big Business," *Wall Street Journal*, January 7, 2014, http://online.wsj.com/news/articles/SB10001424052702304887104579306881917668654.

5 Dr. Courtney DiNardo, as quoted in Laura Nathan-Garner, "The Future of Cancer Treatment and Research: What IBM Watson Means for Our Patients," *MD Anderson-Cancerwise*, November 12, 2013, http://www2.mdanderson.org/cancerwise/2013/11/the-future-of-cancer-treatment-and-research-what-ibm-watson-means-for-patients.html.

6 Mayo Clinic Press Release: "Artificial Intelligence Helps Diagnose Cardiac Infections," September 12, 2009, http://www.eurekalert.org/pub_releases/2009.09/

mc-aih090909.php.

7 National Research Council, *Preventing Medication Errors: Quality Chasm Series* (Washington, DC: National Academies Press, 2007), p. 47.

8 National Research Council, *To Err Is Human: Building a Safer Health System* (Washington, DC: National Academies Press, 2000), p. 1.

9 National Academies News Release: "Medication Errors Injure 1.5 Million People and Cost Billions of Dollars Annually," July 20, 2006, http://www8.nationalacademies. org/onpinews/newsitem.aspx?RecordID=11623.

10 Martin Ford, "Dr. Watson: How IBM's Supercomputer Could Improve Health Care," *Washington Post*, September 16, 2011, http://www.washingtonpost.com/opinions/ dr-watson-how-ibms-supercomputer-could-improve-health-care/2011/09/14/ gIQAOZQzXK_story.html.

11 Roger Stark, "The Looming Doctor Shortage," Washington Policy Center, November 2011, http://www.washingtonpolicy.org/publications/notes/looming-doctor-shortage.

12 Marijke Vroomen Durning, "Automated Breast Ultrasound Far Faster Than Hand-Held," *Diagnostic Imaging*, May 3, 2012, http://www.diagnosticimaging.com/ articles/automated-breast-ultrasound-far-faster-hand-held.

13 On the "double reading" strategy in radiology, see Farhad Manjoo, "Why the Highest-Paid Doctors Are the Most Vulnerable to Automation," *Slate*, September 27, 2011, http://www.slate.com/articles/technology/robot_invasion/2011/09/will_ robots_steal_your_job_3.html; I. Anttinen, M. Pamilo, M. Soiva, and M. Roiha, "Double Reading of Mammography Screening Films. One Radiologist or Two?," *Clinical Radiology* 48, no. 6 (December 1993): 414.421, http://www.ncbi.nlm.nih. gov/pubmed/8293648?report=abstract; and Fiona J. Gilbert et al., "Single Reading with Computer-Aided Detection for Screening Mammography," *New England Journal of Medicine*, October 16, 2008, http://www.nejm.org/doi/pdf/10.1056/

NEJMoa0803545.

14 Manjoo, "Why the Highest-Paid Doctors Are the Most Vulnerable to Automation."

15 Rachael King, "Soon, That Nearby Worker Might Be a Robot," *Bloom berg Businessweek*, June 2, 2010, http://www.businessweek.com/stories/2010.06.02/soon-that-nearby-worker-might-be-a-robotbusinessweek-business-news-stock-market-and-financial-advice.

16 GE Corporate Press Release: "GE to Develop Robotic-Enabled Intelligent System Which Could Save Patients Lives and Hospitals Millions," January 30, 2013, http://www.genewscenter.com/Press-Releases/GE-to-Develop-Robotic-enabled-Intelligent-System-Which-Could-Save-Patients-Lives-and-Hospitals-Millions-3dc2.aspx.

17 I-Sur website, http://www.isur.eu/isur/.

18 Statistics on US aging can be found at the Department of Health and Human Services' Administration on Aging website, http://www.aoa.gov/Aging_Statistics/.

19 For statistics on Japanese aging, see "Difference Engine: The Caring Robot," *The Economist*, May 14, 2014, http://www.economist.com/blogs/babbage/2013/05/automation-elderly.

20 Ibid.

21 "Robotic Exoskeleton Gets Safety Green Light," *Discovery News*, February 27, 2013, http://news.discovery.com/tech/robotics/robotic-exoskeleton-gets-safety-green-light-130227.htm.

22 US Bureau of Labor Statistics, *Occupational Outlook Handbook*, http://www.bls.gov/ooh/most-new-jobs.htm.

23 Heidi Shierholz, "Six Years from Its Beginning, the Great Recession's Shadow Looms over the Labor Market," Economic Policy Institute, January 9, 2014, http://www.epi.org/publication/years-beginning-great-recessions-shadow/.

24 Steven Brill, "Bitter Pill: How Outrageous and Egregious Profits Are Destroying Our Health Care," *Time*, March 4, 2013.

25 Elisabeth Rosenthal, "As Hospital Prices Soar, a Stitch Tops $500," *New York Times*, December 2, 2013, http://www.nytimes.com/2013/12/03/health/as-hospital-costs-soar-single-stitch-tops-500.html.

26 Kenneth J. Arrow, "Uncertainty and the Welfare Economics of Medicalm Care," *American Economic Review*, December 1963, http://www.who.int/bulletin/volumes/82/2/PHCBP.pdf.

27 "The Concentration of Health Care Spending: NIHCM Foundation Data Brief July 2012," National Institute for Health Care Management, July 2012, http://nihcm.org/images/stories/DataBrief3_Final.pdf.

28 Brill, "Bitter Pill."

29 Jenny Gold, "Proton Beam Therapy Heats Up Hospital Arms Race," *Kaiser Health News*, May 2013, http://www.kaiserhealthnews.org/stories/2013/may/31/proton-beam-therapy-washington-dc-health-costs.aspx.

30 James B. Yu, Pamela R. Soulos, Jeph Herrin, Laura D. Cramer, Arnold L. Potosky, Kenneth B. Roberts, and Cary P. Gross, "Proton Versus Intensity-Modulated Radiotherapy for Prostate Cancer: Patterns of Care and Early Toxicity," *Journal of the National Cancer Institute* 105, no. 1 (January 2, 2013), http://jnci.oxfordjournals.org/content/105/1.toc.

31 Gold, "Proton Beam Therapy Heats Up Hospital Arms Race."

32 Sarah Kliff, "Maryland's Plan to Upend Health Care Spending," *Washington Post* (Wonkblog), January 10, 2014, http://www.washingtonpost.com/blogs/wonkblog/wp/2014/01/10/%253Fp%253D74854/.

33 "Underpayment by Medicare and Medicaid Fact Sheet," American Hospital Association, December 2010, http://www.aha.org/content/00.10/10medunderpayment.pdf.

34 Ed Silverman, "Increased Abandonment of Prescriptions Means Less Control of Chronic Conditions," *Managed Care*, June 2010, http://www.managedcaremag.com/archives/1006/1006.abandon.html.

35 Dean Baker, "Financing Drug Research: What Are the Issues?," Center for Economic and Policy Research, September 2004, http://www.cepr.net/index.php/Publications/Reports/financing-drug-research-what-are-the-issues.

36 Matthew Perrone, "Scooter Ads Face Scrutiny from Gov't, Doctors," Associated Press, March 28, 2013, http://news.yahoo.com/scooter-ads-face-scrutiny-govt-doctors-141816931.finance.html.

37 Farhad Manjoo, "My Father the Pharmacist vs. a Gigantic Pill-Packing Machine," *Slate*, http://www.slate.com/articles/technology/robot_invasion/2011/09/will_robots_steal_your_job_2.html.

38 Daniel L. Brown, "A Looming Joblessness Crisis for New Pharmacy Graduates and the Implications It Holds for the Academy," *American Journal of Pharmacy Education 77*, no. 5 (June 13, 2012): 90, http://www.ncbi.nlm.nih.gov/pmc/articles/PMC3687123/.

7장 미래의 기술과 산업

1 GE's corporate website, https://www.ge.com/stories/additive-manufacturing.

2 American Airlines News Release: "American Becomes the First Major Commercial Carrier to Deploy Electronic Flight Bags Throughout Fleet and Discontinue Paper Revisions," June 24, 2013, http://hub.aa.com/en/nr/pressrelease/american-airlines-completes-electronic-flight-bag-implementation.

3 Tim Catts, "GE Turns to 3D Printers for Plane Parts," *Bloomberg Businessweek*, November 27, 2013, http://www.businessweek.com/articles/2013.11.27/general-electric-turns-to-3d-printers-for-plane-parts.

4 Lucas Mearian, "The First 3D Printed Organ.a Liver.Is Expected in 2014," *Computer World*, December 26, 2013, http://www.computerworld.com/s/article/9244884/The_first_3D_printed_organ_a_liver_is_expected_in_2014?taxonomyId=128&pag

eNumber=2.

5 Hod Lipson and Melba Kurman, *Fabricated: The New World of 3D Printing*(New York, John Wiley & Sons, 2013).

6 Mark Hattersley, "The 3D Printer That Can Build a House in 24 Hours," *MSN Innovation*, November 11, 2013, http://innovation.uk.msn.com/design/the-3d-printer-that-can-build-a-house-in-24-hours.

7 Information regarding construction employment in the United States can be found at the US Bureau of Labor Statistics website: http://www.bls.gov/iag/tgs/iag23.htm.

8 Further details are available at the DARPA Grand Challenge website: http://archive.darpa.mil/grandchallenge/.

9 Tom Simonite, "Data Shows Google's Robot Cars Are Smoother, Safer Drivers Than You or I," *Technology Review*, October 25, 2013, http://www.technologyreview.com/news/520746/data-shows-googles-robot-cars-are-smoother-safer-drivers-than-you-or-i/.

10 See ibid. for Chris Urmson's comments.

11 "The Self-Driving Car Logs More Miles on New Wheels" (Google corporate blog), August 7, 2012, http://googleblog.blogspot.co.uk/2012/08/the-self-driving-car-logs-more-miles-on.html.

12 As quoted in Heather Kelly, "Driverless Car Tech Gets Serious at CES," *CNN*, January 9, 2014, http://www.cnn.com/2014/01/09/tech/innovation/self-driving-cars-ces/.

13 For US accident statistics, see http://www.census.gov/compendia/statab/2012/tables/12s1103.pdf; for global accident statistics, see http://www.who.int/gho/road_safety/mortality/en/.

14 Information on collision avoidance systems can be found at http://www.iihs.org/iihs/topics/t/crash-avoidance-technologies/qanda.

15 As quoted in Burkhard Bilger, "Auto Correct: Has the Self-Driving Car at Last Arrived?," *New Yorker*, November 25, 2013, http://www.newyorker.com/

reporting/2013/11/25/131125fa_fact_bilger?currentPage=all.

16 John Markoff, "Google's Next Phase in Driverless Cars: No Steering Wheel or Brake Pedals," *New York Times*, May 27, 2014, http://www.nytimes.com/2014/05/28/technology/googles-next-phase-in-driverless-cars-no-brakes-or-steering-wheel.html.

17 Kevin Drum, "Driverless Cars Will Change Our Lives. Soon.," *Mother Jones* (blog), January 24, 2013, http://www.motherjones.com/kevin-drum/2013/01/driverless-cars-will-change-our-lives-soon.

18 Lila Shapiro, "Car Wash Workers Unionize in Los Angeles," *Huffington Post*, February 23, 2012, http://www.huffingtonpost.com/2012/02/23/car-wash-workers-unionize_n_1296060.html.

19 David Von Drehle, "The Robot Economy," *Time*, September 9, 2013, pp. 44.45.

20 Andrew Harris, "Chicago Cabbies Sue Over Unregulated Uber, Lyft Services," *Bloomberg News*, February 6, 2014, http://www.bloomberg.com/news/2014.02.06/chicago-cabbies-sue-over-unregulated-uber-lyft-services.html.

8장 부와 경제성장의 위기

1 For statistics on consumer spending, see Nelson D. Schwartz, "The Middle Class Is Steadily Eroding. Just Ask the Business World," *New York Times*, February 2, 2014, http://www.nytimes.com/2014/02/03/business/the-middle-class-is-steadily-eroding-just-ask-the-business-world.html.

2 Rob Cox and Eliza Rosenbaum, "The Beneficiaries of the Downturn," *New York Times*, December 28, 2008, http://www.nytimes.com/2008/12/29/business/29views.html. The famous "plutonomy memos" were also featured in Michael Moore's 2009 documentary film Capitalism: A Love Story.

3 Barry Z. Cynamon and Steven M. Fazzari, "Inequality, the Great Recession, and Slow Recovery," January 23, 2014, http://pages.wustl.edu/files/pages/imce/fazz/cyn-fazz_

consinequ_130113.pdf.

4 Ibid.

5 Ibid., p. 18.

6 Mariacristina De Nardi, Eric French, and David Benson, "Consumption and the Great Recession," National Bureau of Economic Research, NBER Working Paper No. 17688, issued in December 2011, http://www.nber.org/papers/w17688.pdf.

7 Cynamon and Fazzari, "Inequality, the Great Recession, and Slow Recovery," p. 29.

8 Derek Thompson, "ESPN President: Wage Stagnation, Not Technology, Is the Biggest Threat to the TV Business," *The Atlantic*, August 22, 2013, http://www.theatlantic.com/business/archive/2013/08/espn-president-wage-stagnation-not-technology-is-the-biggest-threat-to-the-tv-business/278935/.

9 Jessica Hopper, "Waiting for Midnight, Hungry Families on Food Stamps Give Walmart 'Enormous Spike,'" *NBC News*, November 28, 2011, http://rockcenter.nbcnews.com/_news/2011/11/28/9069519-waiting-for-midnight-hungry-families-on-food-stamps-give-walmart-enormous-spike.

10 Data Source: FRED, Federal Reserve Economic Data, Federal Reserve Bank of St. Louis: Corporate Profits After Tax (without IVA and CCAdj) [CP] and Retail Sales: Total (Excluding Food Services) [RSXFS]; http://research.stlouisfed.org/fred2/series/CP/; http://research.stlouisfed.org/fred2/series/RSXFS/; accessed April 29, 2014.

11 Joseph E. Stiglitz, "Inequality Is Holding Back the Recovery," *New York Times*, January 19, 2013, http://opinionator.blogs.nytimes.com/2013/01/19/inequality-is-holding-back-the-recovery.

12 Washington Center for Equitable Growth, interview with Robert Solow, January 14, 2014, video available at http://equitablegrowth.org/2014/01/14/1472/our-bob-solow-equitable-growth-interview-tuesday-focus-january-14.2014.

13 Paul Krugman, "Inequality and Recovery," *New York Times* (The Conscience of a Liberal blog), January 20, 2013, http://krugman.blogs.nytimes.com/2013/01/20/

inequality-and-recovery/.

14 See, for example, Krugman's "Cogan, Taylor, and the Confidence Fairy," *New York Times* (The Conscience of a Liberal blog), March 19, 2013, http://krugman.blogs.nytimes.com/2013/03/19/cogan-taylor-and-the-confidence-fairy/.

15 Paul Krugman, "How Did Economists Get It So Wrong?" *New York Times Magazine*, September 2, 2009, http://www.nytimes.com/2009/09/06/magazine/06Economic-t.html.

16 John Maynard Keynes, *The General Theory of Employment, Interest and Money* (London: Macmillan, 1936), ch. 21, available online at http://gutenberg.net.au/ebooks03/0300071h/chap21.html.

17 For figures on US productivity, see US Bureau of Labor Statistics, Economic News Release, March 6, 2014, http://www.bls.gov/news.release/prod2.nr0.htm.

18 Lawrence Mishel, "Declining Value of the Federal Minimum Wage Is a Major Factor Driving Inequality," Economic Policy Institute, February 21, 2013, http://www.epi.org/publication/declining-federal-minimum-wage-inequality/.

19 Eric Schlosser, *Fast Food Nation: The Dark Side of the All-American Meal* (New York: Harper, 2004), p. 66.

20 Emmanuel Saez, "Striking It Richer: The Evolution of Top Incomes in the United States," University of California, Berkeley, September 3, 2013, http://elsa.berkeley.edu/~saez/saez-UStopincomes-2012.pdf.

21 Andrew G. Berg and Jonathan D. Ostry, "Inequality and Unsustainable Growth: Two Sides of the Same Coin?," International Monetary Fund, April 8, 2011, http://www.imf.org/external/pubs/ft/sdn/2011/sdn1108.pdf.

22 Andrew G. Berg and Jonathan D. Ostry, "Warning! Inequality May Be Hazardous to Your Growth," *iMFdirect*, April 8, 2011, http://blog-imfdirect.imf.org/2011/04/08/inequality-and-growth/.

23 Ellen Florian Kratz, "The Risk in Subprime," *CNN Money*, March 1, 2007, http://

money.cnn.com/2007/02/28/magazines/fortune/subprime.fortune/index.htm?postversion=2007030117.

24 Senior Supervisors Group, "Progress Report on Counterparty Data," January 15, 2014, http://www.newyorkfed.org/newsevents/news/banking/2014/SSG_Progress_Report_on_Counterparty_January2014.pdf.

25 Noah Smith, "Drones Will Cause an Upheaval of Society Like We Haven' Seen in 700 Years," *Quartz*, March 11, 2014, http://qz.com/185945/drones-are-about-to-upheave-society-in-a-way-we-havent-seen-in-700-years.

26 Barry Bluestone and Mark Melnik, "After the Recovery: Help Needed," *Civic Ventures*, 2010, http://www.encore.org/files/research/JobsBluestonePaper3.5-10.pdf.

27 Andy Sharp and Masaaki Iwamoto, "Japan Real Wages Fall to Global Recession Low in Abe [Japanese Prime Minister] Risk," *Bloomberg Businessweek*, February 5, 2014, http://www.businessweek.com/news/2014.02.05/japan-real-wages-fall-to-global-recession-low-in-spending-risk.

28 On youth unemployment, see Ian Sivera, "Italy's Youth Unemployment at 42% as Jobless Rate Hits 37-Year High," *International Business Times*, January 8, 2014, http://www.ibtimes.co.uk/italys-jobless-rate-hits-37-year-record-high-youth-unemployment-reaches-41.6-1431445, and Ian Sivera, "Spain's Youth Unemployment Rate Hits 57.7% as Europe Faces a 'Lost Generation,'" *International Business Times*, January 8, 2014, http://www.ibtimes.co.uk/spains-youth-unemployment-rate-hits-57.7-europe-faces-lost-generation-1431480.

29 James M. Poterba, "Retirement Security in an Aging Society," National Bureau of Economic Research, NBER Working Paper No. 19930, issued in February 2014, http://www.nber.org/papers/w19930 and also http://www.nber.org/papers/w19930.pdf. See Table 9, p. 21.

30 Ibid., based on Table 15, p. 39; see the row labeled "Joint & Survivor, Male 65 and Female 60, 100% Survivor Income-Life Annuity." An alternate plan with a 3 percent

annual increase starts at just $3,700 (or about $300 per month).

31 Carl Benedikt Frey and Michael A. Osborne, "The Future of Employment: How Susceptible Are Jobs to Computerisation?," Oxford Martin School, Programme on the Impacts of Future Technology, September 17, 2013, p. 38, http://www.futuretech. ox.ac.uk/sites/futuretech.ox.ac.uk/files/The_Future_of_Employment_OMS_ Working_Paper_1.pdf.

32 For China population figures, see Deirdre Wang Morris, "China's Aging Population Threatens Its Manufacturing Might," CNBC, October 24, 2012, http://www.cnbc. com/id/49498720 and "World Population Ageing 2013," United Nations, Department of Economic and Social Affairs, Population Division, p. 32, http://www.un.org/en/ development/desa/population/publications/pdf/ageing/WorldPopulationAgeing2013. pdf.

33 On the Chinese savings rate (which, as noted, is as high as 40 percent), see Keith B. Richburg, "Getting Chinese to Stop Saving and Start Spending Is a Hard Sell," *Washington Post*, July 5, 2012, http://www.washingtonpost.com/world/asia_pacific/ getting-chinese-to-stop-saving-and-start-spending-is-a-hard-sell/2012/07/04/ gJQAc7P6OW_story_1.html, and "China's Savings Rate World's Highest," *China People's Daily*, November 30, 2012, http://english.people.com.cn/90778/8040481. html.

34 Mike Riddell, "China's Investment/GDP Ratio Soars to a Totally Unsustainable 54.4%. Be Afraid," *Bond Vigilantes*, January 14, 2014, http://www.bondvigilantes. com/blog/2014/01/24/chinas-investmentgdp-ratio-soars-to-a-totally-unsustainable- 54.4-be-afraid/.

35 Dexter Robert, "Expect China Deposit Rate Liberalization Within Two Years, Says Central Bank Head," *Bloomberg Businessweek*, March 11, 2014, http://www. businessweek.com/articles/2014.03.11/china-deposit-rate-liberalization-within-two- years-says-head-of-chinas-central-bank.

36 Shang-Jin Wei and Xiaobo Zhang, "Sex Ratios and Savings Rates: Evidence from 'Excess Men' in China," February 16, 2009, http://igov.berkeley.edu/sites/default/files/Shang-Jin.pdf.

37 Caroline Baum, "So Who's Stealing China's Manufacturing Jobs?," *Bloomberg News*, October 14, 2003, http://www.bloomberg.com/apps/news?pid=newsarchive&sid=aRI4bAft7Xw4.

38 On investment and the business cycle, see Paul Krugman, "Shocking Barro," *New York Times* (The Conscience of a Liberal blog), September 12, 2011, http://krugman.blogs.nytimes.com/2011/09/12/shocking-barro/.

9장 초지능과 싱귤래리티

1 Stephen Hawking, Stuart Russell, Max Tegmark, and Frank Wilczek, "Stephen Hawking: 'Transcendence Looks at the Implications of Artificial Intelligence.But Are We Taking AI Seriously Enough?,'" *The Independent*, May 1, 2014, http://www.independent.co.uk/news/science/stephen-hawking-transcendence-looks-at-the-implications-of-artificial-intelligence-but-are-we-taking-ai-seriously-enough-9313474.html.

2 James Barrat, *Our Final Invention: Artificial Intelligence and the End of the Human Era* (New York: Thomas Dunne, 2013), pp. 196.197.

3 Yann LeCun, Google+ Post, October 28, 2013, https://plus.google.com/+YannLeCunPhD/posts/Qwj9EEkUJXY.

4 Gary Marcus, "Hyping Artificial Intelligence, Yet Again," *New Yorker* (Elements blog), January 1, 2014, http://www.newyorker.com/online/blogs/elements/2014/01/the-new-york-times-artificial-intelligence-hype-machine.html.

5 Vernor Vinge, "The Coming Technological Singularity: How to Survive in the Post-Human Era," NASA VISION-21 Symposium, March 30.31, 1993.

6 Ibid.

7 Robert M. Geraci, "The Cult of Kurzweil: Will Robots Save Our Souls?," *USC Religion Dispatches*, http://www.religiondispatches.org/archive/culture/4456/the_cult_of_kurzweil%3A_will_robots_save_our_souls/.

8 "Noam Chomsky: The Singularity Is Science Fiction!" (interview), YouTube, October 4, 2013, https://www.youtube.com/watch?v=0kICLG4Zg8s#t=1393.

9 As quoted in *IEEE Spectrum*, "Tech Luminaries Address Singularity," http://spectrum.ieee.org/computing/hardware/tech-luminaries-address-singularity.

10 Ibid.

11 James Hamblin, "But What Would the End of Humanity Mean for Me?," *The Atlantic*, May 9, 2014, http://www.theatlantic.com/health/archive/2014/05/but-what-does-the-end-of-humanity-mean-for-me/361931/.

12 Gary Marcus, "Why We Should Think About the Threat of Artificial Intelligence," *New Yorker* (Elements blog), October 24, 2013, http://www.newyorker.com/online/blogs/elements/2013/10/why-we-should-think-about-the-threat-of-artificial-intelligence.html.

13 P. Z. Myers, "Ray Kurzweil Does Not Understand the Brain," *Pharyngula Science Blog*, August 17, 2010, http://scienceblogs.com/pharyngula/2010/08/17/ray-kurzweil-does-not-understa/.

14 Barrat, *Our Final Invention: Artificial Intelligence and the End of the Human Era*, pp. 7.21.

15 Richard Feynman, "There's Plenty of Room at the Bottom," lecture at CalTech, December 29, 1959, full text available at http://www.zyvex.com/nanotech/feynman.html.

16 On federal research funding for nanotechnology, see John F. Sargent Jr., "The National Nanotechnology Initiative: Overview, Reauthorization, and Appropriations Issues," Congressional Research Service, December 17, 2013, https://www.fas.org/

sgp/crs/misc/RL34401.pdf.

17 K. Eric Drexler, *Radical Abundance: How a Revolution in Nanotechnology Will Change Civilization* (New York: PublicAffairs, 2013), p. 205.

18 Ibid.

19 K. Eric Drexler, *Engines of Creation: The Coming Era of Nanotechnology* (New York: Anchor Books, 1986, 1990), p. 173.

20 Bill Joy, "Why the Future Doesn't Need Us," Wired, April 2000, http://www.wired.com/wired/archive/8.04/joy.html.

21 "Nanotechnology: Drexler and Smalley Make the Case For and Against 'Molecular Assemblers,'" *Chemical and Engineering News*, December 1, 2003, http://pubs.acs.org/cen/coverstory/8148/8148counterpoint.html.

22 Institute of Nanotechnology website, http://www.nano.org.uk/nano/nanotubes.php.

23 Luciana Gravotta, "Cheap Nanotech Filter Clears Hazardous Microbes and Chemicals from Drinking Water," *Scientific American*, May 7, 2013, http://www.scientificamerican.com/article/cheap-nanotech-filter-water/.

24 Drexler, *Radical Abundance*, pp. 147.148.

25 Ibid., p. 210.

10장 새로운 경제 패러다임을 향하여

1 Interview between JFK and Walter Cronkite, September 2, 1963, https://www.youtube.com/watch?v=RsplVYbB7b8 8:00. Kennedy's comments on unemployment begin at about the 8-minute mark in this YouTube video.

2 "Skill Mismatch in Europe," European Centre for the Development of Vocational Training, June 2010, http://www.cedefop.europa.eu/EN/Files/9023_en.pdf?_ga=1.174939682.1636948377.1400554111.

3 Jock Finlayson, "The Plight of the Overeducated Worker," *Troy Media*, January 13,

2014, http://www.troymedia.com/2014/01/13/the-plight-of-the-overeducated-worker/.

4   Jin Zhu, "More Workers Say They Are Over-Educated," *China Daily*, February 8, 2013, http://europe.chinadaily.com.cn/china/2013.02/08/content_16213715.htm.

5   Hal Salzman, Daniel Kuehn, and B. Lindsay Lowell, "Guestworkers in the High-Skill U.S. Labor Market," Economic Policy Institute, April 24, 2013, http://www.epi.org/publication/bp359-guestworkers-high-skill-labor-market-analysis/.

6   Steven Brint, "The Educational Lottery," *Los Angeles Review of Books*, November 15, 2011, http://lareviewofbooks.org/essay/the-educational-lottery.

7   Nicholas Carr, "Transparency Through Opacity" (blog), *Rough Type*, May 5, 2014, http://www.roughtype.com/?p=4496.

8   Erik Brynjolfsson, "Race Against the Machine," presentation to the President's Council of Advisors on Science and Technology (PCAST), May 3, 2013, http://www.whitehouse.gov/sites/default/files/microsites/ostp/PCAST/PCAST_May3_Erik%20Brynjolfsson.pdf, p. 28.

9   Claire Cain Miller and Chi Birmingham, "A Vision of the Future from Those Likely to Invent It," *New York Times* (The Upshot), May 2, 2014, http://www.nytimes.com/interactive/2014/05/02/upshot/FUTURE.html.

10 F. A. Hayek, *Law, Legislation and Liberty, Volume 3: The Political Order of a Free People* (Chicago: University of Chicago Press, 1979), pp. 54.55.

11 Ibid., p. 55.

12 John Schmitt, Kris Warner, and Sarika Gupta, "The High Budgetary Cost of Incarceration," Center for Economic and Policy Research, June 2010, http://www.cepr.net/documents/publications/incarceration-2010.06.pdf.

13 John G. Fernald and Charles I. Jones, "The Future of US Economic Growth," *American Economic Review: Papers & Proceedings* 104, no. 5 (2014): 44.49, http://www.aeaweb.org/articles.php?doi=10.1257/aer.104.5.44.

14 Sam Peltzman, "The Effects of Automobile Safety Regulation," *Journal of Political Economy* 83, no. 4 (August 1975), http://www.jstor.org/discover/10.2 307/1830396?ui d=3739560&uid=2&uid=4&uid=37392 56&sid=21103816422091.

15 Hanna Rosin, "The Overprotected Kid," *The Atlantic*, March 19, 2014, http:// www.theatlantic.com/features/archive/2014/03/hey-parents-leave-those-kids-alone/358631/.

16 "Improving Social Security in Canada, Guaranteed Annual Income: A Supplementary Paper," Government of Canada, 1994, http://www.canadiansocialresearch.net/ssrgai. htm.

17 One analysis of costs and potential offsets from programs that could be eliminated is here: Danny Vinik, "Giving All Americans a Basic Income Would End Poverty," *Slate*, November 17, 2013, http://www.slate.com/blogs/business_insider/2013/11/17/ american_basic_income_an_end_to_poverty.html.

18 Noah Smith, "The End of Labor: How to Protect Workers from the Rise of Robots," *The Atlantic*, January 14, 2013, http://www.theatlantic.com/business/archive/2013/01/the-end-of-labor-how-to-protect-workers-from-the-rise-of-robots/267135/.

19 Nelson D. Schwartz, "217,000 Jobs Added, Nudging Payrolls to Levels Before the Crisis," *New York Times*, June 6, 2014, http://www.nytimes.com/2014/06/07/ business/labor-department-releases-jobs-data-for-may.html.

나가는 말

1 Shawn Sprague, "What Can Labor Productivity Tell Us About the U.S. Economy?," US Bureau of Labor Statistics, *Beyond the Numbers* 3, no. 12 (May 2014), http:// www.bls.gov/opub/btn/volume-3/pdf/what-can-labor-productivity-tell-us-about-the-us-economy.pdf.

2 National Climate Assessment, "Welcome to the National Climate Assessment,"

Global Change.gov, n.d., http://nca2014.globalchange.gov/.

3 Stephen Lacey, "Chart: 2/3rds of Global Solar PV Has Been Installed in the Last 2.5 Years," *GreenTechMedia.com*, August 13, 2013, http://www.greentechmedia.com/articles/read/chart-2.3rds-of-global-solar-pv-has-been-connected-in-the-last-2.5-years.

4 Lauren Feeney, "Climate Change No Problem, Says Futurist Ray Kurzweil," *The Guardian*, February 21, 2011, http://www.theguardian.com/environment/2011/feb/21/ray-kurzweill-climate-change.

5 "Climate Change in the American Mind: Americans' Global Warming Beliefs and Attitudes in April 2013," Yale Project on Climate Change Communication/George Mason University Center for Climate Change Communication, http://environment.yale.edu/climate-communication/files/Climate-Beliefs-April-2013.pdf.

6 Rebecca Riffkin, "Climate Change Not a Top Worry in U.S.," *Gallup Politics*, March 12, 2014, http://www.gallup.com/poll/167843/climate-change-not-top-worry.aspx.

감사의 말

무엇보다도 베이식북스의 팀원 모두에게 감사를 드린다. 특히 이 책이 빛을 보도록 처음부터 끝까지 나를 도와준 탁월한 편집자 T. J. 켈러허에게 고마움을 표한다. 에이전트인 트라이던트 미디어의 돈 퍼는 이 책이 베이식북스와 인연이 닿게 하는 데에 결정적인 역할을 했다.

앞서 출간한 책『터널 속의 빛』을 읽어준 많은 독자들에게도 각별한 감사의 말을 건넨다. 이들은 내게 많은 것을 제안했고, 비판을 가했으며, 현실 세계에서 가차 없는 자동화의 동향이 어떤 모습으로 드러나는가를 보여주는 사례도 많이 보내주었다. 여기서 얻은 여러 아이디어가 이 책을 쓰는 데에 도움이 되었다. 특히 이 책에서 인용한 특정 사례 몇 가지를 제공함과 동시에 이 책의 초고를 읽고 나서 유용한 조언을 아끼지 않은 모어 데이비도 벤처스의 압하스 굽타에게 각별한 감사를 표한다.

이 책에서 인용한 그래프와 도표 중 상당수는 세인트루이스 연방준비은행의 탁월한 데이터 시스템인 FRED의 데이터를 이용해서 작성했다. 특정 데이터의 출처는 주에 수록되어 있다. 관심 있는 독자들에게는 FRED 웹사이트를 방문하여 원하는 대로 실험을 해볼 것을 권한다. 정책연구소의 로런스 미셸은 생산성과 임금 사이의 늘어나는 격차를 보여준 분석 결과를 사용하도록 허락해주었고, 사이먼 콜턴은 인공지능을 활용해서 제작한 예술 작품인 '그림 그리는 바보'를 쓰도록 해주었다. 이 두 사람에게도 사의를 표한다.

마지막으로, 이 책을 쓰는 긴 기간 동안 (때로는 밤늦게까지) 나를 도와주고 참아주며 책의 탄생을 지원한 나의 가족, 특히 사랑스러운 아내 샤오샤오자오에게 감사를 전하고 싶다.

옮긴이의 말

여기까지 온 독자는 이 책을 다 읽었을 테니 미래에 대해 어떤 생각을 갖고 있을 것이다. 아마 '이제 로봇이 힘든 일은 다 할 거니까 살기 편해지겠구나'라기보다는 '큰일 났네. 직장이 없어지면 어쩌지? 소득보장에 매달려 살아야 하나?' 하는 쪽의 독자가 훨씬 많지 않을까 생각된다. 로봇이 생산의 주역인 세상에서 사람의 자리가 어정쩡해지거나, 아니면 사람이 아예 불필요해질 가능성이 매우 높음을 저자가 여러 각도로 조명해놓았으니까 말이다.

그런데 여기서 저자가 문제를 제기하고 해법을 제시하는 과정에서 한결같이 전제로 삼은 것이 있는데, 그것은 로봇의 역할과 관계없이 인류가 대량생산, 대량소비의 시장경제를 기반으로 살아가리라는 것이다. 즉 무한한 욕망을 가진 경제 주체들 사이에서 유한한 자원을 배분한다는 전제가 깔려 있다는 이야기이다.

그런데 (가능성이 매우 희박하긴 하지만) 분자 수준의 무한 생산이 가능해지면 어떨까? 그렇다면 자원의 유한성이라는 전제가 깨져버린다. 그러면 인류의 숙명이라고 여겨졌던 '밥그릇 싸움'은 영원히 끝나고, 세상은 낙원까지는 아니라도 어쨌든 훨씬 여유로운 삶의 터전이 될 것이다. 로봇이 모든 생산 활동과 궂은일을 처리하는 세상도 무한 생산 세상만은 못해도 매우 편한 곳일 수 있다.

또 한 가지, 저자는 기술 봉건주의에 대해 언급하면서 중세 시대의 농노는 농업 생산에 필수적이기라도 했지만 미래의 인간은 대다수 군더더기가 되어 부유층이 사는 엘리트 시티의 성벽 근처를 어정거리는 거지 떼 같은 모습이 될 수도 있다고 보았다. 그러나 이것도 철저히 시장경제적 시각이 아닐까? 역자가 서양사 전공은 아니지만 고대 그리스에서는 노예(로봇에 해당할 것이다)가 생산을 주로 담당했지만, 귀족계급(부유층)이 자유민(일반인)을 군더더기로 생각한 것 같지는 않다. 물론 자유민이 다 놀고먹지는 않았을 것이고, 무엇보다도 국방의 의무를 부담했지만 말이다. 스파르타는 사유민이 그 자격을 유지하기가 점점 힘들어져 이들의 수가 줄어드는 바람에 결국 멸망했다는 글을 읽은 기억이 난다. 역할이 무엇이든 자유민은 필요하며, 미래라고 해서 다르지는 않을 것으로 나는 추측한다.

인류가 수백만 년 전 동아프리카 초원에서 출발했을 때의 인구는 약 2,000명 정도로 추산된다고 한다. 이렇게 워낙 소수였기 때문에 다른 개체의 생존을 중시하는 유전자가 우세해졌다는 설도 있는데, 이것이 옳다면 유용성 이전에 인간은 서로를 보호하려 할 것이다.

물론 갈등, 특히 전쟁 같은 상황에서 서로를 죽이기도 하는 것은 방금 말한 특성과는 상충하는 인간의 두 얼굴일 것이다. 그리고 새로운 사회를 향해 나아가는 과정에서 기득권층과 실업의 위기에 몰린 대중 사이에 갈등이 없다면 오히려 이상할 것이다. 저자도 여러 페이지에 걸쳐 다각도로 이러한 위험과 이로부터 발생할 수 있는 상황을 조명하고 있다. 저자는 주로 미국의 예를 들고 있지만, 소득 양극화의 심화와 중산층의 빈민화는 전 세계적인 추세로 볼 수 있을 것이다. 이렇게 되면 소득이 있는 최상층을 겨냥한 상품만 주로 팔리겠지만, 이것도 영원히 가지는 못한다. 저자가 지적한 것처럼 부자 한 사람이 고급 차 1,000대를 살 수는 없는 노릇이니까.

이대로 가면 소비가 거의 사라지고, 소비에 의존하는 생산마저 무너지면서 세상은 완전히 새로운 패러다임을 요구할 것이다. 그것이 어떤 모습인지 알 길은 없지만 거기 도착하기까지의 과정이 결코 순탄하지 않을 것임은 분명하다. 많은 사람이 피를 흘릴 수도 있다.

그래서 저자가 제안하는 기본소득 보장이 의미를 갖는다고 나는 생각한다. 일단 시장경제의 틀을 유지하면서 우리는 새로운 패러다임을 관찰하거나 심지어 실험해볼 수도 있을 것이다. 기본소득이 보장되면 각 개인이 소득 상실의 두려움 때문에 위축되어 있기보다는 새로운 이니셔티브를 스스로 제시하고 추진하려 할 것이므로 사회의 활력도 유지될 것이다. 그러므로 기본소득 보장은―인간을 게으르게 만든다는 등 온갖 비판과 지적의 소지에도 불구하고―어떤 새로운 사회로 가게 되든 간에 과도기 동안 인류를 보호할 안전판 역할을 해서 연착륙을 시키지 않을까?

책 한 권을 번역하다 보면 수많은 사람들에게 신세를 진다. 우선 이 책과 인연을 이어주고, 졸고를 검토 교정해서 지금의 모습으로 탈바꿈시킨 세종서적의 여러 분들에게 감사를 보낸다. 또한 일면식도 없지만 인터넷에 그 많은 정보를 올려놓아 역자의 검색 작업을 도와준 세계인들에게도 고마움을 느낀다(이것만 봐도 인간은 서로 도와주려 함을 알 수 있다. 나 혼자 알아도 그만인 걸 왜 굳이 70억 인류와 공유하려 할까?). 원고 정리를 도와주신 분들, 밤늦게까지 작업하는 공간에 전력과 난방을 챙겨주신 분들, 그 밖에 이 책이 햇빛을 보는 데 도움을 주신 모든 분들께 감사드린다.

2016년 이른 봄
이창희